Hans Julius Schneider
Religion

Grundthemen Philosophie

Herausgegeben von
Dieter Birnbacher
Pirmin Stekeler-Weithofer
Holm Tetens

Walter de Gruyter · Berlin · New York

Hans Julius Schneider

Religion

Walter de Gruyter · Berlin · New York

☉ Gedruckt auf säurefreiem Papier,
das die US-ANSI-Norm über Haltbarkeit erfüllt.

ISBN 978-3-11-019598-9

Bibliografische Information der Deutschen Bibliothek

Die Deutsche Bibliothek verzeichnet diese Publikation in der Deutschen
Nationalbibliographie; detaillierte bibliografische Daten sind im Internet über
http://dnb.ddb.de abrufbar

© Copyright 2008 by Walter de Gruyter GmbH & Co. KG, D-10785 Berlin

Dieses Werk einschließlich aller seiner Teile ist urheberrechtlich geschützt. Jede
Verwertung außerhalb der engen Grenzen des Urheberrechtsgesetzes ist ohne
Zustimmung des Verlages unzulässig und strafbar. Das gilt insbesondere für
Vervielfältigungen, Übersetzungen, Mikroverfilmungen und die Einspeicherung
und Verarbeitung in elektronischen Systemen.

Printed in Germany

Umschlaggestaltung: Martin Zech, Bremen

Umschlagkonzept: +malsy, Willich

Satzherstellung: Fotosatz-Service Köhler GmbH, Würzburg

Druck und buchbinderische Verarbeitung: AZ Druck und Datentechnik GmbH,
Kempten/Allgäu

Für Mina und David

Vorwort

Dieses Buch wäre nicht geschrieben worden, wenn sein Verfasser nicht von vielen Seiten und immer wieder dazu ermutigt worden wäre. Dafür habe ich zu danken, auch wenn das Resultat vielleicht nicht so ausgefallen ist, wie sich die Fürsprecher das jeweils vorgestellt hatten.
Vor allen anderen ist hier Hans G. Ulrich zu nennen, mit dem zusammen ich das Vergnügen hatte, an der Theologischen Fakultät der Universität Erlangen-Nürnberg mehrere Lehrveranstaltungen abzuhalten, die sich durch das existentielle Engagement und die lebendige Neugierde der Teilnehmer auszeichneten.[1] An der Freien Universität Berlin konnte ich ein Seminar zur Religionsphilosophie gemeinsam mit Holm Tetens durchführen, dem ich nicht nur für viele anregende Gespräche, sondern auch für seine besondere Betreuung zu danken habe, die er mir als einer der Herausgeber dieser Reihe der ‚Grundthemen' angedeihen ließ. Peter Ackermann verdanke ich viel Ermutigung, was meine Annäherung an den Buddhismus angeht, für die auch unsere gemeinsame Japanreise ein wichtiger Baustein war. Für ihre einladende Neugier habe ich auch Herta Nagl-Docekal, Ludwig Nagl und Joachim Matthes zu danken. Als besonders wichtige Gesprächspartner möchte ich schließlich noch nennen: Frederick Ferré, Franz Koppe, Richard Raatzsch, Thomas Rentsch, Pirmin Stekeler-Weithofer, Charles Taylor, Eckhard Tramsen, Albrecht Wellmer und Harald Wohlrapp. Ferner bedanke ich mich bei Stefan Tolksdorf fürs Korrekturlesen und für die Erstellung der Register. Ich entschuldige mich bei allen, die ich hier vergessen habe, und erkläre mich, wie üblich, für allein verantwortlich für alle verbleibenden Fehler und Unvollkommenheiten.

Inhaltsverzeichnis

Einleitung 1
  1. An wen sich das Buch richtet 1
  2. Natürliche Religion? 6
  3. Religion, Naturwissenschaft und Common Sense . . . 10
  4. Eine Arbeitsdefinition 12
  5. Die Thesen des vorliegenden Buches im Überblick
     über die Kapitel 15

Erstes Kapitel
Wissenschaftlich untermauerter Kinderglaube?
Das Projekt einer ‚natürlichen Religion' bei David Hume . . 17
  1. Was ist ein Kinderglaube? Bruno Bettelheim
     über die Märchen 17
  2. Die ‚Dialoge über natürliche Religion':
     Hypothesen über die Entstehung der Welt 29
  3. Ausblick auf eine alternative Deutung:
     Demeas Mystik 34

Zweites Kapitel
Eine höhere Art von Glückseligkeit
Religion als Sache persönlicher Erfahrung bei William James 42
  1. Problemdefinition und Methode bei William James . . . 44
  2. Merkmale des Begriffs ‚religiöse Erfahrung' 53
  3. James' ‚Überglaube': Krönung oder entbehrliche Zutat? 59

Drittes Kapitel
„Kein Etwas aber auch nicht ein Nichts."
Wittgensteins sprachphilosophischer Befreiungsschlag 65
  1. Die Mystik des ‚Tractatus' und die Unterscheidung
     zwischen ‚sagen' und ‚zeigen' 66
  2. Die Sprache und das Schachspiel 70
  3. Kein Etwas aber auch nicht ein Nichts:
     Das Beispiel des Schmerzes 78
  4. Folgerungen für das Thema Religion 92

Viertes Kapitel:
Spiritualität ohne Gegenstand
Der Buddhismus als eine nicht-theistische Religion 99
  1. Rückblick. 99
  2. Das Leid und seine Ursachen 103
  3. Der Ausgang aus der Höhle und die Rolle
     der Erfahrung 111
  4. Buddhistische Metaphysik: Basis oder ‚Überglaube'? . . . 126

Fünftes Kapitel
Die Darstellung der menschlichen Situation
Immanenz und Transzendenz. 137
  1. Die Welt der Wissenschaft und die Welt des Menschen 139
  2. Einfache Formen einer ‚Verständigung über die Lage'. . 145
  3. Der Schritt zur Transzendenz: Gestaltwandel statt
     Ausdehnung des Bereichs 153
  4. Aktivität und Passivität, Handlung und Widerfahrnis . . 163
  5. Lehrbarkeit, Unsagbarkeit, Glaube 170

Sechstes Kapitel. 176
Margarethes Frage. Theistisches Sprechen und Bekenntnis . . 176
  1. Ist Gott eine Person? 177
  2. Religion und Mystik 192
  3. Pluralismus ohne Beliebigkeit 202
  4. Bekenntnis 217

Ausblick:
Religion, Moral, Politik 226

Anmerkungen 229

Literaturverzeichnis 238

Namenregister 243

Sachregister 245

Einleitung

1. An wen sich das Buch richtet

Als Leserinnen und Leser dieses Buches stelle ich mir Personen vor, die auf der einen Seite das Gefühl nicht loswerden, dass es im Bereich des Religiösen um etwas Wichtiges geht, die vielleicht auch mehr oder minder engagiert am religiösen Leben teilnehmen, die es aber andererseits schwierig finden, dieses Gebiet zu anderen Provinzen ihres geistigen Lebens (wie etwa zur Wissenschaft oder Politik) in eine verständliche Beziehung zu bringen. Ich wende mich also an Personen, denen bei allen Unterschieden eine gewisse Ambivalenz oder Unabgeschlossenheit in ihrem Denken über religiöse Dinge gemeinsam ist, und dies scheinen in unseren Breiten nicht wenige zu sein.[2]

Deshalb werden meine Überlegungen für zwei Gruppen eher uninteressant sein. Die erste Gruppe bilden diejenigen, denen es als ausgemacht gilt, dass die Religion eine Sache der Vergangenheit ist, die aus einer Epoche stammt, in der es die Wissenschaften noch nicht gab. Manche von ihnen halten die Religion für eine ‚rosarote Brille', die unsere Welt schöner erscheinen lässt als sie ist; sie sehen in ihr wie Marx das ‚Opium des Volkes', einen falschen Trost, der einer ernsthaften Prüfung nicht standhält. Die zweite Gruppe bilden diejenigen, die in ihrer jeweiligen Religion so daheim sind wie die Fische im Wasser und denen die Frage, worum es sich dabei handelt, abwegig erscheint, wenn nicht sogar frech und anmaßend. Wer bezüglich des angesprochenen Themas nicht die geringste Unsicherheit verspürt, den werden die hier vorgetragenen Gedanken so wenig interessieren wie denjenigen, der die Sache längst abgehakt hat. Ein Mindestmaß an Irritation (anspruchsvoller: an philosophischer Beunruhigung) scheint mir nötig, damit man mit diesem Buch etwas anfangen kann.

Mein Thema ist also die Frage, was Religion ist, und mein Interesse ist dabei weder antiquarisch noch missionarisch, denn ich fühle mich selbst derjenigen Gruppe zugehörig, aus der ich mir meine Leser wünsche. Anders als manche meiner Generationsgenossen bin ich als Kind nicht religiös traumatisiert worden, so dass ich keine Abwehraffekte gegen diesen Bereich entwickelt habe. Zwar habe ich am damals üblichen protestantischen Schulunterricht teilgenommen (ergänzt durch einen katholischen Privatunterricht), habe aber nie ganz zur ‚Gemeinde' gehört. Bis heute bin ich kein ‚Fisch im Wasser', eher ein wohlwollender Sympathisant, der sich etwas klarzumachen versucht, auf praktischem und auf theoretischem Weg. Diese Position auf dem Grenzstreifen spiegelt sich in der Tatsache wider, dass ich die *Philosophie* zu meinem Beruf gemacht habe. In ihr kann man ernsthaft tätig sein, ohne sich einen Ort (einen ‚Standpunkt') suchen zu müssen, an dem man sich fest und dauerhaft einrichtet. Man kann eine höhere Form der ‚Standpunktlosigkeit' sogar als Tugend zu sehen lernen.[3]

Eine Reihe biographischer Umstände haben dazu geführt, dass sich dieses Buch durch die Kombination der folgenden vier Merkmale von vergleichbaren anderen unterscheidet: Erstens hat mich meine Grundintuition, das Religiöse sei nur dann von Bedeutung, wenn es nicht nur ‚etwas von früher' betrifft, zu einem besonderen Interesse an der auch heute noch gegebenen Möglichkeit *religiöser Erfahrungen* geführt. Ich orientiere mich also an der Zugangsweise, die William James für sein bekanntes Buch „Die Vielfalt religiöser Erfahrungen" gewählt hat.[4] Charles Taylor[5] hat darauf hingewiesen, dass in dieser Wahl eines ‚privaten', auf die Erfahrungen des Einzelnen bezogenen Blicks einer der Gründe dafür liegt, dass wir James heute wie einen Zeitgenossen lesen können, obwohl die Vorlesungen, auf denen sein Buch basiert, bereits in den Jahren 1901/02 gehalten wurden. Wir teilen diesen Blick, dem gemäß z. B. die kirchlichen Institutionen und Bräuche als gewiss wichtige, unter systematischem Gesichtspunkt aber insofern als sekundäre Erscheinungen zu sehen sind, als sich ihr Sinn nicht ohne einen Rekurs auf religiöse Erfahrungen von Individuen erschließen lässt. ‚Sekundär' heißt dabei weder ‚historisch später entstanden' noch ‚unwichtig'; es heißt auch nicht, dass es eine ‚reine', von allem Sozialen noch unberührte so genannte ‚Kernerfahrung' geben muss oder geben kann, die in allen Religionen dieselbe ist. Das so genannte ‚Private' ist rein individualistisch nicht zu denken und insofern nicht wirklich privat.[6] Ich meine aber mit James, dass ohne ein erfahrungsbezogenes Verständnis der Relevanz der Religion für das Leben des Individuums für uns Heutige auch ihre institutionelle Seite unverstanden bleibt oder missdeutet wird. Auch die Teilnah-

1. An wen sich das Buch richtet

me am institutionalisierten religiösen Leben bekommt ihren ‚Witz' auf der persönlichen Ebene.

Diese individuelle Bedeutung wird in dem respektablen Bemühen, niemandem zu nahe zu treten, bei der Erörterung der Religion manchmal zu wenig zum Thema gemacht, und mit ihr auch die Wahrheitsfrage. So entstehen Bücher, die es zuwege bringen, sich die Sache vom Leibe zu halten und dadurch trotz ihrer großen akademischen Gelehrsamkeit beim Leser nur Langeweile zu erzeugen. Der Autor eines solchen Buches spricht über andere, nicht über sich selbst. Das Resultat liest sich wie ein Katalog für Weltanschauungen und erschwert eine Stellungnahme statt sie zu erleichtern. Dies hat zur Folge, dass solche Bücher für einen interreligiösen Dialog kaum eine Hilfe sind. Wie in einem Aquarium mit Tropenfischen schüttelt man als Leser bewundernd oder verwirrt den Kopf darüber, was es in den Gewässern dieser Welt so alles gibt.

Zweitens: Es sind ebenfalls lebensgeschichtliche Zufälle, die dazu geführt haben, dass ich die praktischen Gelegenheiten für diese erfahrungsbezogene Annäherung an das Religiöse zunächst in *buddhistischen* Institutionen gefunden habe und in Praxisformen, die aus dem Buddhismus stammen, nämlich in der Vipassana- und dann der Zen-Meditation, mit der ich bis heute eine etwa zwanzigjährige Erfahrung habe. Obwohl es mir dabei stärker um die behutsam angeleiteten Erfahrungen als um deren lehrgerechte Beschreibung und Interpretation ging, spielt für meine Annäherung an das Thema Religion also neben der Prägung durch eine durchschnittliche christliche Erziehung auch die vor allem praktische Bekanntschaft mit einigen Grundzügen des Buddhismus eine Rolle. Aber auch hier gilt, dass diese Annäherung in meinem Fall nicht bis zu einem Bekenntnis führte.

Drittens: Die Einbeziehung des Buddhismus bedeutet, dass ich in den folgenden Überlegungen von Anfang an auch die Möglichkeit einer *nicht-theistischen* Religion ins Auge fasse, so dass für die hier verfolgte Herangehensweise an das Thema die Frage nach der Religion nicht von vornherein mit der (aus meiner Perspektive einschränkenden) Frage ‚existiert Gott?' zusammenfällt, wie das sonst in unseren Breiten fast immer der Fall ist.[7] Es bedarf nach meiner Auffassung im Zeitalter des interkulturellen Gesprächs einer eigenen Überlegung darüber, ob und warum gerade diese Formulierung des Problems als zentrale Frage betrachtet werden soll.

Viertens schließlich war der Entschluss, das hier vorliegende Buch in Angriff zu nehmen, obwohl mein Status nicht der eines

Experten, sondern der eines ‚Quereinsteigers' ist, wesentlich davon bestimmt, dass ich durch meine Auseinandersetzung mit dem späten Wittgenstein auf *sprachphilosophische* Einsichten gestoßen bin, von denen ich meine, sie könnten gerade auf dem Gebiet der Religionsphilosophie eine große befreiende Wirkung entfalten, ohne zur Beliebigkeit oder zur Ausgrenzung dieses Bereichs als eines für die anderen geistigen Provinzen irrelevanten Sonderterritoriums zu führen. Dies scheint mir vielfach auch dort noch nicht richtig gesehen zu werden, wo man Wittgenstein durchaus zu kennen meint. Auch für unser Thema scheint mir also die Reichweite der Philosophie Wittgensteins mehr als fünfzig Jahre nach der Veröffentlichung der *Philosophischen Untersuchungen* noch nicht angemessen wahrgenommen zu werden.

Obwohl ich immer wieder den Eindruck habe, dass sich heute viele Menschen unseres Kulturkreises in einer ähnlichen Lage befinden wie ich selbst, bin ich mir der Begrenztheit meines so umrissenen Zugangs bewusst und werde nicht versuchen, sie zu Gunsten eines ‚objektiven' oder enzyklopädischen Blickwinkels zu überwinden. So bin ich mir darüber im Klaren, dass die behandelten Fragen auch durch den Kontext, in dem sie aufgeworfen werden, bestimmt sind. Sie gehören z. B. in eine Weltgegend und in eine Zeit, in der die Religionsfreiheit eine Selbstverständlichkeit ist. Dieser Kontext wird ferner durch die Tatsache bestimmt, dass die institutionalisierten Ausdrucksformen der traditionell heimischen Religion viele Menschen nicht mehr überzeugen, so dass das Religiöse (oder, wie man heute oft zaghafter und zugleich umfassender sagt: das ‚Spirituelle') zu einem Gebiet mit unbestimmten Grenzen wird, das zunehmend als privat, als Sache des Individuums gilt. Dies trägt (positiv) dazu bei, dass es für Anregungen aus anderen Kulturkreisen offen ist: Man schaut sich danach um, was ein lebendiges Interesse wecken kann. Die (wie ich meine: falsche) Wahrnehmung, hier gehe es *allein* um Privates, führt aber zugleich (negativ) dazu, dass die einschlägigen Inhalte eher zaghaft debattiert werden, weil man niemandem zu nahe treten will.

Dies ist die heutige Situation, nicht in anderen Teilen der Welt, aber in wichtigen Teilen Europas. Zu ihr gehören die Basare der Kirchentage und die Esoterikmessen. Ich verstehe diejenigen, die sich von ihnen unangenehm berührt fühlen, weil sie zu der Vorstellung einladen, es gehe darum, etwas ‚einzukaufen', als könne es heute endgültig keinen vor Händlern geschützten Sektor mehr geben, nicht einmal ‚im Tempel'. Und doch sind solche Veranstal-

1. An wen sich das Buch richtet

tungen gesuchte Gelegenheiten, das Orientierungsbedürfnis über den eigenen Kulturkreis hinaus zu befriedigen. Indem es den Buddhismus in seinen Gesichtskreis aufnimmt, kann dieses Buch auch hierfür eine Hilfe sein, es will aber auch hier nichts ‚verkaufen'. Es will sehr grundlegende Fragen ein eher bescheidenes Stück weit klären, um die Leserinnen und Leser dafür auszurüsten, den weiteren Weg nach eigenem Urteil sicherer und entschiedener zu gehen, z. B. weil sie sich durch die hier vorgetragenen Überlegungen von einer Skepsis am falschen Ort befreien konnten.

Dass das Thema Religion nicht gleichgültig ist, zeigt sich im Privaten wie im politischen Bereich. Wie ich bei meiner Arbeit mit Philosophie-Studierenden erfahren konnte, steht es auch bei ‚coolen' Zeitgenossen oft mit starken Gefühlen in Verbindung, denen aber häufig eine auf diesem Gebiet schwach ausgebildete Unterscheidungs- und Artikulationsfähigkeit gegenüber steht. Dies gilt in Deutschland nicht nur für die ‚neuen' Bundesländer, in denen vielleicht wenig Gelegenheit zur Einübung solcher Artikulationen bestand. So war ich vor ein paar Jahren in Bayern nach einem einschlägigen Vortrag mit zwei gleichermaßen empörten, sich aber widersprechenden Reaktionen älterer Zuhörer konfrontiert, nämlich einerseits mit dem Vorwurf ‚Gott kommt bei ihnen offenbar nicht mehr vor!' und andererseits mit dem Urteil ‚von philosophischer Religionskritik haben sie wohl noch nie etwas gehört!' Hier zeigte sich wieder einmal, dass der Platz des Philosophen der zwischen den Stühlen ist. Der Leser wird finden, dass Gott hier durchaus vorkommt, obwohl mir die Religionskritik keineswegs fremd ist. Der Teufel aber, der Stachel für die Anstrengungen, die jeder mit dem eigenen Denken auf sich nehmen muss, steckt wie immer im Detail.

Man muss kein Anhänger des Gedankens von Huntington[8] sein, wir stünden vor einem ‚Kampf der Kulturen', um die genannte Verbindung von starkem Gefühl und schwach entwickelter Artikulationsfähigkeit bedrohlich zu finden. Daher scheint es mir dringlich, die interreligiöse Verständigung als einen wichtigen Bereich der interkulturellen Kommunikation voranzutreiben, durchaus im Sinne der These von Hans Küng,[9] dass der Dialog zwischen den Weltreligionen ein wichtiger Bestandteil der Bemühung um die Bewahrung des Weltfriedens sein sollte. Den ersten Schritt zum Verständnis des Fremden aber muss jeder dort tun, wo er sich selbst befindet, wozu zuallererst die Entwicklung der Artikulationsfähigkeit gehört. Nur wenn ich eine auf mein eigenes Leben bezogene Vorstellung davon habe, worum es im Bereich des Religiösen überhaupt gehen kann (mit Hans-Georg Gadamer[10] gesprochen: wenn ich einen eigenen Blick auf ‚die Sache' habe), kann ich mein Verständnis für einen mir fremden Zugang zu dieser Sache verbessern und dadurch etwas über sie hinzulernen. Diese Sicht ist durchaus damit verträglich, dass sich herausstellen kann, dass es gar nicht um *eine* Sache geht, sondern um mehrere, zwischen denen Beziehungen der Art bestehen, die Wittgenstein als ‚Familienähnlichkeiten' bezeichnet hat.[11]

Der dringend nötige Weg ins Politische führt daher notwendig über eine Klärung im Persönlichen. Die Beschränkung auf eine distanzierte akademische Beschreibung von dem, was *andere* bewegt (mit dem oben benutzten Bild gesprochen: die Beschreibung der Tropenfische), greift für einen erfolgreichen Verständigungsprozess zu kurz, wenn sie keine Brücke zu dem schlagen kann, was die Leserin und der Leser selbst als ihr Problem ansehen. Deshalb wird im Folgenden die persönliche und systematische Perspektive (d. h. die Frage nach der Verständlichkeit als Voraussetzung zur Beurteilung der Wahrheit) der historischen und der enzyklopädisch sammelnden stets vorgezogen.

2. Natürliche Religion?

Um das Verständnis des vorliegenden Buches zu erleichtern, soll zunächst die hier verfolgte Zielsetzung mit dem Projekt verglichen werden, das im Zeitalter der Aufklärung unter der Überschrift einer ‚natürlichen Religion' verfolgt wurde. Der Ausdruck bezeichnete damals das Vorhaben, mit dem ‚natürlichen Licht' der Vernunft zu Aussagen in einem Bereich zu kommen, für den nach der Auffassung der Zeit eigentlich die christliche Offenbarungsreligion zuständig war, mit ihren über die Vernunft hinausgehenden Erkenntnisquellen. Zu diesem Bereich gehören z. B. Aussagen über die Existenz und die Eigenschaften Gottes, über die Unsterblichkeit der Seele oder über unsere Möglichkeiten, das Übel in der Welt zu verstehen. Der Ausdruck ‚natürlich' wurde dabei als der Gegenbegriff zum Wort ‚übernatürlich' verstanden.

Das Selbstvertrauen, das aus diesem Projekt spricht, ist den Philosophen heute abhanden gekommen. Die kritische Philosophie Kants, die zur Erschütterung dieser Zuversicht wesentlich beige-

2. Natürliche Religion?

tragen hat, hat ihm den Ruf des ‚Zermalmers' eingebracht, obwohl er selbst von sich sagte, er habe der Vernunft Grenzen setzen müssen, um für den Glauben Platz zu schaffen.[12] Welche Seite seiner Wirkung ist stärker, die ‚zermalmende' oder die Platz schaffende? Wie attraktiv und wie zugänglich ist der von ihm geschaffene Platz heute? Kann sich das, was hier ‚Glauben' heißt, nach Kant noch philosophisch artikulieren, oder ist es (in der von Schleiermacher begründeten Traditionslinie) zu einem Schattendasein im Bereich des ‚Gefühls' verdammt, und heißt dies, in einem Bereich irrationaler, subjektiver Sehweisen, die heute manchmal sogar im Verdacht stehen, eine unberechenbare Quelle gefährlicher Impulse zu sein, die bis zu terroristischen Handlungen führen können? Sollte man von der Religion besser die Finger lassen oder hieße das, das Kind mit dem Bade auszuschütten?

Wenn man die sprachkritischen Überlegungen des 20. Jahrhunderts (und hier denke ich in erster Linie an den späten Wittgenstein) als legitime Fortsetzungen der kritischen Intentionen Kants liest,[13] dann lässt sich feststellen, dass dieser kritische Impuls nicht nur eine begrenzende, sondern (wie Kant selbst mit dem Ausdruck ‚Platz schaffen' festgehalten hat) auch eine öffnende Wirkung haben kann, und dieser Schritt der Öffnung legt es nahe, das Projekt einer ‚natürlichen Religion' heute auf eine andere Weise fortzuführen als es von der Aufklärung einmal entworfen wurde. Dabei erscheint es ratsam, den alten Terminus aufzugeben und besser und einfacher von ‚Religions*philosophie*' zu sprechen. Denn der traditionelle Ausdruck ist missverständlich, insofern er mindestens auf die folgenden beiden Weisen deutbar ist:

Auf der einen Seite hat die kritische Philosophie traditionelle Erkenntnisansprüche *beschnitten*. Mit einer räumlichen Metapher gesprochen: Sie hat gezeigt, dass man mit den Mitteln der Vernunft eine bestimmte Grenzlinie nicht überschreiten kann. Dieser Metapher zufolge befindet sich hinter dieser Linie ein Terrain, das im Prinzip gleichartig ist mit dem uns wohlbekannten Gebiet davor, bloß ist es eben für unsere Erkenntnis nicht erreichbar. Nach diesem Bild verfügen wir über eine Reihe wohlbestimmter religiöser Fragen, von denen wir uns aber klar machen müssen, dass wir sie nicht beantworten können. Daher wird man dem Philosophen raten, den heute als vergeblich durchschauten Versuch zu unterlassen, die genannte Grenzlinie zu überschreiten, etwa mit dem Versuch, die Existenz Gottes zu beweisen. Im Sinne einer solchen Überschreitung kann es eine ‚natürliche Religion' nicht geben.

Auf der anderen Seite ergibt sich aber eine öffnende Wirkung der kritischen Philosophie, wenn man sie radikaler versteht, nämlich so, dass sie bereits die *Fragen* zum Problem macht, nicht erst die Versuche, sie zu beantworten. Statt z. B. zu sagen, die Philosophie habe keine Möglichkeit, die Eigenschaften Gottes herauszufinden, stellt diese radikalere Position zunächst die Frage, was es überhaupt heißen soll, von Gott und gegebenenfalls von seinen Eigenschaften zu sprechen. Statt nach einem auf Vernunftgründen fußenden Beweis für die Unsterblichkeit der Seele zu suchen, stellt sie die Frage, was es überhaupt heißen soll, von ‚der Seele' zu sprechen und die Frage nach ihrer Sterblichkeit aufzuwerfen. Die Philosophie geht bei diesem Vorgehen also nicht mehr davon aus, dass sie über die relevanten Fragen bereits verfügt und sich auf dieser Basis (in Konkurrenz zur Theologie oder mit ihr gemeinsam) an ihrer ‚natürlichen' Beantwortung versucht. Vielmehr sieht sie sich genötigt und nimmt sich das Recht, die Fragen selbst ‚bedenklich' zu finden. Für das Projekt einer nicht auf übernatürliche Quellen zurückgreifenden Religionsphilosophie ist ‚der Glaube', für den hier allenfalls Platz geschaffen wird, nicht mehr vorgegeben; es wird nicht eine feststehende Wahrheit ‚mit anderen Mitteln' bewiesen. Der Ausgang des angestrebten Klärungsprozesses ist offen, sogar die Frage, was hier ‚Glaube' heißen kann, gilt als klärungsbedürftig.

Daraus ergibt sich ein Sinn von Religionsphilosophie, nach dem ihre Zielsetzung mit dem Projekt einer ‚natürlichen Religion' nicht zusammenfällt, denn jetzt geht es darum, mit den Mitteln des gesunden Menschenverstandes, dem ‚natürlichen Licht' der Vernunft, aufzuklären, ob und wie man auf verständliche Weise überhaupt zu religiösen *Fragestellungen* gelangen kann. Es geht also um den systematisch elementaren Schritt, durch jedermann nachvollziehbare (und in diesem Sinne ‚natürliche') Überlegungen zu untersuchen, welchen Sinn religiöse Fragestellungen haben können, und wie sie sich zu anderen (etwa zu wissenschaftlichen) Fragen verhalten. Das Ziel besteht dabei nicht darin, religiöse Fragen in nicht religiöse zu *übersetzen*, religiöse Themen auf nicht religiöse zu *reduzieren*. Es gibt starke sprachphilosophische Gründe dafür, beides für unmöglich zu halten. Sondern es geht um Zugänge, um Übergänge zur Welt der Religionen. So wird z. B. gefragt: Hat die Rede von Gott einen für uns nachvollziehbaren Sinn, den wir uns und unseren Kindern erläuternd zugänglich machen können, oder gibt es hier nur die Möglichkeit, überkommene Formeln nachzuspre-

2. Natürliche Religion?

chen? In welchen Kontexten sprechen wir von ‚der Seele', und was kann es heißen, sie sterblich oder unsterblich zu nennen? Können wir von den Wissenschaften, etwa der Kosmologie, oder neuerdings der Hirnforschung in diesen Angelegenheiten Hilfe erwarten oder nicht?

Eine Untersuchung wie die hier vorgelegte würde man nicht beginnen ohne die Vermutung, dass zumindest manche dieser Fragestellungen auch für uns einen guten und wichtigen Sinn haben. Dieses Buch will Wege erkunden, die es dem Leser erlauben, sich im Bereich möglicher Fragen zu orientieren. Ohne selbst eine Lehre aufzustellen, möchte es eine Landkarte skizzieren, auf der Arten sinnvoller Fragestellungen in ihrem Verhältnis zueinander verzeichnet sind. Nicht für ‚den Glauben' im Sinne einer schon festliegenden Überzeugung soll hier also Platz gemacht werden, sondern es soll ein breiter und freier Raum geschaffen werden für die Erkenntnis der Vielfalt möglicher Fragen in ihrem Verhältnis zueinander.

Der *philosophische* Charakter des hier unternommenen Versuchs, der früher mit dem Ausdruck ‚natürlich' signalisiert worden wäre, lässt sich weniger missverständlich mit Hilfe des Ausdrucks ‚gesunder Menschenverstand' (*common sense*) anzeigen. Das hier verfolgte Projekt wird sich auf das beschränken, was für jedermann aufgrund eigener Lebenserfahrung im Prinzip zugänglich ist oder auf plausibel zu machenden Wegen doch zugänglich werden könnte, wenn er oder sie die entsprechenden Bildungsanstrengungen auf sich nehmen würde. Und dies heißt negativ, dass in den folgenden Überlegungen (wie schon im Projekt der Aufklärung) auf die Erörterung der Möglichkeit privilegierter Zugänge zur Wahrheit im Sinne von Offenbarungswahrheiten verzichtet wird. Wenn von religiösen Erfahrungen gesprochen werden wird, sind dies solche, die im Prinzip jedem zugänglich sind. Mit *common sense* ist aber keine Beschränkung auf Inhalte gemeint, die von einer Mehrheit ‚ohne nachzudenken' vertreten werden.

Meine theologischen Freunde weisen mich darauf hin, dass diese Projektbeschreibung genauso gut auf ihre Wissenschaft zutrifft, die sich seit zweitausend Jahren bemühe, unsere ‚Rede von Gott' verständlich zu machen. Ich beeile mich daher, hinzuzufügen, dass die Bezeichnung meines Projekts als eines philosophischen nicht von dem Bestreben motiviert ist, jemanden auszuschließen, insbesondere nicht theologische Kollegen, mit denen ich die schöne Erfahrung machen durfte, tatsächlich am selben Strick zu ziehen. Mir ist aber auch bewusst, dass die Theologie ein ganz eigener Kontinent ist, von dem man sich nicht auf die Schnelle einen Überblick verschaffen kann. Ich bin davon überzeugt, dass sich im Inneren dieses Erdteils viele Landschaften befinden, die ich in meiner begrenzten Lebenszeit nicht mehr werde bereisen können, obwohl es meinem Projekt helfen würde, sie kennen zu lernen. Manche ihrer Bewohner gehören vermutlich zu den oben angesprochenen ‚Fischen im Wasser', d. h. zu einer der beiden Gruppen, die ich (in diesem Fall nicht ohne Bedauern) nicht zu meinen Adressaten rechne. Schleiermacher hatte sich in seinen berühmten Reden ‚Über die Religion',[14] wie er im Untertitel sagt, ‚an die Gebildeten unter ihren Verächtern' gewandt. Ich kann zur Bezeichnung meines Vorhabens seine beiden Begriffe in ihre Gegenteile wenden und sagen, die vorliegende Schrift über die Religion richte sich an die theologisch Ungebildeten unter ihren Sympathisanten, und abermals kann ich mich selbst dazurechnen.[15]

3. Religion, Naturwissenschaft und Common Sense

Wir hatten gesagt, dass hier unter ‚religiösen Erfahrungen' etwas verstanden wird, das im Prinzip jedermann zugänglich ist. So kann auch schon hier vor einem Missverständnis gewarnt werden, das sich leicht durch die alte Kontrastierung der Ausdrücke ‚natürlich' und ‚übernatürlich' nahe legt. Wenn man sich nämlich an diesem Gegensatz orientiert, dann erscheint es leicht so, als könne man das Wort ‚natürlich' in ‚natürliche Religion' durch den Ausdruck ‚naturwissenschaftlich fassbar' ersetzen. Dahinter könnte die Meinung stehen, die Naturwissenschaft sei nichts anderes als der abgesicherte Bereich des *common sense*, woraus sich die Empfehlung zu ergeben scheint, eine moderne Religionsphilosophie solle sich auf die Naturwissenschaften stützen und nur auf diese. Daher stellt sich die Frage: Wäre es sinnvoll, den Bereich der Religion, so weit er sich mit den Mitteln der Philosophie erschließen lässt, durch das zu bestimmen, was sich *naturwissenschaftlich* zu den alten religiösen Fragen sagen lässt? Dieser Meinung ist offenbar Richard Dawkins, der in seinem populären Buch ‚Der Gotteswahn' ausdrücklich davon ausgeht, „... dass die ‚Gotteshypothese' eine wissenschaftliche Hypothese über das Universum ist, die man genauso skeptisch analysieren sollte wie jede andere auch."[16]

3. Religion, Naturwissenschaft und Common Sense

Diese Frage wird uns im ersten Kapitel genauer beschäftigen, und wir werden zu dem Resultat kommen, dass ein solches Religionsverständnis sich schon bei Hume als unangemessen erwiesen hat, so sehr Dawkins zugute zu halten ist, dass er es in den USA mit Gegnern zu tun hat, die genau dies nicht wahrhaben wollen. Ein Moment des Nachdenkens zeigt aber bereits im Vorfeld, dass eine Festlegung unserer Untersuchung auf wissenschaftliche Hypothesen eine absurde Einschränkung wäre. Wir können nämlich leicht einsehen, dass das, was naturwissenschaftlich *nicht* fassbar ist, keineswegs als Ganzes ‚übernatürlich' zu heißen verdient. Es sind zwei ganz verschiedene Vorhaben, einerseits den Bereich einer geplanten Erörterung auf das einzuschränken, was sich in der Sprache der Naturwissenschaften sagen lässt, oder ihn andererseits dadurch zu begrenzen, dass man sagt, man wolle auf übernatürlichem Weg erlangte Offenbarungswahrheiten und Berichte von übernatürlichen Vorgängen (‚Wundern') als philosophisch nicht verwertbar unberücksichtigt lassen. Die erste Einschränkung wäre so radikal, dass sie die gesamten Geisteswissenschaften, sogar Logik, Mathematik und die Philosophie selbst ausschließen würde, Gebiete, die es wahrhaftig nicht mit dem Übernatürlichen zu tun haben. Das naturwissenschaftlich nicht Sichtbare ist also noch keineswegs übernatürlich.

Diese Tatsache muss heute manchmal hervorgehoben werden. So war ich jüngst Zeuge einer Argumentation, in der eine führende Biologin behauptete, die Sprachwissenschaft *müsse* eine Naturwissenschaft sein, weil die Sprache durch Evolution entstanden sei, das Studium der Evolution aber in das Arbeitsgebiet der Biologie falle, die zweifellos eine Naturwissenschaft sei. Als Alternative kam für sie ausdrücklich nur ein ‚Gespensterglaube' in Frage. Nach dieser Logik gäbe es keine Geistes- oder Kulturwissenschaften, denn auch die menschliche Geschichte, die Musik, die Poesie, etc. sind (nach allem, was wir zu wissen meinen) im Verlauf der Evolution entstanden. Folgt man dem gerade referierten Argument, dann dürfte es diese Wissenschaften also gar nicht geben, es sei denn, wir könnten sie als Naturwissenschaften klassifizieren. Dies würde aber dazu führen, dass der Ausdruck ‚Naturwissenschaft' seine unterscheidende Funktion und damit seine Bedeutung verlieren würde, und dies gälte dann auch für die mit ihm formulierte These.

Einen solchen extrem verengten Blick auf den Bereich dessen, was sich vernünftig sagen lasse, finden wir auch beim frühen Wittgenstein. Als er in seinem *Tractatus logico-philosophicus* versuchte, den Bereich des sinnvoll Sagbaren ‚von innen zu begrenzen', gelangte er zu der Auffassung, zum Bereich des sinnvoll Sagbaren gehörten nur die naturwissenschaftlichen Sätze, der ganze Rest wird damit zu einer Sache, die sich allenfalls ‚zeigt', über die man aber keine sinnvollen Aussagen machen kann.[17] Dieses Frühwerk von Wittgenstein war sehr einflussreich für die Entwicklung eines Blicks, der auf der einen Seite den Bereich des Rationalen auf die Naturwissenschaften verengte und damit auf der anderen Seite die Neigung zu einer falschen Mystifikation begünstigte, nämlich zu dem Gedanken, dass man von dem, was sich nicht naturwissenschaftlich sagen lasse, allenfalls raunen könne, dass es aber konsequenter wäre, davon zu schweigen.

Die philosophisch wohlbegründete Einschränkung, der sich auch dieses Buch unterwirft, verbannt dagegen nur das *Übernatürliche* aus der Erörterung. Damit bleiben nicht nur die geisteswissenschaftlichen Disziplinen im Blickfeld, sondern auch der gesamte Bereich der nicht-wissenschaftlichen Erfahrung. Wer sich z. B. verliebt, macht eine Erfahrung, die sich in naturwissenschaftlicher Sprache nicht ausdrücken lässt, daraus allein entsteht aber noch kein Zwang, sie gleich für übernatürlich zu erklären.

4. Eine Arbeitsdefinition

Schließlich sei bereits einleitend ein vorläufiges Wort zum Gebrauch des Ausdrucks ‚Religion' gesagt: Wie können wir vorläufig festlegen, was darunter verstanden werden soll? Da nach der hier verfolgten Aufgabenstellung noch nicht festliegt, welche Fragen genau in das Gebiet der Religion gehören (und was sie bedeuten), ist eine breite Orientierung nötig, die möglichst keine Ausschlüsse vollzieht. Selbst eine ‚religiöse' Funktion mancher Ideologien soll nicht definitorisch ausgeschlossen werden; eher bleibt im Einzelfall zu fragen, was eine *gute* Religion ist.[18] Da dies Buch in einem vom Christentum geprägten Kontext entsteht, ist der Hinweis angebracht, dass schon das Wort ‚Religion' nur aus dieser Tradition heraus verständlich ist.[19] Obwohl der Ausdruck aus dem lateinischen *‚religio'* abgeleitet wird, bezeichnet er nämlich keine Sache, die auch die antiken Kulturen so bezeichnet haben oder für die alle nicht-europäischen Kulturen ein Äquivalent hätten. Vielmehr wurde das Wort durch die längste Zeit seiner Geschichte im Sinne

4. Eine Arbeitsdefinition 13

der ‚richtigen' Religion (d. h. des Christentums) gebraucht, im Gegensatz zu ‚heidnischen' Verirrungen. Erst seit dem 19. Jh. bemüht man sich um eine ‚objektive' Bestimmung, die auch den Plural ‚die Religionen' zulässt, tut sich aber bis heute schwer damit. Da im vorliegenden Buch kein ‚Blick von nirgendwo' (Thomas Nagel) intendiert ist, sondern eine Verständigung vor dem Hintergrund des Christentums (und mit einem Blick auf den Buddhismus), ist die Abwesenheit einer allgemeinen Definition aber kein Mangel, solange Autor und Leser sich der Perspektivität des Blicks bewusst bleiben.

Es sind also zwei konkrete Religionen, die den Hintergrund für diese Überlegungen abgeben. Und so wie es nur einzelne, ‚konkrete' Sprachen gibt und nicht ‚die Sprache' als ein abstraktes Etwas hinter allen Sprachen, so gibt es auch nur einzelne, historisch entstandene und situierte Religionen.[20] In beiden Fällen ist es aber trotzdem legitim, nach dem zu fragen, was die konkreten Erscheinungen verbindet, was ihre Verwandtschaft ausmacht, die uns, trotz aller Vorbehalte, dazu bringt, sie insgesamt als Sprachen bzw. als Religionen zu bezeichnen, auch wenn wir hier nicht an notwendige und hinreichende Bedingungen glauben müssen, sondern uns heute mit einer lockeren Verbundenheit im Sinne von Wittgensteins ‚Familienähnlichkeit' zufrieden geben können.

Vor diesem Hintergrund lautet die hier zugrunde gelegte Arbeitsdefinition: Religionen sind historisch gewachsene Artikulations- und Praxisformen, die ihrem Selbstverständnis und Anspruch nach eine wahrhaftige Einstellung zum Leben im ganzen zugleich artikulieren und ihren Angehörigen praktisch ermöglichen, wobei das ‚Ganze' sich mit den Stichworten Geburt, Liebe, Sexualität, Schuld, Krankheit und Tod andeuten lässt. Es geht also um Artikulation und Praxis, d. h. es geht darum, Worte zu finden und sich eine Einstellung zu eigen zu machen, die sich in den Formen des Lebens, teils auch in bestimmten leib-seelischen Handlungsweisen wie z.B. dem Gebet zeigt; und es geht dabei um das Ganze des Lebens und unsere Fähigkeit, mit ihm zurecht zu kommen.

Dies ist kein kleiner Anspruch und man kann sich fragen, ob er nicht zu hoch greift. Eine berühmte Formulierung eines derartigen Ziels ist das bekannte Höhlengleichnis Platons:[21] Unser normales Alltagsleben gleiche den Zuständen in einer Höhle, deren Bewohner mit dem Blick zu einer Wand gefesselt seien, auf der sie allein die Schatten von Gegenständen sähen, die vor einem Feuer vorbeigetragen würden. Wir seien im Normalfall damit beschäftigt, Regelmäßigkeiten bezüglich dieser Schatten festzustellen. Hätte sich nun aber einer losgerissen und würde die Gegenstände selbst statt ihrer Schatten sehen, würde er gar die Höhle verlassen und die Welt im Tageslicht sehen können, – wie erbärmlich müsste ihm dann rückblickend das Höhlenleben vorkommen! Wollte er darüber sprechen, müsste er aber damit rechnen, seine zurückgebliebenen Gefährten nur schwer oder gar nicht von der Existenz einer Welt außerhalb der Höhle überzeugen zu können.

Sind wir in der Lage, unsere Höhle zu verlassen? In welchem Sinne würden wir dadurch eine ganz andere Sicht bekommen, wären es Erkenntnisse, d. h. Erweiterungen unseres *Wissens*, die wir so gewinnen würden? Im Sinne der modernen philosophischen Erkenntnistheorie ist diese Frage klar zu verneinen: Ein Wissen von übersinnlichen Dingen ist auf dem Weg zum Ausgang der Höhle nicht zu erwarten. Die Fähigkeit, mit dem Leben zurechtzukommen, von der in der genannten Arbeitsdefinition die Rede war, ist dem entsprechend ein Können, und obwohl Platon die Geschichte des Denkens stark darin beeinflusst hat, dass viele seiner Nachfolger auf diesem Felde ein Wissen für möglich gehalten haben, kann man sein Gleichnis auch als Ermunterung dazu lesen, sich bezüglich eines *Könnens* auf den Weg zu machen. Und es gehört auch heute noch zu den Aufgaben der Philosophie, etwas über das Verhältnis zwischen Können und Wissen zu sagen, auch wenn sie das Können nicht mehr direkt vermittelt.

Die Existenz besonderer Praxisformen, deren Pflege dazu befähigen soll, das Leben zu meistern, ist einer der Gründe, von einem eigenständigen Gebiet der *Religion* zu sprechen, im Unterschied zur Philosophie, wie wir sie heute als akademische Philosophie verstehen. Diese soll, insbesondere als Ethik, zwar auch das Handeln anleiten, sie hat in ihrer heutigen Gestalt[22] aber keine Institutionen, die sich als Einübungsorte für Praktiken der Lebensbewältigung verstehen lassen, die dem religiösen Gemeindeleben oder dem Leben in einem Kloster vergleichbar wären. Ihre Institutionen dienen der allein *intellektuellen* Aneignung von Wissensbeständen und theoretischen Fertigkeiten, wie immer es um die Praxis des jeweils eigenen Lebens des betreffenden Denkers bestellt sein mag. Als Philosoph liest man Bücher und schreibt Texte; das Beten und Meditieren gehört nicht ins universitäre Seminar.

5. Die Thesen des vorliegenden Buches im Überblick über die Kapitel

Um dem Leser einen Eindruck davon zu verschaffen, worauf er sich einlässt, stelle ich die Hauptaussagen der Kapitel hier zusammen:

(1): Wer seinen Kinderglauben (d. h. die Sicht der Welt, die er als Kind durch Geschichten vermittelt bekam) wie eine Sammlung wissenschaftlicher Aussagen zu lesen versucht (wer ihn wissenschaftlich entweder kritisieren oder untermauern will), der verhält sich wie jemand, der einen elektronischen Schaltplan oder ein Schnittmuster konsultiert, um sich in der Altstadt von Barcelona zurechtzufinden. Religion und Wissenschaft haben grundverschiedene Funktionen.

(2): Der Punkt, an dem die Religion die Wirklichkeit berührt, ist die Lebenserfahrung, nicht die Laborerfahrung der Naturwissenschaften. Die lebensverändernde Kraft der religiösen Erfahrung macht die Realität oder Wahrheit dessen aus, was die Religion lehrt. Diese Erfahrung kann als ‚mystisch' bezeichnet werden, wenn dadurch nicht übersehen wird, dass sie keine isolierbare Empfindung ist, auch keine Bekanntschaft mit besonderen esoterischen Gegenständen.[23] Sie betrifft größere Lebensspannen und muss sich im menschlichen Alltag bewähren.

(3): Aus Wittgensteins Spätphilosophie können wir lernen, dass es hochbedeutsame Erfahrungen gibt, die keine Erfahrungen *von Gegenständen* sind. Das zeigt sich am Beispiel der Schmerzerfahrung: In einem vergleichbaren Sinn kann auch die religiöse Erfahrung *ungegenständlich* genannt werden, obwohl sie zugleich lebensverändernd ist. Diese zweite Eigenschaft genügt, um sie real und wichtig zu machen; dafür ist es nicht nötig, vorher die Existenz eines inneren oder äußeren (‚transempirischen') Gegenstandes festzustellen.

(4): Der Buddhismus als ein Weg, sich auf die leidvollen Seiten des Lebens richtig einzustellen, lässt sich in seiner ursprünglichen Form als eine nicht vergegenständlichend verfahrende Religion verstehen; spezieller: als eine Religion ohne einen personalen Gott. Aus dem Buddhismus stammende Meditationstechniken (zu denen es Entsprechungen im Christentum und in anderen Religionen gibt) sollen religiöse Erfahrungen begünstigen, können sie aber nicht erzeugen. Auch diese Erfahrungen sind in vielen typischen Fällen ungegenständlich.

(5): Der vielfach für die Religion als konstitutiv angesehene Schritt zur Transzendenz lässt sich aus der hier erarbeiteten Perspektive als ‚Gestaltwandel' verstehen: ‚Das Ganze' verändert sich, obwohl alles Einzelne gleich bleibt. Die Unverfügbarkeit eines solchen Gestaltwandels macht verständlich, warum hier von einem ‚Glauben' und von ‚höheren Mächten' gesprochen werden kann, wobei mit Bezug auf die zuletzt genannte Redeweise aber immer wieder vor einem vergegenständlichenden Missverständnis gewarnt werden muss (christlich gesprochen: vor der Herstellung eines Götzen).

(6): Keine der vorausgehenden Thesen lässt sich als Argument gegen eine theistische (z. B. christliche) Sprache verstehen. Vielmehr wird klar, dass das in den Religionen unvermeidlich *gleichnishafte* Sprechen immer eine Pluralität von Ausdrucksweisen zulässt (also *auch* personale Redeweisen), deren Sinn jeweils nur von Fall zu Fall überprüft werden kann. Dasselbe gilt für die Frage, ob zwei Ausdrucksweisen (aus derselben oder aus verschiedenen Religionen) in einem bestimmten Kontext lebenspraktisch als äquivalent zu betrachten sind oder nicht. Diese Frage lässt sich nicht durch einen neutralen Bezug auf unabhängig zu denkende Gegenstände entscheiden.

(7): Das vorgetragene Religionsverständnis macht sowohl die Unbedingtheit religiöser Sichtweisen verständlich, die zu Märtyrertum und Terrorismus führen kann, als auch die Vielfalt solcher Sichtweisen. Nötig erscheint daher nicht ein als Toleranz verkleidetes Desinteresse, sondern ein Dialog zwischen den Religionen, in dem jeder Teilnehmer aus der Perspektive der ersten Person spricht. Die so genannten ‚Werte' sind integrale Bestandteile von Lebensverständnissen, wie sie typischerweise in Religionen artikuliert werden. Sie lassen sich nicht zu sozial nützlichen Medikamenten herunterstufen, die zur Einnahme ‚nach dem Essen' verschrieben werden könnten und die den Hauptgang des ‚sonstigen Lebens' unberührt lassen. –

Bei Woody Allen finden wir die Aussage: „Nicht nur gibt es keinen Gott, sondern versuchen sie mal am Wochenende einen Klempner zu kriegen!"[24] Wer hier lachen kann, offenbart, dass er einen wichtigen philosophischen Punkt intuitiv bereits verstanden hat: Wenn Gott existiert, dann existiert er nicht so, wie der Klempner Müller existiert. Wer über diese Intuition hinauskommen und erfahren möchte, was dahinter stecken könnte, dem sei dieses Buch ans Herz gelegt!

**Erstes Kapitel
Wissenschaftlich untermauerter Kinderglaube?
Das Projekt einer ‚natürlichen Religion' bei David Hume**

Dieses Kapitel soll zeigen, dass das Projekt einer ‚natürlichen Religion' im Sinne des Bemühens, das Einleuchtende an religiösen Vorstellungen mit Hilfe der *wissenschaftlich* verstandenen Vernunft zu begründen, in seiner paradigmatischen Gestalt bei David Hume auf den vergeblichen Versuch hinausläuft, einen Kinderglauben mit wissenschaftlichen Argumenten zu untermauern. Die These lautet, dass ein solches Projekt scheitern muss, weil es Unvereinbares zu verbinden sucht. In einem ersten Schritt auf diesem Weg muss ein Stück weit geklärt werden, was unter einem ‚Kinderglauben' zu verstehen ist; als Ausgangspunkt dafür dienen hier Beobachtungen des Kinderpsychotherapeuten Bruno Bettelheim über den Nutzen der Märchen.[25] Es ist einerseits kein Zufall, dass gerade diese Sprachform in den Blick gerät. Wer deshalb aber befürchtet, hier würden die Erzählungen der Religionen ohne Umschweife als ‚Märchen für Erwachsene' behandelt, sollte seine Empörung noch so lange vertagen, bis unser Verständnis davon, was Märchen sind und leisten, mit Bettelheims Hilfe verbessert wurde. Der Vergleich soll an dieser Stelle also nicht leugnen, dass es neben den Ähnlichkeiten auch wichtige Punkte geben könnte, in denen sich religiöse Erzählungen von Märchen unterscheiden.

1. Was ist ein Kinderglaube? Bruno Bettelheim über die Märchen

Bettelheim hat beobachtet, dass das Anhören von traditionellen Volksmärchen für die Entwicklung von Kindern eine entscheidende Hilfe sein kann. Ein einleuchtendes Beispiel liegt etwa dort vor, wo einem Kind eines der Märchen erzählt wird, in denen eine böse Stiefmutter auftritt, z. B. das Märchen vom Schneewittchen. Dabei erweist es sich als besonders hilfreich, wenn die Mutter selbst die Erzählerin ist. Wie können wir diese hilfreiche Rolle verstehen?

Nach Bettelheims Deutung hilft diese Konstellation dem Kind dabei, sich ohne erdrückende Ängste der Tatsache bewusst zu werden, dass es in einem bestimmten Alter seiner Mutter gegenüber neben den vertrauten Liebesgefühlen neuerdings auch Hassgefühle empfindet. Dass es die Mutter selbst ist, die das Hassgefühl vermittels des Märchens zur Sprache bringt und die den problematischen Sachverhalt durch den Akt des Erzählens vom Bereich der dunklen, handlungshemmenden Gefühle in das Gebiet des sozial Geteilten, des öffentlich Wahrgenommenen und von ihr selbst Zugelassenen herübertransportiert, ermöglicht eine gemeinsame Anerkennung, ein ‚öffentliches' Für-wahr-halten dieses zunächst bedrohlichen Sachverhalts. Dadurch werden die mit den Hassgefühlen verbundenen Ängste und Unsicherheiten vermindert. Was die Mutter selbst ausspricht und insoweit ‚anerkennt', kann für das Kind nicht wirklich gefährlich werden, solange sie eine liebevolle Verbündete bleibt.

Nach dieser Deutung gewinnt das Kind durch den Inhalt der Geschichte und die besondere Erzählsituation eine differenziertere Wahrnehmung und ein verbessertes Verständnis seiner Lage, seiner kleinen sozialen ‚Welt', und dieser Fortschritt zeigt sich unmittelbar in der praktischen Fähigkeit des Kindes, mit den eigenen gemischten Gefühlen umzugehen. Die Ausgangslage ist also eine für das Kind problematische Situation, in die es durch unvermeidliche Reifungsprozesse hineingewachsen ist. Ein älteres Bild von seiner Lage gerät ins Wanken; es empfindet neuerdings in manchen Situationen Wut und Hass auf die geliebte Mutter, ihr Handeln erscheint ihm ‚böse'. Ein vorher bestehendes naiv-harmonisches Situationsverständnis wird durch das Auftauchen neuer Gefühle erschüttert, und das Märchen verhilft zu einer differenzierenden Erweiterung des alten Verständnisses.

Im Beispielfall verhilft die Erzählung des Märchens dem Kind dazu, die neuen negativen Gefühle nicht zu verleugnen. Die Mutter kennt sie, und indem sie in aller Freundlichkeit eine Geschichte davon erzählt, verhilft sie dem Kind zu dem Vertrauen, dass man damit gemeinsam schon klarkommen wird. Die früher so nicht aufgetretenen gemischten Gefühle in nahen Beziehungen gehören offenbar zum Leben. Sie brauchen keine Ängste auszulösen, weil es angemessene Formen gibt, mit ihnen umzugehen, sich zu ihnen ‚einzustellen'.

Für das Thema der Religion sind an diesem Beispiel mehrere Punkte bemerkenswert: Erstens sehen wir hier zwei verschiedene Ebenen, auf denen das Märchen vom Kind verstanden wird, d. h. auf denen es mit ihm ‚etwas anfangen kann'. Es gibt einmal die

1. Was ist ein Kinderglaube? Bruno Bettelheim über die Märchen

Ebene der Fabel, die wörtliche Inhaltsebene dessen, was z. B. über die Erlebnisse von Schneewittchen berichtet wird. Das Verstehen erfordert hier u. a. die Kenntnis der Bedeutungen der vorkommenden Wörter. Und wenn Bettelheim mit seinen Gedanken über die Funktion und den Wert der Märchen im Recht ist, gibt es darüber hinaus eine Ebene des praktischen ‚Nutzens der Verzauberung'. Dieser besteht nun aber keineswegs allein darin, dass es für das Kind ein Vergnügen und eine schöne Erfahrung von mütterlicher Zuwendung ist, ihrem Erzählen zuzuhören. Das mag so sein, aber darüber hinaus haben wir hier eine zweite *inhaltliche* Ebene, auf der ein Gehalt (richtig oder falsch) verstanden werden kann, so dass dieses Verständnis im guten Fall eine helfende Rolle spielt. Auf der zweiten Inhaltsebene geht es um die Rolle der Geschichte für die Orientierung des kleinen Zuhörers, für seine Fähigkeit, sich in seiner komplexer gewordenen Lage zurechtzufinden.

Im betrachteten Beispiel lernt er etwas Wichtiges und für ihn selbst unmittelbar praktisch Wirksames, ihn Befähigendes, über gemischte Gefühle. Würde man (z. B. in einem falschen Verständnis des Projekts der Aufklärung) gegen die Tradition des Erzählens solcher Märchen einwenden, sie entsprächen nicht der Wahrheit (im Sinne der Aussage, die Person Schneewittchen habe es in Wirklichkeit nie gegeben) und sie sollten deshalb aus allgemeinen pädagogischen Gründen nicht erzählt werden (z. B. weil jede Art von Unwahrheit den Charakter verderbe), dann wäre auch die von Bettelheim herausgearbeitete und erörterte Orientierungsfunktion mit diesem Schritt preisgegeben. Die Inhalte dieser zweiten Ebene (in unserem Fall: die Orientierung im Gefühlsleben bei nahen Beziehungen), an der auch ein aufgeklärter Geist ein Interesse haben muss, wären zugunsten einer alleinigen Betrachtung der Ebene der Fabel fallen gelassen.

Bettelheim berichtet, dass diese Orientierungsfunktion der tradierten Märchen nicht nur häufig übersehen wird, sondern dass es darüber hinaus vorgekommen ist, dass sie unbemerkt und ohne Absicht zerstört wurde. Besonders in den USA war es nämlich eine zeitlang üblich, die tradierten Volksmärchen zu bearbeiten, um sie dadurch (wie man meinte) für die kleinen Zuhörer geeigneter zu machen. Hier hat er insbesondere den gut gemeinten Impuls im Auge, die kindliche Seele zu schützen, indem man die typischerweise enthaltenen Grausamkeiten (z. B. das Böse an der Stiefmutter oder das Zimmer mit den getöteten Bräuten des Ritters Blaubart) aus den alten Märchen tilgt oder zumindest abmildert.

Auf der Ebene der *Funktion* des Erzählens ist aber das Resultat eines solchen Eingriffs, dass der Orientierungsnutzen der Geschichte verloren geht. Was übrig bleibt, ist eine harmlose Zerstreuung ohne einen darüber hinausgehenden Wert, weil das Brisante derjenigen kindlichen Situation, die das Märchen angemessen wahrzunehmen und zu verarbeiten helfen sollte, in der veränderten Fabel keine Entsprechung mehr findet. Interessanterweise berichtet Bettelheim, dass Kinder, denen man ein so ‚entschärftes' Märchen vorgesetzt hatte, auf der ursprünglichen Version bestehen. Sie entscheiden sich offenbar für die unbearbeiteten Fassungen, deren Gestalt sich nicht aus den Vorstellungen der zeitgenössischen Pädagogik ergeben hat, sondern aus langen Erzähltraditionen, die einen kulturellen Bewährungsprozess hinter sich haben.[26] Die kleinen Zuhörer lassen also die verniedlichenden Versionen, die scheinbar kindgerechteren Fassungen, links liegen. Nicht nur haben die Märchen einen Nutzen, die Kinder sind offenbar auch in der Lage, die für sie wahrhaft nützlichen von den bloß zerstreuenden Fassungen praktisch zu unterscheiden.

Zweitens ist hervorzuheben, dass der Orientierungswert der Geschichten offensichtlich nicht davon abhängt, dass die Zuhörer sagen können, worin er besteht (und entsprechend hängt auch ihre Fähigkeit, die ‚richtigen' Geschichten auszuwählen, von dieser höheren sprachlichen und intellektuellen Kompetenz nicht ab). Die Geschichten können ihre orientierende Rolle auch dann spielen, wenn die Zuhörer zu ihnen noch nicht anders als praktisch Stellung nehmen können, etwa mit dem Wunsch, sie zu hören. Es braucht sich nicht um einen von ihnen *begründbaren* Wunsch zu handeln, um eine *verstandene* Funktion, die in eigenen Worten erläutert werden kann, zu schweigen von einer abstrakten oder theoretischen Stellungnahme zu dem, was ihnen die jeweilige Geschichte bedeutet. Dem entspricht, dass auch die gewonnene Orientierung eine *praktische* ist. Im vorliegenden Fall ist sie die Überwindung oder Linderung der aus unklaren Hassgefühlen resultierenden Ängste, die das Kind einer Person gegenüber empfindet, die es liebt und von der es zugleich völlig abhängig ist. Die Orientierung ist ein *praktisches* Wissen oder *Können* (mit einem hilfreichen englischen Ausdruck gesagt: ein ‚knowing-how'), also ein Zurechtfinden in der eigenen Lebenssituation mit ihren zunächst beängstigenden Handlungsimpulsen. Sie ist auf dieser Stufe kein Wissen, *dass* etwas der Fall ist (kein ‚knowing-that') im Sinne des Kennens eines durch deskriptive Aussagen oder durch eine Theorie zugänglichen Sachverhalts.

1. Was ist ein Kinderglaube? Bruno Bettelheim über die Märchen

Drittens fällt auf, dass Bettelheim an manchen Stellen ‚die Moral von der Geschichte', d. h. seine als Therapeut gegebene wissenschaftliche Auskunft über die praktische Rolle eines bestimmten Märchens, mit sprachlichen Mitteln desselben Typs formuliert, die auch das Märchen anwendet. Beispielsweise formuliert er die ‚Botschaft' einer Reihe von Märchen vom Typus der ‚Zwei Brüder' Geschichten mit den Worten: „Sie besagen, daß eine zerstörerische ödipale Bindung daran schuld ist, wenn wir unsere Flügel nicht ausbreiten und nicht aus dem Nest fliegen."[27] Wenn Bettelheim hier vom Ausbreiten der Flügel und dem Verlassen des Nestes spricht, können wir uns fragen, ob der wissenschaftliche Experte an dieser Stelle versehentlich einer poetischen Neigung nachgibt, ob ihm eine bildhafte Ausdrucksweise an einer Stelle unterlaufen ist, an der eigentlich theoretische Termini einer psychoanalytischen Theorie stehen sollten, oder ob die Wahl dieser Sprachform in der Sache begründet ist. Zu einer parallelen Frage lädt auch der Ausdruck ‚ödipale Bindung' ein. Er klingt schon eher wie ein wissenschaftlicher Terminus. Aber auch hier legt sich die Frage nahe, ob der Bezug auf die antike Geschichte vom König Ödipus ein unwesentlicher Zug der eigentlich wissenschaftlich gemeinten Terminologie ist oder ob wir auch hier einen Fingerzeig darauf haben, dass es Seiten der menschlichen Lebenswirklichkeit gibt, die sich grundsätzlich nicht anders als in Geschichten oder anderen poetischen Formen artikulieren lassen, oder, vorsichtiger gesprochen, bei denen die theoretischen Formulierungen der Pädagogik oder der Psychologie den traditionellen nicht-theoretischen Ausdrucksformen gegenüber nicht im Vorteil sind.

Viertens schließlich ergibt sich, dass die Frage der Angemessenheit einer solchen Geschichte sich nicht auf der Ebene allein der Fabel, d. h. ihres wörtlichen Inhalts stellt, sondern die Einbeziehung dessen verlangt, was durch die Fabel vermittelt wird, was die Kinder aus ihr für das Verständnis ihrer Lage gewinnen. Das heißt nach der oben eingeführten Terminologie: Die Angemessenheit einer solchen Geschichte entscheidet sich auf der ‚zweiten Inhaltsebene'; dort ist im positiven Fall ihre eigentliche, tiefere Wahrheit zu suchen. Auf dieser Ebene ist zu entscheiden, was an der Fabelerzählung ‚richtig' oder angemessen ist, z. B. wenn es darum geht, ob eine Bearbeitung der unbearbeiteten Fassung wirklich vorgezogen werden sollte, eine Frage, die Bettelheim für die von ihm erörterten Fälle klar verneint. Wie angedeutet ist es aber durchaus klärungsbedürftig, mit welchem Vokabular man über die funktionale Rolle solcher Geschichten sprechen kann, ob es dazu notwendigerweise eine Theorie geben muss, die die fraglichen Inhalte selbständig und ‚unpoetisch' formuliert, und ob und in welcher Hinsicht eine solche Theorie den traditionellen Ausdrucksformen überlegen ist.

Was kann es vor diesem Hintergrund heißen, von einem religiösen *Kinderglauben* zu sprechen? Das erste Verständnis von der Religion (und durch sie hindurch: von der Lage des Menschen in seiner jeweiligen Welt) bildet sich für denjenigen, der es überhaupt ausbildet, normalerweise im Kindesalter, wobei es für die hier interessierenden Fragen gleichgültig ist, ob dieser Prozess oberflächlich und bruchstückhaft ist oder ob er (als das Resultat einer ausdrücklichen religiösen Erziehung) einen tieferen und abgerundeten Charakter hat. Entsprechend signalisiert der Ausdruck ‚Kinderglaube' dort, wo er kritisch auf Erwachsene angewendet wird, die aufklärerische Überzeugung, dass man im Verlaufe des Heranwachsens sein kindliches Verständnis seiner selbst und der Welt (sei es nun ausdrücklich von der Religion vermittelt oder nicht), überwinden, dass man es hinter sich lassen sollte. Insbesondere sollte man sich als Erwachsener keinen Illusionen hingeben, so trostreich sie auch sein mögen.

Wie ist eine solche Überwindung zu denken? Es scheint dafür grundsätzlich zwei Möglichkeiten zu geben. Das einfachste Bild, das man sich von einem solchen Entwicklungsschritt machen kann, ist das einer *Ersetzung* von etwas Falschem durch etwas Wahres. *Glaubte* man als Kind z. B., ein gütiger Gott habe die Welt erschaffen und werde einen beschützen, so *weiß* man als Erwachsener, dass unser Universum durch ein physikalisches Ereignis (den so genannten ‚Urknall') entstanden ist und dass der daran anschließende historische Verlauf (‚die Evolution') kein Akteur, keine Person ist, von der man sagen könnte, sie würde die einzelne Person vor Leid und Tod (oder die Menschen untereinander vor Grausamkeit und Sadismus) beschützen. Den Schritt aus der Religion heraus denkt man sich bei diesem Bild als analog zu dem Schritt, mit dem zur Zeit unserer Großeltern der falsche Glaube an den Klapperstorch zugunsten physiologischen Tatsachenwissens aufgegeben wurde. Das, was wir im Zusammenhang mit den Märchen als die ‚zweite Inhaltsebene' kennen gelernt hatten, fällt bei dieser Betrachtung heraus; diese Art des Blicks übersieht diese zweite Ebene des Inhalts oder hält das auf ihr Artikulierte für eine schönfärberische Täuschung, die man beim Erwachsenwerden hinter sich zu lassen habe.

1. Was ist ein Kinderglaube? Bruno Bettelheim über die Märchen

Nach dieser Vorstellung schreitet der Heranwachsende also vom Glauben zum Wissen fort. Dabei ist eingestanden, dass es Bereiche gibt, in denen sich sicheres Wissen (noch) nicht erlangen lässt; hier bleiben (neben der skeptischen Urteilsenthaltung) auch für den erwachsenen Menschen nur mehr oder weniger gut begründete Vermutungen, Intuitionen, Hypothesen, etc., deren Gesamtheit dann dasjenige ausmacht, was auch der Erwachsene nur ‚glaubt‘ aber nicht ‚weiß‘. Philosophisch gesprochen: Das Wort ‚glauben‘ bezeichnet nach diesem Verständnis einen ‚epistemischen Modus‘, nämlich ein eingeschränktes Für-wahr-halten. Hieraus ergibt sich unmittelbar die Auffassung, dass es auch dort, wo der *religiöse* Glaube vor dem erwachsenen Blick auf dem Prüfstand steht, um die Frage geht, wie gut gewisse Vermutungen und vermeintliche Wissensbestände (Hypothesen, Postulate) begründbar sind, die auf bloßes Hörensagen (auf tradierte ‚Geschichten‘) zurückgehen, nicht auf wissenschaftliche Forschung.

Wir haben erstens also das Modell der *Ablösung* einer Gruppe von Überzeugungen durch eine andere Gruppe: Ein späterer (aufgeklärter) Zustand löst einen früheren dadurch ab, dass irrige durch richtige oder besser fundierte Meinungen ersetzt werden. Die ‚Überwindung‘ des Kinderglaubens ist der Austausch falscher (oft leicht zu begreifender und zugleich tröstlicher, aber letztlich unwahrhaftiger) Vorstellungen durch richtige (‚aufgeklärte‘, nüchterne, wissenschaftliche). Es ist eine Sache der intellektuellen Redlichkeit, diesen Schritt des Austauschens entschlossen zu gehen.

Es gibt aber noch andere Möglichkeiten. Auch wenn man durchaus an der These festhalten will, der Herangewachsene solle möglichst in der Lage sein, zu seinem als Kind erworbenen Verständnis der Welt, wie es sich u. a. in den Aussagen einer Religion artikulieren kann, Stellung zu nehmen und es zu anderen Zweigen seiner erweiterten geistigen Welt ausdrücklich in Beziehung zu setzen, braucht die Klärung dieses Verhältnisses nicht nach dem Muster der Ersetzung zu erfolgen.

Eine zweite Weise nämlich, in der man die Veränderung auffassen kann, die vom naiven Leben in einem Kinderglauben zu einer erwachsenen Orientierung führt, ist keine Ablösung, sondern eine *Erweiterung* der als Kind erworbenen Sehweise. Die alte Sicht wird nicht einfach ausgetauscht und durch eine neue Sicht ersetzt, sondern sie wird ergänzt. Dabei entsteht allerdings die Aufgabe, die neuen Inhalte und Wissensformen zu den älteren Teilen in eine überzeugende Beziehung zu setzen. Wer neue Arten von Orientierungen hinzugewinnt, sollte verstehen, wie sie sich zu den bereits vorhandenen verhalten. In welchem Licht erscheinen die alten Märchen, wenn man sie zum neu erworbenen (z. B. wissenschaftlichen) Wissen in Beziehung setzt? Sind sie einfach nichts mehr wert (wie das Ersetzungsmodell sagt), oder haben sie eine bleibende, wenn auch eine andere Funktion als das neue Wissen?

Eine solche Erweiterung kann dazu führen, dass die älteren Orientierungshilfen beibehalten, aber neu verstanden werden. Sie erfordert aber in jedem Falle, dass man sich klarmacht, worin sich die *Arten* der fraglichen Orientierungen voneinander unterscheiden und in welchem Verhältnis sie zu einander stehen. So wird jemand vielleicht an der christlichen Schöpfungsgeschichte als Teil seiner Orientierung festhalten, wird sie als normal gebildeter Erwachsener aber so deuten wollen, dass sie physikalischen und entwicklungsgeschichtlichen biologischen Theorien, sofern er diese für gut belegt hält, nicht widerspricht. In diesem Sinne geht es beim zweiten Typus der Überwindung des Kinderglaubens um eine Zusammenschau der verschiedenen Bereiche oder ‚Ebenen' einer geistigen Welt. Es wird nicht *ein* System von Überzeugungen durch ein anderes System ersetzt, es werden also in den für unser Thema einschlägigen Fällen nicht falsche (naive, kindliche) Vorstellungen mit besseren (überprüften, wissenschaftlichen) ausgetauscht, es werden auch nicht nur ergänzende Informationen hinzugefügt, sondern es bestehen mehrere Orientierungsformen nebeneinander, so dass die Aufgabe entsteht, die Möglichkeit dieses Nebeneinander zu durchschauen. Dies erfordert nicht, dass am Ende ein umfassendes Gesamtbild auf einer einzigen ‚Ebene' entsteht, sondern dass die Art der Zusammengehörigkeit verschiedenartiger Bilder verstanden wird. Dazu gehört mit Bezug auf die Märchen, dass die erste von der zweiten Inhaltsebene bewusst unterschieden werden kann. Ob die zweite Ebene einen Wert hat, ob sie etwas Treffendes zu verstehen gibt, kann nicht durch Argumente, die sich allein auf die Wahrheit der ersten Ebene beziehen, beurteilt werden.

Der Grund dafür, dass ein bloß ersetzendes Vorgehen als unbefriedigend erscheint, besteht also in der Tatsache, dass die Überzeugungen, um die es geht, nicht alle ‚auf derselben Ebene' liegen. Das Kind kann seine Lektion über das Zusammenbestehen von Liebe und Hass gelernt haben und als Erwachsener beibehalten, ohne zu glauben, dass es die böse Stiefmutter aus ‚Schneewittchen' und die erzählten Mordversuche im historisch-faktischen Sinne wirklich gegeben hat. Die *Lehren* der zweiten Inhaltsebene werden

1. Was ist ein Kinderglaube? Bruno Bettelheim über die Märchen

bewahrt, ohne dass die Geschichte auf der Fabelebene als *Tatsachenbericht* missverstanden wird. Hier kann auch der Fall der Schöpfungsgeschichte als Beispiel dienen. Wenn jemand es für möglich hält, auch in einem wissenschaftlich bereicherten Bild von seiner Lage in der Welt die christliche Schöpfungsgeschichte als hilfreiche Orientierung zu sehen (indem sie z. B. die Möglichkeit artikuliert, in der Welt beheimatet zu sein), dann kann das, was sie ausdrückt, für ihn nicht auf derselben Ebene liegen wie der Inhalt z. B. der neuesten wissenschaftlichen Theorien über den ‚Urknall'. Wie bei den Märchen hätten wir im Fall der Schöpfungsgeschichte also eine ‚zweite Inhaltsebene' vor uns, und auf dieser wäre für den Erwachsenen die Frage nach der Angemessenheit oder Wahrheit zu entscheiden, was freilich voraussetzt, dass er (anders als das Kind) beide Ebenen unterscheiden kann. Sehen wir unsere Lage richtig oder machen wir uns etwas vor, wenn wir uns auf der Welt heimisch fühlen und danach handeln? Die Betrachtung der wörtlichen Fabelebene würde für diese Entscheidung nicht ausreichen; die ‚zweite Inhaltsebene' muss berücksichtigt und von der Fabelebene unterschieden werden.

Ein solcher Blick geht davon aus, dass die Orientierungsfragen, auf die die christliche Geschichte und die kosmologische Theorie jeweils Antworten darstellen sollen, verschieden sind. So ähnlich, wie das Märchen vom Schneewittchen dem jungen Zuhörer dabei half, mit seiner Lage umzugehen, deren Problem in der Gleichzeitigkeit von Liebes- und Hassgefühlen gegenüber der Mutter bestand, so kann die christliche Geschichte eine Antwort auf die Frage offerieren, wie meine ‚Lage in der Welt' hinsichtlich meiner Ängste z. B. vor Krankheit und Tod zu beurteilen ist und wie ich mich auf diese Aspekte meiner Lage angemessen einstellen kann. Sie könnte z. B. gelesen werden als Artikulation der Erfahrung, man könne eine Einstellung gewinnen, die es einem ermöglicht, trotz dieser bedrohlichen Seiten auf der Erde beheimatet zu sein. Diese Erfahrung ist beim Erwachsenen sehr viel differenzierter als bei einem Kind und daher auch auf eine andere Weise anfällig. Sie speist sich aus anderen Quellen, vor allem einem längeren und reichhaltigeren Leben, das ohne den Schutz der Eltern auskommen musste. Die kosmologische Theorie dagegen operiert in einem ganz anderen Kontext, der zwar ebenfalls auf ein Handeln zielt, auf ein ‚Zurechtkommen', bei dem das mögliche Scheitern aber von ganz anderer Natur ist. Eine solche Theorie kann z. B. eine Hilfe für die Entscheidung sein, ob es sinnvoll ist, einem auf den Mars geschickten Roboter ein bestimmtes Messgerät einzubauen oder nicht; das Scheitern des zu ergreifenden Schritts kann eine Funktionsuntüchtigkeit des Messgeräts mit dem daraus folgenden finanziellen Verlust sein, aber keine existentielle Heimatlosigkeit, bei der es sich um ein Scheitern in einem ganz anderen Sinn handelt.

Wir können also feststellen, dass es verschiedene Bereiche gibt, in denen wir in unterschiedlichem Sinne davon sprechen, wir hätten ein Verständnis der Welt und unserer Rolle darin. Zwei (zunächst nicht weiter differenzierte) Klassen von Artikulationen solcher Verständnisse hatten wir betrachtet, das Märchen und die Schöpfungsgeschichte einerseits und die kosmologische wissenschaftliche Theorie auf der anderen Seite. Daraus entsteht die Aufgabe, zu klären, wie sich die zugehörigen Artikulationen zu einander verhalten: Stehen sie in einer Konkurrenzbeziehung, ist die eine die veraltete Form der anderen, oder muss jede Artikulationsform nach ihrem eigenen Recht beurteilt werden?

Der Anschein einer Konkurrenzbeziehung kann in Fällen entstehen, in denen jemand in dem Sinne seinen kindlichen religiösen Blick auf die Welt um jeden Preis beibehalten will, dass er sich weigert, eine Ebenendifferenzierung anzuerkennen, aus der Angst heraus, sonst das zu verlieren, was ihm diese Sicht an Orientierung und Zufriedenheit ermöglicht. Er suspendiert auf dem begrenzten Gebiet der Religion sein eigentlich vorhandenes rationales Urteilsvermögen, um sich vor seinen eigenen kritischen Fragen zu schützen. Mit einer bekannten Metapher gesprochen: Er opfert seinen Verstand, er bringt ein *sacrificium intellectus*. Als seinen ‚Kinderglauben' kann man dann den Inhalt des geschützten, tabuisierten Bereichs bezeichnen, und hier hätte dieses Wort einen deutlich negativen Klang, weil es anzeigt, dass eine Aufgabe nicht in Angriff genommen wurde, zu deren Bewältigung die betreffende Person zumindest ein Stück weit in der Lage ist und die ihr von ihrer sozialen Umgebung zugemutet wird.

Nun hatten wir aber an den Beispielen der Märchen und der Schöpfungsgeschichte gesehen, dass die Überwindung des Kinderglaubens kein einfaches Austauschen der einen durch eine andere Orientierung ist. Vielmehr steht der Heranwachsende vor der Aufgabe, die beiden Bereiche so zusammenzuführen, dass sie sich in ihrer Orientierungsfunktion nicht gegenseitig behindern; er muss sich klarmachen, in welchen unterschiedlichen Kontexten die beiden Geschichten potentielle Antworten sind. Wenn wir uns nun die Möglichkeit vor Augen führen, dass die angesprochene Inte-

1. Was ist ein Kinderglaube? Bruno Bettelheim über die Märchen

grationsaufgabe nicht oder nur unvollkommen gelöst wird, dann erscheint es sinnvoll, das Wort ‚Kinderglaube' in einem weniger kritischen Sinne auch zur Bezeichnung derjenigen religiösen Inhalte zu verwenden, an denen eine bestimmte erwachsene Person selbst dann festhält, wenn sie diese Inhalte zu den anderen Gebieten ihrer geistigen Landschaft nicht in eine klare Beziehung setzen kann. Jemand behält in dem Sinne kindliche Reste in seinem Orientierungsverhalten bei, dass er das vielleicht durchaus zutreffende Gefühl hat, er würde sonst etwas Wichtiges verlieren, er selbst kann dies aber nicht zureichend erläutern. Wir sehen an dieser Möglichkeit, dass die angesprochene Integration ein Ideal darstellt, einen Zustand, der angestrebt aber nicht immer (und vielleicht nie vollständig) erreicht wird. Für den philosophisch denkenden Menschen ist das eine Herausforderung, für andere braucht diese Situation aber kein Problem darzustellen.[28]

Wir können daher im Bereich des Kinderglaubens verschiedene Varianten unterscheiden. Der ‚Literalismus' ist eine Position, deren Vertreter die fraglichen Aussagen wörtlich nehmen; er wird häufig auch als ‚Fundamentalismus' bezeichnet.[29] Es ist für ihn charakteristisch, dass er keine Ebenendifferenz anerkennen möchte, sondern alles wörtlich nimmt. Dies kann durchaus aus der richtigen Intuition geschehen, es gebe auf diesem Felde etwas zu verlieren.

Wir kommen damit auf eine Frage zurück, die sich oben schon gestellt hatte: Erfordert ein Bewusstsein von den verschiedenen Artikulationsformen (d. h. auch: ein Bewusstsein von der Integrationsaufgabe), dass der Erwachsene in der Lage ist, das von ihm für richtig gehaltene Verständnis der menschlichen Lebenssituation in ‚erwachsene', nicht-kindliche Worte zu kleiden und als richtig zu erweisen, zu rechtfertigen, zu erläutern? Lässt sich die kindliche von der erwachsenen Form der Verbalisierung solcher Inhalte so trennen, dass das Wort ‚Kinderglaube' zumindest insofern seinen negativen Beigeschmack behielte, als es die kindliche Ausdrucksform für einen Inhalt monieren würde, der als Auffassung eines Erwachsenen anders ausgedrückt werden sollte, möglicherweise sogar wissenschaftlich? Dieses Sollen kann (wie jedes Sollen) nur dann gelten, wenn das Geforderte auch möglich ist, und die Frage nach dieser Möglichkeit hatte sich oben bereits bei der Erörterung einer Formulierung von Bettelheim ergeben: Ist ihm bei der theoretischen Darstellung der Funktion einer Märchengruppe eine bildliche Ausdrucksweise nur *unterlaufen*, oder ist es so, dass bestimmte Arten von Inhalten gar nicht anders artikuliert werden können als durch die Erzählung von Geschichten, - ob diese nun von jungen Männern in einer Märchenwelt handeln oder von Vögeln, die aus dem Nest geworfen werden? Wenn dies Zweite der Fall wäre, wäre es unangebracht, jede Benutzung von Geschichten zur Artikulation einer Lage als Ausdruck eines ‚Kinderglaubens' zu bezeichnen.

Wir müssen diese Frage hier noch zurückstellen, wir merken aber vor, dass sich durchaus bezweifeln lässt, ob der Erwachsene sein Lebensverständnis grundsätzlich anders (besser, aufgeklärter, wissenschaftlicher) zum Ausdruck bringen kann als das Kind mit seinen Märchen und Geschichten. Es könnte sein, dass eine Ausdrucksform, die sprachlich als Artikulation eines ‚Kinderglaubens' erscheint (sowohl bei Kindern als auch bei Erwachsenen), in einem bestimmten Kontext treffender, angemessener, umfassender ist als z. B. ein wissenschaftlich orientiertes Überzeugungssystem, dem nun vielleicht umgekehrt Verarmung, philosophische Naivität oder erkenntnistheoretische Ahnungslosigkeit vorzuwerfen ist. Dann könnte dieses Wort in einem noch deutlicher positiven Verständnis gebraucht werden und für einen Bereich von Orientierungen stehen, zu denen es keine wissenschaftlichen Äquivalente gibt. Dazu könnten traditionelle Artikulationsformen wie Mythen, religiöse Erzählungen, Romane, Dramen und Gedichte gehören, aber auch ganz neuartige ästhetische Arten des Ausdrucks.[30]

Wir werden uns nun der ‚natürlichen Religion' in der Fassung des Entwurfs zuwenden, den David Hume in seinen *Dialogen* zeichnet.[31] Es wird sich zeigen, dass dieser Versuch die oben dargestellte Unterscheidung zwischen zwei Inhaltsebenen ignoriert. Er behandelt die Fabelebene als diejenige, auf der über den Wert der betrachteten Geschichte entschieden wird. Humes Untersuchung zur Möglichkeit der Stützung der Aussagen der Schöpfungsgeschichte bezieht sich daher auf einen Kinderglauben im pejorativen Sinne, d. h. auf einen Inhalt auf der ersten, der wörtlichen Ebene, der so gedacht ist, als würde er von einem Erwachsenen vorgetragen, der die zweite Inhaltsebene nicht kennt. Der Text von Hume behält in seiner kritischen Erörterung der Schöpfungsgeschichte so ausschließlich die Aussagen auf der wörtlichen Ebene im Blick, dass der Eindruck entsteht, der Gedanke an eine zweite Ebene sei ihm gar nicht in den Sinn gekommen. Das Scheitern auf dieser ersten Ebene kann aber für eine Beurteilung auf der zweiten Inhaltsebene, wie wir gesehen haben, nichts austragen.

2. Die ‚Dialoge über natürliche Religion': Hypothesen über die Entstehung der Welt

Humes Klassiker wird häufig unter der Fragestellung erörtert, ob sein Autor zu Gunsten oder zu Ungunsten der Religion Stellung nehmen wollte und ob eine der drei fingierten Personen, deren erdachte Gespräche das Buch ausmachen, die Meinung des Verfassers stärker zum Ausdruck bringt als eine der anderen. Da Hume eine Publikation des Buches erst für die Zeit nach seinem Tode erlaubte, ist es verständlich, dass gerade diese Fragen die Leserinnen und Leser beschäftigen: Können wir erschließen, was Hume selbst für richtig hielt? Diese Lesart birgt aber die Gefahr, dass sich der Interpret zu früh in dem Sinne auf die Fabelebene des Textes von Hume begibt, dass er, so als wäre er ein weiterer Gesprächspartner in der Runde, nur die Frage nach Recht und Unrecht der erörterten ‚Hypothesen' im Auge hat.

Wenn wir uns nun dem Text von Hume zuwenden, legt es sich dagegen auf Grund der gerade referierten Überlegungen Bettelheims nahe, von Anfang an die Frage mitzuführen, ob es im Kontext der Religion überhaupt um die Plausibilität von Hypothesen gehen kann. Es ist nämlich bemerkenswert, dass auch in Humes Werk immer wieder Proteste dagegen laut werden, und dass wenigstens andeutungsweise die Ebene der *Funktion* des Erzählens einer biblischen Geschichte von der Ebene der *buchstäblichen Wahrheit* der zugehörigen Fabel unterschieden wird. Die spezifische Art, wie dies bei Hume geschieht, ist freilich insofern mangelhaft, als der Funktionalitätsaspekt überwiegend in Gestalt der Frage auftaucht, welche Handlungsfolgen sich für einen Hörer ergäben, der die erörterte Erzählung auf der Fabelebene für wahr hielte. Wer sich in diesem wörtlichen Sinne an den christlichen Geschichten orientiere, so heißt es mehrfach bei Hume, der habe starke Beweggründe für ein moralisches Verhalten und eine mächtige Hilfe gegen die Gefahr der Verzweiflung in der Not, denn er müsse seine Bestrafung fürchten und dürfe auf seine Erlösung hoffen.[32] So verstanden ist aber die Frage, ob die Geschichte für einen bestimmten Hörer diese Funktion erfüllt, davon abhängig, ob er von ihrer Wahrheit auf der Ebene der Fabel überzeugt ist: Wer sie nicht ‚glaubt' (d. h. hier, wer in seiner Orientierung nicht von ihrer buchstäblichen Wahrheit ausgeht), für den kann sie die genannten moralischen und tröstenden Funktionen nicht haben. Dem gemäß hätte man *zuerst* die Wahrheitsfrage zu erörtern, erst danach könnte die Frage auftauchen, was die Orientierung an der Geschichte für den leisten kann, der von ihrer Wahrheit überzeugt ist. Es gibt aber auch Andeutungen bei Hume, die ein differenzierteres Verständnis der ‚Funktion' von Geschichten andeuten, das eher in die Richtung der oben erörterten zweiten Inhaltsebene zeigt. Die Ansätze zu solchen Überlegungen sollen am Ende dieses Abschnitts stark gemacht werden, damit sie uns später als Brücke zu einer Sicht auf die Religion dienen können, die sich von der ‚Mehrheitsmeinung' der Figuren Humes unterscheidet. Zunächst haben wir aber festzustellen, dass das Werk ganz überwiegend damit beschäftigt ist, mit humorvollen bis sarkastischen Mitteln zu zeigen, wie wenig mit einer Argumentation über die Wahrheit auf der Fabelebene zu gewinnen ist. Das Buch führt dem Leser in aller Deutlichkeit vor Augen, dass jedenfalls die vorliegende Version des Projekts einer ‚natürlichen Religion' unter dem irreparablen Fehler leidet, die Frage der Angemessenheit einer religiösen Sichtweise auf einer letztlich naturwissenschaftlich verstandenen Fabelebene anzusiedeln. Die Frage nach der Existenz Gottes wird als naturwissenschaftliches Problem verhandelt (wie heute bei Dawkins). Ob eine gültige, angemessene Orientierung durch die einschlägigen Erzählungen auch dann vermittelt werden könnte, wenn die Wahrheit auf der Fabelebene mit guten Gründen bestritten oder nicht einmal zum Thema gemacht würde, ist kaum Gegenstand der Erörterung.[33]

Dieser Fehler ist vor unserem abendländischen Hintergrund durchaus naheliegend und verständlich, weil die Fragen nach der Entstehung der Welt und nach der Existenz und der Natur der Götter bei uns seit je zusammenzugehören schienen und als Kernfragen der Religion galten, die allem Anschein nach durch die Fragen der Wissenschaften eine natürliche Fortsetzung finden können. Auch in anderen Kulturen gehören Weltentstehungsmythen zur Religion dazu, man kann sich aber klar machen, dass für eine solche Verknüpfung kein inhaltlicher Zwang besteht. Trotzdem ist dieser Zusammenhang bis heute für viele Leser so selbstverständlich, dass sie sich vom Artikel eines Wissenschaftsjournalisten über die neuesten Veränderungen in den Theorien der modernen Kosmologie (und neuerdings auch der Hirnforschung) auf vage Weise religiöse Einsichten versprechen, so wie sie umgekehrt die These plausibel finden, die kulturvergleichende Forschung habe festgestellt, dass manche der alten östlichen Weisheitstexte dasselbe behaupten wie moderne Physikbücher, obwohl die Erkenntnismetho-

2. Die ‚Dialoge über natürliche Religion': Hypothesen 31

den, die das moderne physikalische Weltbild konstituieren, nicht einmal in Ansätzen verfügbar waren.[34] Wo es um ‚den Kosmos' oder ‚das Universum' geht, scheint es (wenn man sich nicht fragt, was darunter verstanden wird) auch um Religion gehen zu müssen, weil es in beiden Fällen in einem unklar gelassenen Sinn ‚ums Ganze' zu gehen scheint.

Zu erkennen, dass unsere Kulturgeschichte diesen Gedanken eines Kontinuums zwischen wissenschaftlichen und religiösen Fragen nahe legt, heißt aber nicht, ihn für wahr zu halten. Es scheint im Gegenteil für einen angemessenen Zugang zur Religion sogar unvermeidlich zu sein, die Vorstellung von einer besonderen Nähe von wissenschaftlicher Kosmologie und Religion aufzugeben. Und Humes *Dialoge* können für die Gewinnung dieser Einsicht eine gute, wenn auch für manchen Geschmack vielleicht eine im Ausdruck etwas drastische Hilfe sein. Man kann Humes Buch so lesen, dass es gegen eine *falsche* Auffassung der Religion argumentiert, jedenfalls kann es zur Korrektur dieses Irrtums eine heilsame Medizin sein, was immer Hume selbst darüber dachte. Es zeigt nämlich, dass sich der Kinderglaube im Sinne eines wörtlichen Verständnisses der Schöpfungsgeschichte nicht mit Hilfe des naturwissenschaftlichen Denkens untermauern lässt. Denn das Fazit bei Hume lautet (ganz auf der Fabelebene verbleibend): „Die Ursache oder Ursachen der Ordnung im Universum besitzen wahrscheinlich irgendeine entfernte Ähnlichkeit mit menschlicher Intelligenz."[35] Aus der Perspektive eines religiösen Menschen ist das ein überaus dürftiges Ergebnis; die Hoffnung, den Kinderglauben wissenschaftlich fundiert zu finden, wird bitter enttäuscht.

Der Hauptstrang von Humes Argumentation wird durch zwei Grundentscheidungen festgelegt: Erstens lässt er Cleanthes, d. h. diejenige Figur, die das Projekt einer natürlichen Religion gegen die zwei anderen Disputanten verteidigt, unter Berufung auf John Locke sagen, „...daß der Glaube nichts anderes als eine besondere Form vernünftigen Denkens, Religion lediglich ein Zweig der Philosophie ist...", so dass man sich auf diesem Gebiet zu Recht „...stets einer Argumentationsweise bedient hat, die dem Prozeß der Wahrheitsfindung in der Moral, in der Politik oder in der Physik durchaus ähnlich ist."[36] Dies ist die Grundthese des Projekts der ‚natürlichen Religion', die sich an diesem Punkt noch als der eher harmlose Vorschlag lesen lässt, in einer philosophischen Diskussion auf das Übernatürliche im Sinne von Wundern, d. h. von Ereignissen, die als naturgesetzlich unmöglich angesehen werden, zu verzichten. Irritierend könnte für den heutigen Blick allerdings schon die zitierte Zusammenstellung von zwei normativen Disziplinen (Moral und Politik) und einer deskriptiven (Physik) wirken; wir können aber leicht zugeben, dass auch Moral und Politik ihre Arbeit ohne Rekurs auf Wunder tun können und sollen.

Die zweite Vorentscheidung besteht ihrerseits aus zwei Teilen, nämlich erstens aus der Festlegung der zentralen *Frage* der Religion, und zweitens aus einer sich daraus ergebenden etwas genaueren Spezifikation der *Methode*, die im eben genannten Schritt nur in Gestalt des Entschlusses in den Blick kam, die Grenzen zum Übernatürlichen nicht zu überschreiten. Was das zentrale Problem betrifft, optiert Hume für die Frage nach dem Ursprung der Welt. Ist ein göttlicher Schöpfer für ihre Existenz und ihre Eigenschaften verantwortlich, lässt sich die Welt als Resultat einer Planung, eines Entwurfs eines gütigen Gottes sehen oder nicht? Diese Frage versteht er kosmologisch, d. h. auf der Ebene der Fabel, in der von der Schöpfertat des christlichen Gottes erzählt wird, nicht auf der Ebene dessen, was uns die Erzählung der Fabel in einem nichtwörtlichen Sinne vielleicht zu verstehen gibt. Dies bedeutet nach unserem Blick auf Bettelheim: Hume erörtert die Schöpfungsgeschichte nicht auf der oben so genannten ‚zweiten Inhaltsebene', der Ebene des ‚Nutzens', den wir von ihr auch dann haben können, wenn wir sie nicht wörtlich verstehen. Ein Orientierungsnutzen, der dem vergleichbar ist, den die von Bettelheim betrachteten Kinder vom Hören der Märchen haben, kommt im Hauptstrang von Humes Argumentation nicht ernsthaft zur Sprache.

Dem entspricht, dass der zweite Teil von Humes Vorentscheidung die Wahl einer hypothetisch-deduktiven Methode in einem weiten, noch wenig festgelegten Sinn ist. Hume bleibt also stehen bei der Frage, was an naturwissenschaftlich beobachteten Fakten dafür und was dagegen spricht, dass die Welt, so wie sie den besten Vertretern der sich gerade neu entwickelnden Wissenschaften erscheint, das Werk eines allmächtigen und unbegrenzt gütigen Schöpfers ist. Das Hauptargument des Cleanthes, des Verteidigers einer solchen ‚natürlichen Religion', ist der Hinweis auf die Ordnung und Zweckmäßigkeit im Zusammenspiel der vielen Einzelphänomene im Universum, das im Englischen so genannte ‚*argument from design*'. Cleanthes sieht das Universum als eine große Maschine an, die aus vielen kleineren Maschinen besteht, die auf höchst subtile Weise zusammenspielen. Gott erscheint dann folgerichtig als der Erbauer, der Konstrukteur dieser wunderbar abge-

2. Die ‚Dialoge über natürliche Religion': Hypothesen 33

stimmten Vielfalt von Apparaten. Der Skeptiker Philo dagegen schlägt alternative Hypothesen vor, die er für ebenso wahrscheinlich oder sogar für plausibler hält, und er wirft die Frage auf, wie sie sich in ihrer Wahrscheinlichkeit gegeneinander (und gegen die Auffassung des Cleanthes) abwägen lassen.

Da wir heute schon auf eine längere Erörterung über die Eigenheiten der verschiedenen wissenschaftlichen Methoden zurückblicken können als Hume, überrascht es uns nicht, dass die von Cleanthes vorgetragenen Argumente zur Stützung der „religiösen Hypothese"[37] nicht überzeugen. Vor allem der phantasiebegabte Skeptiker Philo bringt viele alternative Hypothesen zur Sprache: Könnte die Welt nicht statt des einen auch mehrere Schöpfer haben? Sehen wir nicht überall in ihr Unvollkommenheiten, so dass es sich nahe legt, sie als den ersten, nicht zu Ende gebrachten Versuch eines kindlichen Schöpfergottes zu sehen oder (aus entgegengesetzter Richtung gedacht) als das peinlich unvollkommene Produkt eines senilen Gottes?[38] Ist sie vielleicht noch ganz anders entstanden, nämlich wie ein Baum aus einem Weltsamen, ist sie also ein großes Lebewesen, wie manche antike Vorstellungen annahmen, oder gibt es in der Materie selbst Ordnungsprinzipien, die die Hypothese vom Schöpfergott überflüssig erscheinen lassen?

Leider trifft man auch heute noch auf Versuche, die These von der Existenz Gottes auf eine an den empirischen Wissenschaften orientierte Weise zu verstehen, nach dem Vorbild beispielsweise der Frage, ob die Existenz eines bestimmten Himmelskörpers postuliert werden darf, wenn wir dazu allein indirekt, nämlich auf Grund von Beobachtungen veranlasst werden, die wir als seine kausalen Wirkungen interpretieren. Trotzdem legt ein aufmerksamer Leser die ‚Dialoge' mit dem Eindruck aus der Hand, es müsse in der Religion um ganz etwas anderes gehen. Diese Überzeugung findet, wie wir gleich sehen werden, sogar in Humes Text andeutungsweise Ausdruck. Denn es erscheint doch wenig plausibel, dass Sinn oder Unsinn, Vernunft oder Unvernunft in religiösen Dingen wirklich an der Frage hängen sollte, ob Gott in einem Sinne existiert, der vergleichbar ist der Existenz von postulierten, nicht direkt beobachteten Jupitermonden.[39] Muss der religiöse Mensch, der sich um der Argumentation willen bereit erklärt hat, das Thema ‚Wunder' für sein Gespräch mit der Philosophie auszuklammern, deshalb gleich eine quasi-naturwissenschaftliche Hypothese für wahr halten, wenn er auf seine Religion nicht verzichten will? Dies wird vielen Sympathisanten einer Religion abwegig erscheinen. Obwohl sich Humes Text fast ausschließlich mit der Abwägung solcher Hypothesen beschäftigt, gibt es in seinem Buch aber auch vorsichtige Ansätze für eine von diesem Hauptstrom abweichende Sicht.

3. Ausblick auf eine alternative Deutung: Demeas Mystik

Interessanterweise legt Hume der Figur des Demea nämlich einige Äußerungen in den Mund, die zumindest auf den ersten Blick geeignet erscheinen, Themen oder gar Thesen in den Vordergrund zu rücken, die aus heutiger Sicht als zukunftsweisend einzustufen sind. Das ist insofern überraschend, als diesem Dialogpartner schon in der rahmenartigen Einleitungsfiktion auf wenig schmeichelhafte Weise eine „starre, unbeugsame Rechtgläubigkeit"[40] zugeschrieben wird. Ferner ist er derjenige, der die Gesprächsrunde nach vergleichsweise spärlichen Äußerungen vorzeitig verlässt. So verwundert es nicht, wenn es von ihm heißt, er habe am wenigsten überzeugt.[41]

Was manche seiner Äußerungen für uns gleichwohl interessant macht, ist ihr Bezug zur menschlichen Lebenssituation mit ihren praktischen Fragen, die vom Problem der Bewahrheitung quasi-naturwissenschaftlicher Hypothesen zunächst weit entfernt zu sein scheinen. Beispielsweise thematisiert Demea gleich zu Beginn das Thema der religiösen Erziehung, von dem aus sich eine zwanglose Verbindung ziehen lässt zu der von Bettelheim eröffneten Thematik eines ‚Gebrauchs' von Geschichten, der, wie wir gesehen hatten, z. B. darin bestehen kann, dass sie das seelische Wachstum einer Person auch dann fördern können, wenn die Frage nach ihrer buchstäblichen Wahrheit gar nicht in den Blick gerät.

Ausdrücklich erklärt Demea sein *praktisches* Interesse an den erörterten Streitfragen.[42] Ferner spricht er die Themen ‚Frömmigkeit' und ‚Demut' an und thematisiert damit solche menschlichen Stellungnahmen zur Welt, die tiefer gehen und folgenreicher sind als es die Aneignung einer naturwissenschaftlichen Hypothese sein kann. Demea sagt auch, es sei „das Bewusstsein seiner [des Menschen, HJS] Schwäche und seines Elends",[43] aus dem heraus das Interesse an der Religion fließe, so dass die Frage angesprochen ist, worin denn ein *angemessener* Umgang mit der Schwäche und dem Elend bestehen könnte. Ferner wird er ausdrücklich als Mystiker bezeichnet;[44] damit ist der Aspekt des Geheimnisses im Bereich des

3. Ausblick auf eine alternative Deutung: Demeas Mystik

Religiösen angesprochen, der erläutert wird durch Demeas Hinweise auf die Grenzen des von Cleanthes praktizierten Analogiedenkens und, allgemein, auf die Grenzen der Sprache. Und mit dem Thema ‚Mystik' ist auch ein Kernbereich der religiösen *Erfahrung* angesprochen, also ein heute aktuelles Thema, das uns im nächsten Kapitel im Zusammenhang mit William James ausführlich beschäftigen wird. Um uns nun Humes Behandlung der beiden Themenkomplexe ‚Praxis' und ‚Mystik' anzunähern, werden wir die bei ihm immer wieder auftauchende These betrachten, in der Religion gehe es um Fragen, die vom Bereich unseres Alltagsverstandes besonders weit entfernt seien.

Zunächst ist darauf hinzuweisen, dass die These von der Alltagsferne in zwei ganz verschiedenen Versionen vorkommt, und dass Hume uns mit einem Schmunzeln dazu einlädt, zu beobachten, dass seine Protagonisten dies nicht immer bemerken. Auf der einen Seite wird sie nämlich vom Skeptiker Philo vertreten, wenn er beispielsweise darauf hinweist, dass wir keine Erfahrung mit dem Entstehen von Welten hätten; wir könnten in diesem Bereich nicht auf wiederholte Beobachtungen zurückgreifen, um zu entscheiden, welche von mehreren Hypothesen für den Fall unserer eigenen Welt am plausibelsten ist. Diese Tatsache ist für ihn ein Grund, das von Cleanthes verfolgte Projekt einer natürlichen Religion für hoffnungslos zu erklären, denn man könne die Begriffe sowohl unserer alltäglichen als auch unserer wissenschaftlichen Erfahrung nicht so weit ausdehnen, dass wir mit Hilfe von Analogien zu einer wohlbegründeten Meinung über die Entstehung des Universums gelangen könnten. Die von Philo gemeinte Alltagsferne und seine Art des Zweifels an der Verwendbarkeit der üblichen sprachlichen Mittel betreffen also zeitliche und räumliche Größenordnungen und die Wiederholbarkeit von Beobachtungen. Die Fragen, um die es Cleanthes geht, sind nach Philos Auffassung zwar im Prinzip durchaus wissenschaftlicher Art, die Vernunft übernimmt sich aber an ihnen. Dem Sinn dieses Einwandes entsprechend verteidigt Cleanthes sein Projekt einer natürlichen Religion gegenüber Philo mit dem Hinweis, was er wolle, sei nichts anderes als in wohlüberlegten Einzelschritten Hypothesen so abzuwägen, wie es auch sonst in der Wissenschaft, etwa bei Newton oder Galilei, geschehe.

Die zweite Version der These, in der Religion gehe es um Fragen, die vom Bereich unseres Alltagsverstandes besonders weit entfernt seien und daher sei die Alltagssprache auf ihrem Terrain mit Vorsicht zu benutzen, wird vom Mystiker Demea vertreten.

Nach seiner Auffassung ist dieses Terrain aber nicht wegen seiner Größe (weil es um ‚die ganze Welt' im Sinne ihrer raumzeitlichen Ausdehnung geht) oder wegen seiner zeitlichen Entfernung (weil es um ‚die Entstehung des Universums' geht, die lange zurückliegt) schwer zu fassen. Es ist nicht diese Art von Unzugänglichkeit, die Demea im Auge hat. Entsprechend fern liegt ihm die Auffassung Philos, die Gegenstände der Erörterung seien uns weitgehend unbekannt, so dass man gut daran täte, nichts über sie zu behaupten. Vielmehr klingt bei Demea an, dass er auf dem einschlägigen Gebiet sogar eine intime, besonders nahe Kenntnis beansprucht, und dass es gerade diese Nähe ist, die es ihm ermögliche, ja, die ihn geradezu verpflichte, darauf zu bestehen, dass die religiösen Gegenstände sich nur unvollkommen in Worte fassen ließen, die wir normalerweise auf alltägliche Dinge und auf Menschen in alltäglichen Situationen anwenden. In der verbreiteten räumlichen Metaphorik gesagt lautet die These Demeas also nicht, dass uns die einschlägigen Dinge so *ferne* stünden, dass die Worte nicht bis zu ihnen reichten, vielmehr meint er, die für einen ‚mittleren Abstand' gemachten Worte für alltägliche Gegenstände seien für etwas, das uns so *nahe* stehe, unangemessen.[45] Was ist nun aber der Gegenstand einer solchen vertrauten Kenntnis und wie können wir sie erwerben?

Wenn man die von Hume gewiss nicht zufällig gewählte, von den Protagonisten allerdings mit einiger Ambivalenz verwendete Etikettierung Demeas als ‚Mystiker' ernst nimmt, wird man als Antwort hier die Berufung auf religiöse *Erfahrungen* erwarten, auf ‚Gegenstände' eines besonderen ‚inneren' Gewahrseins. Ein Mystiker ist jemand, der meint, im Bereich des Religiösen unmittelbar persönliche Erfahrungen gemacht zu haben, die für sein Leben von Ausschlag gebender Wichtigkeit sind und die nach allgemeiner Auffassung der Betroffenen zugleich die Eigenschaft haben, sich gar nicht oder nur schwer in Worte fassen zu lassen.[46] Es ist daher auffällig, dass Hume seine Figur des Demea von solchen Erfahrungen so gut wie nichts berichten lässt. Neben vereinzelten Bemerkungen z. B. über die ‚erhabene Gegenwart' Gottes[47] finden wir keinen Rückgriff Demeas auf die Quelle aller Mystik, auf die religiöse Erfahrung. Wo die Erfahrung in Humes Buch überhaupt ins Spiel kommt, erscheint sie als wissenschaftliche Erfahrung.

Betrachten wir nun den Skeptiker Philo, so sehen wir, dass Hume ihn einerseits nur scheinbar und wie zu dessen Verspottung mit Demea gemeinsame Sache machen lässt. Wenn auch Philo sich als Mystiker bezeichnet,[48] ist daher Vorsicht geboten, denn wir

3. Ausblick auf eine alternative Deutung: Demeas Mystik

hören aus seinem Mund auch die Einschätzung, Mystiker seien Atheisten ohne es zu wissen;[49] sie reden zwar (auf eher unverständliche Weise) von religiösen Dingen, sagen von ihnen aber zugleich, dass sie sich durch solche Reden nicht wirklich fassen ließen. Also sollten sie doch ehrlich sein und zugeben, dass es die Gegenstände ihres unklaren Raunens auch für sie selbst gar nicht gebe. Ein Gott, über den sich nicht sprechen lässt, so scheint dieser Einwand sagen zu wollen, ist so gut wie kein Gott. Aus dieser Perspektive wäre nur der aufgeklärt und wissenschaftlich denkende Cleanthes für einen Sympathisanten oder Freund der Religion auf dem rechten Wege: Er versucht die Existenz Gottes so zu erweisen, wie man es auch bei anderen bislang nur vermuteten Wesen oder Dingen täte.

Aber diese Lesart würde es sich zu leicht machen. Gehen wir nämlich dem Stichwort ‚Skepsis' nach, dem für Philo gewählten Etikett, dann bemerken wir, dass Hume hier nicht nur eine erkenntnistheoretische Position thematisiert, sondern, wie wir es u. a. von der antiken pyrrhonischen Skepsis kennen, zugleich eine Haltung oder Einstellung zum Leben. Antiken Philosophenschulen ging es bei ihrem Unterricht darum, ihren Zöglingen die ‚richtige Einstellung' zum Leben beizubringen, sie von Illusionen zu befreien, die sie unglücklich machen würden. Noch das frühe Christentum versteht sich in diesem Sinne auch als eine seinen zeitgenössischen Konkurrenten überlegene Philosophie.[50] Davon können wir in Humes Gestalt des Philo späte Nachklänge erkennen. Auch Philo spricht von einer *Haltung*, die durch die Philosophie gewonnen werden kann. Hume legt ihm die Worte in den Mund: „Die antiken Philosophenschulen, insbesondere die des Stoikers Zeno, kannten Beispiele von Tugend und Standhaftigkeit, die in unserer Zeit Erstaunen hervorrufen."[51] Hier zeigt also auch Philo eine Nähe zu den *praktischen* Fragen, die wir als charakteristisch für die Herangehensweise des Mystikers Demea herausgestellt hatten. Bei ihm war dies die Frage nach einer angemessenen praktischen Einstellung zum Leben, die z. B. in der religiösen Erziehung zu vermitteln ist.

Demea und Philo verbindet also ein Interesse an einer „Sicht vom menschlichen Leben oder vom Zustand der Menschheit",[52] die eine angemessene „Haltung" ermöglicht,[53] d. h. die Fähigkeit, damit auf die richtige Weise umzugehen. Auf eine solche ‚Sicht' soll wohl auch die von Demea angesprochene Möglichkeit einer Wahrheit bezogen sein, die jeder in seiner eigenen Brust fühlt.[54] Sie wird von ihm ausbuchstabiert als das Bewusstsein der eigenen Schwäche,[55] was wohl nur aus Erfahrungen stammen kann, die die betreffende Person selbst gemacht hat. Dem entsprechend können wir die Bemerkung Philos, es seien die Dichter gewesen, die dem Ausdruck verliehen hätten,[56] als einen Hinweis auf das lesen, was wir in unserer Erörterung der Überlegungen Bettelheims die ‚zweite Inhaltsebene' genannt hatten.

Keinen der von ihm fingierten Gesprächspartner lässt Hume aber den Gedanken äußern, aus dem damit angesprochenen Unterschied zwischen Dichtung und Wissenschaft ließe sich folgern, das Projekt einer im Geiste der *Wissenschaft* verfahrenden natürlichen Religion könnte vielleicht schon als *Vorhaben* zweifelhaft sein, nicht erst in seiner Durchführung. Auch der Skeptiker Philo, der sich gerade offen gezeigt hatte für die antike Vorstellung einer auf die Lebenspraxis gerichteten Philosophie, stellt bei Hume nicht die von Cleanthes vorgeschlagene *Richtung* in Frage, nicht die Angemessenheit des naturwissenschaftlichen Weges; er bezweifelt nur, ob er so weit führt, wie dieser es sich verspricht. Und Demeas Zugang zur Religion wird weder ausführlich erläutert, noch erscheint er in einem positiven Licht.

Wir finden bei Hume also durchaus eine Andeutung, dass es einen Begriff von ‚Erfahrung' geben könnte, der nicht an wissenschaftliche Verfahren gebunden ist. Was er uns gibt, ist aber wirklich nur ein Anklang an von ihm nicht weiter verfolgte Perspektiven, die darüber hinaus mit dem zu seiner Zeit einschüchternden Wort ‚Atheismus' verbunden werden. Die Grundorientierung von Humes Zugang zur ‚natürlichen Religion' ist die Perspektive einer philosophisch auf das Vorbild der Wissenschaften blickenden Erkenntnistheorie, gerichtet auf die Frage, ob Gott existiert. Die gerade herausgearbeiteten Ansätze zu einer anderen Perspektive zeigen in diesem engen erkenntnistheoretischen Rahmen die offenbar unwiderstehliche Tendenz, als Ausdruck von Dummheit und Dogmatismus zu erscheinen. Wenn das Thema der Erziehung und der Angemessenheit von Grundhaltungen zum Leben angesprochen wird, dann scheint seine Behandlung für Hume, wie oben dargestellt, von der vorzuschaltenden Frage abzuhängen, ob sich die auf der Fabelebene aufgestellte Hypothese über einen Weltschöpfer bestätigen lässt. So lange es keine solche Existenzbestätigung gibt, scheint eine religiöse Erziehung für den Umgang mit einer Illusion zu erziehen und entsprechend für eine Einstellung gegenüber einem Sachverhalt, der zwar erzählt wird, der in Wirklichkeit aber gar nicht vorliegt. Eine Erziehung für ein Traum- oder Phantasie-

3. Ausblick auf eine alternative Deutung: Demeas Mystik

land ist aber keine ordentliche Erziehung. Wenn z. B. einem Kind ohne jede Basis vorgemacht würde, es habe eine große Erbschaft zu erwarten oder wenn es in dem Glauben erzogen wird, die wirkliche Welt sei so wie die Welt der Nachmittagsserien im Fernsehen, beschädigt man seine Fähigkeit, mit dem Leben zurecht zu kommen. Es ist diese Perspektive, die das Vorgehen von Hume plausibel erscheinen lässt, zunächst einmal die Existenzhypothese zu prüfen, bevor die Frage der praktischen Konsequenzen erörtert wird, weil diese vom Ausgang der Prüfung abzuhängen scheinen. *Wenn* ein gütiger Gott die Welt geschaffen hat, sollte ein vernünftiger Mensch sich entsprechend verhalten; bevor das erwiesen ist, besteht für ein solches Verhalten aber kein Grund. Ob es sich aber erweisen lässt, muss nach Hume auf die gleiche Art und Weise festgestellt werden wie die Prüfung irgendeiner anderen Hypothese in einer Wissenschaft vom Typus der Erdgeschichte.

In ebenso schiefem Licht erscheint Demea in den anderen genannten Zusammenhängen: Wo er sein praktisches Interesse an den erörterten Streitfragen bekundet, sieht man ihn in der Gefahr, den Wunsch zum Vater des Gedankens zu machen statt sachlich und kühl an die Prüfung der ‚religiösen Hypothese' zu gehen. Als Ort der Prüfung kommt bei Hume aber von Anfang an nur die Fabelebene in Betracht, d. h. die Frage nach der Plausibilität verschiedener Hypothesen über die Entstehung der Welt, nicht die Frage nach einer unmittelbaren, nicht über die wörtliche Bewahrheitung der Fabel laufende Orientierungsfunktion der einschlägigen Geschichten. Zwar erwähnt Hume, wie oben bemerkt, dass auch „Moral und Politik" Gegenstände vernünftiger Überlegungen sein können. Ob die Vernunft aber auch auf diesem Gebiet hypothetisch-deduktiv vorzugehen habe oder ob es möglich ist, vernünftig aber doch zugleich anders als die empirischen Naturwissenschaften zu verfahren, diese Frage kommt zu jenem frühen Stadium in der Entstehung der Wissenschaften noch nicht hinreichend zur Sprache.

Entsprechend setzt sich Demeas Verweis auf die Schwäche und das Elend des Menschen wie von selbst in Gestalt der Frage fort, ob wir Grund für die Hypothese hätten, ein höheres Wesen werde uns erretten. Auch hier scheint es ganz undenkbar zu sein, die Frage nach dem Orientierungswert von Aussagen über die Lage des Menschen zu stellen, ohne sie direkt an Wahrheit und Falschheit auf der Ebene der Fabel zu binden. Diese Koppelung geschieht auch in den Demea selbst in den Mund gelegten Worten; der Ebene des ‚Nutzens' scheint man sich erst *nach* einer Antwort auf der Fabelebene zuwenden zu können. Nur wenn die Behauptung, es gebe einen Retter, wahr ist, sind wir bereit, ihm mit unserem Handeln entgegen zu gehen; ohne eine solche Versicherung auf der Ebene der Fabel brechen wir gar nicht erst dazu auf, an unserer Einstellung zur Welt etwas zu ändern. Was bei Hume an Aussagen auftaucht, die an die Mystik und an die so genannte ‚negative Theologie' erinnern, weil sie von den Grenzen des sprachlich Erfassbaren handeln, erscheint im Kontext der Hypothesenbeurteilung als der Obskurantismus eines Dogmatikers, der gegen jede Vernunft an seinen kindlichen Vorstellungen festhalten will, um die mit diesen Vorstellungen verbundenen Tröstungen nicht zu verlieren. Das wäre ein ‚Kinderglaube' im oben herausgearbeiteten negativen Sinn. Denn wenn es über die Mystiker hieß, sie seien Atheisten ohne es zu wissen, ist dies negativ im Sinne eines Mangels in der Integration zweier Sichtweisen gemeint, die auf ein und derselben Ebene unversöhnt nebeneinander stehen: Der *Atheist* in Demea gibt zu, dass er über Gott keine plausiblen Aussagen machen kann, der *Mystiker* aber weigert sich, daraus die rationalen Konsequenzen zu ziehen und zu sagen, einen solchen Gott gebe es gar nicht.

Wie sähe das Bild aber aus, wenn wir als heutige Gesprächspartner, die methodisch in den verschiedenen Wissenschaften versierter geworden sind, dem vorzeitig das Feld räumenden Demea zu Hilfe kämen, um ihm zu sagen, dass die hypothetisch deduktive Art des Denkens keineswegs die einzige ist, die als rational übrig bleibt, wenn man eine Erörterung des Übernatürlichen um der Argumentation willen ausgeschlossen hat und an einem Kinderglauben im negativen Sinne nicht festhalten will?

Wir hätten also in einem ersten Schritt den Gedanken zu erwägen, es könne eine vernünftige und angemessene Sicht auf die Realitäten der menschlichen Lebenswelt geben, die nicht naturwissenschaftlich ist. Und wir würden bedenken müssen, ob sich diese Realitäten, vergleichbar dem Ausdruck lebenswichtiger Realitäten der kindlichen Welt durch die Märchen, in religiösen Texten zur Sprache bringen lassen, ohne dass sich der Anspruch, hier werde etwas Angemessenes gesagt, auf die Ebene der Fabel bezöge. Wenn z.B. von einer Angemessenheit der Schöpfungsgeschichte gesprochen würde, dann wäre dies, wie oben angedeutet, nicht mit der These gleichzusetzen, sie würde eine naturwissenschaftlich gut bestätigte Hypothese oder eine wissenschaftliche Wahrheit zum Ausdruck bringen.

3. Ausblick auf eine alternative Deutung: Demeas Mystik

Wenn Hume also oben mit der Aussage zitiert wurde, es sei legitim, dass man sich auf dem Gebiet der Religion „…stets einer Argumentationsweise bedient hat, die dem Prozeß der Wahrheitsfindung in der Moral, in der Politik oder in der Physik durchaus ähnlich ist", so können wir dem heute dann zustimmen, wenn wir den Blick auf die Physik suspendieren, die Ausdrücke ‚Moral' und ‚Politik' aber als Stellvertreter für solche Gebiete nehmen, die sich vernünftig erörtern lassen, obwohl sie nicht zu den Naturwissenschaften gehören. Wir verweigern also Humes falsche, ihm aber aus historischen Gründen kaum anzulastende Verkürzung des Spektrums vernünftiger Vorgehensweisen auf das Überprüfen von Hypothesen. Nicht alles, was der Mensch wissen kann, verdankt er den Methoden der experimentellen Wissenschaften, und dies liegt nicht daran, dass es hier um kosmologische Gegenstände geht, die zu groß für Experimente sind. Es ist vielmehr die Einsicht in die Verschiedenheit der Fragen, die uns sehen lässt, dass die Alternative ‚naturwissenschaftlich oder übernatürlich im Sinne eines Wunderglaubens' zu eng ist. Demeas Meinung, die religiösen Dinge gingen uns ‚zu nahe', um mit alltäglichen Worten ausgedrückt zu werden, kommt der Sache schon näher. Ob dies zu einer Position führen muss, die als ein sich selbst nicht bewusster Atheismus zu bezeichnen ist, werden wir besser beurteilen können, wenn wir uns im folgenden Kapitel dem Begriff der ‚religiösen Erfahrung' zuwenden.

Zweites Kapitel
Eine höhere Art von Glückseligkeit.
Religion als Sache persönlicher Erfahrung bei William James

Das erste Kapitel hat gezeigt, dass die Herangehensweise von Hume als Zugang zur Religion nicht hilfreich ist. Wenn man versucht, nach Art der Wissenschaften den Gehalt z. B. der christlichen Schöpfungsgeschichte auf der Ebene der Fabel auf seine Wahrheit zu beurteilen, ist das Ergebnis sachlich mager und von dem, worum es in der Religion nach unserem Vorverständnis gehen müsste, weit entfernt. Daher soll nun ein anderer Zugang erörtert werden, dessen Autor mit dem Empiristen Hume zwar die Hochschätzung der Erfahrung teilt, der sich dem Thema aber ganz anders nähert. Es geht um William James und seinen Klassiker über die religiöse Erfahrung.[57] Nach dem, was sich unter Rekurs auf Bettelheim zum Thema ‚Kinderglaube' feststellen ließ, erscheint dieser Zugang von vornherein plausibler als derjenige Humes. Bei James wie bei Bettelheim geht es darum, eine praktische Hilfe bei einer Verbesserung der jeweiligen Sicht auf die eigene Situation zu bekommen, ohne dafür den Umweg über eine Tatsachenfeststellung im naturwissenschaftlichen Sinne zu nehmen. Das Ziel dieses Kapitels ist die Gewinnung eines Begriffs von ‚religiöser Erfahrung', der auch einem heutigen Leser das Gebiet des Religiösen verständlich machen und nahe bringen kann.

Dazu sind mindestens drei Dinge erforderlich: Der gesuchte Zugang soll die Religion nicht so in historisch ferne Zeiten oder exotische Kulturen entrücken, dass sie für unser eigenes Leben irrelevant wird. Dafür ist das Buch von James ein guter Einstieg, weil es auch Erfahrungen von Menschen erörtert, die fast unsere Zeitgenossen sind. Zweitens soll ein solcher Versuch die Religion nicht in irrationale Tiefen verbannen, in die wir als aufgeklärte und wissenschaftlich gebildete Leser nicht hinabsteigen wollen. Für manche Zeitgenossen spielt das Wort ‚Mystik' die Rolle, eine solche irrationale Tiefe zu signalisieren, mit der ein ängstliches Unbehagen oder, bei anderen, eine unbestimmte freudige Erwartung verbunden sein kann. Dagegen wollen wir hier James auch darin folgen, uns von solchen Ängsten nicht bestimmen zu lassen, sondern genauer hinzusehen, worum es sich handelt: Was kann hier mit ‚Tiefe' gemeint sein, und in welchem Sinne geht es dabei um ‚Irrationales'? Und drittens soll der hier gewählte Zugang vermeiden, die Religion in so strahlende Höhen zu erheben, dass wir von vornherein den Eindruck haben, sie könne uns durchschnittliche Sterbliche nicht betreffen. Eine religiöse Erfahrung muss also etwas sein, das auch für uns auf einem Weg liegen kann, den wir im Prinzip einschlagen und ein Stück weit gehen können. Obwohl James bestrebt ist, an den nicht-alltäglichen Erfahrungen von ‚religiös genialen' Personen etwas klar zu machen, ist das, was er zeigen will, doch zugleich etwas, das einem durchschnittlichen Leser nicht absolut fremd ist. So ist es nur konsequent, wenn er in seinem Buch auch eine Erfahrung schildert, die er selbst gemacht hat.[58] Für ihn sind religiöse Erfahrungen also etwas, das der Art nach uns allen zugänglich ist.

Das Buch von James ist als Leitfaden für ein solches Erkundungsprojekt besonders gut geeignet. Dass es bei Erfahrungen ansetzt, und zwar bei solchen, die das Individuum für sich als bedeutsam erkennt, macht es für unser empiristisch gestimmtes und individualistisches Empfinden attraktiv; wir können James heute wie einen Zeitgenossen lesen. Er schreibt in dem Bewusstsein, es gehe bei der Religion um Wichtiges und Wertvolles. Sein Ansatzpunkt bei der *Erfahrung* statt bei kanonischen religiösen Texten mit (z. B.) kosmologischen Aussagen erscheint durchaus als verlockend, nämlich als ein emanzipatorischer, bei ihm sicher auch ‚demokratisierend' gemeinter, kurz, als ein aufklärerischer Schritt. Dass sein Vorhaben in diesem Sinne einen höchst rationalen Charakter hat, sollten wir durch seine Bereitschaft, das Thema Mystik zu erörtern, nicht aus dem Auge verlieren. Vielmehr sollten wir als positiv anerkennen, dass er in der Lage war, sein Verständnis von Aufklärung weniger stark an den Verfahren der Naturwissenschaften zu orientieren als Hume, was ihm auch deshalb leicht fallen konnte, weil diese Verfahren zu seiner Zeit schon besser reflektiert waren. Wir werden bei James, der in der Mystik das Zentrum des Gebiets der religiösen Erfahrungen sieht, damit auch einen Zweig des Denkens fortgesetzt finden, den wir in einzelnen Äußerungen von Humes Figur des Demea bereits angedeutet aber nicht ausgearbeitet gefunden hatten.

1. Problemdefinition und Methode bei William James

Das Buch von James ist aus den *Gifford Lectures* hervorgegangen, die er in den Jahren 1901/02 in Edinburgh gehalten hat, und diese Vorlesungsfolge, zu der immer neue Autoren eingeladen werden, stehen insgesamt unter dem Titel ‚Natürliche Religion'. Trotz des gleichen Projekttitels findet sich bei James aber eine ganz andere Vorgehensweise als bei Hume. Wie wir gesehen haben, verstand Hume sein Projekt so, dass es dabei um die Chancen einer Vernunftreligion geht, d. h. einer Lehre, die besondere religiöse Erkenntnisquellen wie heilige Schriften ausklammert und sich möglichst weitgehend an die Vernunft hält. So weit würde James verbal sicher mitgehen. Die Vernunftorientierung bedeutete für Hume nun aber (anders als für James) eine Orientierung an den gerade entstehenden *Naturwissenschaften* so wie er sie damals verstand und mit einer kritischen (wie wir heute meinen: *zu* skeptischen) Erkenntnistheorie verbinden wollte. Eine von der Philosophie abgelöste empirische Psychologie, von der James bereits inspiriert ist, war noch nicht darunter. Hume wählte sich als Ausgangspunkt gewisse mit dem Anspruch der Wahrheit vorgetragene Glaubenssätze (insbesondere: dass ein gütiger, am Leben der Menschen Anteil nehmender Gott die Welt geschaffen habe), und sein Buch ist eine Untersuchung, ob sich dieser Anspruch unter Rekurs auf die an den Wissenschaften orientierte Erfahrung verteidigen oder wenigstens als Hypothese wahrscheinlich machen lässt. Das Ergebnis ist kläglich; die Figur des Philo fasst es in dem oben bereits zitierten Satz zusammen: „Die Ursache oder Ursachen der Ordnung im Universum besitzen wahrscheinlich irgendeine entfernte Ähnlichkeit mit menschlicher Intelligenz."[59] Was am Ende von der ‚religiösen Hypothese' übrig bleibt, eignet sich nicht, eine religiöse Praxis verständlich zu machen oder gar zu inspirieren. Wenn ‚natürliche Religion' soviel heißen soll wie ‚naturwissenschaftlich gestützte Religion' (wir hatten gesagt: naturwissenschaftlich untermauerter Kinderglaube), dann sieht es damit schlecht aus. Kein Wunder, dass Demea, der für den Gesichtspunkt der Praxis zuständige Gesprächspartner in der von Hume fingierten Runde, die anderen vorzeitig verlässt.

William James geht ganz anders vor als Hume. An den Anfang stellt er nicht eine vorliegende religiöse Lehre, etwa über die Erschaffung der Welt, um dann zu fragen, ob es von der wissenschaftlichen Erfahrung gestützte Gründe für sie gibt. Er stellt sich auf

1. Problemdefinition und Methode bei William James

den Standpunkt, so genau wisse er noch gar nicht, was Religion sei und schlägt den umgekehrten Weg ein. Statt von einem Lehrsatz einer bestimmten Religion auszugehen, dessen Fundierbarkeit in Erfahrungen zu beurteilen wäre, beginnt er mit Erfahrungen, die eine große Anzahl von Gewährsleuten ‚am eigenen Leib' gemacht haben, und kommt erst von dort zu der Frage, wie sie zu verstehen sind und wie man allenfalls danach auch noch zu Lehrsätzen kommen könnte. Religiöse Lehren sind also mit Hilfe derjenigen Erfahrungen verständlich zu machen, in denen sie wurzeln, als deren Artikulationen sie eine Rolle spielen. Und wenn dies gelingt, sollte sich daraus eine überzeugende Präzisierung des Begriffs des Religiösen gewinnen lassen.

Sein breiter Erfahrungsbegriff ermöglicht es James, die Ausgangsfrage so zu stellen: In welchen durch Berichte zugänglichen (und auch heute immer noch vorkommenden) persönlichen Erfahrungen könnten die Anlässe gelegen haben, d. h. die im ‚natürlichen Leben' (nicht in der Naturwissenschaft) vorfindbaren Angelpunkte, um die herum sich der kulturelle Bereich des Religiösen (in den Gestalten verschiedener Religionen) hat entwickeln können, zu dem neben religiösen Erzählungen dann auch Sätze gehören können, die eine Lehre ausdrücken, d. h. die das formulieren, was man in den Erfahrungen gelernt hat und für so wichtig erachtet, dass man es mit anderen teilen möchte?

Wenn man auch mit Bezug auf das Projekt von James von ‚*natürlicher* Religion' spricht, ist mit dem Wort ‚natürlich' (anders als bei Hume) daher keine Übernahme der Methoden der Naturwissenschaften intendiert. Vielmehr meint James mit diesem Ausdruck den *common sense*, d. h. das jedermann zugängliche Leben mit seinen alltäglichen und außeralltäglichen Erfahrungen, so wie es in seiner ganzen Breite und Tiefe erscheint, *bevor* man die methodologische Brille der Naturwissenschaften aufgesetzt hat. Diese Brille macht zwar viele neue Dinge sichtbar und es gibt keinen Grund, gegen ihren Gebrauch Einwände zu erheben. Aber heute muss manchmal daran erinnert werden, dass sie manches auch unsichtbar macht. Um nur ein Beispiel zu nennen: Die Physik kann mit der C-14 Methode zwar u.U. das Alter, nicht aber die kulturhistorische Bedeutung eines archäologischen Fundes erfassen oder zur Sprache bringen; über die kulturelle Bedeutung z. B. der Hethiter im Mittelmeerraum des 2. Jahrtausends v.Chr. lässt sich mit Hilfe der Sprache der Physik nichts aussagen. Wer sich auf diese Sprache beschränkte, würde durch genau diesen Schritt die kulturhistorischen Fakten unsichtbar machen. Daran erkennen wir, dass die Naturwissenschaft manche Tatsachen ausklammert, die man gleichwohl wissen kann. Ohne einen solchen Abstraktionsschritt wäre sie keine Naturwissenschaft. Wenn dies in einem entsprechenden Kontext bewusst und begründet geschieht, ist dagegen nichts einzuwenden. Die Frage nach der Religion steht aber nicht in einem solchen Kontext, und daher ist es der Sache angemessen, dass James eine naturwissenschaftliche Einschränkung seines Blicks fern liegt; es gibt für ihn keinen Grund, die Bereiche lebensweltlicher oder geschichtlicher Erfahrung aus einer Betrachtung der Religion auszuklammern.

James' Verständnis des Zusammenhangs zwischen den Erfahrungen auf der einen Seite und den Sätzen, zu denen sie Anlass geben (mit denen sie ‚zur Sprache kommen') auf der anderen, nähert sich damit dem von Bettelheim. Dieser hatte es als möglich angesehen, dass in einer Krise des Heranwachsens eine Geschichte für ein Kind die Funktion haben kann, ihm eine neue, angemessenere Sicht auf die eigene Lage zu ermöglichen. Eine solche Geschichte braucht dafür nicht von ihm selbst und seiner Mutter zu handeln, sie könnte auch von Tieren, Feen oder Riesen handeln. Worauf es ankommt ist die *Artikulation* und die von Mutter und Kind geteilte *Anerkennung* der gemischten Gefühle, gleichgültig, welcher Vehikel sich diese Artikulation bedient. Um dies zu verstehen, muss man sich klarmachen, dass es neben der Fabelebene der erzählten Geschichte eine zweite Inhaltsebene gibt, auf der die Frage nach der Angemessenheit der Geschichte für ein adäquates Verständnis der vorher als beängstigend empfundenen neuen Situation zu stellen ist.

Wenn wir bei Bettelheim also den Fall vor uns haben, dass eine wachstumsbedingte Krise das betroffene Kind verwirrt und ängstigt und dass die Eltern mit Hilfe einer überlieferten Geschichte die Verwirrung und Angst zugunsten einer aus ihrer Sicht besseren Orientierung überwinden helfen, dann können wir mit dem Blick auf James nun umgekehrt (und mit Bezug auf seine erwachsenen Gewährsleute) fragen, von welcher Art die Situationen der Orientierungslosigkeit oder Hilflosigkeit waren, in denen diejenigen religiöse Erfahrungen auftauchten, die von den Betroffenen als krisenüberwindend erlebt wurden. Und wir können ferner fragen, auf welche Weise diese Erfahrungen Anlass gegeben haben könnten, religiöse Geschichten zu erzählen, die heute, den überlieferten Märchen vergleichbar, eine Hilfe in Situationen der Orientierungslosigkeit sein können. Wenn man die Frage so formuliert, wird sichtbar,

1. Problemdefinition und Methode bei William James 47

dass auch religiöse Erfahrungen in einer schon gedeuteten Lage auftreten (wie die Hassgefühle beim Kind) und daher bereits eine Beziehung zu einer vorgängigen Ordnung haben. Dabei ist davon auszugehen, dass auch im religiösen Fall die überlieferten Geschichten dazu dienen, ein bereits bestehendes aber begrenztes Verständnis der Lage angesichts einer Krise zu verbessern. Dies kann allerdings mit einer gravierenden Umstellung der Sehweise und der Einstellung verbunden sein.

Es ist wichtig zu wissen, dass James selbst, als er sein Buch schrieb, eine Art negativer religiöser Erfahrung bereits hinter sich hatte. James weiß also, wovon er spricht. Ich möchte die Passage hier (leicht gekürzt) zitieren. Sie lautet: „Während ich mich in diesem Zustande philosophischen Pessimismus und allgemeiner geistiger Niedergeschlagenheit hinsichtlich meiner Aussichten befand, ging ich eines Abends in der Dämmerung in einen Ankleideraum, um einen dort befindlichen Gegenstand zu holen, als plötzlich, ohne irgendeine Warnung, gerade als käme sie aus der Dunkelheit, eine entsetzliche Angst um meine eigene Existenz mich überfiel. Im selben Augenblick stieg in meinem Geiste das Bild eines epileptischen Kranken auf, den ich im Asyl gesehen hatte; ein schwarzhaariger junger Mensch mit grünlicher Haut, völlig idiotisch, der alle Tage lang auf einer der Bänke, oder eher Bretter, zu sitzen pflegte, an die Wand gelehnt, die Knie ans Kinn hochgezogen und die raue Unterhose, die seine einzige Bekleidung war, darüber gespannt, so dass sie seine ganze Figur einschloss. Er saß dort wie eine Art Skulptur ägyptischer Katzen oder eine peruanische Mumie, nur seine schwarzen Augen bewegend und absolut unmenschlich ausschauend. Das Bild und meine Angst gingen miteinander eine Art Verbindung ein. Diese Gestalt bin ich, fühlte ich, jedenfalls potentiell. Nichts, was ich besitze, kann mich gegen dieses Schicksal verteidigen, wenn die Stunde für mich schlagen sollte, wie sie für ihn geschlagen hat. Ich empfand solchen Ekel vor ihm und nahm gleichzeitig so deutlich das bloß Momentane meines Unterschieds von ihm wahr, dass es war, als schwinde etwas bisher Solides in meiner Brust völlig dahin, und ich wurde zu einer Masse schüttelnder Angst. Nach diesem Erlebnis war das Universum für mich völlig verändert. Ich wachte Morgen für Morgen mit einem entsetzlichen Magendruck auf und mit einem Gefühl der Unsicherheit des Lebens, das ich nie vorher gekannt hatte und nie gespürt habe seither. Es war wie eine Offenbarung; und obwohl das unmittelbare Gefühl vorbeiging, hat mich die Erfahrung seither in stete Sympathie mit den morbiden Gefühlen anderer gebracht. Sie verblich gradweise, aber für Monate war ich unfähig, allein ins Dunkle hinauszugehen." Und wenige Zeilen später heißt es: „Ich habe stets gedacht, dass diese meine Erfahrung von Melancholie einen religiösen Sinn hatte."[60]

Es gibt einige Einzelheiten in diesem Bericht, die bereits als wichtige Fingerzeige darauf zu lesen sind, was unter einer ‚religiösen Erfahrung' im Sinne von James zu verstehen ist. Wenn er seinen ‚philosophischen Pessimismus' und die ‚allgemeine geistige Niedergeschlagenheit' hinsichtlich seiner Aussichten anspricht, geht es nicht um eine nur momentane Stimmung, sondern um eine offenbar länger währende Einstellung zu seiner gesamten Situation, so wie er sie wahrnimmt. Er sieht sich in einer bestimmten, von ihm auch sprachlich darstellbaren Lage, und diese Sicht wird durch die neue Erfahrung modifiziert.

Ihn „überfällt" zunächst eine „entsetzliche Angst" um seine eigene Existenz. Die Angst erscheint sprachlich wie ein Wesen, das ihn aus der Dunkelheit heraus anspringt. Mit ihrem Auftauchen verbunden ist eine bildhafte Erinnerung an eine Szene, an den Kranken im Asyl. Dies führt unmittelbar zu einer Einsicht, bei der sich die Wahrnehmung seiner Situation (über das aktuelle Gefühl der Angst hinaus) drastisch verändert: Ihm wird mit einem Schlag klar, dass er nichts tun kann, was ihn davor schützen würde, selbst das Schicksal dieses jungen Mannes zu erleiden. Er sieht, dass er (der Möglichkeit nach) wie dieser bedauernswerte junge Mann ist. Wenn er hinzufügt „nach diesem Erlebnis war das Universum für mich völlig verändert", dann macht der Kontext klar, dass dieser Gebrauch des Ausdrucks ‚Universum' mit dem bei Hume erörterten wissenschaftlichen Thema der Weltentstehung nichts zu tun hat. James erlebt nicht die ‚Offenbarung' einer neuen kosmologischen Einsicht, sondern eine dramatische Veränderung in der Wahrnehmung oder Sehweise seiner (ganzheitlich aufgefassten) *menschlichen* Situation, seiner Welt, die sich auch in einer Veränderung seiner Gefühle und Leibempfindungen zeigt. Dieses neue „Gefühl der Unsicherheit des Lebens" hält er offenbar für realitätsgerechter, für zutreffender als seine vorherige Sicht der Situation, deshalb spricht er von einer Offenbarung. Bemerkenswerterweise schreibt er dieser Erfahrung „einen religiösen Sinn" zu, obwohl weder das sich einstellende Bild des kranken jungen Mannes noch der Charakter der Veränderung in der Selbstwahrnehmung für sich genommen dem Zeichenrepertoire einer bestimmten Reli-

1. Problemdefinition und Methode bei William James

gion angehören: Er sieht z. B. nicht das Bild eines religiösen Richters vor sich und beschreibt die erfahrene Veränderung nicht als Einsicht in einen aus religiösen Gründen zu verdammenden Charakter seines bisherigen Lebens.

Dies Beispiel wirft auch ein Licht auf die Methode von James: Aus einer Fülle von Schilderungen eines zunächst bewusst weit aufgefassten Bereichs besonders umwälzender, das Leben der Betroffenen nachhaltig prägender Erfahrungen arbeitet er allgemeine Charakteristika heraus, die für einen Unterbereich seines Materials die Kennzeichnung ‚*religiöse* Erfahrung' angemessen erscheinen lassen, und zwar in einem Sinn, der an keine bestimmte Religion, nicht einmal an eine explizit religiöse Terminologie, gebunden ist. Erst in einem weiteren Schritt versucht er, philosophische Schlussfolgerungen aus den verallgemeinert beschriebenen Erfahrungen zu ziehen. Hier kann schon vorausgeschickt werden, dass wir diese Folgerungen nicht übernehmen werden und uns an dieser Stelle eher an Wittgenstein orientieren.

Bei der Lektüre von James ist im Auge zu behalten, dass sich sein Vorgehen, wie jede Interpretationsbemühung, im ‚hermeneutischen Zirkel' bewegen muss. Was heißt das? James selbst hat selbstverständlich ein Vorverständnis von Religion (sonst wüsste er nicht, in welcher Art von Dokumenten er Material für sein Buch suchen sollte), und er muss ein solches Vorverständnis auch bei seinen Lesern unterstellen. Wenn er über seine Dokumente spricht, artikuliert er dies Vorverständnis, den Üblichkeiten seiner Zeit und seiner Herkunft entsprechend, in christlichen und dem Christentum (und seinem philosophischen Umfeld) mehr oder minder nahen Wörtern. Dazu gehören bei ihm Ausdrücke wie Gott, das Göttliche, die Gottheit, gottähnliches Objekt, der Kosmos, das Universum, die unsichtbare Ordnung, das Umfassende, das Höchste, Kräfte und Mächte, Erlösung, übernatürlich. Wir haben bereits gesehen, dass es beim Verständnis dieser Ausdrücke darauf ankommt, zu erkennen, welche Bedeutung sie im jeweiligen Kontext haben; so bezeichnet der Ausdruck ‚Universum' im zitierten Textabschnitt keinen wissenschaftlichen, sondern einen alltagsweltlichen ‚Gegenstand', so etwas wie die Gesamtsituation eines Menschen, so wie er sie zum gegebenen Zeitpunkt sieht.

James bemüht sich an vielen Stellen ausdrücklich darum, selbst keine dogmatischen Aussagen vorauszusetzen und keine festgelegte oder auf das Christentum beschränkte Terminologie zu verwenden, schon um seine Zeugen nicht in ein vorgefasstes Raster zu sperren und um etwas von der Vielfalt der Erfahrungen sichtbar werden zu lassen, von der er im Titel seines Buches spricht. Deshalb sollten wir auch als Leser keines der von ihm im explorierenden Teil seines Buches verwendeten Wörter zu gewichtig nehmen oder in einem zu festgelegten Sinne verstehen, bevor der Kontext genau genug betrachtet wurde.

So haben wir es bei der Lektüre immer mit zwei Fragen zu tun: ‚Wie schildert die betroffene Person ihre Erfahrung?' und: ‚Welches Vokabular würden *wir selbst* benutzen wollen, wenn wir uns in unserer eigenen Sprache und bezogen auf unsere eigenen Erfahrungen darum bemühen, uns diese Schilderung verständlich zu machen?' Einer Variante der zweiten Frage gehen wir nach, wenn wir darauf achten, welche Worte James als kommentierender Berichterstatter benutzt. Dies Vorgehen trägt dem doppelten Umstand Rechnung, dass man sich einer Erfahrung nicht anders als unter Benutzung einer sprachlichen Artikulation versichern kann, dass es aber zweitens möglich ist, *verschiedene* sprachliche Formulierungen zum Ausdruck *derselben* Erfahrung zu benutzen, ohne sich auf der ‚zweiten Inhaltsebene' zu widersprechen. So kann z. B. ein Verliebter von sich sagen, er fühle sich ‚wie auf Wolken schwebend'; er kann denselben Zustand aber auch durch einen Ausdruck zur Sprache bringen, der diesem ersten wörtlich genommen widerspricht (‚als würde ich im warmen Wasser schwimmen').

Wir stehen damit vor der Frage, wie das Verhältnis zu denken ist zwischen dem, was man ‚die Erfahrung selbst' zu nennen versucht ist, und dem, was wir von der betroffenen Person als sprachliche Artikulation ihrer Erfahrung erhalten. Ist die gerade gegebene Problemformulierung angemessen? Können wir hier mit einem ‚reinen Gegebenen' rechnen, das durch verschiedene Sprachen und Kulturen hindurch (z. B.) als dieselbe ‚Gotteserfahrung' angesehen werden kann? Wenn es ein solches ‚reines Gegebenes' aber nicht gibt (wenn es uns zumindest kommunikativ nicht verfügbar ist, weder uns selbst, noch denjenigen, denen wir davon erzählen wollen), dann kann man sich als Religionsphilosoph auch nicht das Ziel setzen, dieses Gegebene der religiösen Erfahrung ohne alle kulturbedingten ‚Eierschalen' vor sich zu bringen, um daran das ‚Wesen' der Religion (*die* universale Gotteserfahrung) deutlich zu machen, so dass man sagen könnte, dieser Kern bliebe bei allen Unterschieden in der kulturellen Gestaltung durchgehend derselbe.[61]

Es bedarf heute keines besonderen Scharfsinns mehr, um ein solches Vorhaben als Illusion zu durchschauen. Sie beruht auf

1. Problemdefinition und Methode bei William James

einem ‚Mythos', dessen bekannteste Gestalt die erkenntnistheoretische Lehre von den ‚Sinnesdaten' ist, dem angeblich ‚reinen Gegebenen' der von aller Sprache unabhängigen Wahrnehmung, die noch durch keinerlei perspektivischen Zugriff gefärbt wurde. Die empiristische Tradition in der Erkenntnistheorie hatte eine zeitlang das Projekt verfolgt, unser ganzes Wissen auf dem Fundament einer solchen aus unverfälschten Elementen bestehenden Basis zu rekonstruieren, bis man erkannte, dass es eine solche Basis nicht gibt.[62] Auch im religiösen Bereich gibt es keine solchen reinen ‚Daten'. Am Beispiel der Formulierungen, die James zur Schilderung seiner eigenen religiösen Erfahrung benutzt, sehen wir vielmehr, dass hier ein erwachsener Mensch, der über eine reiche Sprache und ein differenziertes Verständnis seiner Lage bereits verfügt, die Erfahrung einer *Veränderung* dieses Verständnisses macht. Diese Veränderung kann zwar durchaus revolutionär sein. Sowohl das vorherige Verständnis seiner Lage als auch die Art ihrer Veränderung ist für James aber mit vertrauten Worten artikulierbar, die ihre Bedeutung aus bekannten Kontexten beziehen. Das Religiöse an der religiösen Erfahrung ist kein besonderes ‚Sinnesdatum'.

Ferner zeigt das Buch von James, dass es ganz unterschiedliche sprachliche Mittel gibt, um über die fraglichen Erfahrungen zu berichten. Wir können uns z. B. mühelos vorstellen, dass James seine eigene Erfahrung bei einer späteren Gelegenheit in andere Worte gekleidet hätte. Statt vom ‚Soliden in seiner Brust' hätte er z. B. auch vom ‚Boden unter seinen Füßen' sprechen können, statt von der Angst, die ihn anspringt, auch von der Kälte, die in ihm aufsteigt, etc. Ebenso kann es sinnvoll sein, von zwei verschiedenen Menschen zu sagen, ihre Erfahrungen seien äquivalent, sie seien von ihrer Funktion her für die Betroffenen gleichwertig. Es ist also ohne Schwierigkeiten denkbar, dass ‚dieselbe Erfahrung' auf mehr als nur eine Weise zur Sprache gebracht wird.

Wenn wir das Buch von James lesen, müssen wir also mit einer Differenz rechnen, die bestehen kann zwischen der Wortwahl einerseits seiner Zeugen, die oft in bestimmten religiösen Lebensformen fest verankert sind (und damit in entsprechenden Traditionen der Artikulation), und andererseits seiner eigenen Wortwahl, die sich zunächst mit keiner dieser Traditionen identifizieren will. Entsprechend haben wir im Kontext des vorliegenden Buches die Freiheit, im fingierten Gespräch mit James unsere eigenen Worte zu finden, um uns mit seinen Gedanken zur gemeinsamen ‚Sache' vertraut zu machen. All dies ist möglich, ohne damit zugleich das

Vorliegen eines ‚reinen Datums' zu unterstellen, zu dem die Worte sekundär hinzuträten und dann im Verhältnis der Interpretation stünden. Wir haben also eine Pluralität von Redeweisen vorliegen, ohne ‚dahinter' ein sprachfreies ‚Gegebenes' annehmen zu müssen. Dies ist aber kein Mangel. Damit die Erfahrungen, um die es geht, so stark und umwälzend sein können, wie James sie schildert, brauchen sie nicht vom Lebenskontext des Betroffenen isolierbar und ‚rein' darstellbar zu sein. So finden wir, dass James zwar immer wieder Ausdrücke benutzt, die dem Christentum nahe stehen oder direkt aus ihm stammen (was zu seiner Zeit selbstverständlicher war als heute), aber er ist spürbar um eine Loslösung von ihnen bemüht und um eine Einbeziehung sowohl von anderen Religionen als auch von verwandten, aber nicht im engeren Sinne religiösen Erfahrungen. Dabei geht es ihm stets darum, sich diesen Erfahrungen so weit es möglich ist, aus der Perspektive des *common sense* und bezogen auf seine eigene Lebenserfahrung anzunähern. Er ist immer bemüht, die religiöse Erfahrung zu verwandten Alltagserfahrungen in Beziehung zu setzen, was aber nicht bedeutet, sie darauf zu reduzieren. Er will sie in ihrer Besonderheit belassen, will dem Leser aber eine Brücke bauen, die ihn verstehen lässt, was gemeint ist.

In einem zweiten Schritt bemüht sich James darum, die typischen Charakteristika der speziell religiösen Erfahrungen herauszuarbeiten, d. h. diese von verwandten Fällen und variierenden Begleiterscheinungen abzugrenzen. Diese Charakteristika sind in dem Sinne ‚formaler' oder ‚funktionaler' Art, als sie etwas über die Rolle der Erfahrungen im Leben der Betroffenen sagen.

Dies ist seine Tatsachenbasis, deren lebendige Fülle und weitgehend überzeugende Systematisierung den Hauptwert seines Buches ausmachen. Und in einem dritten Schritt nimmt James dann Abstand von seiner Phänomenologie um sich einen philosophischen Reim darauf zu machen: Was sagt uns die Existenz solcher Erfahrungen über den Bereich dessen, was sich mit menschlichen Kräften erkennen lässt? Erkennen wir in solchen Erfahrungen Gegenstände eines jenseitigen, göttlichen, spirituellen Bereichs? Und was würde eine positive Antwort auf diese Frage bedeuten?

James hatte ursprünglich vor, diesen letzten, philosophisch auswertenden Teil seines Buches ebenso umfangreich zu machen wie seine kommentierte Fallsammlung; er wollte etwa die Hälfte seiner Vorlesungen für die philosophische Auswertung der vorgetragenen

Fälle verwenden. Im verwirklichten Projekt ist dieser Teil aber der am wenigsten ausgearbeitete; er ist auch erheblich schmaler ausgefallen als geplant und James grenzt ihn betont gegen das Vorhergehende ab. Was er dort zum Ausdruck bringt, nennt er seinen persönlichen (in seinem Fall philosophisch ausfallenden) ‚Überglauben', d. h., von diesem Teil will er seine Leser nicht unbedingt überzeugen.[63] Er hat, im Kontext des Buches betrachtet, deutlich den Charakter einer Zutat, die sich aus den Berichten seiner Zeugen keineswegs zwangsläufig ergibt, wie er selbst hervorhebt. Dies legt schon immanent die Frage nahe, ob es systematische oder nur zufällige Gründe für die Tatsache gibt, dass dieser philosophische Teil am Ende so viel kürzer ausgefallen ist als James dies ursprünglich geplant hatte. Ist der Schritt von der Phänomenologie zu einem ‚Überglauben' vielleicht sogar entbehrlich? Lassen sich die entscheidenden inhaltlichen Aussagen von James auch dann bewahren, wenn man auf eine Stellungnahme auf der Ebene des ‚Überglaubens' verzichtet?

2. Merkmale des Begriffs ‚religiöse Erfahrung'

Die wichtigsten Merkmale, durch die James den Begriff der religiösen Erfahrung im engeren Sinne bestimmt, sind die folgenden: Erstens: Sie betrifft die Haltung des betroffenen Menschen zum ‚Ganzen' seines Lebens und der ihn umgebenden Welt. Zentral ist dabei ein erlebnismäßiges Ganzes, nicht ein räumliches oder zeitliches Ganzes im Sinne einer wissenschaftlichen Kosmologie, die z. B. versucht, von den Grenzen des Weltalls und von seinem zeitlichen Anfang zu sprechen.

Was damit gemeint ist, lässt sich durch einen Blick auf die frühen kindlichen Erfahrungen erläutern. Der Psychologe Jerome Bruner stellt eindrücklich dar, dass ein Kind, wenn es ‚zur Welt gekommen' ist, sich auf der Bühne des Lebens vorfindet, auf der ein Stück bereits im Gange ist, das es noch nicht kennt.[64] Es ist ein Mitspieler in einer Geschichte, allerdings kann es am Anfang kaum selbst spielen, vielmehr wird ihm ‚mitgespielt'. Diese Geschichte hat zunächst einen sehr kleinen Radius (paradigmatisch: die Vater-Mutter-Kind Geschichte), aber für die kleine Person macht sie trotzdem in jedem Moment ‚die ganze Welt' aus. Auch im Märchen ist von der ‚ganzen Welt' und wie es sich mit ihr verhält die

Rede. Wie wir gesehen haben, geht es z. B. bei der Frage nach Liebe und Hass gegenüber der Mutter um eine Sicht auf ein ‚Ganzes', insofern für das Kind ‚alles' von dieser Sicht abhängt. Wenn das Problem mit den Hassgefühlen nicht gelöst wird, hat sich für das Kind das ‚Gesicht' oder die ‚Färbung' der ‚ganzen Welt' verändert. Dieses nicht räumliche und nicht zeitliche Verständnis des Ausdrucks ‚das Ganze' ist bei der Lektüre von James auch dort als Möglichkeit der Interpretation im Auge zu behalten, wo (wie im oben zitierten Abschnitt über seine eigene Erfahrung) Wörter wie ‚Universum' auftreten.

Diese erste Bestimmung ist notwendig, aber nicht hinreichend; es kann nach James auch nicht-religiöse Haltungen oder Einstellungen zum Ganzen des Lebens geben. Es zeugt z. B. für seine Großzügigkeit und seinen Humor, dass er eine ‚Bekehrung zum Geiz' als Beispiel für den sinnstiftenden Gewinn eines neuen ‚Blicks auf das Ganze' unter seine Fälle der Bekehrung aufnimmt, bevor er die religiösen Erfahrungen im engeren Sinne bestimmt.[65] Was hier mit den Wörtern ‚Haltung' und ‚Einstellung' bezeichnet wird, meint keine distanzierte Bewertung oder Interpretation, die ja auch einem kleinen Kind noch nicht zur Verfügung steht. Gemeint ist vielmehr die anfänglich undistanzierte Sicht auf die Lage, die sich in Handlungen und Gefühlen zeigt und die z. B. durch die Märchen zum Ausdruck kommt. Noch einmal: Wenn James an der zitierten Stelle vom ‚Universum' spricht („Nach diesem Erlebnis war das Universum für mich völlig verändert."), dann zeigt dieses Wort keinen *wissenschaftlichen* Blick an. Ein solches Missverständnis wird durch die Tradition der Verbindung von wissenschaftlich-kosmologischem und religiösem Denken allerdings immer wieder nahegelegt.

Zweitens: Dies Ganze schließt ausdrücklich die leidhafte Seite und die Übel des Lebens ein (wie Misserfolg, Verlust, Krankheit, Tod). Die nüchterne Wahrnehmung, die Akzeptanz und die gelingende Integration dieser leidhaften Seite in die Haltung zum Ganzen ist bei James der Kern der religiösen Erfahrung. Sie ist die Erfahrung, dass diese Integration als ein praktischer Schritt zum Lebenkönnen möglich ist. Sie hat es also immer mit einer positiven Wendung in der Art und Weise zu tun, in der die leidhafte Seite des Lebens erlebt und aufgefasst wird. Dabei bezieht sich das ‚Positive' dieser Wendung auf die Lebensfähigkeit der betroffenen Person, sie wird mit der leidvollen Seite des Lebens fertig. Insbesondere meint der Ausdruck nicht, dass das Leidvolle wegerklärt oder ver-

2. Merkmale des Begriffs ‚religiöse Erfahrung'

drängt oder von den betroffenen Menschen auf wunderbare Weise ferngehalten wird.

Drittens: Betrachtet man diese Wendung zur Integration des Leides genauer, zeigt sich nach James eine Abfolge von drei Einzelschritten: Ihr *Ausgangspunkt* ist die Erfahrung der eigenen Machtlosigkeit dem Leid und dem Übel gegenüber, oft verbunden mit einer ‚Entzauberung' oder einer völligen Sinn-Entleerung der Welt, wozu häufig auch ein Gefühl der eigenen Unvollkommenheit oder Wertlosigkeit gehört, das bei James selbst (dessen Erfahrung wir oben zitiert hatten) zu einer längeren persönlichen Krise geführt hatte, zu einer extremen Antriebslosigkeit und Depression.

Das volle Eingestehen dieser Machtlosigkeit als einer Realität des Lebens führt in einem *zweiten* Schritt dazu, dass die Person ihre Bemächtigungsversuche schließlich aufgibt. Sie verliert den Impuls, ihr Leben doch noch vollständig (wie wir heute gerne sagen) ‚in den Griff zu bekommen'. Das durch Machtphantasien und eingebildete stützende Korsettstangen sich definierende Ich erweist sich als eine Illusion.

Der sich anschließende *dritte* Schritt ist dann der für das Thema Religion entscheidende, nämlich die subjektiv überraschende Erfahrung, durch diese Selbstaufgabe nicht unterzugehen, nicht endgültig ins Bodenlose zu fallen. Die Person erlebt sich vielmehr als aufgehoben in einer „unsichtbaren Ordnung", in der ihren Platz einzunehmen sie nicht als (moralisches) Joch empfindet (d.h. als etwas, ihr von außen zugemutet wird), sondern als „höchstes Gut".[66]

Für den religiösen Charakter dieses Dreischritts ist der Umstand entscheidend, dass die Erfahrung, dass gerade die Aufgabe des eigenen Handlungsimpulses das bringt, was die Person als ihre Rettung empfindet, typischerweise so erlebt wird, als seien Kräfte außerhalb des eigenen Ich am Werke, was in einem metaphysisch harmlosen Sinne ja auch der Fall ist. Der Betroffene erlebt seine ‚Rettung', d.h. etwas, das er als eminent sinnvoll und hilfreich erfährt, das aber gerade nicht aus seiner eigenen Handlung erwächst, auch nicht aus der eines Mitmenschen, der ihm zu Hilfe käme. Der auf diese besondere Weise sinnvolle Charakter des Geschehens lässt es aber als *handlungsartig* erscheinen. Wir haben hier also einen besonderen Typus eines ‚Widerfahrnisses' vor uns. Da ist etwas, das einem geschieht, das sich auf offensichtliche Weise nicht der eigenen praktischen Tätigkeit oder dem eigenen Nachdenken verdankt und gleichwohl als analog zu einem Handlungsresultat empfunden wird, nämlich als sinnvoller, ja rettender Schritt, auch wenn kein Akteur sichtbar ist.[67] Wir sehen, wie naheliegend es sein kann, hier von einem ‚unsichtbaren Akteur' zu sprechen, einem handelnden Wesen, dem man die ‚Rettung' verdankt. Wer seine Erfahrung überhaupt artikulieren möchte, dem scheint sich ein solches Gleichnis in vielen Fällen geradezu aufzudrängen.

Dieses Widerfahrnis wird wie eine „zweite Geburt" erfahren,[68] nämlich als Schritt vom unwirklichen (naiven, verblendeten, von Täuschungen durchzogenen) zum realen Leben. Dies galt auch bei der oben zitierten ‚negativen' religiösen Erfahrung von James selbst: Sie war für ihn eine ‚Offenbarung', sie hat seine Sicht auf die Art seiner Situiertheit in der Welt zurechtgerückt, korrigiert. Im positiven Fall ist ein solches Widerfahrnis aus der Rückschau eine Art von ‚Erlösung'; in ihrer höchsten Form resultiert sie (wie James sich ausdrückt) in einer „höhere(n) Art von Glückseligkeit und eine(r) Standfestigkeit der Seele, mit der sich nichts anderes vergleichen kann".[69] Charakteristisch für diesen Zustand ist u. a. der Verlust aller Sorge und die Überzeugung, dass es gut um einen steht, unabhängig davon, was einem geschieht.[70] Das eigene Leben, so wie es der Betroffene im Kontext der von ihm erfahrenen Welt erlebt, erscheint ihm nach dieser zweiten Geburt als sinnvoll, ohne dass sich etwas ‚objektiv' geändert hätte. Die Veränderung ist auf der Seite des Subjekts geschehen, aber damit hat sich seine ‚ganze Welt' verändert. Und auf der Seite des Subjekts war die Veränderung kein Machen, sondern ein Geschehenlassen.

Hier soll noch einmal der Umstand betont werden, dass die leidhafte Seite dabei in ihrer ganzen Schärfe bestehen bleibt: Weder wird die Realität des erlebten Leidens und der drohenden möglichen Übel geleugnet, noch wird aufgrund der religiösen Erfahrung angenommen, dass höhere Kräfte oder geisterhafte Wesen leidvolle Episoden durch ihre Intervention von der betroffenen Person in Zukunft fernhalten werden, wie es die Botschaft mancher Märchen zu sein scheint, so lange man auf der Ebene der Fabel bleibt. Das Leid wird aber anders erfahren als vorher, nämlich so, dass es den Sinn des Ganzen des Lebens der betroffenen Person, ihre Einstellung zur Welt, ihren Lebensmut nicht mehr gefährdet. Insofern kann man sagen, der Zuwachs, den das Subjekt in einer solchen Erfahrung wie ein Geschenk erfährt, sei auf der Ebene des Könnens angesiedelt, des *knowing how*, nicht auf der des Wissens (des *knowing that*).[71] Die betroffene Person findet sich überraschenderweise zu etwas fähig, das sich nicht auf unmittelbarem Wege anstreben und gewinnen lässt. Der Betroffene weiß nicht

2. Merkmale des Begriffs ‚religiöse Erfahrung'

etwas, das er vorher nicht wusste (z. B. über eine sicher zu erwartende *zukünftige* Rettung), sondern er kommt mit seinem Leben auf eine Weise zurecht, wie es ihm früher nicht möglich war. Man möchte sagen: Er ist ‚jetzt und hier' gerettet, nicht erst irgendwann später.

Als viertes Merkmal nennt James schließlich den Umstand, dass dieser Wandel bei religiösen Erfahrungen in der Mehrzahl der Fälle nachhaltig ist, er vermittelt dem Betroffenen eine bleibende seelische Standfestigkeit. So kommt er zu der Bewertung, dass uns diese Erfahrungen eine Möglichkeit des Menschen zeigen, „die das Beste ist, was die Geschichte zu zeigen hat."[72] Auch sagt er: „Diese Art Glückseligkeit im Absoluten und Immerwährenden ist, was wir nirgends sonst finden als in der Religion."[73] Nach dieser Schilderung wird man kaum in Abrede stellen wollen, dass eine solche Erfahrung wünschenswert ist und dass jeder im Laufe der Kulturgeschichte entwickelte Weg, der ihr Eintreffen begünstigen könnte, eine eingehende Betrachtung lohnt, obwohl auch nach der Meinung von James ganz klar sein muss, dass man sie nicht herstellen, nicht planmäßig erzeugen kann.

Es wurde bereits erwähnt, dass einer der Vorzüge seines Vorgehens darin besteht, dass es die traditionellen Artikulationen der Religionen primär als Ausdruck solcher Erfahrungen deutet und nicht als ungelenke Frühformen der Wissenschaft, etwa der Kosmologie. Damit wird nicht bestritten, dass religiöse Lehren auch kosmologische und andere Gedanken enthalten können, die sich nicht als Artikulationen religiöser Erfahrungen deuten lassen, z. B. Spekulationen, die dem Bedürfnis nach Naturerklärung entspringen. Es ist aber hilfreich, auf der Basis der heute möglichen Differenzierung unserer Wissensformen diese Bereiche systematisch zu trennen, um nicht den Fehler Humes zu wiederholen, die Antworten an der falschen Stelle zu suchen.

Wenn man diese Interpretationsstrategie einschlägt, sind es die Erfahrungen des vom James erörterten Typs, denen wir uns zuwenden müssen, wenn wir die Wörter, mit denen Religiöses artikuliert wird, in ihrem *religiösen* Charakter richtig verstehen wollen. Wer als Philosoph darauf aus ist, grundsätzlich zu begreifen, worum es in der Religion (vorsichtiger: in den ihm bekannt gewordenen Religionen) geht, der tut deshalb gut daran, sich zunächst mit der Rolle dieser Erfahrungen im Leben der Betroffenen auseinander zu setzen, statt sofort zu den ‚Gegenständen' der Erfahrung zu gehen, von denen in den zugehörigen sprachlichen Artikulationen (oft nur scheinbar) die Rede ist. Einer dieser auf Abwege führenden ‚Gegenstände' ist das Universum im naturwissenschaftlichen Sinn und das Problem seiner Entstehung. Die unmittelbare Zuwendung zu den Gegenständen verleitet nämlich dazu, den sie betreffenden *religiösen* Wissensanspruch mit anderen Wissensansprüchen fälschlich gleichzusetzen und so z. B. bei der These zu landen, die Religion sei nichts anderes als eine Vorstufe zur Wissenschaft, ein Weltentstehungsmythos sei nichts anderes als eine schlecht begründete kosmologische Theorie. Wir haben bei Hume gesehen, wie wenig diese Strategie austragen kann und wie wichtig es im Lichte der Überlegungen Bettelheims ist, verschiedene Inhaltsebenen zu unterscheiden.

Was mit der hier geforderten Sorgfalt bei der Beachtung sprachlicher Kontexte und Bedeutungsfelder gemeint ist, lässt sich durch eine Stelle im Buch von James illustrieren, an der eine *positive* Erfahrung geschildert wird. Zwei Stränge sind darin erkennbar: Erstens eine bildhafte aber nicht an eine bestimmte religiöse Terminologie gebundene Schilderung der Erfahrung nach dem Muster ‚es war als ob ...', und zweitens eine in religiöser (hier: in christlicher) Sprache gegebene Bestimmung des Sinns der Erfahrung für die betroffene Person. Der Passus lautet (leicht gekürzt): „Plötzlich schien da etwas zu sein, was in mich einfloss und mein ganzes Wesen ausweitete – eine Empfindung von der Art, wie ich sie nie zuvor erfahren hatte. Als diese Erfahrung kam, schien es, als würde ich durch einen großen, umfänglichen, erleuchteten Raum geführt. Als ich neben meinem unsichtbaren Führer herging und umherschaute, prägte sich ein klarer Gedanke in meinem Geiste aus: Sie sind nicht mehr da, sie sind fort. Sobald der Gedanke in meinem Geiste bestimmte Formen angenommen hatte, gewann ich, obwohl kein Wort gesprochen wurde, ... den Eindruck ich sei dabei, meine eigene Seele zu durchmustern. Da wusste ich zum ersten Mal in meinem ganzen Leben, dass ich von allen Sünden gereinigt und mit der Fülle Gottes angefüllt war."[74]

Die Leibempfindung zu Beginn (innere Weitung) ist für jeden durchschnittlichen Leser gut nachzuvollziehen; sie verlangt keine spezifische religiöse Orientierung, ebenso die Aussage ‚es war als würde ich von jemandem durch einen leeren, hell erleuchteten Raum geführt'. Auch die Vorstellung von der Durchmusterung der eigenen Seele ist religiös noch eher unspezifisch. Erst die Ausdrücke „Sünde" und „Fülle Gottes" gehören der christlichen Tradition an, was davor gesagt wird, ist von ihr unabhängig und kann in anderen religiösen Traditionen (die den Begriff der Sünde nicht kennen und nicht den eines ‚höchsten' persönlichen Gottes im christlichen Sinn) vielleicht in andere Worte gefasst werden, von denen allerdings noch zu klären wäre, ob und in welchem Sinne wir sie als (in gewissen Grenzen) äquivalent ansehen wollen. So könnte man sich z. B. fragen, ob Ausdrücke wie „leerer Raum" und „sie sind nicht mehr da, sie sind fort" eine Familienähnlichkeit zur buddhistischen Rede von der ‚Leerheit' haben, so dass die ‚Sünden' im zitierten Text dem entsprechen, was im buddhistischen Denken als ein falsches ‚Anhaften' an den ‚Verstrickungen des Ich' erscheint.[75]

Wir können also feststellen, dass religiöse Erfahrungen im Sinne von James in einer Terminologie ausgedrückt werden *können*, die einer überlieferten Religion entstammt, dass dies für ihren Charakter als *religiöse* Erfahrungen aber keine notwendige Bedingung ist, die für *alle* solche Erfahrungen gelten würde. James hat, wie wir gesehen haben, bei der Schilderung seiner eigenen Erfahrung gar keine religiösen Worte benutzt, er hat nur kommentierend hinzugefügt, er habe immer die Überzeugung gehabt, sie habe eine religiöse Signifikanz. Welche Art der Formulierung eine Person zur Artikulation ihrer Erfahrung tatsächlich benutzt, wird wie bei anderen Artikulationsweisen (bei Liebeserklärungen, bei Flüchen, in der Wahl von Metaphern) davon abhängen, welchen kulturellen Bildungsweg sie hinter sich hat. Dem gemäß ist es auch plausibel, mit verschiedenen Stufen der Differenzierung zu rechnen: Wer in einer reichhaltigen religiösen Tradition fest verankert ist, dem stehen feinere Mittel zur Verfügung, seine Erfahrungen zu schildern als demjenigen, dem hier die Unterscheidungen fast völlig fehlen.

3. James' ‚Überglaube': Krönung oder entbehrliche Zutat?

Im nun folgenden Schritt geht James an die erkenntnistheoretische Verarbeitung des zusammengetragenen Erfahrungsmaterials. Hier gibt es aus heutiger Sicht mindestens zwei Weisen fortzufahren, die sich unterschiedlichen sprachphilosophischen Sehweisen verdanken. Dieser Abschnitt behandelt die erste dieser Sehweisen, d. h. den traditionellen Weg, den auch James selbst einschlägt. Die Erörterung der zweiten Sicht, die hier als Alternative vorgeschlagen wird, erfordert einen größeren Anlauf und erfolgt daher erst im nächsten Kapitel.

Der erste Weg, den man als den ‚abbildtheoretischen', ‚referenzsemantischen' oder ‚propositionalen' bezeichnen kann, ist der traditionelle.[76] Er besteht darin, den einfachen oder komplexen Ausdrücken des religiösen Sprachschatzes wie ‚Gott', ‚Erschaffung der Welt', ‚Reinigung von Sünden', etc. eine Bedeutung zu unterstellen, die gleichartig ist mit der Bedeutung von Ausdrücken, die sich auf materielle Gegenstände als deren *Namen* beziehen; dies ist der eigentliche Sinn von ‚Referenz'. Entsprechend werden dann prädikative Ausdrücke oder ‚Begriffswörter' so verstanden, dass sie die Gegenstände, auf die Wörter der ersten Art referieren (die sie ‚benennen'), klassifizieren oder sortieren (so wie z. B. der Ausdruck ‚Hafenstadt' Städte klassifiziert, die Namen tragen wie ‚Amsterdam'). Nach demselben Muster können sich dieser Auffassung zufolge komplexe Ausdrücke wie ‚die Erschaffung der Welt' auf *Sachverhalte* beziehen, etwa auf historische Ereignisse wie bei dem Ausdruck ‚der Erste Weltkrieg'. Der Sinn der religiösen Ausdrücke gilt als den Mitgliedern der Sprachgemeinschaft aus Erzählung, Lektüre und Unterweisung mehr oder minder bekannt. Die Gegenstände und Sachverhalte, auf die referiert wird, gelten dem entsprechend als unabhängig von der Sprache vorhanden. Die Sprache gilt als ihnen gegenüber sekundär: *Weil* es (zunächst einmal) die bezeichneten Gegenstände *gibt*, kann man (in einem zweiten Schritt) sprachliche Zeichen für sie einführen. Der beanspruchte Bezug auf diese Gegenstände, ob es der singuläre Bezug einer Kennzeichnung ist („mein unsichtbarer Führer") oder der generische eines Begriffs („Sünden"), gilt als konstitutiv für ihre Bedeutung. Salopp gesprochen: Im Prinzip wissen wir alle, *was* himmlische Wesen, Götter und Sünden *sind*, manche von uns sind sich nur nicht sicher, ob es diese Gegenstände auch tatsächlich *gibt*. Verschiedene Religionen vertrauen verschiedenen Zeugen bei Aussagen, die einer öffentlichen Prüfung nicht standhalten und daher nicht Allgemeingut sind. Es sind ‚Glaubensaussagen'.[77]

Aus dieser Perspektive lauten die Anschlussfragen (wie wir es bei Hume mit Bezug auf das Wort ‚Schöpfung' gesehen hatten), ob die fraglichen Ausdrücke tatsächlich eine Referenz haben, ob es Gegenstände und Sachverhalte gibt, die unter die Begriffe fallen bzw. die Kennzeichnungen erfüllen, ob die fraglichen Sätze wahr sind, und ob man diese Fragen durch Rückgriff auf die Erfahrung entscheiden kann. Bei Hume war der Begriff der Erfahrung dabei ausschließlich naturwissenschaftlich gemeint, James hat seinen Umfang stark erweitert und die Erfahrungen des *common sense* in

3. James' ‚Überglaube': Krönung oder entbehrliche Zutat?

seine Betrachtungen hineingenommen, d. h. die nicht-wissenschaftliche Erfahrung, sei sie nun alltäglich oder außeralltäglich aber gut verbürgt. Ein typischer Verdacht gegen die Religion, der sich im Rahmen dieser referenzsemantischen Auffassung bewegt, ist der einer Täuschung oder Selbsttäuschung, wie ihn der berühmte Titel Sigmund Freuds von der ‚Zukunft einer Illusion' zum Ausdruck bringt.[78] So schön es vielleicht wäre, wenn diese Referenzgegenstände existierten, der nüchtern denkende Mensch habe sich einzugestehen, dass dies nicht der Fall sei. Die sprachphilosophische Option einer referenzsemantischen Auffassung von Bedeutung wird hier als zutreffend unterstellt und nicht eigens thematisiert; bezweifelt wird die Existenz der Gegenstände und die Wahrheit der fraglichen Aussagen.[79]

James bleibt bezüglich seiner philosophischen Schlussfolgerungen im Rahmen dieser traditionellen referenzsemantischen Auffassung. Zwar können wir bei der Lektüre deutlich spüren, dass seine Liebe und sein persönliches Interesse der lebendigen Erfahrung gilt, an deren Authentizität er in den meisten Fällen nicht zweifelt, zumal er selbst von einer Erfahrung dieses Typus berichten kann. Seine philosophische Interpretation des Materials (die er als seinen ‚Überglauben' bezeichnet), erscheint dem gegenüber blass und sekundär. Trotz dieser klaren Gewichtung zu Gunsten der Erfahrung scheint James aber zu befürchten, die von ihm zusammengetragenen Berichte würden vor dem Forum der Wissenschaften keine Anerkennung finden, solange er keine überzeugende Antwort auf die Frage anbieten könne, welche Art von Gegenständen denn in diesen Erfahrungen erfahren werden; was ist ihre Referenz, auf welche real existierenden Gegenstände beziehen sie sich? Eine Erfahrung scheint aus dieser Sicht immer eine Erfahrung *von etwas* sein zu müssen; damit ein sprachlicher Ausdruck bedeutungsvoll ist, scheint er über sich hinausweisen zu müssen, auf einen Gegenstand, auch dann, wenn dieser Bezug auf dem Weg über ein Gleichnis erfolgt.[80] Kurz: James scheint keinen anderen Weg zu sehen, die von ihm vorher eindrucksvoll geschilderten und als nicht überbietbar wichtig eingeschätzten Erfahrungen vor dem Vorwurf der Nichtigkeit zu retten als dadurch, dass er ihnen einen weit von unserer Alltagswelt entfernten Verursacher zuordnet, einen (im Fall der Religion) ‚transzendenten' Gegenstand. Offenbar glaubt er, nur so dem Einwand entgegentreten zu können, es handle sich bei den fraglichen Erfahrungen um Täuschungen oder Phantasien, die allenfalls für den Erfahrenden *subjektiv* bedeutungsvoll sein können (vergleichbar z. B. einem Alptraum), dies aber nur in einem schwachen Sinn, insofern es z. B. ‚unangenehm' oder ‚eindrucksvoll' sein kann, solche Erfahrungen zu haben. Jedenfalls würden sie ohne eine referenzsemantische Verankerung nach dieser Denkweise insofern den Träumen ähnlich sein, als sie nicht über sich hinausweisen würden.[81] Eine mehr als individuelle Bedeutung der von ihm zusammengestellten Erfahrungsberichte kann James sich offenbar nicht anders denken als in Gestalt der Annahme, es müsse einen besonderen Bereich transzendenter Gegenstände geben, auf die sich die fraglichen Ausdrücke so beziehen, wie sich Wörter wie ‚Stuhl' und ‚Baum' auf die bekannten Dinge unserer Lebenswelt beziehen.[82]

So gelangt er, was seinen ‚Überglauben' angeht, zu einer eher konventionellen Lehre von der Existenz dreier Welten, einer materiellen, einer psychischen und einer geistigen Welt. Sie entspricht der Auffassung des Logikers Gottlob Frege,[83] der sich die Frage vorlegte, was für Gegenstände die Zahlen seien. Was unabhängig von unseren Wünschen und Phantasien (‚für sich', ‚real') existiert, was nicht nur der psychischen Welt der Empfindungen und der Einbildungen des jeweiligen Individuums angehört, das muss nach dieser Lehre zu einer Welt außerhalb unserer Empfindungen gehören. Dies scheint sowohl für die Zahlen als auch für Gott eine unvermeidliche Forderung zu sein, wenn man die Arithmetik und die christliche Religion nicht einfach verabschieden will. Also müssen die einschlägigen Gegenstände entweder zur materiellen oder zur geistigen Welt gehören. Von diesen beiden haben wir zwar nur über die Empfindungen Kenntnis. Was aber *nur* dieser Empfindungswelt angehört und nicht auf etwas ‚Äußeres' verweist (so wie z. B. eine Apfel-Empfindung ohne Apfel), ist nach dieser Auffassung ‚bloß psychisch', es ist eine Einbildung, eine Halluzination.

So kommen wir zu dem Ergebnis, dass James zwar den wichtigen Schritt macht, die religiösen Erfahrungen so ernst zu nehmen, wie sie für die betroffenen Subjekte sind, - davon in der Hauptsache handelt sein Buch, und das macht es so eindrucksvoll. Philosophisch, auf der Ebene des ‚Überglaubens', sieht er aber für dieses Ernstnehmen keinen anderen Weg als die Deutung, in diesen Erfahrungen mache sich eine transzendente Welt geltend, eine ‚dritte Welt', jenseits der Empfindungen und jenseits der empirischen Dingwelt. So gelangt er aufgrund seiner erkenntnistheoretischen und sprachphilosophischen Prämissen zu der These, es gebe eine göttliche Welt, die in der religiösen Erfahrung auf dem Weg über

3. James' ‚Überglaube': Krönung oder entbehrliche Zutat?

das ‚subliminale Bewusstsein' (d. h. durch das, was wir heute ‚das Unbewusste' nennen) auf uns einwirke. Die Götter erscheinen bei dieser Deutung leicht als analog zu fern im Universum unsicher zu verortende Quellen von Radiowellen, die wir nicht direkt wahrnehmen, deren kausale Wirksamkeit wir mit unseren von Freud und anderen neu entdeckten seelischen Antennen aber gleichwohl erfahren können.

Was den ‚Überglauben' bei James angeht, sind wir damit noch nicht wesentlich über das naturwissenschaftlich orientierte Projekt von David Hume hinausgekommen. Zwar hat er den Bereich dessen, was als ‚Erfahrung' gilt, deutlich erweitert; alles, was dem Menschen seelisch zustoßen kann, soll zugelassen sein, nicht nur Geschehnisse in der Welt des physikalischen Labors und den daraus zu erschließenden Fakten in größeren Dimensionen, etwa solchen, die die Entstehung der Welt betreffen. Da James aber das Modell der ‚Wahrnehmung eines Gegenstandes' in der erkenntnistheoretischen Interpretation seines Materials beibehält (auch wenn er mit neuen Wahrnehmungsorganen wie dem ‚subliminalen Bewusstsein' rechnet), legt er nahe, das Seelische und das Spirituelle als z. B. dem Energetischen ähnlich zu behandeln und von der Naturwissenschaft, die bei Hume zu keinem überzeugenden Beitrag zum Verständnis der Religion fähig schien, nun doch wieder einen einschlägigen Erkenntnisfortschritt zu erwarten, so wie es heute viele esoterische Richtungen tun. Das Göttliche ist dann so etwas wie das Physikalische, nur in einer nicht-materiellen Form, in vager Analogie zu ‚Energie', ‚Feld' und ‚Strahlung'.[84] Auch in unseren Tagen hoffen manche Denker, solche Begriffe könnten sich als geeignet erweisen, nicht nur die älteren Bilder vom Universum als einer gigantischen Maschine aus kleinsten materiellen Kügelchen zu überwinden (weil hier etwas ‚Immaterielles' auftritt), sondern uns damit zugleich dem Spirituellen näher zu bringen. Wenn das Spirituelle nach dem Muster der Strahlung oder des Magnetfelds zu denken wäre, könnten wir hoffen, es mit physikalischen Mitteln zu erkennen.

Diese Hoffnung schien uns schon im Hume-Kapitel trügerisch, und dieser Weg wird hier nicht eingeschlagen. Statt nach besonderen, ‚unstofflichen' aber im Prinzip physikalisch (oder physik-analog) zu denkenden Referenzgegenständen zu suchen, die als Kandidaten für die Bedeutungen religiöser Ausdrücke in Frage kommen könnten, wird hier die zugrundeliegende Auffassung der Sprache in Frage gestellt: Muss es, damit ein (inhaltlich gehaltvoller, nicht-formaler) sprachlicher Ausdruck sinnvoll ist, überhaupt in allen Fällen zugeordnete ‚Gegenstände' oder ‚Dinge' geben, für die er steht?[85] Muss es ein dingliches ‚Etwas' geben, das erfahren wird, damit eine vermeintliche Erfahrung nicht leer und nichtig ist wie ein nur vermeintliches Gewinnlos auf dem Rummelplatz, für das man keinen Riesenteddy und keinen Präsentkorb eintauschen kann? Wir hatten bei der Erörterung der Märchen festgestellt, dass man ihrer Funktion nur gerecht werden kann, wenn man eine ‚zweite Inhaltsebene' einbezieht, und dies hieß, wenn man z. B. von den vorkommenden Eigennamen nicht verlangt, sie würden direkt auf existierende Dinge referieren. Dort konnte es aber so aussehen, als läge nur ein Umweg vor, der zwar nicht direkt aber doch indirekt zu einem Referenzobjekt führe, der also unser klassisches Bild vom Bedeutungsverhältnis, wie wir es paradigmatisch an Personennamen erläutern können, intakt lässt. Einen sprachlichen Umweg haben wir z. B. dort vor uns, wo sich jemand mit dem Ausdruck ‚mein Trainer' auf seinen Hund bezieht, weil dieser ihn zwingt, täglich laufen zu gehen, was er ohne den Hund unterlassen würde. In einem solchen Fall gibt es also einen Gegenstand (den Hund), auf den sich der Sprecher bezieht, aber dieser Bezug ist indirekt und für den Außenstehenden nicht leicht zu erkennen. Dies könnte man auch bei den Märchen erwarten: Sie scheinen von einer bösen Königin zu handeln, die es gar nicht gibt, aber auf dem Umweg über die Königin beziehen sie sich in Wirklichkeit auf die Mutter, von deren ‚hassenswerten' Seiten sie handeln. Wir werden im nächsten Kapitel im Anschluss an Überlegungen des späten Wittgenstein sehen, dass die genannten traditionellen sprachphilosophischen Annahmen falsch sind: Es braucht für viele Wörter überhaupt keine bezeichneten Gegenstände zu geben, damit sie sinnvoll sind. Wenn wir erkennen, wie vielfältig die Arten sprachlichen Bedeutens sind, eröffnet dies einen großen Freiheitsspielraum für das Verständnis religiöser Artikulationen.

Drittes Kapitel
„Kein Etwas aber auch nicht ein Nichts." Wittgensteins sprachphilosophischer Befreiungsschlag

Der von James bei der Formulierung seines ‚Überglaubens' eingeschlagene Weg, den religiösen Erfahrungsberichten eine Basis zu verleihen, nämlich durch das Postulat, es gebe eine Welt transzendenter Gegenstände, die sich in jenen Erfahrungen kausal auswirke, entspricht in seiner Grundstruktur dem Verfahren des Prüfens einer ‚religiösen Hypothese', wie wir es bei Hume gesehen und als inadäquat gegenüber dem Geist der Religionen verworfen hatten. James macht zwar insofern einen wichtigen Schritt voran, als er neuartige ‚Beweismittel' zulässt, nämlich persönliche Erfahrungsberichte. Er gelangt aber beim Entwurf seines ‚Überglaubens' zu Vorstellungen, die sich von denjenigen Humes nicht grundsätzlich unterscheiden. Man hat den Eindruck, er sei ihrer auch selbst nicht recht froh geworden; vielleicht hat er sie deshalb deutlich kürzer gehalten als er es ursprünglich geplant hatte.

Ludwig Wittgenstein hat einerseits das Buch von James geschätzt, er hat sogar die Hoffnung ausgedrückt, es werde ihm dabei helfen, mit seinen persönlichen Problemen zurecht zu kommen.[86] Auf der anderen Seite ist James ihm aber auch vielfach ein Stachel gewesen, insofern Wittgenstein seine eigenen Auffassungen wiederholt dadurch zu klären versuchte, dass er sie gegen die von James abgrenzte. Wir werden in diesem Kapitel an die sprachphilosophischen Überlegungen des späten Wittgenstein anknüpfen, speziell an seinen Gedanken, es müsse nicht immer zugeordnete ‚Gegenstände' geben, damit Worte bedeutungsvoll sein können. Wir werden diese Überlegung auf das Thema von James anwenden und fragen, ob der Begriff der ‚religiösen Erfahrung' einen Gegenstand brauche, der erfahren wird, damit die Erfahrung nicht nichtig ist. Wir verfolgen dabei das Ziel, den Überglauben von James als entbehrlich zu erweisen, ohne dadurch die lebenspraktische Substanz seines Buches zu gefährden. Wir haben allerdings kritisch zu prüfen, ob dieser Weg nicht einen versteckten Widerspruch enthält:

Kann man das transzendente ‚Etwas', das bei James als der kausale Auslöser religiöser Erfahrungen erscheint, aufgeben, ohne damit die eindrücklichen Erfahrungsberichte seiner Zeugen ‚gegenstandslos' im Sinne von ‚nichtig' erscheinen zu lassen? Kann es ungegenständliche und doch existentiell tief bedeutsame religiöse Erfahrungen geben, oder muss man an dieser Stelle ‚ontologische Verpflichtungen' eingehen, indem man die Existenz besonderer ‚Gegenstände' unterstellt?

1. Die Mystik des ‚Tractatus' und die Unterscheidung zwischen ‚sagen' und ‚zeigen'

Wittgenstein hat im Laufe seines Lebens zwei sehr unterschiedliche philosophische Ansätze entwickelt, die sich auch in ihren Aussagen über die Sprache (trotz einiger wichtiger Kontinuitäten) stark unterscheiden. Aber bereits sein erstes Werk, der *Tractatus logico-philosophicus*,[87] enthält als eine wichtige Teilaussage die These, die ‚religiösen Dinge' ließen sich nicht vergegenständlichen, sie seien eben gerade *keine* ‚Dinge'. Diese These wird im Spätwerk nicht zurückgenommen, vielmehr erweitert Wittgenstein sein Plädoyer gegen falsche Vergegenständlichungen auf andere Bereiche wie z. B. den des Seelischen. Er untermauert die These zugleich durch eine in viele Zügen neue Sprachauffassung. Der Impuls, das Religiöse vor einer Vergegenständlichung zu schützen, kann daher als Wittgensteins Grundintention auf diesem Felde gelten.[88] Schon seine frühe Philosophie ist unvereinbar mit der Vorstellung, auf dem Gebiet der Religion gehe es um Hypothesen über die Existenz und die Natur besonderer Gegenstände, die zwar im Einzelnen anders (größer, wichtiger, weiter entfernt), aber doch prinzipiell von der gleichen Art seien wie die Gegenstände des *common sense*. Bei Hume wurde die semantische Relation, die Weise des Bedeutens, als in wichtigen Hinsichten bei religiösem und nicht religiösem Reden gleichartig unterstellt, und gegen eine solche Uniformitätsthese wendet sich Wittgenstein sowohl im *Tractatus* als auch in seinem Spätwerk. In seiner frühen Philosophie führt ihn das allerdings zu der Konsequenz, dass sich über Religiöses überhaupt nicht sinnvoll reden lasse. In seiner Spätphilosophie hat er einen Weg gefunden, diese Konsequenz zu vermeiden, er ist aber auf den Fall des religiösen Redens nicht mehr ausführlich zurückgekommen.

1. Die Mystik des ‚Tractatus' und die Unterscheidung 67

Wie für James steht das Religiöse für Wittgenstein in einem engen Zusammenhang mit persönlichen Erfahrungen. Im *Tractatus* fällt in diesem Kontext auch der Ausdruck ‚Mystik'. Dadurch entsteht eine Verbindung sowohl zu den Gedanken von James, der in der Mystik das Zentrum der religiösen Erfahrung sieht, als auch zu Humes Figur des Demea. Obwohl Hume die Artikulationsversuche, die er diesem Gesprächsteilnehmer in den Mund legt, in einem eher ungünstigen Licht erscheinen lässt, sind sie aus der hier vertretenen Perspektive von Interesse, weil sie Ansätze zu einem Religionsverständnis zeigen, das eher an praktischen Fragen interessiert ist als an kosmologischen Hypothesen. Wir werden zu fragen haben, ob Wittgensteins späte Philosophie es gestattet, diese Intentionen fortzuführen: Wie sind sprachliche Formen zu verstehen, die aus einem praktischen Interesse heraus vom ‚Leben als ganzem' handeln?

Werfen wir aber zunächst einen kurzen Blick auf den *Tractatus*. Es springt ins Auge, dass Wittgenstein dort außerordentlich enge Vorstellungen über den Bereich dessen zum Ausdruck bringt, was sich sagen lässt. Sinnvolle Sätze sind dort stets Darstellungen von Sachverhalten, und Sachverhalte sind Gegebenheiten in der gegenständlichen Welt. Es wird also die ‚Darstellung von Sachverhalten' als die *einzige* legitime Funktion der Sprache angesehen, was bezogen auf die vielfältigen Funktionen, die wir von unserer natürlichen Sprache kennen, selbst dann als eine extreme Verengung erscheint, wenn wir davon ausgehen, dass Wittgenstein nicht wahrheitsfähige Aussagen (also etwa Aufforderungen und Versprechen) bewusst außer Betracht gelassen hat.

Sachverhalte werden im *Tractatus* als Konfigurationen von Gegenständen gedacht, wobei die Konfiguration der *Teile eines Satzes* der Konfiguration der *Gegenstände im Sachverhalt* entspricht. Wir können uns hier nicht darauf einlassen, zu erörtern, was Wittgenstein genau unter ‚Gegenständen' und ‚Sachverhalten' verstanden haben mag, zumal er für die von ihm aus symboltheoretischen Gründen postulierten ‚einfachen Gegenstände' kein einziges Beispiel angegeben hat. Für unsere Zwecke genügt ein Hinweis auf die Tatsache, dass er sich offenbar in großen Teilen vom Fall der musikalischen Notation leiten ließ. Wie die Ordnung der Noten in einer Partitur der Ordnung der Töne in einer Aufführung des zugehörigen Werkes entspricht, so soll die Ordnung der sprachlichen Ausdrücke im Satz der Ordnung der Gegenstände in der Welt entsprechen.[89] Diese Sprachkonzeption führt ihn zu dem Resultat, dass der Bereich dessen, was dargestellt (d. h. durch eine Notation der im *Tractatus* vorgestellten Art repräsentiert) werden kann, mit dem zusammenfällt, was Gegenstand der Naturwissenschaften sein kann. Wenn dies so wäre, würden sich die Fragen der richtigen Lebensführung nicht sinnvoll erörtern lassen. Es erscheint also durchaus plausibel, dass religiöse Aussagen in einem Symbolsystem der im *Tractatus* entworfenen Art von vornherein keinen Platz haben. Da sie keine ‚Gegenstände der Welt' betreffen, lassen sie sich in einem Notationssystem nicht formulieren, dessen einzige Funktion darin besteht, Konstellationen von solchen Gegenständen abzubilden. Konsequent heißt es daher im *Tractatus*: „Die Sprache kann nichts Höheres ausdrücken." (6.42)

Nun spricht Wittgenstein in diesem Buch aber auch davon, dass sich ‚etwas *zeige*'; diesen Bereich grenzt er scharf ab von dem, was sich *sagen* lässt. Und hier scheint für ihn eine Verbindung zum (mystisch verstandenen) Thema Religion zu bestehen, denn er schreibt: „Es gibt allerdings Unaussprechliches. Dies *zeigt* sich, es ist das Mystische." (6.522) Wie steht es nun aber mit der religiösen *Sprache*? Ist das Mystische etwas, das *sich* zeigt, oder können auch wir darauf zeigen, durch eine besondere Art der Sprachverwendung? Wer sich am *Tractatus* orientiert, könnte erwägen, für die religiösen Artikulationen einen Doppelstatus vorzusehen, der den scheinbaren Vorteil hat, sie vor Kritik zu schützen. Dadurch, dass die ‚Aussagen über Höheres' von Wittgenstein aus dem Bereich des im strengen Sinne Sagbaren herausgenommen werden, stehen sie öffentlich zugänglicher Kritik nicht offen. Unsinnige Äußerungen können oder brauchen Argumenten nicht zugänglich zu sein. Das kann für Interpreten, die versuchen, die Religion mit Gedanken aus Wittgensteins *Tractatus* zu verteidigen, aber nicht das letzte Wort sein, denn aus ihrer Perspektive dürfen religiöse Aussagen ja nicht *wirklich* oder *völlig* unsinnig sein.

Entsprechend wird manchmal behauptet, es gebe nach der Lehre des frühen Wittgenstein nicht nur Unaussprechliches, das *sich* zeige, das sich uns also ohne unser Zutun offenbare, sondern es sei darüber hinaus für einen menschlichen Sprecher auch möglich, durch Artikulationen, die streng genommen als unsinnig bezeichnet werden müssten, *sprachlich auf etwas zu ‚zeigen'*. Durch diese Interpretation scheint ein vor Argumenten geschützter Bereich mystischen Quasi-Sprechens eingerichtet zu sein, mit dem man auf Inhalte deuten kann, die dem eigentlichen Sprechen unzugänglich sind.

1. Die Mystik des ‚Tractatus' und die Unterscheidung

Für unseren Kontext ist nun entscheidend, dass der Begriff eines ‚zeigenden Sprechens' nur dann als potentiell weiterführend angesehen werden kann, wenn man Wittgensteins damalige sehr enge Auffassung von dem, was sich sagen lässt, übernimmt, technisch gesprochen, wenn man die natürliche Sprache als eine Art Notation auffasst. Wenn dagegen das ‚ganz normale' Sagen in seinen Funktionen erheblich vielgestaltiger ist als Wittgenstein es damals zu sehen meinte, dann erübrigt sich ein ‚zeigendes Sprechen' als eine Sonderfunktion der Sprache, die sich von ihren normalen, uns wohlvertrauten Aufgaben radikal unterscheidet. Was mit der Idee von einer solchen Sonderfunktion gemeint sein könnte, werden wir vielmehr in ganz alltäglichen Arten der Sprachverwendung antreffen, etwa im Erzählen von Märchen und Mythen, in denen es um ‚das Leben im Ganzen' geht, oder (wie wir noch sehen werden) im Bereich des ‚Redens über Inneres'. Beide Bereiche lassen sich im Rahmen eines Notationsbildes der Sprache nicht fassen; dass aber insbesondere der erste Bereich keineswegs sinnlos ist, hatten wir schon bei der Erörterung Bettelheims gesehen.

Von der geschilderten radikal einschränkenden Sicht auf die ‚normale' Funktion der Sprache ist Wittgenstein im Zuge der Ausarbeitung seiner Spätphilosophie denn auch abgerückt. Er hat zwar daran festgehalten, dass religiöse Glaubensaussagen nicht die Funktion von Hypothesen haben, was in den hier vorgetragenen Überlegungen ja bereits in der Auseinandersetzung mit Hume deutlich geworden ist. In seiner Spätphilosophie vertritt er aber keine Theorie eines ‚zeigenden Sagens'[90] als eines besonderen sprachlichen Bereichs, der kritischen Einwänden von vornherein durch die Bemerkung entzogen werden könnte, man sei sich bewusst, dass was man sage streng genommen unsinnig sei. Das Bild von der Sprache, das er nun entwirft, ist vielmehr so reichhaltig und komplex, dass verständlich wird, dass es für verschiedene Arten von Aussagen verschiedene Arten von Erläuterungen geben kann, durch die entsprechend unterschiedliche Typen von Angemessenheit plausibel gemacht werden können. Indem Wittgenstein klar macht, dass unter den vielen alltäglichen Aufgaben der Sprache auch solche sind, die über das, was man mit einer Notation machen kann, weit hinausgehen, verschwindet der Anschein, dass alles, was keine einfache ‚Darstellung von Sachverhalten' ist, schon in den Bereich der Mystik gehöre. Und damit verschwindet auch das ‚Zeigen' als ein sich vom sonstigen Sprechen radikal unterscheidender Sonderfall.[91]

2. Die Sprache und das Schachspiel

Einen Ansatz für ein breiteres Verständnis hatten wir schon am Anfang dieses Buches kennen gelernt, als es um die Bedeutung der Märchen ging. Dieser Fall zeigt, dass es hier nicht um eine Subtilität geht, die nur in philosophischen Erörterungen auftaucht und dort gelegentlich verkannt wird. Der angesprochene Unterschied ist vielmehr auch dem Alltagsverstand bestens vertraut. Wir hatten oben von einer ‚zweiten Inhaltsebene' gesprochen; auf dieser Ebene muss das verstanden werden, was Bettelheim den ‚Nutzen' unserer Verzauberung durch die Märchen genannt hatte. Dass sich über die Gehalte dieser zweiten Inhaltsebene nicht sinnvoll sprechen lässt, gilt nur dann, wenn man (wie der Wittgenstein des *Tractatus*) eine Sprachphilosophie vertritt, nach der nur Aussagen sinnvoll sind, die Konstellationen von Gegenständen darstellen.

Eine ausgearbeitete Alternative dazu gibt es erst in seiner *späten* Sprachphilosophie, die vor allem in den *Philosophischen Untersuchungen* zu finden ist.[92] Hier lässt er nicht nur die Notationstheorie des *Tractatus* hinter sich, sondern wir finden in der Spätphilosophie darüber hinaus auch ein entschiedenes und bis heute in weiten Bereichen der intellektuellen Diskussion noch nicht nachvollzogenes Abrücken von Alltagsvorstellungen über die Bedeutungsseite der Sprache. Den ersten Schritt dazu macht Wittgenstein, indem er die Darstellungs- oder Abbildfunktion der Sprache auf ihre Ermöglichungsbedingungen hin untersucht: Was heißt es überhaupt, etwas darzustellen oder abzubilden? Dabei erweist sich, dass diese Funktion der Sprache auf praktischen Verständigungen aufruht, ohne die sich gar nicht erfassen lässt, was ‚Darstellung' bedeutet, und ferner erweist sie sich als nur eine unter vielen verschiedenen Funktionen der Sprache, deren tiefgreifende Unterschiede wir wegen der oberflächengrammatischen Ähnlichkeiten zwischen den entsprechenden Sätzen ständig zu übersehen versucht sind. Dies hat u. a. die Folge, dass wir (wie Hume und James) religiöse Aussagen manchmal so lesen als funktionierten sie wie wissenschaftliche Hypothesen, - ein schwerwiegendes Missverständnis.

Von solchen Missverständnissen über die Art, auf die eine jeweils betrachtete Redeweise Bedeutung hat, ist auch unser Verständnis davon betroffen, was es heißt, sich auf Seelisches zu beziehen. Wenn wir über die Natur von ‚Absichten', ‚Vorstellungen' oder ‚Schmerzen' philosophieren, zeigt sich die Neigung, die einschlägigen Redeweisen nach einem unangemessenen Paradigma zu

2. Die Sprache und das Schachspiel

deuten, nämlich als gehe es dabei um ungreifbare, ‚gespenstförmige' Gegenstände. Wer den Bereich des Seelischen überhaupt anerkennt (statt sich zum Materialismus zu bekennen), scheint Dualist sein zu müssen; für ihn scheint es zwei grundverschiedene Sorten von Gegenständen geben zu müssen. Dies stellt sich bei einiger Überlegung aber als wenig plausibel heraus.

Hätte man nun die Möglichkeit eines nicht-gegenständlichen aber gleichwohl sinnvollen Redens im Bereich des Seelischen besser verstanden, dann dürfte man hoffen, dies würde auch dem Blick auf das Religiöse weiterhelfen.[93] Hier wird die These vertreten, dass die Lektion, die uns Wittgenstein über den Sinn mancher ‚Wörter für Seelisches' erteilt, dass es bei ihnen nämlich nicht um ‚ein Etwas' gehe, aber auch nicht um ein Nichts, von grundlegender Bedeutung auch für ein angemessenes Verständnis religiösen Redens ist: Auch hier geht es bei vielen entscheidenden Wörtern (vor allem beim Wort ‚Gott') nicht um ein ‚Etwas'. Darum kann der Benutzer eines Notationssystems von der Art des im *Tractatus* dargestellten hier nur schweigen und Humes naturwissenschaftlich orientiertes Projekt kann mit dem Verdikt ‚Thema verfehlt' zurückgewiesen werden; gleichwohl geht es auch nicht ‚um ein Nichts'. Wir haben es (ähnlich wie bei der zweiten Inhaltsebene der Märchen) mit Ausdrucksweisen zu tun, bei denen Adäquates oder Inadäquates gesagt werden kann, auch wenn sich diese Adäquatheit nicht durch Augenschein an dinglichen Bezugsgegenständen (oder durch die Bestätigung von Hypothesen) feststellen lässt. Dadurch kann das Postulat von James, es müsse einen transzendenten Verursacher der religiösen Erfahrungen geben, entfallen. Und Wittgensteins Deutung unserer Ausdrücke für Inneres hat zugleich zur Folge, dass die religiösen Erfahrungen, von denen James spricht, nicht dadurch zu einer Privatsache abgewertet werden, dass sie etwas ‚bloß Psychisches' sind. ‚Das Psychische', so stellt sich heraus, ist keineswegs eine rein private Sache.

Worin Wittgensteins (man darf wohl sagen:) ‚kopernikanische Wende' im Verständnis der Bedeutungsseite der Sprache genauer besteht, soll nun in einer ersten Annäherung an einem einfachen Fall erläutert werden, in dem er sprachliche Äußerungen mit den Spielzügen in einem Schachspiel vergleicht. Der Kontext für diesen Gedanken ist die Frage, ob Ausdrücke für Zahlen (also Zählzeichen oder Ziffern) nur dann Bedeutung haben, wenn Gegenstände existieren, von denen wir sagen, sie würden durch diese Zeichen *benannt*. Wir können hier eine Parallele sehen zu unserer Frage, ob die *Wörter* in religiösen Redeweisen nur dann eine Bedeutung haben, wenn es nichtsprachliche Gegenstände gibt, die durch sie vertreten werden, oder, auf religiöse *Geschichten* bezogen, wenn diese in einem buchstäblichen Sinne wahr sind.

Der Hintergrund von Wittgensteins Überlegungen kann kurz wie folgt charakterisiert werden: Der von ihm sehr geschätzte Logiker Gottlob Frege hatte in der Verfolgung der Frage, was für eine Art von Gegenständen die Zahlen sind,[94] zunächst sehr entschieden die Position bezogen, es handle sich bei ihnen jedenfalls nicht um ‚Vorstellungen', nicht um psychische Gebilde im Denken des einzelnen Mathematikers. Philosophische Ansätze dieser Art hatte Frege mit Hohn und Spott überzogen, und diese Gegnerschaft leuchtet sofort ein, denn ein Mathematiker, der z. B. im Hörsaal an der Wandtafel einen Beweis vorführt, berichtet ja nicht über sein persönliches Seelenleben, etwa über ‚innere Bilder', die sein Schreiben (für die Studierenden unsichtbar) vielleicht begleiten mögen. Es mag sie geben, aber von ihnen handelt seine Vorlesung nicht. Er beansprucht vielmehr, Aussagen über intersubjektiv gültige Sachverhalte zu machen; die Studierenden sollen etwas über die *Mathematik* lernen, nicht über die seelischen Abenteuer ihres Lehrers.

Ohne uns auf Einzelfragen zur Philosophie der Mathematik einzulassen können wir leicht nachvollziehen, dass Frege gemeint hatte, nach dieser Ausschaltung des so genannten ‚Psychologismus' mit Bezug auf die Existenz der Zahlen vor der folgenden Alternative zu stehen: Entweder müssen wir die materiellen Ziffern (d. h. die Zähl*zeichen* im Sinne z. B. der Kreidespuren auf der Tafel) als die Zahlen ansehen, denn diese Zeichen sind es, mit denen der Mathematiker im Hörsaal tatsächlich operiert. Bei dieser Deutung scheint das an der Tafel Niedergeschriebene nicht über sich hinauszuweisen. Oder wir müssen ein eigenes Reich geistiger Wesenheiten (geistiger Inhalte, geistiger Gegenstände) postulieren, in dem u. a. auch die Zahlen als besondere immaterielle, ‚abstrakte' Gegenstände ihren Platz hätten. Von ihnen würde die Mathematik handeln; auf sie verweisen die Zeichen an der Tafel. Ohne eine solche Zuordnung von Zeichen zu Gegenständen wären die niedergeschriebenen Figuren ‚leer' oder ‚gegenstandslos', was aber undenkbar erscheint, denn der Sachgehalt und der praktische Erfolg der Mathematik sind unbestreitbar.

Das erste Horn dieses Dilemmas ist im mathematischen Fall offensichtlich genau so absurd wie der von Frege bekämpfte Psychologismus: Tintenspuren und Kreidehügel können, als materielle

2. Die Sprache und das Schachspiel

Gegenstände betrachtet, so wenig mathematische Eigenschaften haben wie die als innere Bilder gedachten ‚Vorstellungen'. Zwar kann eine auf ein Papier geschriebene sechs dadurch in zwei Teile zerlegt werden, dass man das Papier durchschneidet oder zerreißt, aber diese Art der ‚Teilbarkeit' ist gewiss nicht das, was ein Mathematiker meint, der sagt, 6 sei durch 2 teilbar.

Diese offensichtliche Absurdität der ersten Option ist Freges Grund dafür, sich für das zweite Horn des Dilemmas zu entscheiden. Ähnlich wie James sich veranlasst sah, transzendente Gegenstände anzunehmen, von denen unsere religiösen Erfahrungen handeln müssen, um nicht nichtig (‚gegenstandslos') zu sein, meinte Frege, es müsse (neben den materiellen und den psychischen Gegenständen) ein Reich der geistigen Gegenstände anerkannt werden, in dem u. a. auch die Zahlen heimisch sind. Solange man einer Referenzsemantik anhängt (einer Abbild- oder Notationstheorie), scheint es dazu keine Alternative zu geben: Entweder bezeichnet ein Zeichen einen Gegenstand, das ist der Normalfall, oder es steht für nichts, was zu heißen scheint, ihm ist keine Bedeutung zugeordnet, es ist sinnlos oder ‚leer'.

Hierzu formuliert Wittgenstein nun seinen entscheidenden Einfall: „Für Frege stand die Alternative so: Entweder wir haben es mit den Tintenstrichen auf dem Papier zu tun, oder diese Tintenstriche sind Zeichen von etwas, und das, was sie vertreten, ist ihre Bedeutung. Daß diese Alternative nicht richtig ist, zeigt gerade das Schachspiel: Hier haben wir es nicht mit den Holzfiguren zu tun, und dennoch vertreten die Figuren nichts, sie haben in Freges Sinn keine Bedeutung. Es gibt eben noch etwas drittes, die Zeichen können verwendet werden wie im Spiel."[95] Mit diesem ‚dritten Weg' ist die Grundidee von Wittgensteins später Sprachphilosophie ausgesprochen, die er als Alternative zur üblichen Position entwickelt, die oben ‚referenzsemantisch' genannt wurde. Die These lautet, es gebe *inhaltlich* zu verstehende sprachliche Ausdrücke (in Abgrenzung zu funktionalen oder *‚formalen'* Wörtern wie z. B. ‚oder', ‚obwohl', etc.), deren Bedeutung trotz dieses inhaltlichen Charakters nicht auf die übliche, auch von Frege noch vertretene Weise zu fassen ist, nach der sie entweder in der Art der Namen einzelne Gegenstände *vertreten* (seien diese nun materieller, psychischer oder geistiger Natur), oder (wie die Begriffsausdrücke) solche einzelnen Gegenstände *klassifizieren* (nach älteren sprachphilosophischen Vorstellungen also eine *Art* oder *Gattung* ‚vertreten'). Obwohl es in den Fällen, die hier am Beispiel der Zahlzeichen in den Blick genommen wurden, das übliche Vertretungsverhältnis von Zeichen und Bezeichnetem (bzw. Klassifiziertem) also nicht gibt, haben solche Ausdrücke ‚eine Bedeutung' im alltäglichen Verständnis: Sie sind nicht sinnlos, sie erfüllen im Prozess der Verständigung eine Aufgabe. Wie ist das möglich, wo doch diese Zeichen, was ihre Vertreterfunktion angeht, ‚leer' sind?

Die *Bedeutung* eines Zeichens anzugeben, heißt nach dem am Schachspiel orientierten neuen Vorschlag von Wittgenstein, seine *Verwendung* anzugeben, seinen Gebrauch im Kontext einer sinnvollen sozialen Aktivität. Auf diese Weise wird ja beim Schachspiel in der Tat z. B. die Bedeutung der Dame angegeben: nicht durch eine Auskunft darüber, wofür sie steht, wen oder was sie als Zeichen *vertritt* (hier hieße die Auskunft ‚Fehlanzeige'), sondern durch die Angabe ihrer Rolle im Spiel. Obwohl die Schachfiguren nichts vertreten, nicht für einen außerhalb des Spiels existierenden Gegenstand stehen, haben sie für die Spieler eine Bedeutung. Dieser Grundgedanke führt Wittgenstein dazu, als ein Hilfsmittel für die Erörterung der verschiedenen Arten von sprachlicher Bedeutung den Ausdruck ‚Sprachspiel' einzuführen.

Wenn wir jetzt eine Parallele zum Fall der Religion ziehen, dann entspricht dem ersten Horn des Dilemmas („Zahlen sind Tintenspuren auf dem Papier') die These, religiöse Sätze seien nichts anderes als akustische oder grafische Äußerungen, Produktionen im Sinne hör- oder sichtbarer Vorkommnisse, die nicht über sich hinausweisen; sie bedeuteten dann nichts, das sie nicht selbst sind. Positiv könnten wir sagen, sie seien in diesem Fall ein ‚Selbstzweck'. Negativ ließe sich formulieren, eine solche Aktivität kreise in sich selbst, sie sei ein ‚leeres Spiel', das über sich selbst nicht hinausweise.

Wenn man religiöse Artikulationen in diesem Sinne als ‚Selbstzweck' auffassen würde, könnten sie nicht als Wörter und Aussagen *über* etwas angesehen werden, auch nicht als Berichte über erfahrene Episoden, nicht als Zeichen für etwas Bezeichnetes. Es gäbe bei dieser Deutung nur die Artikulationsvorkommnisse selbst, es gäbe nichts von der Art einer Erfahrung, auf die sie sich beziehen und von der sie handeln könnten. Zeichentheoretisch ausgedrückt: Sie hätten keine *symbolische* Dimension und wären insofern ‚leer', - eine Sicht, die dem religiösen Sprechen sicher genau so wenig gerecht wird wie die entsprechende Deutung der Mathematik dem gerecht werden kann, was in dieser Wissenschaft tatsächlich geschieht.

2. Die Sprache und das Schachspiel 75

Wie sieht es hier mit einem Verständnis aus, das dem von Frege zurückgewiesenen Psychologismus in der Mathematik entspricht? Statt religiöse Ausdrücke für ‚leer' zu erklären, würde man ihnen bei dieser Option als Bedeutungen ‚psychologische Gegenstände' zuordnen: Sie bezögen sich z. B. auf ‚Vorstellungen' oder Gefühle der Sprecherin oder des Sprechers, auf so genannte ‚mentale Ereignisse'. Es würde bei dieser Option keine religiösen Gegenstände und Erfahrungen geben, die nicht der individuellen Vorstellungswelt des Sprechers angehören würden. Mit dem Sprachtheoretiker Karl Bühler[96] gesprochen: Das religiöse Reden würde in den Bereich des ‚Ausdrucks' gehören, die zu ihm gehörende charakteristische Zeichenrelation wäre die des *Symptoms*.

Unserer modernen Neigung, das Religiöse zu privatisieren, käme eine solche Deutung zwar entgegen. Aber wenn religiöse Äußerungen *vollständig* als Ausdrucksphänomene zu verstehen wären, als Symptome für Vorkommnisse im Innenleben einzelner Personen, dann bedeutete die Antwort eines Hörers, in seinem eigenen Inneren würde nichts Vergleichbares auftreten, keinen Einwand, weil ein Bezug auf die ‚Welt des anderen' gar nicht intendiert wäre. Die Betroffenen könnten sich zwar im Stil von Selbsterfahrungsgruppen zusammentun und ‚Gemeinden' bilden; ihre Aktivitäten hätten bei so vollständiger Privatisierung aber keinen Anspruch auf öffentliche Wahrnehmung und Erörterung; die von den Personen typischerweise reklamierte überindividuelle Bedeutung könnten solche individuellen Erlebnisse niemals haben.

Damit könnte sich ein Verteidiger der Religion schwerlich einverstanden erklären, denn ein solches Verständnis würde (wie im Fall der Mathematik) auf eine für unser Vorverständnis nicht plausible Entwertung hinauslaufen. Das, worauf die Artikulationen religiöser Erfahrungen zu verweisen scheinen, wäre ‚bloßen Phantasien' gleichzustellen, also Vorstellungen, die nicht ‚von außen', von einer unabhängigen Realität veranlasst werden.[97]

Diese Überlegungen erinnern uns an die Entscheidung von William James, transzendente Verursacher für die von ihm erörterten religiösen Erfahrungen zu postulieren. Es hatte sich gezeigt, dass auch er sich nach allem, was er uns über die Rolle der Religion im Leben der Betroffenen geschildert hat, zu keiner dieser beiden Positionen hätte entschließen können, weder dazu, die Äußerungen als ‚leere Zeichen' anzusehen, die über sich selbst nicht hinausweisen, noch dazu, in ihnen bloße Symptome für Momente im individuellen Seelenleben des Betroffenen zu sehen. Alles was wir über die tatsächliche Bedeutsamkeit der von James erörterten religiösen Erfahrungen wissen, ist diesen beiden Deutungen ebenso entgegengesetzt wie unser Wissen von der lebensbedeutsamen Rolle der angewandten Mathematik der Behauptung entgegengesetzt ist, sie handle von Dingen wie Kreide- oder Druckerschwärzespuren oder von den individuellen Vorstellungen des vortragenden Mathematikers. Daher optierte James (wie Frege auf mathematischem Gebiet) für die Existenz einer transzendenten Welt. Nach James muss ein spirituelles Reich angenommen werden, das sich, wie er vermutet, durch das Unbewusste hindurch bei uns in religiösen Erfahrungen bemerkbar macht. Die Erfahrungen sind nach dieser Auffassung durch etwas erklärt, das von ihnen verschieden ist und das außerhalb der erfahrenden Person liegt, sie sind Erfahrungen ‚von etwas' und in diesem Sinne gegenständlich. Die Existenz dieses ‚Etwas' verleiht ihnen (und den Berichten über sie) die Bedeutung, die sie haben; ohne einen solchen ‚Gegenstand' wären sie so wertlos wie Phantasien und Wahnvorstellungen und die zu ihnen gehörenden Patientenberichte.

Wenn wir nun nachvollziehen, wie Wittgenstein aus dieser Sackgasse herauszukommen versucht, ist es als Erstes bemerkenswert, dass für ihn *beide* Alternativen unakzeptabel sind, und zwar sowohl für die Mathematik als auch für die Religion. Seine Analogie mit dem Schach war dafür gedacht, für die Mathematik einen dritten Weg aufzuzeigen. Sehen wir zunächst, wie dieser Weg aussieht, wie er für die Mathematik sowohl die Auffassung von der Leerheit der Zeichen (‚Kreidehügel') als auch den Psychologismus (‚Vorstellungen') vermeidet. Wir werden uns dann Wittgensteins Deutung unserer Rede von ‚psychischen Gegenständen' zuwenden, um auf der Basis der damit gewonnenen Sprachauffassung die Konsequenzen für ein Verständnis religiösen Redens zu ziehen.

Zunächst also ein kurzer Blick auf die Mathematik. Zahlzeichen sind (wie uns ihre praktische Anwendbarkeit zeigt) unbestreitbar bedeutungsvoll, aber dies verdanken sie nicht den Zahlen als Referenzgegenständen, die in einer transzendenten Welt existieren und von den Ziffern bezeichnet oder vertreten werden. Vielmehr liegt die Bedeutung der Zahlzeichen nach Wittgenstein in der Rolle, die sie in unseren Aktivitäten spielen. Für den mathematischen Fall können wir daher sagen: Die Bedeutung der Zahlzeichen ist nicht (‚referenzsemantisch') als das zu denken, was sie bezeichnen, sondern man kann diese Bedeutung *vollständig* dadurch erfassen, dass man betrachtet, welche Rolle diese Zeichen in den einschlägigen

2. Die Sprache und das Schachspiel

menschlichen Aktivitäten spielen. Wenn es eine zugeordnete Praxis gibt, die für uns bedeutungsvoll im Sinne von ‚wichtig' oder ‚handlungskonstituierend' ist und in deren Kontext ihre Verwendung vermittelt werden kann, dann haben wir alles, was wir brauchen, um sagen zu können, diese Zeichen hätten eine *Bedeutung*. Die Art des Auftretens eines solchen Zeichens in unserer Praxis, die Frage, ob es dort eine Rolle spielt oder leer läuft, ist das Kriterium dafür, ob es im jeweils vorliegenden Fall eine Bedeutung hat oder z. B. ein kindliches Nachplappern, eine irrelevante Floskel ist.

Entscheidend für ein richtiges Verständnis des Ausdrucks ‚Sprachspiel' ist schon hier der Gedanke, dass die mathematischen Zeichen in einen Kontext verwoben sind, der über die Handlungen der geregelten Erzeugung und Umformung der Zeichen selbst hinausgeht, so dass wir hier keine Selbstzweck-Handlungen vor uns haben, die in sich selbst kreisen. Es werden schließlich Gegenstände gezählt (auch wenn ‚die Zahlen selbst' keine Gegenstände sind), und die Resultate der Zählhandlungen sind für die Wahl von Anschlusshandlungen ausschlaggebend. Wenn drei Löffel auf dem Tisch fehlen, kann ich den Gang in die Küche so ausführen, dass ich mit der *richtigen* Anzahl von Löffeln zurückkomme. Insofern die Mathematik zu allgemein verbindlichen Resultaten führt, handelt sie auch nicht von (individuellen) ‚Zahl-Vorstellungen'; insofern sie Handlungsabfolgen erfolgreich macht, die sich in der Herstellung und Umformung von Zeichen nicht erschöpfen, weist sie über sich hinaus. Beide Seiten, die soziale Verbindlichkeit und das Hinausweisen über die Akte der Zeichenproduktion selbst, sind charakteristisch für das, was Wittgenstein dann allgemein mit dem Ausdruck ‚Sprachspiel' bezeichnet hat.

Wir werden nun am Beispiel des ‚Redens über Inneres' sehen, wie auch dort die soziale Verbindlichkeit und das Hinausweisen über den bloßen Vorgang der Zeichenproduktion so auftreten können, dass der einfache referenzsemantische Weg, die Existenz zugeordneter Gegenstände anzunehmen (der auch hier in erkenntnistheoretische Schwierigkeiten führt), nicht beschritten werden muss.

3. Kein Etwas aber auch nicht ein Nichts: Das Beispiel des Schmerzes

Wenn von Wittgensteins Spätphilosophie im Zusammenhang mit ‚inneren Gegenständen' wie z. B. Schmerzen gesprochen wird, ist der Verdacht im Raum, er leugne ihre Existenz und vertrete die These, es gebe nur Schmerz*verhalten*.[98] Ein entsprechendes Bedenken hatten wir mit Bezug auf die Religion formuliert: Kann religiöses Reden gehaltvoll sein und über die Belange des Sprechers hinausgehen, wenn sich diesem Reden keine gegenständlichen Dinge zuordnen lassen, die von den einschlägigen Wörtern bezeichnet werden? Bei Hume sind wir dem Verdacht begegnet, Mystiker, die versuchen in einer nicht vergegenständlichenden Weise über Gott zu sprechen, seien Atheisten ohne es zu wissen.

Eine Leugnung der Existenz von Schmerzen ist aus der Perspektive des *common sense* abwegig, und wir können leicht sehen, dass Wittgenstein diese These auch nicht vertritt, jedenfalls nicht so, wie sie der Kritiker meint, der in ihm einen Behavioristen sieht, der nur das körperliche Verhalten anerkennt. Dies zeigt z. B. die folgende Passage aus den *Philosophischen Untersuchungen*: Ein Gesprächspartner sagt zu ihm: „Aber du wirst doch zugeben, daß ein Unterschied ist zwischen Schmerzbenehmen mit Schmerzen und Schmerzbenehmen ohne Schmerzen." Und er antwortet: „Zugeben? Welcher Unterschied könnte größer sein!" Darauf der Partner: „Und doch gelangst du immer wieder zum Ergebnis, die Empfindung selbst sei ein Nichts." Worauf Wittgenstein antwortet: „Nicht doch. Sie ist kein Etwas, aber auch nicht ein Nichts!"[99]

Die These, die Empfindung sei „kein Etwas", bildet den Kern von Wittgensteins Deutung der Besonderheit der ‚Wörter für Inneres' und zugleich einen zentralen Anknüpfungspunkt für unsere religionsphilosophischen Überlegungen. Im Folgenden soll nun gezeigt werden, dass es ihm nicht darum geht, etwas lebensweltlich Vertrautes zu *leugnen*; seine These lautet im Gegenteil, der von ihm kritisierte Eindruck, die so genannten inneren Vorgänge seien Gegenstände von einer ‚besonderen Natur', entstehe durch eine Ausblendung, durch das Weglassen von Umständen, die uns allen vertraut sind. Ausgeblendet würden nämlich unsere sozialen ‚Lebensformen' und dadurch entstünden die philosophischen Verwirrungen. Positiv gewendet bedeutet diese These, es sei das leiblich-praktische und sprachliche Daheimsein in diesen Lebensformen, das unser Persönliches (‚unser Inneres') ausmache, nicht ein ge-

3. Kein Etwas aber auch nicht ein Nichts: Das Beispiel des Schmerzes

heimnisvoller Gegenstand eines privaten Schauens, das im Wortsinne ‚in uns hinein' gerichtet sei. Die Leugnung solcher besonderen inneren Gegenstände steht in Einklang mit der im James-Kapitel angesprochenen These von Davidson, es gebe kein ‚reines Gegebenes' einer isolierbaren Wahrnehmung. Auch für den Bereich der religiösen Erfahrungen ist ein solcher gleichbleibender, überkultureller Kern weder plausibel noch argumentativ notwendig.

Übertragen auf den ‚Überglauben' von James lautete die entsprechende negative These: Es sind nicht die Gegenstände in einer transzendenten Welt, die den religiösen Wörtern und Aussagen ihren Sinn verleihen; in der Religion geht es nicht um Dinge, die den Gegenständen der Kosmologie ähnlich wären und zu denen besonders begabte Menschen einen geheimnisvollen Zugang über ihr Unbewusstes hätten. In diesem Punkt waren wir James nicht gefolgt. Positiv soll nun gezeigt werden, dass es die religiösen Erfahrungen selbst sind, um die es geht, nicht deren hypothetisch unterstellte kausale Auslöser.

Kehren wir aber zunächst zum Bereich des ‚Inneren' zurück und betrachten den Fall des Schmerzes, etwa einer schmerzenden Blase am Fuß. Nach referenzsemantischer Auffassung haben wir im Schmerz einen Gegenstand vor uns, zu dem der Betroffene einen privilegierten Zugang hat, mit einer verbreiteten Metapher gesprochen: Er hat einen Zugang *von innen*. Wir sagen, die betroffene Person *spüre* ihn und *wisse* von ihm. Es ist daher naheliegend, von einem ‚Etwas' zu sprechen, *das* wir in solchen Fällen spüren und wahrnehmen, *von dem* wir wissen.

Die bildliche Redeweise, hier läge ein Zugang ‚von innen' vor, legt Analogien nahe, die uns in erkenntnistheoretische Rätsel verstricken. Das wahrnehmende, erkennende Ich erscheint hier als von der lebensweltlich vertrauten, leiblichen Person verschieden und irgendwo *im* Leib verortet. Je nach Kultur ist sein Ort z. B. das Herz, der Bauch oder der Kopf; nach der heute im Westen am weitesten verbreiteten Vorstellung ist dieser Ort das Gehirn (wo es die Hirnforscher allerdings nicht finden). Dies seelische Ich ist in seinen Tätigkeiten und Erlebnissen aber nicht auf diese eine Leibstelle eingeschränkt, denn es hat ‚Fühler', die es mit den als weiter außen aufgefassten Bereichen in Kontakt halten. In unserem Fall reicht ein solcher Fühler bis hinunter in den Fuß, so dass das Ich der betroffenen Person auf dem *inneren* Weg eine Information z. B. über eine Blase am Fuß erwerben kann, durch einen ‚direkten Draht'. Wegen dieses Zugangs ist die vom Schmerz betroffene Person anderen Wahrnehmenden gegenüber epistemisch privilegiert. Ihr Ich ‚sieht' bzw. ‚fühlt' dieselbe Blase bereits von innen, die eine andere Person erst nach dem Ausziehen der Schuhe von außen betrachten kann.

Die Verhältnisse erscheinen aus dieser Sicht so ähnlich wie bei einer frei aufgehängten Projektionsleinwand, vor der auf beiden Seiten Zuschauer sitzen. Die einen sehen von rechts (z. B. aus dem Inneren eines Pavillons) dasselbe (identische) Bild, das die anderen von links (bzw. von außen) sehen. Die gesehene (gespürte) *Sache* (der ‚Gegenstand der Wahrnehmung') ist vom inneren wie vom äußeren *Betrachter* (der Person) so verschieden wie die Leinwand und das Bild auf ihr von den Zuschauern. Aber hier entsteht schon eine Komplikation: Soll das Gesehene als *ein* Gegenstand gedacht werden, der von *zwei* Seiten betrachtet werden kann (die Blase, mit ihren ‚inneren', phänomenalen und ihren ‚äußeren', materiellen Eigenschaften), oder hat man mit zwei verschiedenen Gegenständen zu rechnen, einem *inneren* (so genannten phänomenalen Gegenstand), also dem Schmerz, und einen *äußeren* Gegenstand (der Blase, der körperlichen Veränderung)?

Einfacher erscheinen die Verhältnisse beim *Zugang von außen*. Der Wahrnehmende trifft, wenn Schuhe und Socken ausgezogen sind, auf eine sicht- und tastbare Veränderung am (eigenen oder fremden) Leib. Auch der Weg in die Wissenschaft erscheint hier problemlos: Der Betrachter kann die Blase oder ein abgenommenes Gewebestückchen genauer untersuchen und so, mit Hilfe eines Mikroskops, in Dimensionen und zu Dingen vordringen, die dem bloßen Auge unsichtbar sind.

Legt man sich die Dinge im Anschluss an geläufige Redeweisen so zurecht, dann gerät man sofort in das philosophische Leib-Seele-Problem, nämlich zu der Frage, wie denn der *Zusammenhang* zwischen dem Inneren und dem Äußeren zu denken ist. Selbst wenn alle empirischen Fragen gelöst wären (d. h. wenn die Teilgebiete des Leiblichen und des Seelischen ordentlich beschrieben und wenn alle Korrelationen - im Sinne eines gleichzeitigen Auftretens - zwischen den Vorgängen auf der phänomenalen und auf der neurobiologischen Beschreibungsebene herausgefunden wären), würde das *Verhältnis* zwischen den beiden Ebenen, solange man dies Modell zugrunde legt, rätselhaft bleiben.

Kann Wittgensteins neuer Blick auf die Bedeutungsseite der Sprache hier weiterhelfen? Seine positive Auskunft lautete: Dass ein Wort eine Bedeutung hat, heißt, dass es eine Verwendung in

3. Kein Etwas aber auch nicht ein Nichts: Das Beispiel des Schmerzes

einer sozialen Praxis hat. Dies ist der erste Schritt. Auch bezogen auf Wörter, bei denen wir nicht bezweifeln, dass sie für etwas stehen ('Baustein', 'Ball'), lässt sich das 'Stehen für etwas' nicht anders verständlich machen als durch den Rekurs auf die Rolle des Wortes in einem 'Sprachspiel', etwa in der gemeinsamen Tätigkeit, ein Haus zu bauen. Das Sprachspiel ist das Primäre, ein 'Gegenstand' ist bei *manchen*, aber nicht bei allen Sprachspielen etwas, das sich sekundär ergibt. Nicht eine geistige Verbindung von Laut und Sache konstituiert in einem ersten Schritt ein rein *semantisches* Verhältnis, das dann in einem zweiten Schritt *zusätzlich* eine Praxis ermöglicht, sondern es verhält sich umgekehrt: die Gebrauchspraxis ist dasjenige, was Verhältnisse, die wir später 'semantisch' nennen, insbesondere auch das Verhältnis der 'Darstellung', überhaupt erst entstehen lässt.

Die Entdeckung, dass nicht alle bedeutungsvollen Wörter für Gegenstände stehen, liegt ja durchaus nahe; man denke an logische Ausdrücke wie 'und' oder 'alle'. Sie sind keinen Gegenständen zugeordnet und haben trotzdem eine Bedeutung. Wenn wir aber Wittgensteins These akzeptiert haben, es sei der *Gebrauch*, der das Bedeutungsvollsein ausmache, entstehen uns hier keine Schwierigkeiten, denn auch für sie gilt: Ihre Bedeutung ist ihr Gebrauch in der Sprache und dieser ist für denjenigen, der sie versteht, festgelegt. Wie das Beispiel zeigt, müssen wir allerdings bereit sein, mit sehr unterschiedlichen *Weisen des Gebrauchs* zu rechnen. Dabei kommen Fälle vor, in denen es keinen vom Wort bezeichneten Gegenstand gibt, was bei den logischen Wörtern offensichtlich ist. Diese Möglichkeit ist sowohl bei den 'Wörtern für Seelisches' als auch für unsere Einschätzung des Status religiöser Aussagen von besonderer Wichtigkeit. Auch bei Wörtern, die für religiöse Kontexte charakteristisch sind, fällt die These, sie würden kein 'Etwas' bezeichnen, nicht mit der Aussage zusammen, sie hätten keine Bedeutung.

Die zweite Tatsache, die durch die Gebrauchsperspektive sichtbar wird, besteht darin, dass nicht in allen Fällen, in denen es *grammatisch* so aussieht, als stünde ein Wort für einen Gegenstand, dies auch der Fall sein muss. Zahlwörter sind ein einschlägiges Beispiel. Die Formel vom 'Gebrauch in der Sprache' verweist uns auf die Tätigkeit des Zählens als das hier einschlägige 'Sprachspiel', die Frage nach bezeichneten Gegenständen scheint sich zu erübrigen. Wenn wir aber Sätze wie 'die Zahl 42 ist durch 3 teilbar' betrachten oder die Frage stellen, wovon die Mathematik handelt, können wir unsicher werden: Gibt es da nicht doch ‚besondere' (geistige, abstrakte) Gegenstände, für die unsere Zahlwörter stehen? Kommen sie nicht an der Subjektstelle von Sätzen vor und sind diese nicht manchmal wahr, so dass wir sagen möchten, es müsse etwas geben, *wovon* in diesen Sätzen gesprochen werde? Wir sehen hier, wie eine zunächst nicht gegenstandsbezogene Weise, Bedeutung zu haben, nach einer grammatischen Transformation einschlägiger Aussagen zumindest den Schein einer Gegenstandsbezogenheit hervorbringen kann, wie z.B. in dem Schritt, der von Sätzen der Art ‚dies sind vier Äpfel' zu Sätzen des Typus führt ‚vier ist eine gerade Zahl'. Einen solchen Schein einer Gegenstandsbezogenheit könnte es auch bei religiösen Aussagen geben. Dieser grammatische Umstand macht die Aussage, entweder stehe ein Zeichen für ein ‚Etwas' oder es sei gar kein Zeichen, mehrdeutig. Sie kann eine allgemeine referenzsemantische These ausdrücken, die nach der hier vertretenen Auffassung falsch ist, oder sie könnte einfach meinen, jedes echte Zeichen habe eine Bedeutung, auch dann, wenn sich diese nicht referenzsemantisch fassen lässt. Dann heißt sie nur: Jedes echte Zeichen hat einen Gebrauch, was auch für die Vokabeln religiösen Redens gilt.

Aus der Sicht einer gebrauchsbezogenen Auffassung von der Bedeutung, gibt es also sehr verschiedene *Arten*, auf die Ausdrücke bedeutungsvoll sein können, weshalb Wittgenstein zu Recht sagt, dass der allgemeine Ausdruck ‚Wörter stehen für Gegenstände' tiefe Unterschiede verbirgt. Insbesondere sind hier zwei völlig verschiedene Weisen zu unterscheiden, wie wir normalerweise von Gegenständen sprechen. Die geläufigste ist die, bei der jeder Subjektausdruck es erlaubt, zu sagen, er bezeichne ‚etwas', einen oder mehrere Gegenstände. So kann der Leiter einer Bürgerversammlung diese mit den Worten eröffnen ‚der Gegenstand unserer heutigen Sitzung ist das Zögern der Stadtverwaltung bei der Genehmigung einer Umfahrungsstraße'. Alles ‚worüber' man sprechen kann, ist bei diesem Sprachgebrauch ein Gegenstand: eine Zahl, ein Schmerz, ein Zögern, die Inflation, - und natürlich auch alles, worüber im religiösen Sprechen gesprochen wird: Gott, die Engel, die Gnade, die Erlösung, der jüngste Tag, etc. Auf der grammatischen Ebene ist das korrekt.

Aus der Sicht der Philosophie kommt es aber oft darauf an, in diesem nur scheinbar gleichförmigen Bereich Unterschiede wahrzunehmen, deren Vernachlässigung in unlösbare Probleme führt. Es gibt verschiedene Weisen, diese Unterschiede sprachlich zu fas-

3. Kein Etwas aber auch nicht ein Nichts: Das Beispiel des Schmerzes 83

sen, etwa durch die Aussage, es gebe ‚dingliche' Gegenstände (Steine) und nicht-dingliche (Zahlen), und es sei falsch, nicht-dingliches Reden so zu betrachten als sei es wie dingliches. Wenn wir in Problemen stecken, weil wir die Funktion eines Wortes nicht durchschauen, stehen wir deshalb nicht nur vor der Frage, ob es für einen Gegenstand steht und von welcher Art dieser ist, sondern wir müssen darüber hinaus untersuchen, *in welchem Sinne* jeweils von ‚Gegenständen' gesprochen wird. Ist ein Schmerz ein dinghafter Gegenstand wie eine Nervenzelle? Ist mit der ‚Existenz Gottes' so etwas gemeint wie die Existenz eines Menschen?

Die traditionelle Art, die angesprochenen Unterschiede bei Subjektausdrücken aufzufassen, vermeidet die angedeuteten *sprachphilosophischen* Differenzierungen durch die Aussage: Wörter können eben z. B. für *Dinge* wie Möbel, für *Eigenschaften* wie Farben oder für *Abstrakta* wie Zahlen stehen. Sie stehen *immer* für etwas, aber die Gegenstände, für die Wörter stehen können, sind von sehr verschiedener Art. Vor diesem Hintergrund erscheint es dann selbstverständlich, dass sie auch für ‚seelische (phänomenale) Gegenstände und Vorgänge' stehen können, - oder eben für ‚religiöse Gegenstände', oder für ‚das religiöse Objekt'.[100] Der *semantische* Schritt, einen Gegenstand zu *benennen* oder zu klassifizieren ist nach dieser Auffassung immer derselbe, egal ob es sich um Teekräuter, Teppiche, Blasen, Schmerzen oder Götter handelt. Die Verschiedenheiten bestehen nur auf der Ebene der *Objekte*. Das heißt für die Vorgänge: Neben den *materiellen* Vorgängen wie dem Schmelzen von Eisen gibt es auch noch *seelische* Vorgänge wie das Stärkerwerden eines Kopfschmerzes. Das sprachliche Verhältnis, das die Wendung ausdrückt, ‚jemand bezieht sich mit einem Ausdruck auf einen Gegenstand' ist nach dieser Sicht immer dasselbe. Und welchen genauen Charakter die jeweils bezeichneten Gegenstände haben (und in welchen Relationen sie zu anderen stehen), muss man in vielen Fällen erst noch erforschen. Dafür gibt es im Fall der Religion die Theologie.

Diese scheinbare Selbstverständlichkeit kommt auch noch in der folgenden Definition der Metapher zum Ausdruck, die sich bei Soskice findet:[101] Eine Metapher sei „... diejenige Redefigur, mit der wir über einen Gegenstand (*one thing*) mit Worten sprechen, die einen anderen anzudeuten scheinen". Soskice erläutert diese Bestimmung durch den Hinweis, sie lege einen sehr weiten Gegenstandsbegriff (ein sehr weites Verständnis von ‚*thing*') zugrunde; sie denke an die verschiedensten Objekte und Sachverhalte, nicht nur an die physischen. Als Beispiele zählt sie u. a. auf: ‚das moralische Leben' und ‚das Temperament des russischen Volkes'. Aus der Sicht Wittgensteins umgeht sie mit dieser an der Oberflächengrammatik orientierten Redeweise aber das eigentliche Problem. Es besteht nicht darin, wie man die Existenz nicht-physischer Gegenstände nachweist, sondern darin, wie wir Redeweisen zu verstehen haben, mit denen wir auf ‚dingliche' oder ‚gegenständliche' Weise etwas artikulieren und doch zugleich einsehen können, dass die Sprache hier ganz anders funktioniert als im dinglichen Bereich.[102]

Wittgensteins alternative Sicht macht also sichtbar, dass manche philosophischen Rätsel nicht einfach darauf zurückzuführen sind, dass die betreffenden Gegenstände und Vorgänge von geheimnisvoller Natur sind, sondern darauf, dass wir Unterschiede in den Arten, wie Wörter bedeutungsvoll sind, vernachlässigt haben. Wenn wir diese Differenzen begriffen haben und bei der Formulierung unserer Fragen berücksichtigen, so die These, dann sind wir in der Lage, den sprachlichen Fallen im Umkreis einer solchen Redeweise aus dem Weg zu gehen, zu denen insbesondere das Aufwerfen ‚falscher Fragen' gehört (etwa der Frage danach, *wo* denn die Primzahl zwischen fünf und neun existiert). In einem dritten Schritt ist es dann in vielen Fällen auch möglich, zu den alten Redeweisen zurückzukehren und z. B. wieder problemlos von ‚mathematischen Gegenständen' zu sprechen. Wo eine solche Ausdrucksweise ‚arbeitet',[103] wo sie ihren ‚normalen Dienst' versieht, will Wittgenstein alles so lassen, wie es ist.[104] Nur wenn die Sprache ‚feiert', wenn die Philosophen Fragen und Antworten entwickeln, die die Ausdrücke von ihrer Arbeit abhält, schreitet er ein, um ‚Fehler zu rectifizieren'.[105] Es wird zu prüfen sein, ob es auch im Fall der Religionen möglich ist, zu einem als erkenntnistheoretisch unproblematisch einzustufenden Bezug auf ‚Gegenstände des Sprechens' zurückzukehren, wenn wir die Verschiedenheiten durchschaut haben.

Auf welche Weise sind also nach Wittgensteins Auffassung Empfindungsausdrücke wie ‚...tut weh', ‚...schmerzt' oder ‚der Schmerz im Fuß ist stechend' bedeutungsvoll? Er hatte gezeigt, dass die Rede von der ‚Herstellung einer Assoziation zwischen Wort und Gegenstand' schon für materielle Dinge nicht ausreicht, um zu sagen, worin das Bedeutungsvollsein des Wortes besteht. Wenn es um die Frage geht, was es für Wörter einer bestimmten Art heißt, Bedeutung zu haben, muss vielmehr in einem ersten Schritt immer auf eine Praxis verwiesen werden, in der das frag-

3. Kein Etwas aber auch nicht ein Nichts: Das Beispiel des Schmerzes

liche Wort verwendet wird und innerhalb dessen dann allenfalls eine Redeweise wie ‚das Wort *Schmerz* steht für …' konstituiert werden kann, so wie uns erst die Praxis des Zählens einen Satz verstehen lässt wie ‚die römische Ziffer >IV< steht für die Zahl 4'.

Es ist leicht zu sehen, dass ein zu ‚Schmerz' gehörendes Sprachspiel anders aussehen muss als eines zu ‚Baustein' oder ‚Ball' gehörendes. Handlungsweisen mit *Dingen*, in denen Wörter wie ‚Ball' eine Rolle spielen können, sind beispielsweise: Sehen, aufschneiden, durch die Lupe betrachten. Aktivitäten dieser Art können für ein zu ‚Schmerz' gehörendes Sprachspiel keine Basis bieten. Was man mit Bausteinen oder Bällen (als paradigmatischen Dingen) machen kann, kann man mit ‚phänomenalen Gegenständen' wie Schmerzen (und auch mit Gegenständen wie Zahlen) offensichtlich nicht machen. Nicht durch seine Einbindung in Aktivitäten *dieser* Art kann also ein Wort wie ‚Schmerz' seine Bedeutung gewinnen, sondern es muss sich um anders geartete Aktivitäten handeln. Diese müssen wir uns nach dem Vorschlag von Wittgenstein vergegenwärtigen, damit wir die Besonderheit der Semantik dieser Ausdrücke verstehen und so die philosophischen Scheinprobleme vermeiden können.

Dabei stoßen wir im Fall der Schmerzen auf einfache Episoden, die uns aus Kindertagen vertraut sind und denen vom Standpunkt des *common sense* aus nichts Rätselvolles anhaftet, wie z. B.: Geschubst werden, Hinfallen, sich weh tun, zurück schubsen, getröstet und vielleicht verbunden werden, etc. An ihnen ist zunächst ihr *sozialer* Charakter hervorzuheben; es ist für die seelische Entwicklung des Menschen von großer Bedeutung, dass hier mehrere handelnde Personen involviert sind. Schon vor dem Spracherwerb finden wir ein von den Beteiligten verstandenes und geteiltes ‚Schmerzbenehmen', zu dessen Umkreis sowohl das Aufheulen und Trostsuchen gehören können als auch ein Zufügen von Schmerzen. In diese geteilten Episoden des personalen Lebens hinein entwickeln sich dann die zugehörigen verbalen Anteile der Sprachspiele, die das im Handeln bereits Vertraute zunächst durch expressive, quasiverbale und dann im eigentlichen Sinne sprachliche (u. a. deskriptive) Handlungen erweitern. Mit der Sprache lernt das Kind ein „neues Schmerzbenehmen".[106]

Das sprachliche ‚Au' und das kindliche ‚du tust mir weh' haben ihren Platz also in einem praktischen Verständigtsein mit anderen, im Kontext einer breiten Palette von sozialen Erfahrungen. Hier geht es um lebensweltliche Erfahrungen von Personen, nicht um den Blick eines rein seelischen ‚Ich' auf einen speziellen Ort in seinem Inneren oder auf ein Empfindungsatom, wie es sich die logischen Empiristen einmal dachten. Hier ist der Kontext, in dem aus expressiven Geräuschen wie z. B. dem Schluchzen Wörter mit Bedeutung werden können, und zwar so, dass auf den frühen Stufen nicht einmal der Anschein eines ‚Gegenstandes' gegeben ist, *für den* dies Schluchzen und dann ein Wort wie ‚au' stehen könnte. Auch bei etwas weiter ausgebildeter Sprachkompetenz haben wir an ‚Dingen' oder ‚Gegenständen' nur den Schuh, die Blase und den Fuß, - und wir haben von Anfang an unsere Mitspieler, so dass der verbale Ausdruck ‚*jemand* tut mir weh' verfügbar sein kann, bei dem der zugeordnete Akteur kein Körperteil und kein geheimnisvoller innerer Gegenstand (ein Schmerz) ist, sondern eine andere Person. Die relevanten Sprachspiele kommen also in Gang, die ‚Wörter für Inneres' gewinnen eine Bedeutung, ohne dass dafür die ‚phänomenalen Gegenstände' als ‚Dinge' oder ‚Wahrnehmungsobjekte' unterstellt werden müssten, die ‚bezeichnet' werden.[107]

So wie der Hinweis auf die Handlung des Zählens der erste Schritt zur Beantwortung der Frage ist, was die Zahlwörter bedeuten, so ist es der Hinweis auf Episoden wie ‚Hinfallen, jemandem weh tun, getröstet werden', der den ersten Schritt zur Beantwortung der Frage bildet, auf welche Weise die so genannten ‚Wörter für Inneres' Bedeutung haben. Mit diesem Sprachverständnis verabschieden wir uns vom cartesianische Modell, es gehe hier um eine *Erkenntnis* gewisser ‚innerer Gegenstände', die, einmal erkannt, in einem zweiten Schritt *bezeichnet* werden könnten, so dass die erfolgte Bezeichnung dann in einem dritten Schritt dazu benutzt werden kann, anderen von einem inneren Gegenstand der entsprechenden Art zu *berichten*, ihn *darzustellen* oder ihn ‚in' einem anderen Menschen zu vermuten. Damit ist das Problem der Privatheit der ‚seelischen' Gegenstände verschwunden und die gegenstandsbezogene Deutung der Metapher vom ‚Inneren' einer Person ist aufgegeben. Die praktische Vertrautheit mit der nicht verbalen Seite der sozialen Handlungsweise des gegenseitigen Sich-weh-Tuns (aus nachträglicher Sicht also: die Vertrautheit *auch* mit den Schmerzen der Mitspieler) geht der sprachlichen Artikulation der *eigenen* Schmerzen im Normalfall voraus. Es kann also keine Rede davon sein, dass es das ‚Wissen' von eigenen ‚inneren Gegenständen' ist, über das wir primär verfügen würden und auf dessen Basis wir dann erst hypothetisch, mit Hilfe von Indizien, auf die Schmerzen der anderen schließen würden.[108]

3. Kein Etwas aber auch nicht ein Nichts: Das Beispiel des Schmerzes

Ich komme nun zu der für uns zentralen Frage nach der Gegenständlichkeit der ‚phänomenalen Gegenstände' und damit zu Wittgensteins Diagnose darüber, was die Philosophie in die Rätsel des Leib-Seele-Problems hineingeführt hat. Worin sieht er den unauffälligen Fehler, durch den wir in die Falle geraten? Und was können wir daraus lernen, wenn es darum geht, ein verdinglichendes Verständnis *religiösen* Redens hinter uns zu lassen? Wie steht es um die Gegenständlichkeit der religiösen Gegenstände? Ich zitiere aus den *Philosophischen Untersuchungen*:

„Wie kommt es zu dem philosophischen Problem der seelischen Vorgänge und Zustände und des Behaviourism? – Der erste Schritt ist der ganz unauffällige. Wir reden von Vorgängen und Zuständen, und lassen ihre Natur unentschieden! Wir werden vielleicht einmal mehr über sie wissen – meinen wir. Aber eben dadurch haben wir uns auf eine bestimmte Betrachtungsweise festgelegt. Denn wir haben einen bestimmten Begriff davon, was es heißt: einen Vorgang näher kennen zu lernen. (Der entscheidende Schritt im Taschenspielerkunststück ist getan, und gerade er schien uns unschuldig.) – Und nun zerfällt der Vergleich, der uns unsere Gedanken hätte begreiflich machen sollen. Wir müssen also den noch unverstandenen Prozess im noch unerforschten Medium leugnen. Und so scheinen wir also die geistigen Vorgänge geleugnet zu haben. Und wollen sie doch natürlich nicht leugnen!"[109]

Wittgenstein meint also, mit dem Wort ‚Vorgang' seien wir auf eine bestimmte Betrachtungsweise festgelegt, nämlich auf die für *Physisches*, die wir benutzen, wenn wir z. B. das Zusammenspiel der Muskeln, Sehnen und Knochen einer menschlichen Hand untersuchen. Wir haben einen Begriff davon, was es heißt, die Einzelvorgänge in einem solchen Zusammenspiel näher kennen zu lernen: Wir werden uns den Einzelteilen zuwenden, wir werden sehen, welche Veränderungen an ihnen zu beobachten und welche mit Regelmäßigkeit künstlich auszulösen sind.

In einem nächsten Schritt können wir mit Wittgenstein feststellen, dass der durch die Ausdrücke ‚Vorgang' und ‚Zustand' suggerierte vergleichende Schritt, bei dem wir den gut bekannten Fall der Untersuchung von Einzelheiten *körperlicher* Prozesse als Hilfe für die Untersuchung des seelischen Bereichs benutzen wollen, nichts leistet. Der Vergleich zerfällt, die Analogie, die unserem Verständnis weiterhelfen sollte, versagt ihren Dienst. Wir wären nämlich gezwungen, eine gespenstförmige Seele zu postulieren, ein besonderes ‚Medium', *an dem* (wie an den Körperteilen eines Lebewesens) die Vorgänge ablaufen und die Zustände anzutreffen sind. Zugleich soll dieses ‚Medium' aber als Subjekt seine eigenen Zustände als ‚phänomenale Objekte' so wahrnehmen oder ‚erleben' können, wie wir als Personen Gegenstände wahrnehmen (bzw. Episoden erleben), die von uns verschieden sind, - ein Knäuel von Ungereimtheiten.

Wenn ein wissenschaftlich geschulter Mensch sich folgerichtig weigert, die Existenz eines solchen ‚Gespenstes' zuzugestehen, scheint er damit aber auch die Existenz der seelischen Erscheinungen selbst zu leugnen, etwa die Existenz der Schmerzen, denn wo ein Träger (das „unerforschte Medium") fehlt, kann es offenbar auch keine Vorgänge oder Prozesse *an* diesem Träger geben. Die Leugnung des Seelischen, so erklärt Wittgenstein, war aber gar nicht seine Absicht.

Soviel zur Diagnose. Warum erscheint es nun aber so nahe liegend, das Bild von den ‚Vorgängen und Zuständen' sowohl für eine genauere Betrachtung des Körpers als auch für eine Untersuchung der als selbständig vorgestellten Seele zu benutzen? Die Antwort Wittgensteins darauf lautet, es sei die Suggestionskraft bestimmter, wohlvertrauter sprachlicher Wendungen: Wenn mir ein übermütiges Kind beim Spielen einen Reißnagel in den Fuß gestochen hat, kann ich meine Lage dadurch verbessern, dass ich das Objekt herausziehe. In einem solchen Kontext gibt es unproblematische Aussagen wie ‚Peter hat mir wehgetan' oder ‚der Reißnagel im Fuß tut weh'. Die ‚Gegenstände' dieser beiden Aussagen sind philosophisch unbedenklich; es sind die Person Peter und der Nagel. Wie ist es nun mit der Aussage ‚die Einstichstelle tut weh'? Hier wird die vom Nagel verursachte Körperveränderung (die wunde Stelle) sprachlich analog zum körperfremden Gegenstand (zum Nagel) behandelt, der seinerseits bereits in Analogie zum menschlichen Akteur gesehen wurde: Er war das Instrument, die ‚Verlängerung der Hand' des Täters. War es erst Peter und dann der Nagel, der mir ‚weh tat', so ist es nun die wunde Stelle, die als Akteur erscheint. Wir erkennen, dass hier mit Analogien gearbeitet wird, wir haben aber an diesem Punkt noch keine Mühe, sie nachzuvollziehen.

Sehe ich beim Untersuchen des Fußes schließlich keine körperliche Auffälligkeit mehr, erlebe ich meine Situation aber trotzdem noch so, *als ob* ein Rest des Nagels in meinem Fuß steckte, dann gelange ich zu zweifelhaften Satzsubjekten, die entweder mehr ins Körperliche deuten oder stärker in Richtung auf etwas geheimnisvoll Seelisches, auf ‚phänomenale Gegenstände'. Eher harmlos

3. Kein Etwas aber auch nicht ein Nichts: Das Beispiel des Schmerzes

ist die Ausdrucksweise, ‚es' tue noch weh; bei ihr benutzen wir das grammatische Subjekt ‚es', das bezüglich der Leib-Seele-Unterscheidung neutral ist und hier ähnlich unverfänglich erscheint wie sein Auftreten in dem Ausdruck ‚es regnet'. Deutlich in die körperliche Richtung geht die Aussage, *etwas im Fuß* tue uns weh, wenn wir dabei an einen Fremdkörper wie einen Splitter denken oder an eine nicht mehr sichtbare körperliche Veränderung, eine sehr kleine Wunde, die ebenfalls ‚im' Fuß sein kann. Hier sind es also dingliche Gegenstände oder leibliche, aber für das bloße Auge unsichtbare Veränderungen, von denen wir sagen, sie würden ‚wehtun'.

Von hier aus ist es nur noch ein kleiner weiterer Schritt, wenn wir sagen, ‚der Schmerz' im Fuß sei noch da; wir spürten ‚ihn' noch, nähmen ihn noch wahr, wüssten von ihm, etc. Wie beim grammatischen Subjekt *‚es tut weh'* vermeiden wir damit eine Festlegung, ob wir uns auf einen Fremdkörper oder auf eine Wunde beziehen, wir riskieren mit diesem Schritt aber zugleich, uns auf einen nicht mehr körperlichen, also ‚gespenstförmigen' Gegenstand der Wahrnehmung und des Wissens festzulegen. So legt die Vorstellung von kleinsten leiblichen Veränderungen (deren genauer Charakter eines Tages unter dem Mikroskop zu erfassen wäre) zugleich die Existenz rein seelischer ‚Gegenstände' nahe, bei denen unklar bleibt, mit welchen Methoden sie erforscht werden sollen. Aus einem Sprechen in Gleichnissen (es ist als ob …) ist ein Sprechen über ungreifbare, geheimnisvolle Gegenstände geworden.

Die Alltagssprache kennt also beides: Einerseits unterstützt sie die Vorstellung, es gehe um etwas Körperliches, auch wenn wir es uns so klein denken oder so weit innen im Körper, dass wir es nicht sehen können. Das kommt der Rede von den ‚Zuständen' entgegen, denn von Körperteilen lässt sich problemlos sagen, sie seien in wechselnden Zuständen. In diesem Falle ist es durchaus naheliegend, metaphorisch von einer ‚inneren Wahrnehmung' einer von außen nicht identifizierbaren leiblichen Verletzung zu sprechen. Solche Ausdrucksweisen bleiben zunächst gebunden an die Perspektive einer über ihre eigenen Erfahrungen sprechenden Person: Es ist *als ob* dies und das mit mir geschieht, *als ob* mir z. B. immer noch ein winziger Splitter im Fuß stecken würde.

Wenn wir den Weg zur genaueren Betrachtung des Leibes nun aber rein materiell verstehen, d. h. unter Ausklammerung der Erfahrungen des lebendigen Menschen (was leicht geschieht, wenn die untersuchten Zusammenhänge immer subtiler werden), dann werden die vorher besprochenen Erfahrungen, wenn man sie nicht leugnen will, leicht zu *phänomenalen* Vorgängen und Zuständen verdinglicht, die es *zusätzlich* zu den materiellen Prozessen zu geben scheint, und durch diesen Schritt ihrer Verselbständigung zu ‚Gegenständen eigener Art' werden sie rätselhaft. Da wir die genauere leibliche Natur (Splitter, innere Verletzung, …) der Erfahrungen nicht kennen, liegt es nahe, das insofern ungreifbare Innere in Begriffen besonderer, nämlich ‚phänomenaler Gegenstände' zu denken, wodurch dann aber der Zusammenhang mit dem nur noch als materieller Körper erscheinenden Leib unklar wird. Wie sind Schmerzen *als phänomenale Vorgänge* an einem rein materiellen Medium möglich? Angenommen, sie seien so nicht denkbar, gibt es dann zusätzlich zum materiellen Leib eine nicht materielle Seele? Wir sind zurück in der ausweglosen Situation des Leib-Seele-Problems.

Hier ist der Punkt, an dem uns Wittgenstein die Lösung vorschlägt, die an *Dingen* orientierte Leitvorstellung der ‚Vorgänge und Zustände' und die damit verbundene Auffassung davon, worin deren genauere Untersuchung bestehen würde, für den seelischen Bereich fallen zu lassen. Damit verbunden ist als positiver Schritt die Besinnung auf diejenigen ‚Sprachspiele', in denen die einschlägigen Wörter ihre Bedeutungen (also ihren Gebrauch) bekommen haben. Wenn wir uns darauf einlassen, brauchen wir keine ‚phänomenalen Gegenstände' als etwas angeblich Benanntes, weil wir wissen, dass es bedeutungsvolles Reden auch dort geben kann, wo es keine Benennungen gibt.

Es scheint nun genau dieser Umstand zu sein, den Wittgenstein mit seiner Formulierung zum Ausdruck bringt, der Schmerz sei ‚kein Etwas'. Das Seelische erkennen wir nicht, indem wir besondere Gegenstände aufsuchen, sondern indem wir schauen, wie die einschlägigen Sprachspiele funktionieren. Dazu müssen wir von den gespensterartigen ‚phänomenalen Gegenständen' (und den komplementär zu postulierenden ‚körperlichen Substraten') zurückkehren zu den Personen, um die es ja eigentlich gehen soll, bei den Schmerzen so gut wie bei der Religion. Zu betrachten wären demnach soziale Episoden, in die lebendige Menschen verstrickt sind. Eine genauere Untersuchung verlangt hier nicht das Isolieren eines phänomenalen Gegenstandes, sondern die Betrachtung von Geschichten, in denen Ausdrücke wie ‚Schmerz' oder ‚Trauer' gebraucht werden.

Die Perspektive der Physiologie ist dagegen nach dem heute überwiegenden Verständnis dadurch bestimmt, dass sie auf Zu-

3. Kein Etwas aber auch nicht ein Nichts: Das Beispiel des Schmerzes

stände und Vorgänge *im materiellen Sinn* eingeschränkt ist. Es handelt sich bei ihr in dem Maße um eine *naturwissenschaftliche* Betrachtungsweise, als sie auf methodische Weise begrenzt und kontrolliert ist, was *per definitionem* bedeutet, dass anderes unbetrachtet bleibt, nämlich Wittgensteins ‚Sprachspiele' und ‚Lebensformen', und das heißt auf dem Stand der vorgetragenen Argumentation: Ausgeklammert bleibt gerade all das, was den ‚Wörtern für Seelisches' ihre Bedeutung verleiht, sie mit dem Leben verbindet.

Daraus folgt für die Auflösung des Leib-Seele Rätsels, dass die Einbeziehung des Seelischen nur durch das Rückgängigmachen der Abstraktion erfolgen kann, also weder dualistisch, durch die Hinzufügung eines eigenen, gespensterhaften Reiches seelischer Entitäten, noch durch einen materialistisch vorgestellten Zusammenschluss der isolierten physiologischen Systeme zu einem größeren System, aus dem das Seelische dann auf eine bis heute unverstandene Weise ‚emergiert'. So lange der abstrahierende Blick beibehalten wird, kann das, was methodisch ausgeklammert wurde, durch Komplexitätserhöhung nicht wieder hervorgezaubert werden. Die Sprache, die wir zur Beschreibung der ‚Lebensformen' brauchen, lässt sich nicht durch eine Verfeinerung des physiologischen Vokabulars und durch Komplexbildung wieder herstellen. Wittgensteins knappe Wendung, der Schmerz sei ‚kein Etwas, aber auch nicht ein Nichts' können wir jetzt positiv ergänzen: Worum es geht bei den Schmerzen und Freuden, bei der Trauer und ihrer Verarbeitung, ist stets ‚jemand', eine Person, – kein ‚etwas' (weder ein biologisches System, noch ein rätselhafter ‚phänomenaler Gegenstand'), aber beileibe auch kein ‚Nichts'; oft geht es vielmehr ‚ums Ganze'. Beim Reden über Seelisches (und in der religiösen Sprache) geht es um Personen und ihre oft von Schmerzen durchzogenen Schicksale, die sie mit Macht ereilen und denen sie sich nicht entziehen können. Was es zu verstehen gilt, ist daher das Funktionieren derjenigen Sprachspiele, mit denen wir mit und über Personen sprechen.

Nach der hier vorgeschlagenen Interpretation Wittgensteins entsteht der Eindruck vom rätselhaften Charakter des Leib-Seele-Zusammenhangs dadurch, dass man das Ergebnis eines Abstraktionsschrittes mit dem Ergebnis der Teilung eines Ganzen in zwei Bestandteile verwechselt. Man erkennt den Abstraktionsschritt, mit dem man das Personale aus der Betrachtung ausschließt, nicht als das Ausklammern eines Aspektes, sondern versteht ihn als die Betrachtung eines Bestandteils, die durch die Untersuchung eines anderen Bestandteils ergänzt werden könnte, wenn die Forschung eines Tages so weit ist, auch dieses Gebiet ‚fassen' zu können. Das Resultat ist ein Dualismus: Eine reine Materialität erscheint in unüberbrückbarem Gegensatz zu einer reinen Geistigkeit. Bei Wittgenstein wird also das Leib-Seele-Rätsel nicht gelöst, indem der unverstandene Zusammenhang zweier Teile verständlich gemacht wird, sondern es wird *aufgelöst* durch den Nachweis, dass es gar nicht darum geht, ein Verhältnis zwischen Teilen zu bestimmen. Der Bereich des so genannten ‚Inneren' wird nicht durch das Bild eines kausal wirksamen Seelendings oder eines zusätzlich zur Person agierenden gespenstförmigen *homunculus* erfasst. Geistig-seelische Leistungen werden, wo dies korrekt geschieht, *Personen* zugeschrieben, nicht ‚in' ihnen existierenden körperlichen oder unkörperlichen Teilen oder Substanzen.

Zusammenfassend lassen sich die Besonderheiten des Ansatzes von Wittgenstein wie folgt charakterisieren: (1) Er insistiert darauf, dass wir die Frage, was es für Gegenstände *gibt* und was etwas ‚*ist*' niemals getrennt von unseren Aussagemöglichkeiten betrachten sollten. (2) Er macht deutlich, dass das scheinbar private Seelenleben nicht als Teilbereich in einem Dualismus zu sehen ist, sondern als etwas radikal Soziales. Wir werden sehen, dass dieser zweite Schritt Folgen hat für einen überzeugenden Begriff der ‚religiösen Erfahrung'.

4. Folgerungen für das Thema Religion

Zum Abschluss dieses Kapitels soll gezeigt werden, dass sich wichtige Aspekte dieser Auflösung des Leib-Seele-Problems auf das Gebiet der Religion übertragen lassen, weil sie uns zeigt, wie man falsche Vergegenständlichungen vermeiden kann. Die Existenz und Lebensbedeutsamkeit der von James geschilderten Erfahrungen reichen aus, um die aus ihnen erwachsenden religiösen Redeweisen erstens mit Bedeutungen zu versehen, die über eine bloß symptomatische Funktion im oben erörterten Sinne hinausgehen, die sie zweitens nicht als Selbstzweck-Aktivitäten erscheinen lassen, und die drittens keine über die menschliche Praxis hinausgehenden wissenschaftlichen Hypothesen über die Existenz transzendenter Gegenstände involvieren. Was dann die Rede vom Transzendieren der Alltagswelt, die für den Bereich des Religiösen trotz allem zentral

4. Folgerungen für das Thema Religion

erscheint, bedeuten kann, wird uns im übernächsten Kapitel noch beschäftigen.

Zwei Punkte sind für ein angemessenes Verständnis von Wittgensteins Sprachspielkonzept zu beachten, wenn wir es auf den Fall der Religion anzuwenden versuchen. Erstens darf die Tatsache, dass er eine im weiten Sinne pragmatische, nämlich auf das *Handeln* bezogene Bedeutungsauffassung entwickelt und die Rolle der Wörter häufig mit der von Werkzeugen vergleicht, den Leser nicht zu der Täuschung verleiten, es gehe in Sprachspielen stets um *technische* Aktivitäten, um Handlungsweisen der Art, wie sie paradigmatisch in der Ingenieurskunst vorkommen. Das Beispiel der mathematischen Ausdrücke kann eine solche Lesart zwar nahelegen; hier kommen Zahlzeichen als eine Art technischer Hilfsmittel vor. Es gibt in Wittgensteins Werk aber hinreichend viele andere Belege, die zeigen, dass eine Einschränkung auf technische Handlungskontexte von ihm nicht intendiert ist, und seine Behandlung der Rede über Schmerzen ist dafür ein deutliches Beispiel.

Vor dem Hintergrund unserer Diskussion der Überlegungen von William James können wir sagen: Im Fall der religiösen Erfahrung fungiert die Sprache im Kontext nicht von technischen Handlungen, sondern von Widerfahrnissen. Wer eine religiöse Erfahrung macht, dem geschieht etwas, das er nicht selbst ausgelöst oder erzeugt hat. Sprachliche Ausdrücke bekommen ihren Sinn zwar durch die praktischen Kontexte, in die sie gehören. Diese schließen aber die Reaktionen auf das ein, was uns zustößt, - mit Macht und unabhängig von unserem eigenen Willen. Auch der Kontext der Widerfahrnisse ist ein praktischer Kontext, wie der der Handlungen; auch wenn wir uns verlieben oder einen Einfall haben, zeigt sich dies an unseren Handlungen und Unterlassungen. Was sich so nicht zeigt, was keine Verbindung zu größeren Lebenskontexten hat, ist allenfalls ein ‚komisches Gefühl‘, es ist keine Erfahrung in dem gravierenden Sinne, um den es James geht.

Zweitens erinnert das Beispiel des Ausdrucks ‚Schmerz‘ daran, dass die Analogie zum Spiel, die durch den Verweis auf das Schach geschaffen und durch den Ausdruck ‚Sprachspiel‘ bekräftigt wird, nicht als die These verstanden werden darf, es gehe dabei stets um Spielerisches. Wie James klargemacht hat, geht es in der Religion um eine Haltung zum Ganzen des Lebens, um die Anerkennung des Leides, um unsere Machtlosigkeit, - und um die uns zustoßende, nicht von uns selbst geschaffene Möglichkeit, trotzdem sinnvoll zu leben, deren Auftauchen wie ein Durchstoßen zur ‚eigentlichen

Wirklichkeit' empfunden wird, wie das Erwachen aus einem Schlaf. Es geht in diesem Sinne also wahrhaftig ‚ums Ganze'. Wenn wir die Tatsache im Auge behalten, dass Sprachspiele nur im Ausnahmefall einen rein spielerischen Charakter haben (den eines ‚Selbstzwecks'), brauchen wir nicht zu befürchten, die Religion werde durch die Übernahme dieses Terminus von Wittgenstein zu leicht genommen. Wenn diese Gefahr aber nicht besteht, dann gibt es auch keinen Anlass, ihr dadurch vorzubeugen, dass wir nun doch zusätzliche transzendente, d. h. außerhalb der Menschenwelt existierende Referenzgegenstände postulieren, wie James dies in seinem ‚Überglauben' getan hatte. Auch der Widerfahrnischarakter der religiösen Erfahrungen ist auf solche Referenzgegenstände nicht angewiesen: Es gibt Widerfahrnisse, zu denen wir einen Verursacher nicht angeben können, auch wenn wir zu ihrer Artikulation eine personale Sprache benutzen.

Um dies zu verdeutlichen, seien noch einmal die Prämissen rekapituliert, die (auf der Basis des phänomenologischen Teil des Buches von James) hier als gesichert unterstellt werden: Die von ihm erörterten Erfahrungen sind real und für die Betroffenen so lebensbedeutsam wie von ihm dargestellt. Sie weisen über den Augenblick ihres Auftretens weit hinaus, die Sätze, mit denen über sie berichtet wird, können also weder als selbstgenügsame ‚Geräusche' noch als bloße Ausdrucksphänomene vom Typus des Errötens gedeutet werden, die nur für das betroffene Individuum relevant sind. Sie sind keine ‚Symptome'. Der positive, das ganze Leben nachhaltig zum Besseren wendende Charakter ist nicht bestritten; ihre Unterscheidbarkeit von krankhaften Wahnideen wird lebensweltlich und im Alltag der dafür zuständigen Psychotherapien mit Recht vorausgesetzt. Der Widerfahrnischarakter, das nicht Selbstgemachte an diesen Erfahrungen ist ebenfalls unbestritten.

Wenn wir uns an Wittgensteins Behandlung des mathematischen Existenzproblems orientieren, können wir nun feststellen, dass die Aussage, für den Ausdruck ‚Gott' existiere kein gegenständliches Referenzobjekt im Sinne von Freges ‚Bedeutung', für den von James erörterten Bereich der religiösen Erfahrungen keinen Verlust anzeigt. An den Erfahrungen, an ihrer tiefen lebenspraktischen Relevanz und an ihrem Widerfahrnischarakter (dass sie nicht ‚selbstgemacht' sind) ändert sich durch die neue Sicht auf die Art der Bedeutsamkeit sprachlicher Ausdrücke nichts. Im Gegenteil, sie erlaubt, die Bedeutsamkeit auf eine Weise zu wahren, die keine naturwissenschaftlichen Interpretationen religiöser Aus-

4. Folgerungen für das Thema Religion

sagen nach dem Vorbild der ‚natürlichen Religion' von Hume mehr nahe legt, aber ohne dadurch zurückzufallen in das wortlose ‚Zeigen' des *Tractatus*. Das Schweigegebot dieser frühen Schrift wird in der Spätphilosophie aufgehoben, weil die neue Sicht der immensen Vielfalt der Bedeutungen gerecht wird, statt alles Semantische nach dem Muster des Abbildens zu deuten und dadurch den Rest sowohl zu mystifizieren als auch sprachlich unzugänglich zu machen.

Hier soll auf die Befürchtung eines Verlusts, der durch die aufgeführten Schritte Wittgensteins entstehen könnte, noch etwas genauer eingegangen werden. Zwei Gründe legen sich nahe für den Eindruck, hier werde etwas aufgegeben. Was wir verlieren ist entweder ein philosophischer ‚Überglaube', wie wir ihn bei William James kennen gelernt hatten. Es wäre der Glaube an hypothetisch unterstellte transzendente Personen und Gegenstände, die sich in besonderen Erfahrungen ähnlich melden wie dies ein Magnet täte, wenn wir für den Magnetismus ein eigenes (‚subliminales') Sinnesorgan hätten. Wittgensteins Lösung macht solche Hypothesen überflüssig und weist die in diesem Gedanken beanspruchte Analogie zugleich als unangemessen zurück. Ein Glaube, der auf einer Hypothese im Sinne der Erkenntnistheorie beruhen würde, wäre kein religiöser Glaube.[110] Wenn wir in einer physikalischen oder hirnphysiologischen Fachzeitschrift lesen würden, die Hypothese von der Existenz Gottes sei durch neueste Forschungen widerlegt, wären wir sicher, dass der Autor nicht verstanden hat, was der Ausdruck ‚Gott existiert' bedeutet.

Die zweite Möglichkeit einer Preisgabe, die aus der hier vertretenen Sicht ebenfalls keinen wirklichen Verlust bedeuten würde, wäre das Aufgeben eines Kinderglaubens in der oben erörterten pejorativen Lesart, nach der die Beibehaltung kindlicher Auffassungen als Weigerung (oder Unfähigkeit) zu verstehen ist, die kindliche Denkweise zu der des Erwachsenen in eine verstandene Beziehung zu setzen. In diesem Sinne könnte es durchaus sein, dass manch ein Leser der skizzierten Deutung religiöser Aussagen widersprechen möchte, in dem Gefühl, ihm würden Artikulationsmöglichkeiten genommen. Dies ist aber ein falscher Eindruck. Die zu leistende Aufgabe (die freilich nicht jedem zugemutet werden kann) besteht darin, die alten (kindlichen) Artikulationen zu denen der Erwachsenenwelt in eine klare Beziehung zu setzen, d. h. im Einzelnen die Unterschiede in der Art und Weise des Bedeutens zu begreifen. Um welche Unterschiede es hier geht, zeigte sich im ersten Kapitel z. B. an der Notwendigkeit, mit Bezug auf die Märchen eine Fabelebene von einer zweiten Inhaltsebene zu unterscheiden und an der Diagnose, dass Humes Projekt daran gescheitert ist, dass er mit nur einer einzigen Bedeutungsebene rechnete.

Wer das Bedürfnis hat, solche Unterscheidungen für sich zu treffen, der verspürt auf dem Gebiet des Religiösen einen philosophischen Impuls. Das kann man nicht zur Pflicht machen und die anstehende Klärungsarbeit ist nicht jedermanns Sache. Die Theologie wird sich dieser Arbeit aber kaum verschließen; es gehört vielmehr zu den traditionellen Aufgaben dieser Disziplin, die ‚Rede von Gott' zu unseren anderen Redeweisen in eine verständliche Beziehung zu setzen. Die Theologen werden wohl überwiegend bestätigen, dass Gott kein Gegenstand ist wie andere Gegenstände, dass er nicht das Referenzobjekt eines Eigennamens wie ‚Friedrich Schiller' oder ‚Amsterdam' ist. Mit anderen Worten: Die Möglichkeit eines ‚Redens von Gott' bedurfte in der christlichen Theologie schon immer einer eigenen Reflexion und diese Reflexion macht einen wesentlichen Teil ihrer Geschichte aus. Ob am Ende einer solchen Reflexion dann die Möglichkeit besteht, von der Existenz Gottes in einem Sinne zu sprechen, der weder bedeutungstheoretisch naiv ist, noch im kritischen Sinn die Bezeichnung ‚Kinderglaube' verdient, wird im sechsten Kapitel noch erörtert werden, eine vorläufige Bemerkung dazu soll aber hier schon angefügt werden.

Wir sind in dieser Sache nämlich in einer Situation, die derjenigen vergleichbar ist, die Wittgenstein mit Bezug auf den Ausdruck ‚den Zustand meiner Seele beschreiben' durch die Worte charakterisiert „man kann nun sagen ... und kann es auch wieder nicht sagen".[111] Ohne Zweifel hat u.a. die christliche Tradition erwiesen, dass man den Gehalt religiöser Erfahrungen in einer theistischen Sprache artikulieren *kann*. Wenn man aber meint, Gott sei eine Person wie andere auch (oder die Seele sei ein Ding mit Zuständen, wie ein heißer oder kalter Wasserkocher), dann gilt: Man kann es nicht sagen. Mein Zahnschmerz ist kein Gegenstand wie mein Zahn. Wenn jetzt aber der Eindruck entsteht, Wittgenstein wolle leugnen, dass je jemand Zahnschmerzen hatte, er wolle also behaupten, es gebe zwischen dem schmerzvollem und dem schmerzlosen Zustand keinen Unterschied, dann kann er ausrufen: „Welcher Unterschied könnte größer sein!"[112] Obwohl der Schmerz kein Gegenstand ist, ist die Schmerz*erfahrung* höchst real, sie ist keine bloße Phantasie und ist in den meisten Fällen nicht von uns selbst erzeugt. Sie stößt uns zu mit der ihr eigenen Wucht und Macht.

4. Folgerungen für das Thema Religion

Zu dem Versuch von James, einen den Erfahrungsberichten gerecht werdenden ‚Überglauben' zu begründen, könnte man nach der Lektüre Wittgensteins nun in analoger Weise sagen: Es braucht keinen transzendenten Gegenstand als Referenzobjekt zu geben, damit die religiöse Erfahrung als real angesehen werden kann, so wenig es besondere ‚phänomenale Gegenstände' als Referenzobjekte geben muss, damit die Schmerzerfahrung als real gelten kann. Umgekehrt wird ein Schuh draus: So weit, wie die religiöse Erfahrung mit ihrer von James eindrucksvoll geschilderten Rolle im Leben der Betroffenen als real angesehen werden kann, hat die zu ihrer Artikulation benutzte Rede einen Sinn, und wir können jetzt wohl so weit gehen, hinzuzusetzen: Dieser Sinn *hängt nicht davon ab*, ob sie (wie unsere Rede von ‚den Schmerzen') vergegenständlichend verfährt. Und wenn wir vielleicht nicht jedem Buchstaben, aber dem Grundgehalt der von James zusammengetragenen Erfahrungsberichte Glauben schenken, könnten wir hier mit noch größerem Recht sagen: Wir brauchen keinen transzendenten Gegenstand als Referenzobjekt, um auch mit Bezug auf das Verhältnis zwischen einem niedergedrückten, verzweifelten Leben einerseits (dem Leben ‚in der Höhle') und einem in James' Sinn ‚erleuchteten' Leben andererseits den Ausruf Wittgensteins passend zu finden: Welcher Unterschied könnte größer sein! Was könnte realer, lebensbedeutsamer, folgenreicher sein als die positive Umformung des ganzen Lebens durch eine religiöse Erfahrung, ob sie nun wie im Christentum theistisch oder wie im Buddhismus nicht-theistisch artikuliert wird? Die Realität der Erfahrung zählt, nicht der Charakter der sprachlichen Mittel, mit denen sie artikuliert wird.

Aus der hier entwickelten Perspektive, die sich Freges Antipsychologismus gründlich angeeignet hat, wird sichtbar, wie wenig ein Einwand austragen kann, um den James sich offenbar sorgte, der Einwand nämlich, wenn man die religiöse Erfahrung zum Ausgangspunkt mache, dann könne es doch *nur um Psychisches* gehen, um die Gefühle oder Stimmungen von Individuen. Die ‚eigentliche Realität', die Welt der kausal wirksamen, materiellen ‚Dinge', sei von religiösen Fragestellungen so lange nicht betroffen, wie man keinen transzendenten kausalen Auslöser für sie postuliere. Hinter dieser Sorge steht manchmal die berechtigte Intuition, es müsse in der Religion um mehr als nur um *individuelles* Persönliches gehen. Dieser Intuition wird Wittgensteins Deutung des Seelischen gerecht, nach der dieser Bereich notwendig als etwas von vornherein Geteiltes, etwas Soziales zu denken ist, dessen Existenz auf den höheren Stufen zudem an die Sprache und die ihr zugehörigen Lebensformen gebunden ist. Wenn dies im Auge behalten wird, verliert der Ausdruck ‚bloß psychisch' seinen Stachel, denn wir müssen dann sagen, alles Bedeutsame im Leben eines Menschen sei ‚bloß psychisch', Liebe und Leid, Glück und Tod, Sinn und Verzweiflung. So wird sichtbar, dass es ein bis zum Pathologieverdacht auffälliger und sinnwidriger Sprachgebrauch wäre, die ‚Welt der Naturwissenschaften' (die Welt des *Tractatus*) zur ‚eigentlichen Welt' zu erklären, denn man würde damit sagen: Die Welt, die übrig bleibt, wenn alles Bedeutsame ausgeblendet ist, sei das, was es ‚wirklich gibt'. Der Wittgenstein des *Tractatus* ist von manchen Philosophen seines Wiener Umkreises damals so verstanden worden. Sein Schweigegebot war bei ihm selbst eine unbeholfene Schutzgeste, bei vielen Wissenschaftstheoretikern, die ihm zu folgen meinten, wurde daraus aber ein Mittel der Ausgrenzung alles dessen, was als nur persönlich relevant galt. Wir haben in diesem Kapitel gesehen, wie Wittgensteins späte Philosophie die Möglichkeit eröffnet, den Schutzimpuls beizubehalten ohne ins Schweigen und ins wortlose Zeigen zu verfallen.

Viertes Kapitel:
Spiritualität ohne Gegenstand.
Der Buddhismus als eine nicht-theistische Religion

Der Buddhismus übt als so genannte ‚nicht-theistische Religion' auf Philosophen (wie auf viele andere Menschen) schon länger eine besondere Faszination aus, denn er verspricht, zwei auf den ersten Blick unvereinbar erscheinende Impulse miteinander zu verbinden: die Ablehnung eines außerweltlichen, ‚transzendenten' Bereichs einerseits und eine religiöse Einstellung zum Leben andererseits. Dem modernen Erkenntnistheoretiker ist der Glaube an Transzendentes fragwürdig geworden, insbesondere dann, wenn es ihm unvermeidlich erscheint, diesen Glauben, falls er ihn ernst nimmt, nach dem Muster wissenschaftlicher Überzeugungen zu verstehen.[113] Gleichwohl besteht auch bei manchen Philosophen ein offenbar zunehmendes Bedürfnis, Rationalität und Religiosität miteinander zu verbinden: Man will das eine tun (sich rational orientieren) ohne das andere (die religiöse Orientierung) zu lassen. Ein *enges* Religionsverständnis sieht hier eine Unmöglichkeit, eine Variante dessen, was im Englischen als der Wunsch bezeichnet wird, ‚*to eat the cake and have it*', den Kuchen zu verspeisen und ihn gleichwohl noch aufzubewahren. Einer solchen Denkweise erscheint es so, als müsse entweder der Verstand oder der Glaube geopfert werden, als könne beides nicht zusammen bestehen. Es soll nun durch eine Erörterung ausgewählter Aspekte des Buddhismus der Frage nachgegangen werden, ob das hier erarbeitete Religionsverständnis hinreichend weit ist, dass in ihm der Gegensatz zwischen Denken und Glauben nicht entsteht.

1. Rückblick

Im vorangegangenen Kapitel über die Sprachphilosophie des späten Wittgenstein wurden die Gründe ausbuchstabiert, die dafür sprechen, dass wir eine enge Auffassung der Religion aufgeben können, ohne ihre Substanz zu verlieren. Es hat sich gezeigt, dass bedeutungsvolles Reden auch bei Wörtern, die ihrer Funktion nach wie Namen oder Kennzeichnungen aussehen, nicht überall an die Existenz von Referenzgegenständen gebunden ist, so dass die für viele Philosophen irritierende oder eindeutig negativ zu beantwortende Frage nach einem Reich transzendenter Gegenstände für diese Art von Ausdrucksweisen entfällt. Positiv ausgedrückt hat die vorangegangene Reflexion zu dem Ergebnis geführt, dass es eine große Vielfalt von erkenntnistheoretisch akzeptablen ‚Gegenständen der Rede' gibt, auch dort, wo sich den Ausdrücken keine Dinge oder Personen zuordnen lassen. Mit anderen Worten: Es gibt eine Vielzahl von *gegenständlich formulierten* sinnvollen Aussagen in Sprachbereichen, in denen sich Dinge als Referenzobjekte nicht aufweisen lassen, in denen die fraglichen Ausdrücke aber gleichwohl eine inhaltliche, nicht nur formale Rolle in dem Sinne spielen, wie wir sie von den logischen Wörtern kennen. Auf traditionelle Weise von der ‚Existenz' dessen zu reden, was hier sprachlich als Gegenstand erscheint, bedeutet daher nicht mehr und nicht weniger, als dass sich die entsprechenden Ausdrücke und Redeweisen im Kontext der zugehörigen Sprachspiele als sinnvoll erwiesen haben, wobei gerade der Fall des Schmerzes zeigt, dass diese Sicht keineswegs beschränkt ist auf vom Menschen selbst erzeugte Bedeutsamkeit, sondern dass sie auch drastische und teils durchaus unwillkommene Widerfahrnisse im Blick hat. Auf der grammatischen Oberfläche behandeln die einschlägigen Sprachformen die entsprechenden ‚Gegenstände' wie z. B. Zahlen und Schmerzen so, wie sonst Personen oder materielle Dinge grammatisch behandelt werden. Genau daraus entsteht der Anschein besonderer nichtdinglicher aber gleichwohl benannter Gegenstände. Es kommen aber auch Aussageweisen vor, bei denen eine solche oberflächliche Ähnlichkeit nicht besteht, z. B. beim Gebrauch von Kardinalzahlen wie in ‚dies sind vier Äpfel'. Eine wichtige Lektion Wittgensteins lautete dem entsprechend, dass die Oberflächengrammatik für die Art des Bedeutungsvollseins sprachlicher Ausdrücke nicht entscheidend ist. Wir sind gezwungen, den Einzelfall genau zu betrachten, d. h. diejenigen Abweichungen von der durch die Oberflächenform nahegelegte Art des Bedeutens, die sich im *Gebrauch* zeigen und die bei ihm die ‚Tiefengrammatik' des jeweiligen Ausdrucks heißen. Das gilt auch für religiöse Ausdrucksweisen.

Dieser Befund erlaubt eine Einsicht, die bereits kurz angesprochen wurde. Sie kann im Lichte der Überlegungen unseres ersten

1. Rückblick

Kapitels nicht überraschen. Die genannten sprachphilosophischen Überlegungen eröffnen nämlich die Möglichkeit, dass uns manche der tradierten religiösen Redeweisen in einem zweiten Durchgang erkenntnistheoretisch weniger anstößig erscheinen als vorher, mit der Folge, dass wir sie beibehalten können, solange wir uns durch oberflächliche Analogien nicht verwirren und zu falschen Fragen (und Aussagen) verführen lassen. Sobald man sie nämlich bedeutungstheoretisch weniger naiv anschaut, kann bei manchen von ihnen das Problem ihrer Zuordnung zu einem Referenzgegenstand entfallen. Wer die Unterschiede zwischen den Semantiken religiösen und wissenschaftlichen Redens sprachphilosophisch klar erfasst hat, kann es sich daher nun auch als kritischer Erkenntnistheoretiker erlauben, gewisse alte Redeweisen ohne Bedenken zu benutzen, weil er die Fallen, die in ihrer Umgebung auftauchen, kennt und daher umgehen kann. Es gehört zu den Aufgaben der Theologie, solche Fallen sichtbar zu machen.

Die schon mit Blick auf Bettelheim artikulierte Intuition, bei Geschichten ‚über das Leben' (und dazu gehören auch die religiösen Geschichten) müsse es doch um etwas anderes gehen als um historische Ereignisse, um die Entstehung des Kosmos oder über transzendente Personen, hat nun eine philosophische Basis erhalten, die sie zu einer begründeten Einschätzung macht. Wenn klar ist, dass hier grundlegende semantische Differenzen im Spiel sind, dann erzwingt z. B. die Anerkennung der wissenschaftlichen Kosmologie keinen Widerspruch mehr gegen die Aussage, Gott sei der Schöpfer von Himmel und Erde. Die schon erwähnte Aussage Wittgensteins, die Philosophie lasse alles wie es ist, hat hier ihren systematischen Ort: Wenn die Semantik eines Bereichs durchschaut ist, dann können die alten Ausdrucksweisen dort, wo sie ‚arbeiten' (d. h. wo sie nicht leer laufen und uns dadurch in Scheinprobleme verstricken) durchaus beibehalten werden. Nicht die Ausdrucksweisen selbst bilden ein Problem, sondern die falschen Anschlussfragen, die sie provozieren und aus deren Erörterung nach Wittgenstein ein großer Teil der Philosophiegeschichte besteht. Welche dieser Anschlussfragen ‚falsch' ist, muss freilich im Einzelfall durch das, was er ‚grammatische Betrachtungen' nennt, untersucht werden. Wir können auch sagen, dies geschehe durch ein Aufsuchen des ‚Sitzes im Leben' der fraglichen Redeweise, wie wir das für Schmerzausdrücke vorgeführt hatten.

Schon die Überlegungen des ersten Kapitels, die einen kritischen Blick auf den Versuch richteten, einen Kinderglauben (‚die

Welt wurde von einem gütigen Schöpfer erschaffen') mit wissenschaftlichen Mitteln zu fundieren (gibt es wissenschaftliche Evidenzen für diese ‚Hypothese'?), hatten zu dem Verdacht geführt, einem solchen Begründungsversuch liege ein ‚Kategorienfehler' zu Grunde. Dieser Ausdruck bezeichnet Fälle, in denen bei der Formulierung einer Fragestellung Ausdrücke miteinander verbunden werden, die inhaltlich so wenig miteinander zu tun haben, dass die Ausdrucksverbindung sinnlos ist, wie z. B. bei der Frage, ob die Zahl fünf süß oder sauer sei. Wenn man hier von einem ‚Kategorienfehler' spricht, will man also sagen: Was ein Kinderglaube ausdrückt ist von dem, was eine wissenschaftliche Hypothese ausdrückt, so verschieden, dass der Versuch, den Glauben mit wissenschaftlichen Mitteln zu begründen, als sinnlos zu gelten hat. Ein solcher Begründungsversuch könnte daher auch nicht als ‚mehr oder weniger gut gelungen' bezeichnet werden, so dass der fragliche Glaube als ‚besser oder schlechter bestätigt' gelten könnte, wie dies bei empirischen Hypothesen im Bereich der Wissenschaft der Fall sein kann.

Der bisherige Argumentationsgang hat diese ursprünglich intuitiv gewonnene Auffassung bestätigt: Das naturwissenschaftliche Denken (nicht die Rationalität überhaupt) ist in religiösen Dingen von vornherein so fehl am Platze wie die zitierte Frage nach dem Geschmack der Zahl fünf in der Mathematik. Dem entspricht Wittgensteins Auffassung, was in der Religion unter einem Glauben zu verstehen sei, müsse etwas ganz anderes sein, als dass der Sprecher von der Wahrheit einer Hypothese über transzendente Entitäten (oder über erdgeschichtliche oder kosmologische Sachverhalte) überzeugt sei.[114]

Nun haben wir im Buddhismus eine bedeutende, sogar die älteste Weltreligion vor uns, und bei ihr besteht von vornherein nicht der Anschein, sie gründe sich auf derartige hypothetische Annahmen über schwer zugängliche Gegenstände. Vorsichtiger gesagt: Diese Art der Deutung drängt sich für den westlichen Beobachter deutlich weniger auf als dies in den alltäglichen Erörterungen christlicher Glaubensaussagen der Fall ist. Die Gestalt einer ‚nichttheistischen' Religion muss jedenfalls für unsere Frage, was wir unter einer Religion überhaupt verstehen wollen, von größtem Interesse sein. Worin sehen wir aus heutiger Sicht und auf unsere eigenen Fragen bezogen das uns Wichtige im Gebiet des Religiösen, im Unterschied zu den historisch erklärbaren Besonderheiten in den kulturellen Ausprägungen und Gestalten der verschiedenen

Religionen; was macht diese Gestalten zu Gestalten von *Religionen*? Auch wer nicht essenzialistisch denkt und nicht ein sich durchhaltendes ‚Wesen' im Sinne eines kleinsten gemeinsamen Nenners sucht (auch nicht in Gestalt einer unverändert sich durchhaltenden religiösen ‚Primärerfahrung'), sondern sich bei dieser Frage an Wittgensteins Begriff der ‚Familienähnlichkeiten' orientiert, muss zu der Frage etwas sagen können, was die Familienmitglieder denn zusammenhält, was den Eindruck rechtfertigt, vom einen zum anderen schreitend sehe man Verwandtes. Ist der nicht-theistische Buddhismus dem Christentum trotz aller Unterschiede doch so verwandt, dass wir auch aus unserer Perspektive eines christlich grundierten Hintergrunds verstehen können, dass man beide Formen als ‚Religionen' bezeichnet hat? Um einer Antwort auf diese Frage näher zu kommen, sollen in diesem Kapitel diejenigen Grundzüge des Buddhismus behandelt werden, die für den Zugang, der für das vorliegende Buch gewählt wurde, von besonderem Interesse sind: sein nicht-theistischer Charakter und die Existenz eines tradierten praktischen Übungswegs (der Meditation), der hier als ein Weg verstanden wird, sich für religiöse Erfahrungen (mit William James: für den Bereich der Mystik) zu öffnen.[115]

2. Das Leid und seine Ursachen

Es ist wohl allgemein bekannt, dass der historische Urheber der buddhistischen Lehre, der nordindische Fürstensohn Siddhartha Gautama (etwa 563 bis 485 v. Chr.) aus dem Geschlecht der Shakya,[116] der dann ‚der Erwachte' (der Buddha) hieß, zumindest im frühen (Theravada-) Buddhismus als eine menschliche Person aufgefasst wurde, als ein Weisheitslehrer, den ein westlicher Philosoph durchaus mit Sokrates oder Platon vergleichen darf, wenn er im Auge hat, dass diese Lehre eminent praktisch orientiert war; sie zielte auf eine Veränderung der Lebensweise und damit der Person, nicht allein auf eine Veränderung in den Gedanken. Dies kann man aber auch für Sokrates oder Platon in Anspruch nehmen.

Es ist vielleicht weniger bekannt, dass die sprachliche Form, in der die buddhistische Lehre auftritt, diejenige ist, die damals für *medizinische* Lehren üblich war. Dies ist die Gestalt der folgenden Fragen: Was ist die Krankheit, was ist die Ursache der Krankheit, und was ist der Weg zu ihrer Heilung? Dadurch rückt das Ziel der buddhistischen Lehre von vornherein in die Nähe zum Ziel medizinischer Lehren; Heilung und Heil gelten ausdrücklich als miteinander verwandt, so wie es vom Klang der deutschen Wörter ja ebenfalls nahe gelegt wird. Mit dem Interesse an einer ‚Heilung' gerät die *praktische Hilfe* in den Vordergrund; eine gegebenenfalls damit verbundene *Theorie* oder *Ansicht* braucht nur so weit von Interesse zu sein, wie sie dieser Hilfe entweder dient oder im Wege steht. Es ist zwar nicht zu übersehen, dass in der Geschichte des Buddhismus auch hochkomplexe Lehrgebäude errichtet wurden, zunächst gewiss mit dem Ziel, die Praxis, um die es geht, zu begründen und zu lehren. Für unsere Zwecke halten wir aber an dem Bemühen fest, für ein Verständnis zunächst und überwiegend die Praxis zu betrachten.

Die Tradition des chinesisch-japanischen ‚Chan'-(Zen)-Buddhismus stellt bezüglich ihrer Einstellung zu Lehrgebäuden in dieser Hinsicht einen philosophisch bemerkenswerten Fall dar: Sie hat sich aus einer Skepsis gegenüber der Wirksamkeit von Worten entwickelt, insbesondere von ‚Meinungen' und Theorien. Man kann sie geradezu als Protestbewegung gegen exzessiv aufgetürmte Theoriegebäude verstehen. Gerade dies macht sie für einen Zugang zur Religion besonders interessant, der den Sinn und die Plausibilität der jeweiligen Lehren an der Erfahrung beurteilen möchte, statt die Wahrheit einer Lehre in einem ersten Schritt vorauszusetzen, um erst dann, auf der Basis dieser Voraussetzung, die einschlägigen Erfahrungen zu beurteilen und Ratschläge für die Praxis zu geben. Wir werden im nächsten Kapitel allerdings sehen, dass es hier kein einfaches ‚Entweder-Oder' gibt, sondern dass beide Seiten eng zusammengehören. Aber es bleibt auch dann philosophisch legitim und pädagogisch sinnvoll, den Sinn einer Lehre, so weit dies möglich ist, von den einschlägigen Erfahrungen her zugänglich zu machen, wenn diese Erfahrungen sich in einer fortschreitenden Bewegung in immer ausführlicheren sprachlichen Gestalten niederschlagen, die dann wieder die neuen Erfahrungen konturieren, etc.

Will man verstehen, worum es im Buddhismus geht, so ergibt sich aus seiner therapeutischen Orientierung als erstes die Frage: Worin besteht nach buddhistischer Auffassung die ‚Krankheit'? Eine Heilung *wovon* wird angestrebt und angeboten? Können wir auch als heutige Leser, nach etwa zweitausendfünfhundert Jahren, auf dem fraglichen Feld einen Handlungsbedarf sehen, oder ist hier schon ganz am Anfang, nämlich bezüglich des Ansinnens, es liege

2. Das Leid und seine Ursachen

etwas vor, das veränderungsbedürftig sei, eine agnostische Haltung empfehlenswert?

Ein westlich denkender Zeitgenosse könnte nämlich argwöhnen, dieser buddhistische Eröffnungszug (und möglicherweise die Religion überhaupt) wolle ihm eine Krankheit *einreden*, die er gar nicht habe. Er könnte z. B. sagen: Ich versuche, Glück und Moralität in einem vollständig säkular orientierten Leben so gut es geht zu verbinden, und wie es dann mit dem Heil (was ist das?) der Seele (was ist das?) am Ende bestellt sein wird, das lasse ich auf mich zukommen. Diese Art der Zurückweisung eines Therapieangebots wegen mangelnden Bedarfs erscheint z. B. dann plausibel, wenn man meint, das Problem, um das es gehe, stelle sich überhaupt erst, *nachdem* man sich einen entsprechenden Glauben an die Existenz einer Seele und an ihr Leben nach dem Tod zu eigen gemacht habe. Wer diesen (nach der Auffassung des Agnostikers problematischen) ersten Schritt des Akzeptierens einer Lehre (des Akzeptierens ‚metaphysischer Voraussetzungen') nicht getan habe, der brauche auch keine praktische Hilfe bei einem (dann für ihn gar nicht existierenden) Problem. Der Lehrer der Religion erscheint aus dieser Sicht wie ein Versicherungsagent, der seinem Kunden zuerst allerlei falsche Ängste einjagt, um ihn dann gegen diese von ihm dramatisch ausgemalten Gefährdungen durch den Verkauf einer Police zu versichern.

Bezogen auf den Buddhismus erscheint dieser skeptische Verdacht aber deshalb nicht plausibel, weil man die ‚Krankheit', um deren Heilung es sich hier handelt, schwerlich als eingeredet wird bezeichnen können, zumal dann, wenn man ‚die Seele' nicht dualistisch als ein gespenstförmiges, in seiner Existenz zweifelhaftes Wesen ansieht, sondern den Bereich des Seelischen mit Wittgenstein als den Bereich des Personalen deutet. Denn es geht um die unvermeidlichen natürlichen Leiden von Personen, im Buddhismus formelhaft durch die drei Worte ‚Alter', ‚Krankheit' und ‚Tod' ausgedrückt, um Lebenstatsachen also, denen sich niemand entziehen kann. Wer sie nicht sieht, ist wie ein Patient, dem die Einsicht in seine Krankheit fehlt, die allen anderen Menschen ins Auge springt. Es fällt schwer, sich jemanden vorzustellen, der von diesen menschlichen Leiden ganz unbeeindruckt ist. Würden wir aufgefordert, eine solche Person zu schildern oder mit Blick auf unseren Bekanntenkreis namhaft zu machen, so werden viele von uns vermutlich jemanden beschreiben, den sie als besonders religiös bezeichnen würden, gleichgültig, in welcher Religion diese Person zu

Hause ist. Dies heißt aber in unserem Kontext, die vorgestellte Person hätte nur deshalb keinen Bedarf für das vom Buddhismus angebotene Heilmittel, weil sie bereits ein bewährtes Medikament gefunden hat.

Es geht dem Buddhismus, wohlbemerkt, um den *Umgang* mit diesen Leiden, er stellt nicht in Aussicht, sie als objektive Vorkommnisse abzuschaffen, er verspricht auch keinen Ausgleich in einem jenseitigen Leben.[117] Allerdings verspricht er, der von ihm gelehrte richtige Umgang mit den natürlichen Leiden würde in dem Maße, in dem man ihn sich angeeignet habe, ihren leidhaften Charakter mildern und schließlich im idealen Fall ganz aufheben. Die Richtung, in der sich der praktische Weg des Buddhismus orientiert, ist also durch einen Zustand bestimmt, den William James als ‚höhere Art von Glückseligkeit' bestimmt hatte.[118]

So ergibt sich, dass die eben erwogene Antwort des Skeptikers, er wolle kein Heilmittel für ein Problem haben, das für ihn gar nicht bestehe, gegenüber der vom Buddhismus vorausgesetzten Ausgangslage nicht möglich ist. Alter, Krankheit und Tod, zu schweigen von den von Menschen verursachten und in diesem Sinne nicht ‚natürlichen' Leiden wie Mord, Vergewaltigung oder kulturelle Entwurzelung, sind keine Probleme nur für diejenigen, die bestimmte (‚metaphysische') Überzeugungen über die menschliche Seele und ihr Schicksal haben, sondern Umstände, mit denen sich jeder Mensch konfrontiert sieht.

Es geht in der buddhistischen Lehre also um die richtige Einstellung zum Leid, und diese Einstellung soll, so die These, ein ‚heiles' Leben ermöglichen. Die Anerkennung des Leides ist daher der Ausgangs- und Angelpunkt der Lehre. Jeder Versuch, vor dieser Seite des Lebens die Augen zu verschließen, muss ihm zufolge als Verfälschung der Realität angesehen werden. Die empfohlene Grundhaltung ist die eines nüchternen Realismus.

Der Ausgangspunkt ist also die Diagnose, das normale Leben sei auf so gravierende Weise durch seinen leidhaften Charakter bestimmt, dass eine Abhilfe, eine Therapie, nötig erscheint. Das mag manchem Leser jetzt selbstverständlich klingen, nachdem die Stichworte ‚Alter', ‚Krankheit' und ‚Tod' ebenso genannt wurden wie ‚Mord', ‚Vergewaltigung' oder ‚kulturelle Entwurzelung'. Andere melden hier Vorbehalte an und erheben den schon traditionellen Vorwurf, der Buddhismus vertrete eine zu ‚pessimistische', eine zu ‚negative' Sicht, denn es gebe doch auch erfreuliche Dinge im

2. Das Leid und seine Ursachen

Leben, es gebe neben Alter, Krankheit und Tod auch Jugend und Gesundheit, und neben dem Leid auch Glück und Freude. Obwohl der Verweis auf diese positiven Seiten des Lebens sachlich richtig ist, erscheint der Pessimismusvorwurf als unberechtigt. Der Hinweis auf Jugend und Gesundheit widerlegt ja nicht, dass Alter und Krankheit existieren und dass schließlich der Tod, jedenfalls auf der Ebene des Alltags, ‚das letzte Wort' behalten wird. Dies kann aus dem Blick geraten, weil in unseren westlichen Gesellschaften viel dafür investiert wird, uns von dieser Tatsache sowohl abzulenken als auch sie durch phantastische Mittel z. B. der filmischen Dramatisierung so zu verfremden, dass die Resultate dieser Verfremdung mit der Lebenswirklichkeit (etwa in einem Krankenhaus oder Altenheim) fast gar nichts mehr zu tun haben. Dadurch erscheinen die leidvollen Seiten des Lebens einerseits erschreckender als nötig, ihre manchmal groteske Verfremdung kann indirekt aber auch den Eindruck erzeugen, sie seien für einen selbst nicht relevant, denn einen ‚Krieg der Sterne' oder eine Invasion von Außerirdischen haben wir ja noch nicht erlebt und erwarten sie meistens auch nicht innerhalb unserer Lebensspanne. So entsteht auch hier die Gefahr einer Ablenkung, einer Trübung des realistischen Blicks auf die Fakten des Lebens durch eine Unterhaltungsform, die diese Fakten zwar thematisiert, aber auf eine Weise, die sie von uns selbst zugleich wegrückt.

Aber niemand von uns weiß, ob er oder sie nicht in allernächster Zukunft das Opfer einer Krankheit, eines Unfalls oder eines Verbrechens wird; das Ausmaß des auf der Welt vom Menschen erzeugten Leidens war im vergangenen Jahrhundert trotz allem Aufklärungsoptimismus ungeheuerlich, und man möchte auch nach dem Ende der Konfrontation der großen militärisch-politischen Blöcke keine Prognose darüber wagen, wohin die Reise in dieser Hinsicht geht. Der Blick des Buddhismus ist daher eher von Realismus als von verfälschender Negativität geprägt.

Freilich gibt es Menschen, die persönlich von schweren Leiderfahrungen (man muss hinzufügen: bislang) verschont geblieben sind, und denen die Tatsache, dass viele andere Menschen mit solchen Erfahrungen zurechtkommen müssen, ihren eigenen Blick auf die Welt nicht auf auffällige Weise trübt. Bei manchen von ihnen ist dieser Blick so echt und so tief verwurzelt, dass sie eine ‚Therapie' oder eine ‚Umkehr' nicht nötig zu haben scheinen, weshalb sie bei William James die nur ‚einmal Geborenen' heißen, im Gegensatz zu denen, die im Zusammenhang mit ihren religiösen

Erfahrungen, ähnlich wie er selbst, eine Art ‚zweiter Geburt' hinter sich haben.[119]

Dass diese Art von natürlicher Leidferne vorkommt, lässt sich nur konstatieren. Nun hatte aber schon Sigmund Freud für den Fall der Hysterie festgestellt, dass für die Heilung eines Patienten von dieser psychischen Krankheit schon viel gewonnen sei, wenn es gelinge, „...hysterisches Elend in gewöhnliches Unglück zu verwandeln",[120] und auch der Buddhismus geht davon aus, dass das durchschnittliche Alltagsbewusstsein selbst dort, wo es keine besonderen Schmerzen zu ertragen habe, einen leidvollen (christlich gesprochen: einen ‚unerlösten') Charakter habe. Wir können dies verbreitete Faktum eines oft tiefliegenden, aber auch für den Betroffenen schwer zu fassenden Mangels daher zum Anlass nehmen, die Sache von der entgegengesetzten, der positiven Seite zu betrachten und zu sagen: Das durchschnittliche Alltagsbewusstsein meint, vom Glück noch weit entfernt zu sein. Wenn der Buddhismus also beansprucht, eine Einstellung zur Tatsache des Leides zu vermitteln, die es zwar nicht aus der Welt schafft, die aber seinen leidhaften Charakter durch eine Einstellungsänderung auf der Seite des Betroffenen mildert oder gar aufhebt, dann kann dieser Anspruch auch positiv formuliert werden als eine Lehre, die eine ‚Art von Glückseligkeit' im ‚hiesigen Leben' begünstigt, ohne sie allerdings in einem technischen Sinne ‚erzeugen' zu können. Der Buddhismus beansprucht also für diejenigen ein Heil- oder Linderungsmittel zu sein, die nicht schon sicher auf der Seite dieser ‚höheren Art von Glückseligkeit' verankert sind, – und wer wollte eine solche sichere Verankerung von sich selbst ernsthaft behaupten?

Die buddhistische Lehre hat einen theoretischen und einen praktischen Teil, und bevor der zweite genauer ins Auge gefasst wird, sollen hier noch einmal die Gründe genannt werden, aus denen im vorliegenden Kontext dieser praktische Teil in den Vordergrund gestellt wird. Erstens zeigt bereits die herausgestellte Parallelisierung des ‚Heilswegs' zum Weg der medizinischen Heilung, dass es letztlich auf den Therapieerfolg ankommt, so dass die Aussagen über die Verursachung der Krankheit nur so weit von Belang sind, wie sie der therapeutischen Wirksamkeit dienen. Zweitens war der Weg, den der historische Siddharta Gautama gegangen ist, bis er unter dem Feigenbaum in Bodh-Gaya zu dem fand, was als ‚Erwachen' bezeichnet wird, zu einem guten Teil ein praktischer Weg. Wer sich, wie er, in den damals in Indien verbrei-

2. Das Leid und seine Ursachen

teten Formen der Askese übt, bis er dem Hungertod nahe ist, leistet in erster Linie eine praktische Arbeit. Er sitzt nicht über den Büchern, sondern er experimentiert buchstäblich ‚am eigenen Leibe' damit, ob es ihm gelingt, mit den Leiden des Lebens (formelhaft: der Aussicht auf Alter, Krankheit und Tod) zurechtzukommen. Drittens besteht das ‚Rezept' zur Überwindung des Leidens, der so genannte ‚achtspurige Pfad',[121] nur zu einem Achtel aus der ‚rechten Ansicht', die anderen sieben Teile haben es nicht mit Meinungen und Überzeugungen zu tun, sondern durchweg mit der Praxis des Lebens. Dem entspricht, dass der historische Buddha seinen Schülern gegenüber metaphysische und spekulative Fragen, die uns im Westen über lange Epochen hin immer wieder fasziniert haben, als irrelevant für die Probleme der Lebensführung zurückwies, so wie dies in unserer Tradition z. B. auch von Sokrates, Epikur und der Pyrrhonischen Skepsis überliefert ist.[122] Viertens soll hier weiter der Intuition gefolgt werden, die wir bei Humes Figur des Demea, bei William James und bei Wittgenstein artikuliert fanden, dass nämlich der Kern des Religiösen nicht in der Frage zu suchen sei, ob eine hypothetisch gesetzte Theorie über ‚die ganze Welt' sich empirisch bestätigen lasse, sondern in der Praxis des Lebens. Fünftens schließlich bin ich selbst kein wissenschaftlich ausgewiesener Buddhismus-Theoretiker, sondern am ehesten vertraut mit zwei praktischen Strängen dieser Tradition, nämlich der Vipassana-Meditation des Theravada-Buddhismus einerseits und dem (Mahayana-) Strang des Chan- oder Zen-Buddhismus andererseits, von dem es sogar heißt, er sei eine ‚Überlieferung außerhalb der Schrift', nämlich eine in erster Linie praktische Überlieferung, bei der es primär um ein Tun und ein Können, nicht um ein Sprechen und Wissen geht.

Wie steht es also mit den Ursachen des Leides? Das charakteristische Merkmal der buddhistischen Antwort auf diese Frage ist, dass sie nicht die uns allen geläufigen *äußeren* Verursacher von Leid als Angriffspunkte ihres Hilfsangebots ins Auge fasst, sondern seine Bedingungen auf der Seite der betroffenen Person. Der Gedanke ist ja wahrhaftig nicht falsch, dass z. B. in einer gerechteren Gesellschaft viel unnötiges Leiden aufhören könnte, so dass derjenige, der die Ursachen des Leides abschaffen wollte, politisch tätig werden müsste. Wenn man aber zunächst einmal innerhalb der Spanne der je eigenen Lebenszeit sich zu orientieren sucht, dann würde es einen eher hilflos stimmen, wenn die Schritte zu einer gerechteren Gesellschaft die *einzigen* möglichen Schritte zu einer Verbesserung der menschlichen Lage wären. Unter der Perspektive der Abhilfe ist es vielmehr sinnvoll, gleichrangig auch die persönlichen (die so genannten *inneren*) Bedingungen des Leides ins Auge zu fassen, von denen wir aber gesehen hatten, dass sie sozial konstituiert sind.

Von diesen sollen hier zwei hervorgehoben werden. Nach buddhistischer Auffassung ist es erstens eine illusionäre, verfehlte Vorstellung von unserem *eigenen Ich*, die eine der Bedingungen des Leidens darstellt, an denen wir selbst etwas ändern können, und zweitens eine verfehlte Einstellung zu den von uns *erstrebten Dingen*. An unserem Ich wie an den erstrebten Dingen würden wir auf eine Weise ‚anhaften', die uns unfrei mache und die das Grundgefühl der ‚Frustration' erzeuge, eines ‚ausgerechnet uns' treffenden Mangels an Glück, z. B. das Gefühl, wir bekämen nicht genug oder nicht das Richtige von Leben. Dem gemäß sei es der Weg der Überwindung dieses ‚Anhaftens', auf dem man das Leid lindern könne, und zwar so grundlegend, dass auch Alter, Krankheit und Tod ihren Stachel verlören und in einem Sinne akzeptabel würden, der die Lebenszufriedenheit des Betroffenen nicht mehr wie früher in Frage stelle. Die These lautet also, auf dem als ‚Heilmittel' vorgeschlagenen Weg könne ein Mensch mit den Leiden so umzugehen lernen, dass sie sein Glück weniger oder kaum noch beeinträchtigten. Ein solcher Weg kann jedermann eigentlich nur willkommen sein, und zwar unabhängig von der Tatsache, dass das von Menschen anderen Menschen zugefügte Leid dadurch im politischen Sinne selbstverständlich nicht akzeptabler wird, so dass es ehrenwert und notwendig bleibt, an seiner Abschaffung zu arbeiten. Es ist aber sinnlos, diese beiden Aufgaben gegeneinander auszuspielen oder die Augen vor den persönlichen Bedingungen des Leides zu verschließen. Der Buddhismus meint sogar, der Fortschritt auf dem ‚inneren' Weg (d. h. der Weg, auf dem sich die Person verändert) verändere auch die Einstellung zu anderen Menschen und daher die Art des Umgangs mit ihnen auf eine positive Weise, weil er die Selbstbezogenheit reduziere und die Augen für die Einheit alles Lebendigen öffne. So führe das Private ins Politische.

Das Entscheidende ist also, dass der historische Buddha glaubte, ein Heilmittel gefunden zu haben, das es gestattet, die genannte falsche Einstellung (die Illusion eines dauerhaften Ich und die in seinem Interesse arbeitende Gier nach Dingen, denen wir ‚anhaften') abzulegen, zu korrigieren. Dieses Heilmittel ist der ‚mittlere

Weg', der deshalb so heißt, weil er einerseits eine Veränderung der Person durch eine disziplinierte Arbeit an sich selbst einschließt, d. h. er fordert etwas von dem, der ihn gehen will. Andererseits lehnt er aber die extremeren Askeseformen, mit denen Shakyamuni gründliche persönliche Erfahrungen hatte, als nicht zum Ziel führend ab. Er besteht auf der tätigen Veränderung, spricht sich aber gegen extreme Formen aus. Deshalb heißt, was er lehrt, der ‚mittlere' Weg.

Dieser Weg hat acht parallel zu gehende Komponenten (daher heißt er ‚der achtspurige Pfad'), nach denen auf den Gebieten der Ansicht, des Entschlusses, der Rede, des Verhaltens, des Lebensunterhalts, der Anstrengung, der Achtsamkeit und der Meditation jeweils das Rechte, das Angemessene zu verwirklichen ist.

Diese Gebiete brauchen hier nicht im Einzelnen erläutert werden, es ist aber im Kontext unserer Fragestellung von Interesse, dass die ‚Ansicht', also der Bereich dessen, was man für wahr hält, nur als eine von acht Komponenten genannt wird. Die anderen Teile sind entweder Handlungsweisen (Rede, Verhalten, Lebensunterhalt) oder handlungsbezogene Persönlichkeitszüge (Entschluss, Anstrengung, Achtsamkeit). Die meisten der Komponenten betreffen also die ‚Einstellung' oder ‚Haltung' (‚Habitus') des Menschen in einem grundlegenden und weiten Sinn, der z. B. erworbene Gewohnheiten und Gefühlsreaktionen einschließt, d. h. sie betreffen die Art und Weise, wie er sich handelnd orientiert. Mit dem Wort ‚Einstellung' ist insbesondere keine bloße Ansicht oder Überzeugung gemeint; es geht nicht um ‚Hypothesen' oder Theorien, die man für wahr oder wahrscheinlich hält. Das wird uns noch genauer beschäftigen. Zunächst aber interessiert uns von den acht ‚Spuren' des Weges die Komponente ‚Meditation', weil sie die Frage der Veränderbarkeit von Einstellungen betrifft und uns auch zurückführen wird zu den Themen ‚religiöse Erfahrung' und ‚Mystik'.

3. Der Ausgang aus der Höhle und die Rolle der Erfahrung

Hier muss für diejenigen Leser, denen eine einschlägige Erfahrung fehlt, zunächst kurz dargestellt werden, was Meditation überhaupt ist.[123] Als Beispiel schildere ich meine Erfahrungen mit den ersten Schritten ins Zen, kann aber hinzufügen, dass die in den Ländern des Theravada-Buddhismus gelehrte Vipassana-Meditation unter den hier interessierenden Gesichtspunkten dem Zen sehr ähnlich ist. Zur Schilderung der dabei typischerweise auftretenden Erfahrungen greife ich auf Formulierungen von Eugen Herrigel zurück.[124] Er praktizierte nicht den Weg des stillen Sitzens (‚Zazen'), den ich gleich schildern werde, sondern den des Bogenschießens. Um so überraschender mag es erscheinen, dass seine Worte sich auch auf die Erfahrungen anwenden lassen, die man beim Sitzen macht. Dies spricht dafür, dass es durchaus möglich ist, hier bei allen Unterschieden in den Einzelheiten Familienähnlichkeiten zu sehen.

Die äußeren Umstände der Zen-Praxis des stillen Sitzens weisen sie als eine höchst funktionale, zielstrebige und nüchterne Sache aus und insofern als etwas zutiefst Rationales. Der Eindruck von Exotik, den z. B. ein japanisches Zen-Kloster auf westliche Besucher machen kann, kommt aus der Unkenntnis der funktionalen Abläufe. Es geht also nicht darum, den Übenden in schönen Gefühlen oder Stimmungen (‚Erlebnissen') schwelgen zu lassen, womöglich noch mit dem Versuch verbunden, diese durch eine entsprechende Musik oder Lichtregie zu steuern. Im Gegenteil, jedem Anflug von Verliebtheit in bestimmte ‚Zustände' muss ebenso widerstanden werden wie die sich immer wieder einstellenden Gedanken fallen gelassen werden sollen. Das Ziel lässt sich durch die Aussage beschreiben, es gehe darum, ‚leer' zu werden, sich nicht anzuhängen an dem, was unwillkürlich auftaucht, wenn man keiner eigentlichen Aktivität nachgeht (mit Platon können wir sagen: auch ‚das Gespräch der Seele mit sich selbst' soll aufhören). Dieses Ziel ist schnell benannt, der Weg zu ihm aber ist lang und nicht immer leicht. Die ‚Erfahrung' auf diesem Weg ist dann nicht ein einzelnes Vorkommnis oder Erlebnis, sondern sie umfasst einen größeren Bereich von Veränderungen, die mit einem geschehen, wenn man länger unterwegs ist. In diesem Sinne geht es um die Erfahrung des Weges, nicht um Erlebnisse oder um einzelne Empfindungen *auf* dem Weg.

Wenn man sich auf diesen Weg macht, gehört es in den intensiven Übungsphasen zum Tagesablauf, dass man sehr früh aufsteht und während des ganzen Tages, einschließlich der Mahlzeiten, nur das unbedingt Notwendige spricht. Neben einer regelmäßigen Arbeitsperiode gibt es das tägliche Gespräch mit dem Lehrer. Ferner gibt es eine kurze Lektion und manchmal die Rezitation klassischer Verse. Der ganze übrige Tag ist dem Üben gewidmet, wobei sich Perioden stillen Sitzens (vielleicht eine halbe oder auch eine ganze

3. Der Ausgang aus der Höhle und die Rolle der Erfahrung 113

Stunde) mit meist kürzeren Phasen ‚achtsamen' Gehens abwechseln, in denen der schmerzende Körper und die eingeschlafenen Beine sich erholen können. Man sitzt allein oder gemeinschaftlich in einer großen Halle, einer neben dem anderen, jeder auf seinem festen Platz. In Japan sitzt man auf schwarzen Kissen, das Gesicht zur Wand, in der bekannten Meditationshaltung.

Diese Körperhaltung hat nichts Geheimnisvolles an sich; sie dient dazu, in eine entspannte Position zu gelangen, in der man gut atmen kann, wach bleibt und möglichst lange kein Bedürfnis verspürt, seine Lage zu verändern, weil die körperlichen Impulse meistens auch das ‚Gespräch der Seele mit sich selbst', die unerwünschte Gedankenflucht, anregen. Wem es schwer fällt, in der traditionellen asiatischen Weise zu sitzen, kann sich ohne weiteres anders hinsetzen, wenn nur das Ziel, reglos zu verharren und ausschließlich mit dem ‚inneren' Teil der Übung beschäftigt zu sein, erreicht wird. Beginn und Ende einer Sitzperiode werden durch Glockenzeichen eingeläutet, ebenso die Unterredung mit dem Lehrer, in der man seine Erfahrungen, ob sie nun beängstigend oder ermutigend sind, unter vier Augen bespricht und sich Rat für die nächsten Schritte holt. Geklingel und stummes Schreiten irritieren zunächst; bald aber erkennt man die hocheffektive Organisation, die es allen Beteiligten ermöglicht, sich gegenseitig kaum zu stören. Was fremd und geheimnisvoll begonnen hat, wird zu einem selbstverständlichen rationalen Ablauf.

Ein Wort zu den berüchtigten Stockschlägen: Wo sich Schläfrigkeit bemerkbar macht, gehen Helfer durch die Reihen und schlagen den Übenden mit flachen, breiten Holzstöcken (jap. Kyosaku) laut knallend auf die Nackenmuskeln, das heißt auf Stellen, die als Angriffspunkte belebender Massage bekannt sind. Das Schlagen ist keine Form exotischer Grausamkeit, sondern willkommene Hilfe, die Müdigkeit zu überwinden. Und zumindest heute muss man an den Orten, die ich kennen gelernt habe, durch eine verabredete Geste ausdrücklich darum bitten.

Wie sieht nun der ‚innere' Aspekt des Weges aus; was tut der Übende auf für andere nicht sichtbare Weise, wenn er viele Male am Tag bis zu 60 Minuten reglos auf seinem Kissen sitzt, dann und wann unterbrochen von stummen Rundgängen, auf die bald die nächste Sitzperiode folgt? Auch diese Frage lässt sich einfach und nüchtern beantworten: Der Übende verfolgt das Ziel, den Fluss seiner Gedanken und Gefühle anzuhalten oder zunächst einmal ‚auszudünnen': Sie sollten immer weniger werden, vor allem dadurch, dass sich immer weniger Folgegefühle und weitere Gedanken anschließen. Das lässt sich nicht durch willentliche Anstrengung oder einen einmaligen ‚Entschluss' erreichen, sondern (vergleichbar dem Prozess des Erlernens eines Musikinstruments) nur indirekt, auf dem Weg des Übens. Zunächst heißt es, im gegebenen Augenblick vollkommen wach und präsent zu sein, ohne sich mit der Vergangenheit, der Zukunft oder mit abwesenden Dingen zu beschäftigen. Jeder, der versucht hat, auf diese Weise auch nur für fünf Minuten dem ‚inneren Kino' zu entkommen, seinen Gedanken- und Gefühlsbewegungen Einhalt zu gebieten – sie werden im Zen mit in Baumwipfeln springenden Affen verglichen –, weiß, wie schwierig es ist, diesen Affen etwas zu befehlen. Denn zu Recht sagen wir, ein Gedanke *komme uns*, von allein und ungefragt; wir vollziehen das Denken in solchen Situationen nicht wie eine Handlung, die wir uns vornehmen und deren Verlauf wir bestimmen, sondern ‚es denkt'. Die Gedanken und Gefühle kommen und gehen zunächst wie sie wollen, und wir können dem nicht durch bloßen Entschluss Einhalt gebieten. Wer daran etwas ändern will, kann dies nur auf dem Wege methodisch angeleiteter Übung erreichen.

Dafür gibt es besondere Techniken, zum Beispiel das bewusste, unangestrengte Verfolgen des eigenen Atmens. Außer dem Gewahrwerden der Atmung soll nichts in der Aufmerksamkeit sein. Für den Zen-Weg des stillen Sitzens gilt dasselbe, was Eugen Herrigel über den Zen-Weg des Bogenschießens geschrieben hat: „Ich soll also mit Absicht absichtslos werden."[125] Dafür muss man lange üben und einiges an Willensstärke und Ausdauer aufbringen, obwohl es paradoxerweise darum geht, das willentliche Eingreifen für diese Perioden gerade zu unterlassen. Es gilt zu erlernen, Gedanken und Gefühle, wann immer sie auftauchen und unsere Aufmerksamkeit festhalten und mit sich nehmen, wieder loszulassen. Nicht aktiv zu vertreiben (zu ‚verdrängen'), sondern von selbst zurücktreten zu lassen.

Als es mir erstmalig gelang, für Momente hellwach, aber ohne Gedanken zu sein, hatte dies etwas sehr Frisches und Neuartiges und zugleich tief Vertrautes und Heilsames. Von einzelnen, flüchtigen Erlebnissen her kennen wir nämlich diese Weise, bei sich und in der Welt zu sein. Ungewohnt ist uns heute im Westen allerdings, dass man sich dem übend nähern kann. Der Weg der Übung ist dabei kein Weg des Machens, wie man sehr schnell erfährt, denn wir selbst sind uns kein Gegenstand, den wir nach Plan und Willen umgestalten könnten. Auch auf dem Zen-Weg geht es um Wider-

3. Der Ausgang aus der Höhle und die Rolle der Erfahrung

fahrnisse, für die der Übende sich bereit macht, die er aber nicht erzwingen kann. Christlich ausgedrückt sind sie eine Sache der Gnade.

Bei Herrigel heißt es hierzu: „Dieser schöne Zustand des unbetroffenen In-sich-Weilens ist fürs erste leider nicht von Dauer. Er droht von innen her zerstört zu werden. Wie aus dem Nichts entspringend, tauchen unversehens Stimmungen, Gefühle, Wünsche, Sorgen, ja sogar Gedanken in sinnloser Mischung auf, und je entlegener und befremdender sie sind, ... um so hartnäckiger hängen sie sich ein. Es ist, wie wenn sie sich dafür rächen wollten, daß die Konzentration Bereiche anrührt, die sie sonst nicht erreicht. Allein auch hier gelingt es, diese Störung dadurch (für das angestrebte Ziel; H.J.S.) wirksam zu machen, dass man, ruhig und unbekümmert fortatmend, sich mit dem, was zum Vorschein kommt, freundlich einlässt, sich daran gewöhnt, ihm gleichmütig zuzusehen lernt und des Zusehens endlich müde wird."[126]

Man übt sich also darin, was kommt, nur zu bemerken und beiseite zu legen und sich nicht von den sprichwörtlichen Affen von Ast zu Ast zerren zu lassen. Man erfährt am Anfang zur Genüge, wie rasch der kleinste Gedanke und das unscheinbarste Gefühl zu tausend Weiterungen führen und wie wenig ein Vorsatz, ein bloßer Wille, dagegen ausrichten kann. Was man üben muss, ist das Loslassen. Nach und nach wird die Gewohnheit, dem Springen der Affen zu folgen, nachlassen, und so werden sie von selbst ruhiger und tauchen schließlich immer seltener auf.

Herrigel beschreibt in diesem Zusammenhang auch die Gefahr des Einschlafens. Man könne ihr durch eine Art „Sprung der Konzentration" entkommen: „Durch ihn wird die Seele wie von selbst in ein unbekümmertes In-sich-selbst-Schwingen überführt, das, steigerungsfähig, sich geradezu zu dem sonst nur noch in seltenen Träumen erfahrenen Gefühl unerhörter Leichtigkeit und der beglückenden Gewissheit potenziert, nach jeder beliebigen Richtung hin Energien wachrufen, in abgestufter Anpassung Spannungen steigern und lösen zu können.

Dieser Zustand, in dem nichts Bestimmtes mehr gedacht, geplant, erstrebt, erwünscht, erwartet wird, der nach keiner besonderen Richtung zielt und dennoch aus unabgelenkter Kraftfülle sich zu Möglichem und Unmöglichem geschickt weiß – dieser Zustand, der von Grund aus absichtslos und ichlos ist, wird vom Meister als eigentlich ‚geistig' bezeichnet. Er ist in der Tat mit geistiger Wachheit geladen und wird daher auch ‚rechte Geistesgegenwart' genannt. Der Geist, bedeutet dies, ist überall gegenwärtig, weil er nirgendwo, an keiner besonderen Stelle, haftet."[127] Wie Herrigel in der weiter oben zitierten Formulierung festgestellt hatte, ist dieser Zustand nicht von Dauer. Daher liegt der Einwand nahe, ob es sich nicht lediglich um einen ‚schönen Bewusstseinszustand' handeln würde, der z. B. auch mit Rauschmitteln erreichbar sein könnte. Ferner, ob hier nicht ein höchst individualistischer, ja asozialer Weg propagiert werde, der zur Flucht aus der Realität auffordere. Wird nicht der leidvolle Charakter des menschlichen Daseins, wenn man so friedlich und ‚in sich gekehrt' auf dem Kissen sitzt, statt anerkannt und überwunden, geradewegs verleugnet, durch ein paar schöne Erlebnisse aus dem Bewusstsein gedrängt?

Mit den Gedankengängen des Wittgenstein-Kapitels im Hintergrund können wir sehen, dass dieser Einwand der Ausdruck eines Missverständnisses ist. Es liegt darin, dass ein ‚geistiger Zustand' als ein ‚Etwas' gedacht wird, und als gehe es darum, dieses Etwas festzuhalten und zu einem möglichst dauerhaften Besitz zu machen. Der Zustand, von dem Herrigel spricht, erscheint dann fälschlich wie ein eigenständiger Gegenstand, der von der ganzheitlichen Erfahrung, die wir als Menschen mit der Gesamtheit unseres Lebens (nicht nur auf dem Sitzkissen) machen, abtrennbar ist, den man ‚haben' kann. Es geht aber beim Zen-Weg nicht um das Herstellen und Festhalten von Empfindungen; alle solche Empfindungen, ob positive oder negative, sind loszulassen. Vielmehr geht es um Möglichkeiten, sich selbst im Kontext der Welt zu sehen und zu erfahren und mit dem, was im Leben auf einen zukommt, handelnd umzugehen. In diesem Sinne geht es um eine ‚Einstellung', und die Übung ist der zugleich aktive und passive Weg, sich einzustellen bzw. sich einstellen zu lassen. ‚Schöne Gefühle' tauchen zwar genauso auf wie die weniger schönen, etwa Beklemmung oder Angst. Die Reaktion des Übenden soll aber immer die gleiche sein: zur Kenntnis nehmen und loslassen. Ziel ist die Gelassenheit, die Ichlosigkeit als eine von Grund auf bestimmende Einstellung zum Leben überhaupt, die eine nachhaltige Veränderung der Person bedeutet und nicht im Auftauchen schöner Empfindungen besteht. Die Ichlosigkeit, die sich im Kleinen erfahren lässt, führt zurück zum großen Thema der Leidüberwindung.

Dieser Zusammenhang lässt sich an trivialen Beispielen erläutern, die ihrer Art nach jedem Anfänger vertraut sind: Wir sitzen auf unseren Meditationskissen, redlich bemüht, diese ungewohnte

3. Der Ausgang aus der Höhle und die Rolle der Erfahrung

Sitzweise sowie das Loslassen der Gedanken und Gefühle zu üben. Plötzlich meldet sich schmerzvoll der linke Unterschenkel. Dieser Schmerz spielt nun die Rolle des Äffchens, das zur Tour durch die Baumwipfel einlädt. Eine solche Tour kann sehr abwechslungsreich sein. Die erste Station könnte heißen: ‚Hier sitzt der große Asket, dem der Schmerz nichts anhaben kann!' Die zweite vielleicht: ‚Jetzt halte ich es aber wirklich nicht mehr aus'. Von dort aus geht es zur dritten: ‚Gleich werde ich betont geräuschvoll aufstehen und den Raum verlassen', um schließlich an der vierten zu enden: ‚Dies hier ist eine autoritäre Menschenschinderei, wieso habe ich mich überhaupt darauf eingelassen'. So lässt sich das Ich jagen, der Übende fühlt sich getroffen in seinem ‚innersten Selbst', und er reagiert z. B. stolz oder beleidigt.

Aber warum soll man sich mit seinem Unterschenkel identifizieren? Warum dessen Botschaften so persönlich nehmen? – Man ist also dabei, auf den eigenen Atem zu achten; jeweils zehn Atemzüge zu zählen, immer wieder von neuem. Der Unterschenkel meldet sich. Man nimmt den Schmerz wahr, verleugnet ihn nicht, lässt sich aber nicht von ihm einfangen. Man verharrt in seiner Konzentration, im jeweiligen Hier und Jetzt, statt Folgeaktivitäten an den Schmerz zu knüpfen. Wieder redet das Bein dazwischen; ‚unbetroffen', wie Herrigel sagt, bemerkt man es, bleibt jedoch bei seiner Aufmerksamkeit für das Atmen. Und es ist erstaunlich zu erleben, wie rasch unsere Affen davonziehen, wenn sie auf so wenig Bereitschaft zum Mitspielen stoßen, und wie wohltuend die Ruhe ist, die sie hinterlassen.

Solche ‚Siege' sind freilich niemals endgültig. Aber es kommt auch nicht auf die Siege an. Der Zen-Weg kennt keine ein für allemal erklommenen Gipfel. Seine Wahrheit liegt im Unterwegssein, wie es das (vermutlich daoistische) Wort ausdrückt ‚der Weg ist das Ziel'. Das Üben auf dem Kissen wird zum Muster für das Leben selbst, für das Leben im Ganzen. Statt von einer ‚Einstellung' könnte man daher auch von einer ‚Ausrichtung' sprechen oder einfach sagen, es gehe um die ‚Richtung', die man im Strom des Lebens einzuhalten versuche, ganz unabhängig davon, wie weit dieser Weg führe und wie lange das Leben dauere, und in diesem Sinne gehe es nicht um das Erreichen eines Ziels. Das Erstaunliche, das demjenigen, der es nicht selbst versucht hat, schwer plausibel zu machen ist, ist die Tatsache, dass ein so harmlos und marginal erscheinendes Übungsfeld wie das stille Sitzen (oder eine so ausgefallene Aktivität wie das Bogenschießen) eine gründliche, für das

‚wirkliche Leben' im Ganzen folgenreiche Umstellung einleiten kann, die in der Tat eine Milderung der leidhaften Seite des Lebens bedeutet.

Wie weit lassen sich von diesem kurzen Blick auf die ersten Anfänge des praktischen Weges die genannten buddhistischen Grundaussagen verständlich machen, zu den inneren Ursachen des Leides gehörten vor allem ein ‚Anhaften' und ein falsches Bild vom eigenen ‚Selbst'? Umgekehrt gefragt: Was wäre eine nicht-anhaftende Einstellung und Umgangsweise, und was wäre die empfohlene, aus buddhistischer Sicht ‚richtige' Auffassung von unserem Selbst?

Bezüglich der Frage nach dem ‚Selbst' herrscht zurzeit eine große Verwirrung.[128] Vielfach wird das ‚wahre Selbst' von einem ‚falschen Selbst' unterschieden; aus den 1970er Jahren ist manchen noch das Ziel der ‚Selbstverwirklichung' erinnerlich und die damals verbreitete Rede von der ‚Selbsterfahrung', – in beiden Fällen sollte es wohl um das ‚wahre Selbst' gehen. In unserer philosophischen Tradition haben wir seit Descartes die Bestimmung unserer selbst als einer ‚*res cogitans*' d. h. als etwas im weitesten Sinne ‚Denkendes' oder geistig Tätiges; diese Bestimmung bleibt bei ihm bei seiner Suche nach einer absolut sicheren Erkenntnis übrig, nachdem er alle anderen Bestimmungsstücke (sogar den Körper) als unsichere Kandidaten für Gegenstände eines zweifelsfreien Wissens weggestrichen hat, weil wir uns über sie täuschen können. Dem scheint im Buddhismus die so genannte ‚Nicht-Ich-Lehre' konträr gegenüber zu stehen, der wiederum Wittgensteins lapidare Feststellung im *Tractatus* entspricht, die lautet: „Das denkende, vorstellende, Subjekt gibt es nicht."[129] Hier ist nun zu fragen: Lässt sich aus den geschilderten Erfahrungen auf dem Weg der Meditation ein Verständnis davon gewinnen, in welchem Sinne es (nach buddhistischer Lehre) ein Selbst oder ein Ich *nicht* geben soll? Erreichen uns nicht Briefe, tragen wir nicht Ausweise mit uns und werden uns nicht Handlungen zugeschrieben, für die wir auf die eine oder die andere Weise mit Recht verantwortlich gemacht werden?

Diese Fragen machen deutlich, dass es das ‚bürgerliche Selbst', die Rechtsperson, die in der Lage ist sich auszuweisen und an Wahlen teilzunehmen, nicht sein kann, die der Buddhismus leugnet. Es ist nicht der Kontext der gesellschaftlichen Zuschreibung von Verantwortung, in den die buddhistische These gehört. Zwar meint diese östliche Lehre (wie die moderne Hirnforschung auf

3. Der Ausgang aus der Höhle und die Rolle der Erfahrung

ihre Weise), wir könnten bei genauerem Hinsehen bemerken, dass es auch phänomenologisch keine gleichbleibende, unveränderliche Substanz gibt, keinen ‚festen Kern' unserer Person, sondern nur eine wechselnde Abfolge von Prozessen. Der Ort, an dem der Buddhismus dies feststellt, ist aber nicht das Gehirn, sondern die in der Meditation genau betrachtete Erfahrung mit unseren eigenen ‚inneren' Handlungen und Widerfahrnissen. Es geht ihm also nicht um raumzeitlich identifizierbare materielle Veränderungen, die als einem naturwissenschaftlich verstandenen Kausalprinzip unterstehend vorgestellt werden. Daher liegt es ihm im Gegensatz zu manchen westlichen Denkern auch fern, die Verantwortung von Straftätern mit dem Argument zu leugnen, es sei das Gehirn, das an ihren Vergehen ‚Schuld' sei. Die oben genannten Glieder der Abfolge, an die der Buddhismus hier denkt, haben vielmehr den Charakter von Handlungen, von Widerfahrnissen und von Antwort-Handlungen auf diese Widerfahrnisse. Diese Kette sollen wir in der Meditationsübung zu beobachten und zur Ruhe zu bringen lernen, damit wir die Abfolge ihrer Glieder dann im praktischen Leben (vor allem auf dem Weg der Unterlassung) ein Stück weit zu steuern lernen. Z.B sollten wir diejenigen unserer spontanen Affekt-Antworten, die uns auf den zweiten Blick als unangemessen erscheinen würden, zu unterlassen lernen.

Die Nicht-Ich-Lehre richtet sich also in erster Linie gegen das Festhalten an einer Ich-*Vorstellung*, an einem Bild von uns selbst, das wir eifersüchtig meinen verteidigen zu müssen, und zwar spontan und unbedacht wie ein Kind, das in Situationen beleidigt ist und Vorkommnisse persönlich nimmt (z. B. wenn es sich an einem Tisch stößt), die der klüger gewordene Erwachsene gelassen zu registrieren gelernt hat. Dieses *Bild* von uns selbst, diese Ich-Vorstellung, sollen wir als unsere eigene Konstruktion erkennen, um ihr gegenüber unsere Freiheit zu bewahren, denn es wäre absurd, uns von unseren eigenen Konstruktionen auf eine von uns nicht im Ernst gewollte Weise abhängig zu machen. Das ‚falsche Selbst', das Ich, das es nicht gibt, ist nach dieser Interpretation ein *Selbstbild*.[130] Es ist oft unreif und nicht so fest, wie es dadurch erscheint, dass wir es hätscheln und uns an ihm festklammern. Dass es möglich ist, sich von ihm immer mehr zu befreien, ist ein wichtiger Teil der Meditationserfahrung. Das Selbstbild hält uns dann nicht mehr gefangen; als Instanz, von der wir abhängig sind, ist es verschwunden.

Wenn nun umgekehrt von einem ‚wahren Selbst' gesprochen wird und von der Aufgabe, herauszufinden, wer man wirklich sei, dann ist es die Erfahrung der Freiheit von solchen bindenden Selbst-Vorstellungen, um die es dabei geht. Aus dieser Befreiung von uns selbst entsteht zugleich eine Verbundenheit mit den anderen Menschen und mit unserer Umgebung. ‚Ganz bei sich selbst zu sein' heißt dann nicht, einem anderen (‚besseren') *Selbstbild* besonders nahe zu sein. Dies ist ein immer wieder vorkommendes Missverständnis; wir neigen offenbar dazu, in dem Gefühl zu schwelgen, unser Ich-Ideal verwirklicht zu haben, schon der zu sein, der wir sein wollen,[131] wo es im Gegenteil darauf ankäme, keinem solchen Bild anzuhängen, vielmehr ganz im ‚Hier und Jetzt' zu sein, lebendig und präsent im Augenblick. Wie Herrigel formuliert hatte, geht es um einen „… Zustand, in dem nichts Bestimmtes mehr gedacht, geplant, erstrebt, erwünscht, erwartet wird, der nach keiner besonderen Richtung zielt … der von Grund aus absichtslos und ichlos ist". Herrigels Bericht lässt zugleich deutlich erkennen, dass dies ein überaus positiver Zustand ist (James hatte gesagt ‚eine höhere Art von Glückseligkeit'), keine resignierende Traurigkeit angesichts des leidhaften Charakters des Lebens und auch kein bloß lebenskluges Resignieren angesichts der Grenzen unserer Handlungsfähigkeit.

Wir sehen hier, wie eng die Lehre vom illusionären Charakter des ‚Ich' mit der anderen der beiden genannten Grundaussagen, der These von den falschen ‚Anhaftungen', zusammenhängt. Zu dem Bild, das wir uns von unserem Ich machen, gehören meistens auch ‚Besitztümer' im weitesten Sinne des Wortes, ohne die wir glauben, nicht sein zu können, von äußeren Dingen, die wir ‚haben', bis zu Gedanken, Eigenheiten oder Talenten. Das ‚Anhaften', von dem der Buddhismus kritisch spricht, besteht auch mit Bezug auf diese Dinge darin, ihnen gegenüber die Freiheit zu verlieren, ihnen Macht über uns einzuräumen, z.B. dadurch, dass wir einen ungerechtfertigten Stolz über sie empfinden und uns über ihren möglichen Verlust Sorgen machen, statt frei mit ihnen umzugehen. Wieder käme es darauf an, präsent im Hier und Jetzt zu sein, statt von Gedanken an die Vergangenheit und von unnötigen Sorgen über die Zukunft bestimmt zu sein (bzw. von Phantasien über ihre Großartigkeit).

Ein solches Ideal ist den westlichen Weisheitslehren und auch der christlichen Religion keineswegs fremd.[132] Ich erinnere an Epiktets Gleichnis vom Steuermann eines Schiffes, dessen Ruf man beim Landgang jederzeit zu folgen bereit sein sollte.[133] Es ist ein Gleichnis für den Tod und empfiehlt, unsere ‚Besitztümer' nicht

3. Der Ausgang aus der Höhle und die Rolle der Erfahrung 121

zu wichtig zu nehmen. Man kann hier auch an die Rede von Gott als dem guten Hirten denken, der für uns sorgt (Psalm 23). Aber auch in diesen Fällen scheint man dies nicht so denken zu müssen, dass eine als primär anzusehende metaphysische Überzeugung dazu führt, dass wir (sekundär) eine Lebenseinstellung (das Vertrauen) für rational halten, wie bei einer Versicherung, die einen guten Ruf genießt: Wir fühlen uns sicher, weil wir Gründe haben, der Versicherung zu vertrauen. Was wie eine metaphysische Überzeugung erscheint, wird vielleicht besser verstanden, wenn man sagt, sie drücke die umschriebene Lebenseinstellung unmittelbar aus, sie artikuliere sie. Ein Begründungsverhältnis liegt nicht vor. All dies bedeutet freilich nicht, dass man im gesellschaftlichen Leben keine Verantwortung übernehmen oder das wirklich rechtmäßig einem gehörende Hab und Gut nicht schützen soll.

Verschiedentlich wurde der Widerfahrnischarakter betont, der in den hier erörterten Erfahrungen immer wieder eine entscheidende Rolle spielt. Es geht um ein subtiles Spiel von Aktivität und Passivität, von Tun und Geschehenlassen, und im Geschehenlassen stößt uns etwas zu, widerfährt uns etwas. Hier ist eine besondere Aufmerksamkeit nötig, um nicht in die Irre zu gehen. Zwei sich polar gegenüber stehende Fehldeutungen legen sich nämlich nahe. Auf der einen Seite wird dem buddhistischen Weg manchmal der Vorwurf gemacht, er verfolge das Projekt einer ‚Selbstelösung'. Die Erlösungsbedürftigkeit des Menschen werde von dieser Religion wie auch vom Christentum anerkannt, der empfohlene Weg sei aber der, sich selbst am eigenen Schopf aus dem Sumpf zu ziehen, was aus christlicher Sicht nur als Vermessenheit erscheinen kann. Gott kann uns erlösen, wir können dies nicht selbst tun.

Auf der anderen Seite scheint es immer wieder westliche Adepten zu geben, die sich um die Meditation in der Erwartung bemühen, ihnen stünde eine Erfahrung vom Typus einer ‚Begegnung mit Außerirdischen' bevor, d.h. eine Erfahrung, die einen besonderen Gegenstand betrifft, von dem man in der Erfahrung Kenntnis erhält, den man wahrnimmt.[134] Damit verwandt ist eine bereits erwähnte Variante der Religionsphilosophie, die zwar nicht mit einem solchen Gegenstand rechnet, wohl aber mit einer spezifisch religiösen Empfindung, die unabhängig ist von jeder *bestimmten* Religion und die ihnen allen zugleich wie ein ‚übersinnliches Sinnesdatum' als identisches Erfahrungsatom zugrunde liegen soll. All dies sind aus der hier erarbeiteten Perspektive Missverständnisse.

Zunächst zum Vorwurf, hier werde die Illusion einer Selbsterlösung genährt, es werde dem Menschen eine Handlung zugetraut, die weit außerhalb seiner Reichweite liege und ihm nicht zukomme. Jeder, der den Zen-Weg ein Stück weit ernsthaft gegangen ist, kann bestätigen, dass es sich dabei nicht um ein Machen handelt, ein Herstellen, ein kontrollierbares Bewirken einer Situation nach einem formulierbaren Rezept. Was man daran nach hartnäckiger und nicht selten entmutigender Übung zu schätzen lernt und nicht mehr missen will, das widerfährt einem, das stößt einem zu, – oder es bleibt aus. Theistisch gesprochen: Es ist wie ein Geschenk, wie eine Gnade. Wenn man bei aller Bemühung, aller ‚Knochenarbeit', immer wieder die Grenzen des eigenen Handelns erfährt, die Grenzen des willentlich Beeinflussbaren, dann ist das ein wichtiger Teil der Überwindung und Korrektur des falschen Selbstbildes. Diese Erfahrung verstärkt das Bewusstsein der Abhängigkeit von anderen Menschen und auch die Offenheit für ihre Belange. Die besondere Art der Selbst-losigkeit, auf die man sich hier in oft winzigen Schritten zubewegt (oder: auf die man zubewegt wird), ist nicht eine zähneknirschende Überwindung des Egoismus. Es geht nicht darum, meine Bindung an ein als fortbestehend empfundenes Selbst zu Gunsten anderer Menschen aufzugeben, nach dem Muster des Pfadfinders, der die alte Frau über den Fahrdamm geleitet und dafür eine Verspätung bei seiner Verabredung mehr oder minder unwirsch in Kauf nimmt. Das Ziel ist vielmehr das Gewahrsein, dass dieses vermeintlich so wichtige Selbst ein Konstrukt ist, eine Illusion, die unserer Freiheit (unserem ‚wahren Selbst') hinderlich ist. Die ‚selbstlosen Handlungen' sind dann ein Ausdruck, eine Frucht dieser unmittelbar praktischen Einsicht. So weit es dem Handelnden gelingt, an seinem Selbstbild nicht mehr verkrampft festzuhalten, verlieren die betreffenden Handlungen daher auch den Charakter einer Selbst-Überwindung.[135]

Freilich: Es wird empfohlen, sich mit der nötigen Konsequenz ‚auf den Weg zu machen', den der historische Buddha Shakyamuni gewiesen hat; es geht darum, sich ‚strebend zu bemühen'. Wir sollten nicht darauf vertrauen, ein anderer würde die Arbeit für uns übernehmen, die nötig ist, um mit dem Leben zurechtzukommen. Was wir aber an Frieden und Gelassenheit, an Leidüberwindung allenfalls finden werden, ist kein Handlungsresultat wie eine selbstgemachte Hochzeitstorte. Es stößt uns zu, es widerfährt uns, trotz aller Anstrengungen.

3. Der Ausgang aus der Höhle und die Rolle der Erfahrung 123

Was die Erwartung angeht, es stünden einem Begegnungen außergewöhnlicher Art bevor, so haben wir hier ein noch komplexeres Terrain vor uns als es das Gebiet des subtilen Zusammenspiels von Aktivität und Widerfahrnis ist. Denn es ist nicht zu leugnen, dass z. B. Personen, deren Selbstdeutung starke christliche Wurzeln hat, von ‚Begegnungen' mit Wesen oder ‚Gegenständen' berichten, die ihren Ort in einem christlichen ‚Jenseits' haben. Im Kapitel über William James hatten wir einen Bericht zitiert, der erzählte, wie die betroffene Person von einem ‚Führer' durch den leeren Raum ihrer Seele geleitet wurde, in dem sie sah, dass all ihre Sünden verschwunden waren.[136] Diese Erfahrung lässt sich nur in einem kulturellen Kontext machen, der den Begriff der Sünde ebenso kennt wie die Vorstellung von ‚hilfreichen Geistern', etwa von Engeln. Wir hatten aber auch gesehen, dass die Erfahrung, die James selbst gemacht hatte, keine Begegnung mit einer solchen ‚besonderen Person' einschloss, dass sie aber gleichwohl den Charakter einer Erfahrung mit religiöser Bedeutung hatte. Es gibt also beides: Erfahrungen, die sich in eine bestehende religiöse Bilderwelt einordnen, und Erfahrungen, die zwar den von James beschriebenen umwälzenden Charakter von religiösen Erfahrungen haben, von denen wir aber in Berichten Kenntnis erlangen, die ohne solche Bilder formuliert sind. Wer also eine solche religiöse Erfahrung (die Erlösung, die Erleuchtung, das Erwachen) für sich erhofft, ohne damit in die oben geschilderten Illusionen der Selbstmächtigkeit zu fallen, den brauchen wir nicht als jemanden zu verspotten, der ein Astronautenschiff erwartet, das ihn abholt, um ihn in eine andere Welt zu bringen. Auf der Basis der befreienden Sprachphilosophie des späten Wittgenstein können wir vielmehr sagen: Wer seine Hoffnung auf die Erfahrung des Erwachens in die Sprache einer theistischen Religion kleidet oder rückblickend z. B. davon spricht, ein Engel habe ihn durch den Raum seiner Seele geführt, dem braucht *allein wegen dieser Sprachform* nicht der Vorwurf gemacht zu werden, er hänge einem irrationalen Gespensterglauben an. Worum es sich bei solchen Erfahrungen gehandelt hat, lässt sich jedenfalls niemals an der Qualität eines ‚Erlebnis-Atoms' feststellen, sondern allein an der Umgebung des Erlebnisses, insbesondere an der Nachhaltigkeit und dem umgestaltenden Charakter der Erfahrung, d.h. am weiteren Leben der betroffenen Person.

Dies lässt sich durch den folgenden Vergleich veranschaulichen: Der Chemiker Kekulé erzählt in einem Vortrag, er habe sich lange mit Problemen der chemischen Struktur gewisser Verbindungen herumgeschlagen, als er in einer Art Wachtraum eine Schlange sah, die sich selbst in den Schwanz biss. Das war für ihn der entscheidende Schritt zur Lösung seiner Probleme: Er hatte die ringförmige Struktur des Benzols entdeckt. Der Traum oder das ‚innere Bild' für sich genommen (als Traum-Erlebnis, als Empfindung) ist aber nicht die Lösung eines chemischen Problems. Ob Kekulé eine Lösung gefunden hatte, entschied sich erst in dem, was danach geschah, im Verfassen von Aufsätzen für Fachzeitschriften, in Auftritten und Verteidigungen auf Kongressen, etc. Und er hätte z. B. auch von einer jungen Katze träumen können, die ihren Schwanz zu fangen versucht, – und viele andere Träume hätten dasselbe Resultat haben können.

Wir werden im nächsten Kapitel auf die Frage der Vielfalt von Artikulationsformen und ihren Fortsetzungen und Ausschmückungen zurückkommen. Hier ist aber schon zu vermerken, dass der ältere Buddhismus auch auf diesem Gebiet eine eher nüchterne Sprache gewählt hat. Verlängert man den Meditationsweg in Gedanken bis an sein ‚Ende' (ein durchaus fragwürdiger Schritt), so stellt man sich einen Zustand vor, in dem keinerlei Vorkommnisse mehr zu Antwortreaktionen führen. Das ‚Unbeteiligtsein', von dem Herrigel gesprochen hatte, erreicht nach dieser Vorstellung sein Maximum, es erreicht eine besondere Art von Freiheit, nicht *in* den jeweiligen Geschichten, die unser Leben ausmachen, sondern in Gestalt einer Freiheit *von* allen Geschichten. Der Mensch ist erlöst von allen seinen Verstrickungen. Hierher gehört der Ausdruck ‚Nirvana'.

Und was dann? Ist das ein erfreulicher oder ein schrecklicher Zustand, oder ist es gar kein Zustand? Gibt es ein ‚Leben nach dem Tod'? Und wenn nicht, wozu dann ‚das Ganze', was ist der Sinn eines Lebens, das mit einem solchen ‚Ausstieg' endet, so friedlich und leidfrei er sein mag? War das dann schon alles? Was ist mit denen, die es hier nicht sehr weit gebracht haben? Dies sind typische Fragen des westlichen Denkens, die sich hier für manchen aufzudrängen scheinen. Mit ihnen versucht der Fragende, sich ‚außerhalb der Welt' aufzustellen, und sich doch zugleich als dieselbe Person zu denken, die sie gegenwärtig ist, so ähnlich wie Hume dies mit Bezug auf die Entstehung des Kosmos versucht hatte. Dies ist aber keine uns mögliche Position. Auch und gerade aus der Perspektive des Buddhismus scheint es hier empfehlenswert, sich davor zu hüten, in eine anhaftende, die Illusion eines dauerhaften

3. Der Ausgang aus der Höhle und die Rolle der Erfahrung

‚Ich' fortführende Denkweise zu geraten und zu fragen, was mit diesem ‚Ich' nach dem Tod geschieht.

Hier sei nur erwähnt, dass der frühe Buddhismus auf solche Fragen eher zurückhaltend geantwortet hat. Die Freiheit von allen Geschichten, die Erlösung aus den Verstrickungen, ist z. B. mit dem Bild einer verlöschenden Kerze verglichen worden. Wenn das Wachs, das die Flamme erhält, aufgebraucht ist, verlöscht sie, und wenn die Handlungen und Widerfahrnisse der Vergangenheit uns nicht mehr in Nachfolgehandlungen und weitere Widerfahrnisse verstricken, dann kommt auch dieser Prozess zu einer Art Verlöschen. Mit einer Vorstellung gesprochen, die der historische Buddha in seiner kulturellen Umwelt bereits vorfand und offenbar nie in Zweifel zog: Der Lauf der Wiedergeburten ist im positiven Fall gerade unterbrochen, die Geschichte des Leidens und der Verstrickungen hat ein Ende gefunden. Statt an der oben geschilderten Perspektive ‚von außen' festzuhalten, obwohl man sie nicht wirklich einnehmen kann, könnte man sich als westlicher Beobachter ja auch mit dem Gedanken anzufreunden versuchen, ob wir hier nicht eine schöne Weise angeboten bekommen, die Endgültigkeit unseres biologischen Todes anzuerkennen und mit einem Entwurf eines Lebens zu verbinden, dessen Sinn nicht an der Perspektive eines ‚Später' hängt. Der Versuch, einen Blick von außerhalb der Welt zu denken, erscheint dann als eine falsche Anmaßung.

Wenn wir das Verlöschen nun aber durch die buddhistische Wendung ausdrücken, damit sei das ‚Nirvana' erreicht, legt sich sofort die Frage nahe, ob dies ein *Ort* sei, an dem sich der betreffende Mensch (oder seine unsterbliche Seele) befinde, so wie wir uns als Kinder den Himmel vorgestellt haben, und/oder ob es ein *Zustand* sei, den die Person erreicht habe. Dies lädt, insbesondere in der Verbindung mit einem metaphysischen Verständnis der Lehre von der Wiedergeburt (auf die wir gleich noch zu sprechen kommen werden), sofort die weiteren Fragen ein, ob und welche Art von Leben denn der historische Buddha *vor* seinem Auftreten als Siddharta Gautama geführt habe, und ob es denn vertretbar sei, sich um seine eigene Befreiung zu bemühen und wenn sie erreicht sei, allen anderen Wesen den Rücken zu kehren, statt ihnen bei ihrer eigenen Befreiung zu helfen, so dass wir schneller zu einem Zustand kommen, in dem wir alle befreit in einer Art Himmel versammelt sind.

Der spätere Buddhismus (das ‚große Fahrzeug' des Mahayana) hat in der Tat solche Vorstellungen entwickelt. Ein ‚Bodhisattva' ist dem entsprechend jemand, der die Befreiung für sich bereits erreicht hat, sich aus Liebe und Selbstlosigkeit nun aber darum kümmert, dass auch die anderen so weit kommen. Wir hatten gesehen, dass ein Ausgangspunkt zu diesem Gedanken in der Meditationserfahrung angelegt ist. Der Mahayana-Buddhismus arbeitet ihn dann aus und stellt ihn dem als egoistisch verdächtigten Ziel der Selbsterlösung entgegen. Die dazugehörige volkstümliche Bilderwelt ist entsprechend voll von Darstellungen aus den vorigen Leben Buddhas und aus dem Leben anderer erleuchteter Wesen, anderer Buddhas sowie von zahllosen Bodhisattvas, die man um Hilfe anrufen kann, wenn man selbst auf dem Weg ist.

Die Philosophie muss vor solchen Ausschmückungen die Waffen strecken, wenn sie nicht selbst zur Religion werden will. Sie wird zu erwägen geben, ob an ihrem Ausgangspunkt vielleicht Fragen der Praxis stehen, die in ein theoretisches Fahrwasser geraten und dort als ‚falsche Fragen' zu komplizierten metaphysischen Gebäuden führen. Was mit dieser Ambivalenz zwischen einem praktischen und einem theoretischen Gesichtspunkt gemeint ist, soll nun noch einmal unter Bezug auf den Begriff des ‚Überglaubens' erläutert werden, den William James eingeführt hatte, um die von ihm dargestellten religiösen Erfahrungen erkenntnistheoretisch zu deuten.

4. Buddhistische Metaphysik: Basis oder ‚Überglaube'?

Es entsprach der hier verfolgten Annäherungsweise an die Religion, zunächst den *Weg* ins Auge zu fassen, den der Buddhismus zu gehen empfiehlt, d. h. die praktischen *Erfahrungen*, die man dabei machen kann, unabhängig von der Frage, welcher ‚Weltanschauung' die Autoren und Adressaten einer solchen Empfehlung anhängen. Damit haben wir zugleich eine Eigenheit des Buddhismus herausgestellt, die für unser eigenes religiöses Denken an ihm auffällig ist: Dass er einen besonderen Übungsweg kennt, die Meditation. Er wird heute im Alltagsbewusstsein oft dem Buddhismus als eine Besonderheit zugeordnet, bevor man sich auf die Frage besinnt, ob es nicht auch christliche Praktiken gibt, die früher viel verbreiteter waren als heute und die der buddhistischen Meditation durchaus innerlich verwandt sind. Aus diesem ersten Eindruck der Fremdheit entsteht dann leicht die Frage nach der Vereinbarkeit: Kann es ein ‚christliches Zen' geben, oder wäre dies

4. Buddhistische Metaphysik: Basis oder ‚Überglaube'?

(wie z. B. Schumann befürchtet) eine Praxis, der die philosophische Basis fehlt?[137]
Diese Befürchtung enthält eine implizite These, die zum Vorgehen der hier vorgetragenen Überlegungen konträr ist. Sie lautet: Wer darüber informieren will, was Buddhismus sei, der müsse zunächst über *Lehren* oder *Annahmen* berichten. Er müsse die Kernaussagen der fremden Religion nennen, denn sie würden ihre ‚Basis' darstellen, ohne deren Akzeptanz ließe sich kein Schritt tun. Die Praxis erscheint dann als etwas Sekundäres, deren Sinn an der vorherigen Akzeptanz dieser Grundannahmen hängt. Diese Einstellung hatten wir bereits bei Humes Figur des Demea gesehen: Nur wenn bestimmte *Annahmen* zu recht gemacht werden, ist eine entsprechende Lebensführung zu empfehlen. Wie oben bereits erläutert, könnte man bei diesem Vorgehen z. B. sagen wollen: Wer nicht an die Existenz einer unsterblichen Seele glaube, der könne sich auch keine Sorgen über das Schicksal machen, das sie nach dem Tode zu erleiden habe. Und entsprechend: Wer nicht an die Wiedergeburt ‚glaube', brauche sich nicht darum zu sorgen, ob er als Ameise oder als Mönch wiedergeboren werde. Wir wären zurückgekehrt zur Position eines Betrachters von Tropenfischen: Was finden wir alles für seltsame Annahmen in uns fremden Kulturen!

Nun werden die Grundaussagen einer östlichen Religion wie dem Buddhismus, die ein westlicher Leser z. B. in einem Handbuch oder Lexikon findet, ihm nicht ohne weiteres plausibel erscheinen. Ist es aber tatsächlich so, dass man solche Annahmen akzeptiert haben muss, um die Frage überhaupt erwägen zu können, ob man sich auf den angebotenen Weg einlassen will? Oder haben solche ‚Annahmen', vergleichbar dem ‚Überglauben' bei William James, nur den Charakter eines Anbaus, der zu den Erfahrungen, die man auf dem Weg macht, hinzukommt? Oder sind es nur Artikulationsversuche, die gar nicht die Rolle einer Basis, eines Fundaments spielen wollen, sondern allein die Rolle, die Erfahrungen mitzuteilen?

Es erscheint nötig, verschiedene Stufen solcher ‚Annahmen' zu unterscheiden. Für die Betonung dessen, was der Buddhismus den leidhaften Charakter des menschlichen Lebens nennt, hatten wir die Frage, ob es sich hier um eine ‚These' handelt, die man annehmen oder verwerfen könne, leicht verneinen können. Es geht um eine schwer bestreitbare Tatsache, für deren Anerkennung man nicht einer bestimmten Kultur zugehören muss. Hier von einer

Tatsache zu sprechen heißt aber auch, dass eine ‚Sicht auf das Leben' am Anfang stehen muss, die mehr oder minder allgemein zugänglich ist. Ohne eine solche Sicht, ohne ein Stück menschlicher Lebenserfahrung, kann man Empfehlungen, wie das Leben zu meistern sei, nicht verstehen. Selbst die Kinder, die Bettelheim als Adressaten der Märchen erörtert, haben bereits ein Verständnis ihrer Situation, das dann (ihrer eigenen Entwicklung gemäß) durch die Geschichten geformt und erweitert wird.

Es gibt aber auch andere Lehren, die als charakteristisch für den Buddhismus gelten, denen man nicht denselben Grad an unmittelbarer Evidenz zusprechen kann wie der Lehre vom Leiden. Dazu gehören insbesondere die so genannte Karma-Lehre und der schon erwähnte Mythos von den Wiedergeburten. Muss man diese Lehren als weltanschauliche ‚Annahmen' akzeptieren (muss man sie ‚glauben' im Sinne eines Für-wahr-Haltens), um mit dem angedeuteten praktischen Weg der Leidüberwindung etwas anfangen zu können, d. h. um verstehen zu können, worum es dabei geht, auch unabhängig von der Frage, ob man ihn selbst gehen möchte?[138]

Die Eigenart des für dieses Buch gewählten Zugangs erzeugt für uns die Aufgabe, solche ‚Lehren' so weit wie möglich an die einschlägigen Erfahrungen zu binden und sie von ihnen aus verständlich zu machen. Damit wird nicht gesagt, der Sinn, den sie für ihre sozial und historisch sehr verschiedenen Anhängerschaften hatten, sei damit erschöpft, – dies würde der Reichhaltigkeit, der Lebensgesättigtheit religiöser Bedeutungen nicht gerecht. Gleichwohl ist es für einen einführenden Zugang auch im Falle uns fremder Kulturen legitim, sich zu fragen, was denn die Vertreter einer auf den ersten Blick gesucht und lebensfremd erscheinenden Lehre einmal dazu veranlasst haben könnte, sie aufzustellen.

Diese Form der Annäherung lässt sich an einem Beispiel, das innerhalb unserer eigenen Kultur bleibt, verdeutlichen: Wenn es darum geht, einen ersten Zugang zu Platons Ideenlehre zu eröffnen, kann man ihr eine nicht geringe Anfangsplausibilität durch den Hinweis verleihen, dass die uns allen aus der Schule bekannten Lehrsätze der Geometrie, wenn man sie statt auf Tangenten und Kreise (z. B.) auf Besenstiele und Wagenräder bezieht, schlicht falsch sind, obwohl wir die entsprechenden Beweise mit Recht überzeugend fanden. So ergibt sich sofort die Anschlussfrage: Worauf beziehen sie sich also? Die Antwort, es seien ‚ideale Formen' oder ‚Ideen' hat dann zunächst nur die negative Bedeutung, dass sich geometrische Lehrsätze jedenfalls nicht auf materielle

4. Buddhistische Metaphysik: Basis oder ‚Überglaube'?

Dinge beziehen. Dies ist ein wichtiger erster Schritt, der dazu einlädt, zu klären, was denn genau mit Ausdrücken wie ‚Form' oder ‚Idee' (oder allgemein: ‚nicht-materielles Ding') gemeint sein könnte. Aussichtslos dagegen erscheint der Versuch, dem Schüler oder Studenten einen Zugang über die Mitteilung zu erschließen, Platon sei jemand gewesen, der an unsichtbare Ideen in einer transzendenten Welt ‚geglaubt' habe, – denn hier wird der gesunde Menschenverstand sofort nachfragen, ob dieser antike Philosoph denn ansonsten, in den Belangen des Alltags, einigermaßen normal gewesen sei. Stellen wir also auch hier zunächst die Frage, ob wir für das, was die buddhistische Karma-Lehre aussagt, einen Anknüpfungspunkt finden, der es uns erlaubt, ihre Urheber nicht einfach als beschränkt einzuschätzen, – eine Interpretationshypothese, zu der grundsätzlich nur im äußersten Notfall gegriffen werden sollte.

Die Karmalehre wird in Handbüchern auch als das „universelle Gesetz von Ursache und Wirkung" bezeichnet und ein westlicher Leser, der diese Lehre als eine Hypothese auffasst, deren Plausibilität zur Beurteilung ansteht, wird hier leicht an die wissenschaftstheoretische These von der kausalen Geschlossenheit der physikalischen Welt denken.[139] Fasst man sie, wie formuliert, als *These* und verbindet man sie mit der physikalistischen Auffassung, die physikalische Welt sei mit unserer Welt identisch, d. h. was physikalisch nicht darstellbar sei, das gebe es auch nicht, so erscheint uns ein solcher Gedanke nicht fremd und vielen Lesern wird er auch plausibel erscheinen; der physikalistische Determinismus ist eine heute häufig vertretene Sehweise. Diese Deutung scheint mir ihren lebenspraktischen Sinn aber klar zu verfehlen.

Setzen wir dagegen bei der Meditationserfahrung an, dann liegt es nahe, die Karmalehre als die ‚Lehre von der bedingten Entstehung' auf die von jedermann leicht zu machende Erfahrung zu beziehen, dass unsere (inneren und äußeren) Handlungen und Widerfahrnisse eine Kette bilden, in der sich das Eine aus dem Anderen in einem uns verständlichen Sinne ‚ergibt'. Wenn ich mich (wie im oben benutzten Beispiel) innerlich mit der Frage beschäftige, ob ich als Meditationsschüler vor den anderen oder vor dem Lehrer eine gute Figur mache, dann ist das Ergreifen einer heroischen Position (‚hier sitzt der große Asket ...') ein naheliegender Zug, und wenn der schmerzende Unterschenkel doch unangenehmer und penetranter ist als von mir antizipiert, dann ist auch der Rückzug vom Heroismus und der Schritt zur Abwertung des größeren

Handlungszusammenhangs (‚Menschenschinderei') etwas, das sich auf verständliche Weise daraus ‚ergibt'. Man kann mit einiger Übung sogar dabei zusehen, wie ‚eines zum anderen führt', auf jeden Fall ist die nachträgliche Erzählung die Darstellung eines Ablaufs, der plausibel erscheint, weil jedermann ihn zwanglos zu seinen eigenen Erfahrungen in Beziehung setzen kann.

Wenn nun das Ziel der Meditationsübung darin besteht, diese Kette der Bedingtheiten zu unterbrechen (schließlich geht es darum, das ‚innere Kino' abzuschalten), dann heißt das (auf das genannte Beispiel bezogen), dass ich versuchen kann, die Frage, ob ich ‚eine gute Figur mache', loszulassen, sie nicht mehr zu stellen. Statt in meinen Deutungen der Lage von Position zu Position zu springen, könnte ich das Deutungsvorhaben entweder ganz aufgeben oder wenigstens auf später vertagen, und ich könnte mich auf das konzentrieren, was im ‚Hier und Jetzt' wirklich geschieht. Ich stelle z. B. den Schmerz im Unterschenkel fest, ohne um ihn herum ein Gespinst von Dramen anzulegen, in deren Mittelpunkt ich stehe, ob nun in einer heroischen oder in einer tragischen Rolle.

Wir haben hier zugleich ein Beispiel, das die These von einem ‚Anhaften' an einer fehlgeleiteten Ich-Vorstellung illustrieren kann. Das ‚Ich', das hier eine gute oder schlechte Figur macht, ist ja ein Konstrukt: Es ist das, was ich mir als das Bild vorstelle, das sich andere von mir machen (das ich dann übernehmen kann oder nicht). Es ist das Bild einer Person, die in ein Drama verstrickt ist, in dem sie eine wichtige Rolle spielt, z. B. die eines Helden oder die eines Opfers; sie steht in einem auf bestimmte Weise verstandenen Zusammenhang mit anderen Personen und mit Dingen. Der buddhistische Weg empfiehlt nun, im Strom der Handlungen und Widerfahrnisse dadurch auf eine weniger leidvolle Weise zurechtzukommen, dass ich mich allein dem Hier und Jetzt zuwende, statt mich damit zu beschäftigen, wie das Bild aussehen mag, das andere von mir entwerfen, oder in welcher bedauernswerten oder heldenhaften Rolle ich mich in einem von mir selbst entworfenen Drama sehe. Der Rat heißt also: So wie ich als Patient beim Zahnarzt, wenn ich bereits auf dem Behandlungsstuhl liege, die Situation besser bestehen werde, wenn ich mich nicht ständig frage, ob der Eingriff vielleicht doch vermeidbar oder zu verschieben war, ob ich nicht eine stärkere Betäubung hätte verlangen sollen, ob dieser Quälgeist an mir nicht zu viel Geld verdient, – und so weiter, so soll ich auch sonst im Leben in der Lage sein, auf ein Ausspinnen all dieser unnötigen Fortsetzungs- und Rahmengeschichten zu ver-

4. Buddhistische Metaphysik: Basis oder ‚Überglaube'?

zichten und ganz im ‚Hier und Jetzt' zu bleiben, ohne Verleugnung der unangenehmen Seite der auftretenden Erfahrungen, aber auch ohne ihre dramatische Ausschmückung.

Wenn wir die These der Karmalehre so verstehen, dass sie uns daran erinnert, dass wir aus Erfahrung wissen, wie in der Welt unserer ‚inneren' und äußeren Handlungen und Widerfahrnisse das Eine auf das Andere so folgt, dass sich für uns ein verständlicher Zusammenhang ergibt, und wenn wir den pragmatischen Sinn des buddhistischen Heilungsweges gerade im Vermitteln der Einsicht sehen, dass wir diese Kette manchmal unterbrechen können (und dass es durch Übung gelingt, diese Fähigkeit zur Unterbrechung zu steigern und möglicherweise einen Zustand zu erreichen, in dem eine Zeitlang keine weiteren Kettenglieder mehr erscheinen), dann wird sichtbar, dass diese Lehre mit einem wissenschaftstheoretisch gedachten materialistischen Determinismus nicht zusammenfällt. Hier wird auch nicht, wie wir es bei Hume gesehen hatten, ein außerhalb der Welt stehender Schöpfergott vorgestellt, der die Welt als ein hochkomplexes Aggregat ineinander verschachtelter Maschinen entworfen und hergestellt hat, damit es dann nach physikalischen Gesetzen wie ein Uhrwerk mit Notwendigkeit abläuft. Diese deterministische Sicht erzeugt sofort eine ganze Serie von falschen Fragen: ob auch der Mensch nichts anderes als eine Teil-Maschine in diesem Aggregat sei und ob auch sein Leben ablaufe wie ein Uhrwerk und was sich der Konstrukteur wohl dabei gedacht habe, welchen Sinn dieses Welt-Spielzeug als ganzes haben könnte, etc., etc.

Der in der Karma-Lehre zugrunde gelegte Kontext ist nicht der spezielle Handlungszusammenhang des Ingenieurs und der von ihm erzeugten berechenbaren technischen Apparate, der gedanklich zu einem allumfassenden Zusammenhang aufgeblasen wird. Sondern es ist der Kontext der handelnden Person, die eine Einsicht darüber zu gewinnen versucht, wie ihre eigenen Taten und Gedanken zu jeweils nächsten Schritten führen können, die gewollt oder ungewollt, freude- oder leidvoll sind. Der Zusammenhang wird nicht als ein kausaler im technischen Sinne einer im Einklang mit den Naturgesetzen erzwungenen Bewegung gedacht, sondern als ein Zusammenhang in der uns vertrauten Handlungswelt, in der wir z.B. alle wissen, dass ein schweres Essen müde machen kann, so dass wir, wenn es darum geht, für eine intellektuelle Aufgabe am späteren Abend noch munter zu sein, besser nur eine Kleinigkeit zu uns nehmen.

Die Karmalehre wäre nicht konsistent formulierbar, wenn das Ziel der Befreiung, zu dem sie ein Hilfsmittel sein soll, durch eine in ihr enthaltene Behauptung als unerreichbar erscheinen müsste. Wenn in ihrem Kontext von ‚Kausalität' und ‚Determination' die Rede ist, kann es dabei nur um die Begreiflichkeit von Handlungszusammenhängen gehen, nicht um die Berechenbarkeit naturgesetzlich eintretender Kausalfolgen. Dieser Unterschied wird auch in unseren alltäglichen Redeweisen sichtbar. Wenn wir z. B. mit Bezug auf eine einsetzende kriminelle Karriere eines Jugendlichen sagen ‚das habe ich kommen sehen' oder ‚das musste ja so kommen', dann ist im Normalfall nicht die naturgesetzliche Unausweichlichkeit eines ‚Schicksals' gemeint, sondern der Vorwurf an die soziale Umwelt, Handlungsweisen nicht rechtzeitig ergriffen zu haben, die verfügbar waren und den eingeschlagenen Weg hätten verhindern können. Dies kann man auch jederzeit auf sich selbst beziehen: Es ist ‚kein Wunder', dass ich nach diesem opulenten Mahl mit einem schweren Wein nun am Schreibtisch mit dem Einschlafen zu kämpfen habe; das sollte ich in vergleichbaren späteren Fällen berücksichtigen. Ich weiß, dass ich mich auf den Weg machen kann, mit meiner Neigung zu mächtigen Abendmahlzeiten schrittweise besser zurechtzukommen; kein ‚Kausalprinzip' verdammt mich dazu, immer wieder den Versuchungen zu erliegen. Das wird nicht dadurch falsch, dass es sich hier nicht um eine Sache eines einmaligen Entschlusses handelt, sondern, wie bei der Meditation, um eine Frage der Übung. Die Einsicht, dass der naturwissenschaftliche Kausalitätsbegriff hier versagt, kann zu einem Motiv für personale Artikulationsformen des Religiösen werden (Gott handelt, nicht ein Uhrwerk läuft ab), sie muss es aber nicht.[140]

Als zweites Beispiel für ein anscheinend metaphysisches Lehrstück des Buddhismus sei hier noch die Lehre von der Wiedergeburt genannt, die oben bereits kurz angesprochen wurde. Muss man an sie ‚glauben', um an dieser Religion ein ernsthaftes Interesse nehmen zu können, oder haben wir es hier mit einem Mythos zu tun, einer Geschichte, die wie ein Märchen auf einen wichtigen Zug des menschlichen Lebens auch dann verweisen kann, wenn man die Frage nach ihrer wörtlichen Wahrheit ausklammert? Was könnte dieser Zug sein?

Es wurde bereits erwähnt, dass der historische Shakyamuni diese Lehre im damaligen Indien vorfand, und wir können hier hinzufügen, dass sie als ein Mythos auch in der westlichen Philoso-

4. Buddhistische Metaphysik: Basis oder ‚Überglaube'?

phie erzählt wird. Sie ist unserer Kultur also keineswegs fremd. Was könnte eine Erzählung zu verstehen geben, die uns sagt, dass wir bei unserem Tod nicht endgültig sterben, sondern dass wir wieder zur Welt kommen werden, und dass für die Form, in der dies geschieht, die Art und Weise, in der wir unser jetziges Leben verbringen, eine Rolle spielt: Das kommende Leben wird sich auf einer höheren Stufe der Vollkommenheit abspielen, wenn wir in diesem Leben an unserer Vervollkommnung gearbeitet haben, wir werden aber in einer niederen Form wiedergeboren werden, wenn wir dies versäumt haben.

Einen ersten Schritt zum Verständnis einer solchen Vorstellung kann man dadurch machen, dass man sie direkt an die Karma-Lehre anschließt. Sie sagt dann zunächst einmal (wie es die Karma-Lehre auch tut), dass unsere Handlungen jetzt und hier einen Unterschied machen für unsere Handlungs- und Widerfahrnismöglichkeiten morgen und an anderen Orten. Dies ist eine Binsenweisheit, deren Wahrheit jeder leicht ‚am eigenen Leib' erfahren kann. Wir sollten folglich auf das *achten*, was wir tun, und wir sollten dafür Sorge tragen, dass wir auf dem rechten Weg bleiben, soweit wir verstehen, was dieser rechte Weg für uns ist.

Die Aussage, die zu dieser Binsenweisheit durch die Wiedergeburtslehre hinzugefügt wird, lautet in erster Annäherung, es komme bei diesem Bemühen, auf dem Weg zu bleiben, auf den Zeitfaktor nicht an. Das Bemühen ist also nicht instrumentell zu verstehen in dem Sinne, dass es nur dann Sinn hat, wenn ein bestimmter entworfener Zielzustand auch tatsächlich erreicht wird. Dass ich zum Bahnhof renne, ist normalerweise nur sinnvoll, wenn ich die Chance habe, meinen Zug noch zu erreichen. Der Sinn des Rennens liegt hier also an der Verwirklichung des Zielzustandes. Dies ist aber nicht bei allen Handlungen so; der Sinn vieler Handlungen hängt nicht vom Erreichen eines bestimmten Zielzustandes ab.

Das zeigt das folgende, einem Zeitungsbericht entnommene Beispiel. Einer Schwangeren, deren zu erwartendes Kind wegen einer frühzeitig vor der Geburt diagnostizierten Blut-Erkrankung nur eine Lebenserwartung von etwa zehn Jahren zugesprochen wird, empfiehlt man eine Abtreibung. Darauf fragt sie zurück, wie lange denn ein Kind leben müsse, damit sich die Anstrengung der Geburt ‚lohne'. An der Absurdität der Zumutung, die durch die Rückfrage der Betroffenen sichtbar wird, erkennen wir, dass der so genannte ‚Sinn des Lebens' nicht im Erreichen eines Ziels liegen kann. So wäre es z. B. abwegig, zu sagen, ein Kind müsse so alt geworden sein, dass es die Schulden der Eltern zurückzahlen kann, damit man sein Leben als sinnvoll und die mit seiner Geburt verbundenen Anstrengungen als lohnend bezeichnen darf. Obwohl der Aspekt der sozialen Absicherung bei der Frage, ob man Kinder haben möchte, ein legitimer Zusatzaspekt sein kann, entscheidet er offensichtlich nicht über den Sinn des Lebens eines Kindes.

Nun könnte man die Botschaft, auf die Lebensdauer komme es bei der Ausrichtung und beim sinnvollen Charakter des Lebens einer Person nicht an, in die Aussage kleiden: Betrachte das Leben so als stünden dir viele Leben nacheinander bevor. Achte also auf das, was du hier und jetzt tust und unterlässt, unabhängig davon, welchen Zustand du im (‚jetzigen') Leben erreichst. Wie der aus unseren Breiten stammende Fall der Nachfrage der Schwangeren sichtbar macht, kann man das damit skizzierte Verständnis von einem sinnvollen Leben teilen, ohne an die metaphysische Lehre zu ‚glauben', jedem Menschen stünden viele Leben bevor. Daher braucht diese Lehre nicht als eine *Voraussetzung* für die geschilderte Sicht des Lebens gelesen zu werden, sie kann auch verstanden werden als eine unter mehreren möglichen Formen ihrer *Artikulation*. Die christliche Erzählung vom Jüngsten Gericht könnte eine andere Form der Artikulation einer zumindest verwandten Sicht auf das Leben sein, insofern sie ebenfalls sagt: *Es kommt darauf an*, was du hier und jetzt tust. Man kann vermittels einer Geschichte (eines Mythos) mitteilen, wie man das Leben sieht. Und wie im Falle der von Bettelheim erörterten Märchen können wir eine solche Sicht auch dann als angemessen oder fehlgeleitet beurteilen, wenn wir die (‚metaphysische') Frage nach ihrer buchstäblichen Wahrheit gar nicht aufwerfen.

Es wäre durchaus eine sinnvolle Haltung, sich auf den jeweils zu gehenden Schritt zu konzentrieren und alles andere auf sich beruhen zu lassen. Das, worauf es zunächst einmal ankommt, ist ja nicht ein ‚Danach', sondern die tätige Vorsorge dafür, dass der Abschied von ‚diesem Leben', wenn es soweit ist, in einem guten Geist geschieht, und diese Vorsorge sollte auf einen selbst und auf andere bezogen sein. Jeder, der einen Menschen einmal in einen ‚guten Tod' begleitet hat, wird den Eindruck mitgenommen haben, dass das Sterben selbst eine wichtige aber keineswegs eine skandalöse Sache ist. Häufig scheint es sogar eine ‚Erleuchtung in letzter Minute' zu bringen, wie es Tolstoi in seiner Erzählung ‚Der Tod des Iwan Iljitsch' beschrieben hat[141] und wie es auch Berichte von

4. Buddhistische Metaphysik: Basis oder ‚Überglaube'? 135

Nahtod- Erfahrungen schildern, die man gar nicht auf ein ‚Danach' beziehen muss.[142] Vielleicht reicht schon diese Bedeutsamkeit für die Empfehlung, man solle jederzeit so handeln, *als ob* es gerade auf diesen Blick zurück mehr als auf alles andere ankäme, denn er scheint eine Art ‚Summe' zu bedeuten. Was vorher im jeweiligen ‚Hier und Jetzt' richtig ist, würde sich also am Charakter des Rückblicks zu orientieren suchen. Und von hier ist es nur ein Schritt, von einem ‚Übergang' zu sprechen und sich so auszudrücken, als ob es weiterginge. Dann könnten wir aber die Frage, ob es tatsächlich (christlich oder buddhistisch) weitergeht, als Ausdruck einer falschen Neugier oder gar eines aus Hybris geborenen Bemächtigungsstrebens für unser jetziges Leben auf sich beruhen lassen. Zu sagen, es käme auf den Moment des Rückblicks (und in diesem Sinne auf das Leben als Ganzes) an, hieße dann nämlich dasselbe wie: auf jeden einzelnen Moment.

Ein Tibeter erzählte einmal, was ihn im Westen am meisten irritiere, sei die Rastlosigkeit der Menschen: nichts brächten sie ordentlich zu Ende, immer seien sie unzufrieden, weil sie ständig in Zeitnot seien und immer wieder etwas Neues anfingen, damit ihnen nichts entgehe. Dass dies nicht gut tut, können wir auch als Europäer leicht sehen. Für ihn aber war es naheliegend, seine Kritik durch die Bemerkung auszudrücken: Wenn diese Menschen wüssten, dass ihnen noch viele, viele Leben bevorstünden, würden sie vielleicht ein paar Dinge ordentlich zu Ende bringen. Was dieser Tibeter artikuliert hat, ist in jedem Fall ein guter Rat, gleichgültig, ob wir in der gewählten Formulierung ein Gleichnis oder einen besonderen ‚Glauben' sehen. Aus der ethischen Perspektive können wir diesen Rat auch so formulieren: Lebe so, als ob das Leben, das auf der Welt nach deinem Tode weitergeht, dein eigenes wäre!

Hieraus ergibt sich die Empfehlung, die Vorstellungen, die uns aus fremden Kulturen oder aus den Frühzeiten unserer eigenen Kultur als auf den ersten Blick vielleicht bizarre metaphysische Lehren entgegen kommen, nicht einfach wie ein Zoologe im Aquarium verwundert und kopfschüttelnd zu klassifizieren (‚die Buddhisten glauben, dass ...'; ‚Platon glaubte, dass ...'), sondern stets mit der Frage zu beginnen, in welchen Arten von Situationen diese Lehren ihren Zuhörern welchen Rat geben wollen. Ein solcher Annäherungsversuch kann freilich nur der erste Schritt sein; man sollte ihn aber nicht unterlassen, wenn man die für uns schon durch die Reisemöglichkeiten und die modernen Kommunikationsmedien kulturell vielfältig gewordene Welt nicht von vornherein auf ein

Kuriositätenkabinett reduzieren möchte. Aus diesen Gründen ist es empfehlenswert, in den genannten metaphysischen Lehren des Buddhismus nicht eine ‚Basis' zu sehen, die akzeptiert sein muss, damit der Übungsweg sinnvoll sein kann. Es ist angemessener, sie als den Versuch zu verstehen, entweder eine (nachvollziehbare) Sicht auf das Leben zur Sprache zu bringen, oder einen ‚Überglauben' im Sinne von James zu formulieren: eine mögliche aber nicht zwingende Interpretation der einschlägigen Erfahrungen, mit der versucht wird, sie mit anderen Feldern zu einem ‚Weltbild' zu integrieren.

Fünftes Kapitel
Die Darstellung der menschlichen Situation.
Immanenz und Transzendenz

Unsere Arbeitsdefinition lautete: Religionen sagen uns etwas über ‚das Ganze' der menschlichen Situation und sind zugleich eine Hilfe, mit diesem Ganzen praktisch zurechtzukommen. Der zweite Punkt, dass sie auch eine praktische Hilfe sein wollen, ist eine ihrer Besonderheiten, die sie von der Philosophie unterscheidet. Dieses ‚Ganze' ist nach traditionellem westlichen Verständnis nicht zu begreifen ohne die Einbeziehung der ‚Transzendenz', eines Bereichs also, den wir durch eine ‚Überschreitung' (lat. *transcendere*) unserer gewöhnlichen Welt (der ‚Alltagswelt') erfahren oder denken können, der zu ihr ein ‚Jenseits' bildet, einen Horizont, innerhalb dessen alles Einzelne stattfindet und von dem aus es seinen Sinn erhält. Es soll die Aufgabe dieses Kapitels sein, über die gerade formulierten vagen Beschreibungen hinauszugelangen und ein Stück weit zu klären, was genauer mit ihnen gemeint sein könnte.

Eine paradigmatische Vorstellung von einem ‚jenseitigen' Bereich ist die antike Idee eines ‚Reiches der Toten', eines Aufenthaltsortes der Verstorbenen, von denen man auch sagt, sie seien in eine ‚andere Welt' hinüber gegangen. Auch die christliche Vorstellung von der *Überwindung* des Todes durch die Auferstehung und von einem ‚jenseitigen', einem ‚ewigen' Leben scheint einen solchen ‚transzendenten' Bereich zu betreffen, der nicht nur jenseits unserer alltäglichen Erfahrung liegt, sondern jenseits *aller* Erfahrungsmöglichkeiten in ‚diesem Leben'. Wird er positiv als ‚das Himmelreich' gedacht, nach dem wir streben, dann kommt ein dynamisches Moment in die Vorstellung von einem Jenseits hinein: Es werden nicht nur verschiedene Regionen gedacht, in denen wir uns jeweils unvermeidlich aufhalten (die Lebenden bei den Lebenden, die Toten bei den Toten), sondern es tritt der Gedanke hinzu, man könne (und solle) sein Leben in bestimmter Weise ausrichten, mit dem Bild Platons gesprochen: Man solle sehen, dass man in

Richtung des Ausgangs aus der Höhle orientiert bleibe; und wir können hinzusetzen: gleichgültig, wie weit man es damit bringe. Das Transzendente wird ferner traditionell durch die Vorstellung eines ‚Bereichs der Götter' bestimmt, bzw. des Bereichs des *einen* Gottes der monotheistischen Religionen. Teils wurde dabei an konkrete Orte gedacht, etwa an den Gipfel des Berges Olymp, teils wird (ungreifbarer und mit deutlich gleichnishafter Bedeutung) nur vom ‚Himmel' gesprochen, auch z. B. im alten China. Der göttliche Bereich wurde in den verschiedenen Religionen in einer mehr oder weniger engen Beziehung zur menschlichen Lebenswelt gesehen, wobei die Nähe zum Menschen bei polytheistischen Vorstellungen von der Stellung des jeweiligen Gottes in der himmlischen Hierarchie abhängen konnte: Der oberste Himmelsgott konnte als der menschlichen Welt so fernstehend vorgestellt werden, dass er sich für deren Belange nicht interessierte. Der christliche Gott dagegen wird als ein väterliches und fürsorgliches Wesen gesehen, auf den die menschliche Sehnsucht, die ‚Ruhelosigkeit des Herzens'[143] bezogen ist; zugleich ist er aber nicht von ‚dieser Welt'; die Sehnsucht des Menschen geht nach diesem Verständnis über ‚diese Welt' hinaus in einen ‚transzendenten' Bereich.

So können wir vom christlichen ‚Himmelreich' auf der einen Seite sagen, dass es von der *alltäglichen* Welt des Menschen verschieden ist. Zugleich ist aber nach christlicher Auffassung die Menschenwelt ohne einen Bezug zur ‚Transzendenz' nicht zu verstehen; ohne diesen Bezug erscheint das menschliche Leben als bedeutungslos. Wenn eine solche *Beziehung* als notwendig angesehen wird, muss man folglich sagen, dass die Religion als Inbegriff der Tätigkeiten, mit denen diese Beziehung artikuliert und gepflegt wird, zur (recht verstandenen, unverkürzten) ‚Welt des Menschen' in dem Sinne dazugehöre, dass ihr ohne diese Beziehung etwas fehlt. Eine transzendente Welt, die *keinerlei* Bezug zur Welt des Menschen hätte (z. B. ein wirklich fernstehender ‚oberster Himmelsgott', etwa ein Schöpfer, der seiner Schöpfung wegen ihrer vielen Mängel peinlich berührt den Rücken gekehrt hätte[144]), wäre für das Thema ‚Religion' ohne Belang. Wir haben nun zu fragen: Handelt es sich bei solchen Transzendenzvorstellungen um Illusionen, um den Ausdruck begreiflicher Sehnsüchte, oder gibt es einen philosophischen Weg, ihnen einen Realitätsgehalt zuzuschreiben?

1. Die Welt der Wissenschaft und die Welt des Menschen

Schon im ersten Kapitel hatten wir gesehen, dass die Religion nicht das Bild der Welt betrifft, das die wissenschaftliche Kosmologie zeichnet, sondern die ‚Welt des Menschen', mit seinem Glück, seinen Hoffnungen, seinem Leid und seinen Ängsten. Wir wollen nun zunächst fragen, wie sich die Welt der Wissenschaft und die Welt des Menschen zueinander verhalten, um dann zu sehen, was es heißen kann, über beide hinauszugelangen.

Wenn man von der Position Humes ausgeht, können einem sowohl die ‚Menschenwelt' als auch der Bereich der Transzendenz als problematische *Erweiterungen* der wissenschaftlich gesicherten Welt erscheinen. Aus der skeptischen Perspektive ist der kleinere dieser beiden Erweiterungsschritte die Einbeziehung der Bedürfnisse des Menschen, seines Glücks und seiner Leiden, die in einer rein naturwissenschaftlich beschriebenen Welt nicht vorkommen. Oder wird sich auch dieses Gebiet eines Tages naturwissenschaftlich fassen lassen? Der zweite Erweiterungsschritt müsste dann von der Alltagswelt des Menschen in einen jenseitigen, transzendenten Bereich führen, und hier liegt der Verdacht nahe, eine solche Zone sei (falls es sie überhaupt gebe) unseren Erkenntnismitteln definitiv unzugänglich.

Dieses Bild einer doppelten Erweiterung führt aber in die Irre. Das zeigte sich schon im Kontext unserer Erörterung des Leib-Seele Problems und der Frage, wie unser Reden über Seelisches zu verstehen ist. Wir hatten gesehen, dass es angemessener ist, umgekehrt vorzugehen, nämlich mit der ‚Menschenwelt' des *common sense* zu beginnen und die ‚Welten der Wissenschaften' als Resultate von Spezialisierungen anzusehen. Wir stehen dann nicht vor der Aufgabe, zu verstehen, wie eine ‚objektive', wissenschaftliche Welt so erweitert werden könnte, dass sie zusätzlich nun auch die menschlichen Dinge enthielte. Eher erfolgversprechend ist die umgekehrte Aufgabenstellung, nämlich zu klären, durch welche Schritte des Ausklammerns und Weglassens (und des Konstruierens von Terminologien, Apparaturen und Theorien) das wissenschaftliche Bild von der Welt entsteht, denn die Objektivität der Wissenschaft ist *erzeugt*. Diesen Erzeugungsprozess können wir zu rekonstruieren versuchen.

Eine moderne *wissenschaftliche* Kosmologie bezieht die Frage nach einem göttlichen Schöpfer nicht einmal als Quelle von Hypothesen in ihre Überlegungen ein. Insofern sie die Belange des Menschen ausklammert, kann man mit Max Weber sagen, sie würde die Welt ‚entzaubern'. Wenn einem nicht bewusst ist, dass hier eine Abstraktion vorliegt, kann man leicht dazu gelangen, den abstrahierenden Blick für selbstverständlich zu halten und dann bei einem Blick auf die Schöpfungsgeschichte nicht zu bemerken, dass man es mit einer ganz anderen Textsorte zu tun hat.

Diese Vermengung von Textsorten kommt auch in der umgekehrten Richtung vor, nämlich wenn ein wissenschaftlicher Autor einen außerwissenschaftlichen Inhalt in seine Darstellung hineinschmuggelt (statt ihn, wie Hume, als unplausibel auszuscheiden). Ein argloser Leser glaubt dann z. B. zu erfahren, die neueste Forschung habe bewiesen, dass das menschliche Los auf Erden hoffnungslos und traurig ist. Als ein Beispiel kann uns hier ein zur Zeit seines Erscheinens sehr populäres Buch von Jaques Monod dienen, wobei allerdings anzuerkennen ist, dass der Autor schon im Untertitel bekennt, es solle um ‚philosophische Fragen' gehen, wohl in der Meinung, so verschaffe er sich die Lizenz, dem Leser seine ‚Weltanschauung' mitzuteilen. Monod schreibt im letzten Absatz seines Buches: „Der Mensch weiß endlich, daß er in der teilnahmslosen Unermesslichkeit des Universums allein ist, aus dem er zufällig hervortrat. Nicht nur sein Los, auch seine Pflicht steht nirgendwo geschrieben."[145] Damit macht er sich eines ähnlichen Fehlers schuldig wie Hume: Er verwechselt zwei Arten von Texten, weil er so tut, als könne seine eigene wissenschaftliche Darstellung etwas über die ‚Lage des Menschen' sagen, so wie Hume umgekehrt gemeint hatte, eine ‚Geschichte' wolle und könne uns etwas aus dem Wissensgebiet der Kosmologie sagen.

Eine humorvolle Anspielung auf diesen Kategorienfehler finden wir in einer Episode in den Bildergeschichten von ‚Calvin und Hobbes' von Bill Watterson. Calvin beklagt sich darüber, dass die Leute davor zurückschrecken würden, sich ein umfassendes Bild ihrer Lage zu machen; sonst würden sie sehen, dass wir alle sterben werden, dass sogar die Menschengattung aussterben, die Sonne explodieren und das Universum kollabieren werde. Empört wirft er die Arme hoch und ruft aus: Unsere Existenz ist sinnlos, alles ist gleichgültig! – Sein philosophisch veranlagter Tiger Hobbes erklärt daraufhin, er finde es durchaus einfühlbar, dass man vor einem solchen umfassenden Bild die Augen verschließe. Darauf reagiert Calvin nun auf eine Weise, die zeigt, dass er zumindest eine Ahnung von seinem Kategorienfehler hat. Er sagt nämlich, das ‚umfassende Bild' erfülle eine bestimmte Funktion: es versehe einen ‚schlechten

1. Die Welt der Wissenschaft und die Welt des Menschen 141

Tag' mit einem *Kontext*. Es scheint mir genau diese Funktion zu sein, die auch Monod zu der zitierten Äußerung veranlasst hat. Indem er seine persönlichen Sicht wie ein Fazit an den Schluss seiner wissenschaftlichen Darstellung stellt, scheint auch er sich den sehr persönlichen Wunsch zu erfüllen, seine ‚schlechten Tage' in einen wissenschaftlichen Kontext zu stellen. Wir halten dagegen daran fest, Textsorten zu unterscheiden, nämlich Geschichten über die Situation des Menschen einerseits und wissenschaftliche Darstellungen andererseits.

Diese Unterscheidung lässt sich erst treffen, wenn die angesprochenen Differenzierungen faktisch eingetreten sind. In der Frühzeit der Menschheitsgeschichte konnte man sich des besonderen Status mythischen Redens nicht bewusst sein. Das heißt aber, dass alle Bemühungen, überhaupt Orientierungen zu erarbeiten und weiterzugeben, auf *einer einzigen* Ebene lagen: Die Geschichte, die zum Zweck einer ‚Erklärung' des Wechsels von Tag und Nacht erzählt wurde, konnte vom Typus her noch nicht von einer Geschichte unterschieden werden, die den Tod eines Menschen ‚erklären' sollte. In einer so begrenzten Lage verschwimmen zwei Bedeutungen des Ausdrucks ‚erklären', die wir heute unterscheiden. Im Fall von Tag und Nacht geht es darum, die Sonne und die Erde als Himmelskörper sehen zu können, deren räumliche Verhältnisse für die Verteilung von Licht und Schatten ausschlaggebend sind. Eine ‚Erklärung' des Todes soll dagegen dazu verhelfen, mit einem solchen Ereignis (und mit der eigenen Sterblichkeit) fertig zu werden, d. h. eine Einstellung dazu zu finden, mit der es sich leben lässt.

Wenn wir heute untersuchen, ob manche der ‚alten Geschichten' auch für uns noch eine Orientierungsfunktion haben oder ob ihr Zauber für den aufgeklärten Menschen der ‚faule Zauber' einer Illusion ist, dann sollten wir sie nicht unter dem Aspekt ihres Beitrags zu unserem wissenschaftlichen Wissen lesen, sondern uns für ihre ‚zweite Inhaltsebene' interessieren und darauf achten, sie mit der ersten, der wörtlichen Ebene nicht zu vermengen. Zu fragen ist dann, ob solche Geschichten auf dieser zweiten Ebene den Lesern auch dann etwas Beherzigenswertes über die ‚Welt des Menschen' zu verstehen geben, wenn die Frage nach ihrer buchstäblichen Wahrheit entweder bereits negativ beantwortet ist oder sich gar nicht stellt, weil man heute von vornherein sieht, dass diese Frage dem Text eine Intention zuschreiben würde, die ihm fremd ist. Wir können also zwanglos die Frage stellen, was uns z. B. die Schöpfungsgeschichte *zu sagen hat*, und man kann darüber hinaus fragen, ob die so gefundene ‚Aussage' der Situation *angemessen* ist, für die sie erzählt wird, oder nicht. Wir hätten in ihr dann einen Zugang zur ‚Welt des Menschen', die nicht durch die Art der eingenommenen Perspektive im Sinne von Max Weber ‚entzaubert' ist, was zunächst einmal nur heißt, dass unsere Hoffnungen und Ängste nicht von vornherein ausgeklammert sind.

Im Märchen vom ‚Schneewittchen' hatten wir ein Beispiel für eine Geschichte vor uns, bei der wir die Frage nach ihrer Orientierungsfunktion mit Bettelheim positiv beantworten konnten. Durch das Märchen wird dem Kind ein neuer (aus der Perspektive der Lebenserfahrung der Älteren: ein *angemessener*) Zugang zu seiner Konfliktlage dadurch eröffnet, dass diese Geschichte Hassgefühle gegenüber der Figur der ‚bösen Stiefmutter' zur Sprache bringt. Da es die Mutter ist, der gegenüber dieser Zwiespalt der Gefühle besteht, ist es laut Bettelheim besonders hilfreich, wenn diese selbst das Märchen erzählt oder vorliest. Dadurch entsteht nämlich eine unmittelbare Zusammenschau der realen Mutter einerseits und der (vom Kind leichter und entschiedener als ‚böse' zu betrachtenden) Figur der Stiefmutter andererseits, deren Bosheit beim Vorlesen ‚öffentlich' zur Sprache gebracht wird. Das Kind sieht seine eigene Situation durch die Geschichte hindurch in einem anderen Licht, es gesteht sich Gefühle ein und trifft Unterscheidungen, die ihm vorher in seiner Angst und Verwirrung nicht zur Verfügung standen. Es ist im vorliegenden Fall plausibel, dass der Akt der Artikulation und die dabei auf der Fabelebene erfolgende Trennung einer ‚guten' von einer ‚schlechten' Mutter für das Kind eine Hilfe für die Bewusstwerdung und Klärung der eigenen gemischten Gefühle und damit für die Befreiung aus seiner Konfliktlage sein kann. Die Geschichte gibt ihm eine Sprache, die seine Welt erweitert und die es ihm erlaubt, einen vorher als chaotisch und bedrohlich erlebten Bereich zu artikulieren, d.h. in sozial geteilten verbalen Handlungen ‚zur Sprache zu bringen'.

In diesem Fall würden wir daher nicht zögern zu sagen, es habe eine *bessere* Einstellung gefunden. Wir benutzen hier sogar ein kognitives Vokabular und sagen z. B., es habe eine *falsche* Angst überwunden, es sehe seine Lage jetzt *angemessener* oder *sachgerechter*. Als Erwachsene *wissen* wir, dass gemischte Gefühle eine von uns allen zu akzeptierende Realität sind; wir sagen dem Kind mit Hilfe der Geschichte etwas Wahres. Aus der Perspektive des Erwachsenen können wir über das Kind sagen, es habe die Grenzen einer

1. Die Welt der Wissenschaft und die Welt des Menschen

unverstandenen Situation überschritten oder transzendiert; wo beängstigendes Chaos war, ist der Ansatz zu einer neuen Ordnung gegeben. Dieses Transzendieren ist für das Kind zwar von entscheidender Wichtigkeit, es betrifft im vorliegenden Fall aber nur ein Überschreiten der Kinderwelt in Richtung auf die Erwachsenenwelt, die sich und ihre Lage schon lange im Lichte überlieferter Geschichten zu sehen gelernt hat. Dies Beispiel macht aber noch nicht sichtbar, was es heißen könnte, auch diese Erwachsenenwelt noch einmal in Richtung auf ein ‚Jenseits' zu überschreiten, wie es für die Religion als charakteristisch gilt. Dies wird auch an Fällen nicht sichtbar, in denen die Märchen den Kindern Zusammenhänge aus dem späteren Erwachsenenleben mitteilen, die sie zu diesem Zeitpunkt allenfalls ahnen, etwa im Bereich des Eros, wenn erzählt wird, dass sich ein ekliger Frosch in einen begehrenswerten Prinzen verwandeln kann. Die Welt der Sexualität hat für das *Kind* noch unbekannte (‚transzendente') Seiten, sie ist der Alltagswelt der *Erwachsenen* gegenüber aber in keinem unmittelbar fassbaren Sinne ‚jenseitig'.

Was wir am Beispiel von Bettelheims Märchen beobachten konnten wird von Ernst Cassirer als allgemeines Verfahren des mythischen Denkens herausgestellt, und im Anschluss an Cassirer führt Jan Assmann[146] z. B. aus, wie im ägyptischen Mythos *eine* der Lebenssphären ‚Kosmos', ‚Staat' und ‚Lebensschicksal' unter dem Bild einer *anderen* gesehen wird. Eine zunächst verwirrende Situation in einem Bereich wird mit Worten aus einem anderen Bereich artikuliert, und das heißt, gegliedert, geordnet. Der erste Bereich erscheint *in* diesem Artikulationsschritt und *durch* ihn als analog zum zweiten Bereich; der zweite wirft ein Licht auf das, was zunächst dunkel und oft beängstigend erschien.

Der Fall Bettelheims entspricht genau dieser Auffassung von der Arbeitsweise mythischen Denkens, und bei der Thematik dieses Märchens ist die von ihm erzeugte Analogie wenig problematisch: Die Situation eines *bestimmten* Kindes, dem das Märchen erzählt wird, erscheint als analog zur Situation der Märchenfigur Schneewittchen, und es ist in einem solchen Fall nicht schwer zu verstehen, wie die reale Situation durch die fingierte erhellt wird, obwohl beide voneinander in einigen Zügen abweichen, etwa dem der ‚doppelten Mutter' im Märchen, der sich in der realen Situation des Kindes meist nicht findet. Wenn wir dagegen bei Assmann lesen, wie in der Mythologie des Alten Ägypten die Sphären des Kosmos, des Staates und des menschlichen Lebensschicksals sich gegenseitig durchsichtig machen sollten, dann ist weniger leicht zu erkennen, ob wir auch aus unserer heutigen Sicht sagen wollen, hier sei eine Gliederung einer vorher chaotischen Sphäre und damit ein Zuwachs an Verständnis zu verzeichnen oder ob wir dies heute verneinen würden. Und dasselbe gilt für die biblische Schöpfungsgeschichte. Können wir sagen, es sei *angemessen*, die Welt so anzusehen, als sei sie die mühelose Schöpfung eines gütigen und allmächtigen Wesens und nicht (wie im entsprechenden babylonischen Mythos) das im Kampf und gegen Widerstände entstandene Produkt eines Wesens, das nur eines unter vielen und keineswegs allmächtig ist? Wie würden wir eine solche Angemessenheitsbehauptung begründen? Nicht jedes überlieferte Gleichnis ist uns plausibel; wir haben dem mythischen Denken gegenüber Vorbehalte, auch wenn wir anerkennen, dass ein solches Misstrauen nicht in allen Fällen und vor allem nicht bereits aufgrund der mythischen *Form* der Artikulation angebracht ist.

Das Märchen zeigt also bereits komplizierte semantische Verhältnisse, die berücksichtigt werden müssen, damit die Frage nach der *Angemessenheit* oder *Wahrheit* von Geschichten auf der zweiten Inhaltsebene überhaupt als eigenständige Frage gestellt werden kann und nicht mit der Frage nach der Wahrheit auf der Fabelebene verwechselt wird. Wenn wir z. B. sagen, die Märchen würden die ‚Situation' oder die ‚Lage' eines Kindes in seiner Familie in einem bestimmten Reifungszustand darstellen, und zwar *angemessen* oder *richtig*, dann ist dies verständlich. Es gibt überlieferte Muster, nach denen die Mitglieder einer bestimmten Kultur Situationen im Leben der Nachwachsenden sowohl sehen als auch durch ihr eigenes Verhalten erzeugen; die betroffenen jungen Menschen lernen sich selbst so zu sehen, und die überlieferten ‚klassischen' Geschichten aller Art spielen dabei eine entscheidende Rolle. Die in dieser Kultur erzählten Geschichten stellen diese Konstellationen dar, ohne sie dafür in einem dinglichen Sinne abbilden zu müssen, was sich in unserem Fall z. B. daran zeigt, dass der *einen* realen Mutter *zwei* Mutterfiguren im Märchen gegenüber stehen. Der Einzelne versteht seine Lage in Analogie zum vorgegebenen Muster, und wenn er dies tut, versteht er sie (aus der Perspektive der erwachsenen Vertreter der jeweiligen Kultur) richtig.[147]

Wie wäre nun aber ein Schritt von der Alltagswelt der Erwachsenen zur Transzendenz zu verstehen: Was kann es heißen, wenn man sagt, diejenigen Seiten der Situation des Menschen, die seine

Hoffnungen und Ängste, sein Glück und seine Leiden betreffen, seien nicht ohne die Klärung der Beziehung des Menschen zu etwas Jenseitigem zu erörtern? In welchem Sinne gehört zur ‚Darstellung der menschlichen Situation' eine Erörterung eines Bereichs, der jenseits der alltäglichen menschlichen Sphäre liegt, jenseits des alltäglichen Glücks und Leids, sei es nun individuell, gesellschaftlich oder global gedacht? Reichen die oben gegebenen knappen Hinweise auf die Vorstellungen von einem Leben nach dem Tode und von einer Welt der Götter aus, um uns diesen Schritt verständlich zu machen? Kann man sagen, jedermann wisse, worum es sich bei diesen Dingen handelt, auch wenn nicht jedermann an sie ‚glaube', d. h. wenn nicht jedermann die Aussagen, die eine gerade zur Debatte stehende Tradition darüber mache, für wahr halte? Und weitergehend: Worin liegt die angesprochene Notwendigkeit dieser Erweiterung begründet, warum muss sie für ein angemessenes Verständnis der menschlichen Lage in die Betrachtung einbezogen werden? Und schließlich: Selbst wenn die genannten Vorstellungen vertraut sind und das, worauf sie sich beziehen, wünschenswert oder ‚nötig' erscheint: Handelt es sich bei diesen Vorstellungen um Tatsachen oder um Illusionen?

Eine zusätzliche Komplikation erwächst uns aus der Tatsache, dass es im Buddhismus eine nicht-theistische Gestalt einer Religion gibt. Bedeutet das Fehlen eines persönlichen Gottes in einem dem Christentum analogen Sinn, dass dem Buddhismus der Transzendenzbezug fehlt, oder kann gerade die Einbeziehung der buddhistischen Sicht dadurch zu einem besseren Verständnis der transzendenten Dimension beitragen, dass sie uns mit Artikulationsweisen konfrontiert, die von der uns vertrauten Bildlichkeit so verschieden sind, dass sie uns einen frischen Blick auf die Sache erlauben, um die es geht?

2. Einfache Formen einer ‚Verständigung über die Lage'

Bevor wir diese Fragen genauer ins Auge fassen, soll ein Blick auf einfache Sprachformen geworfen werden, mit deren Hilfe wir uns mit anderen über unsere Lage verständigen können, und dies auch dann, wenn diese Sprachformen nichts abbilden.[148] Wie im Fall der Arithmetik, an dem Wittgenstein seine Sprachspiel-Konzeption entwickelt hatte, geht es auch hier um die Tatsache, dass sprachliche Ausdrücke Bedeutung haben können, ohne für etwas zu stehen, diesmal aber so, dass nicht ein unmittelbar zweckrationales und regelgeleitetes Handeln (wie das Abzählen von Messern und Gabeln) den Kontext bildet, der ihnen Sinn verleiht, sondern die Hilfe, die für die Beteiligten aus einer Verständigung über ihre Situation oder ‚Lage' erwächst, nicht unähnlich zum Fall der Märchen und zum erörterten Gebrauch des Ausdrucks ‚Schmerz'.

Woran hier zu denken ist, kann ein Beispiel von Charles Taylor zeigen.[149] Man stelle sich vor, man würde als sprachunkundiger Ausländer in einem heißen Land in ein Eisenbahnabteil zusteigen, in dem schon jemand sitzt. Es kommt also zu einer Begegnung, es fehlen aber die Mittel, sie den Normen des einen oder anderen Mitspielers entsprechend konventionell zu gestalten, weil sie keine gemeinsame Sprache sprechen. Taylor beschreibt es nun als eine für den sprachlich behinderten Fremden naheliegende Handlung, mit hörbarem Ausatmen sein Gepäck abzustellen, sich den Schweiß von der Stirn zu wischen und einen Laut des betonten Ausatmens von sich zu geben, während man dem fremden Mitfahrer freundlich ins Gesicht blickt: ‚Puh!'

Eine Artikulation dieses Typus steht offenbar nicht *für etwas*, weder für die Hitze, noch für den Koffer, noch für den Schweiß; sie ist keine ‚Darstellung' oder ‚Repräsentation'.[150] Obwohl sie als eine ‚Interjektion' ins deutsche Wörterbuch aufgenommen wurde, könnte man ihr sogar die Sprachlichkeit absprechen wollen, denn sie kann in unadressierter Form auch als bloße ‚Expression' im wörtlichen Sinne vorkommen, nämlich als ein ‚Aus-Druck' der Atemluft aus der Lunge, als ein einsamer Seufzer, der einem vorsprachlichen, spontanen Schmerzensschrei darin ähnlich sein kann, dass er sich an niemanden richtet.

Zu Gunsten der These Taylors, dass eine solche Artikulation durchaus einen sprachlichen Charakter habe, spricht nun aber die Tatsache, dass die Äußerung ‚Puh' in der fingierten Situation mehr ist als nur ein Symptom oder ‚Anzeichen'. Auf das Beispiel bezogen wären Symptome solche Merkmale der Situation, die der schon im Abteil sitzende Partner auch dann wahrnehmen und verstehen kann, wenn er das Geschehen nur aus den Augenwinkeln beobachtet, wenn nichts ‚zur Sprache kommt', wenn er nicht angesprochen wird; dazu könnte z. B. der Schweiß oder das rote Gesicht des zusteigenden Reisenden gerechnet werden. Aus solchen Anzeichen kann der Beobachter Schlüsse ziehen, eine Verständigung findet aber nicht statt. Die ausdrücklich an den Mitreisenden

2. Einfache Formen einer ‚Verständigung über die Lage'

als ein kommunikativer Akt *adressierte* Artikulation dagegen erzeugt, wie Taylor ausführt, im gelingenden Fall eine Gemeinsamkeit im Verständnis der Situation, einen geteilten, für die beiden Betroffenen ‚öffentlichen' Raum, und dies wird ihnen die weitere Reise angenehmer machen. Die beiden reisen dadurch in einem Sinne *zusammen*, der über die räumliche Nachbarschaft der Körper hinausgeht; es hat eine (wenn auch sehr begrenzte) *Verständigung* stattgefunden, ohne dass dies eine ‚Verständigung über eine Sache' gewesen wäre. Anders als im Fall des Märchens, bei dem das Kind unter der Anleitung der Eltern einen wichtigen Schritt voran gemacht hatte, wurde aber in diesem Fall für keinen der Partner eine *neue*, ihnen vorher unbekannte Sicht eröffnet. Dafür bestand auch kein Anlass, weil die beiden erwachsenen Personen aufgrund ihrer Lebenserfahrung bereits wissen, was es heißt, bei großer Hitze mit schwerem Gepäck unterwegs zu sein. Der kommunikative Gewinn besteht darin, dass die (für beide prinzipiell bereits zugängliche, d.h. ihnen aus älteren Erfahrungen je einzeln bekannte) Sicht nun *geteilt* ist; die Partner sind dadurch *verbunden*.

Es lassen sich leicht andere (untereinander durchaus verschiedenartige) Kommunikations- und Sprachspiele finden, in denen verbale oder quasi verbale Handlungen geteilte Situationsverständnisse in diesem allgemeinen Sinn ‚artikulieren', ohne dass die dabei auftretenden Ausdrücke auf vorgegebene Dinge oder Sachverhalte referieren würden. Dazu zählt z.B. das rhythmische ‚Hauruck', mit dem an einem Seil gezogen wird; es koordiniert das Handeln, benennt aber nichts.

Es kommt hier darauf an, dass es in beiden Beispielfällen fehlerhaft wäre, zu sagen, mit den Ausdrücken ‚Puh' oder ‚Hauruck' werde auf ‚komplexe Gegenstände' *referiert*, etwa auf ‚Situationen' oder ‚Handlungsschemata' (die ‚Situation des Reisens in der Hitze', das ‚Handlungsschema des Ziehens'), wenn diese dinglich gedacht werden, d.h. wie Gebäudekomplexe oder wie ein Arrangement von Gegenständen, wie sie ein Maler für ein Stillleben aufgestellt haben könnte. Sprachphilosophisch gesehen besteht die Besonderheit dieser Artikulationsweisen darin, dass eine Referenzbeziehung gerade *nicht* vorliegt, so groß auch die Versuchung des Theoretikers ist, hier mit Wörtern wie ‚Sachverhalt' oder ‚Situation' rein verbal (‚oberflächengrammatisch') den Eindruck von der Existenz besonderer komplexer ‚Gegenstände' zu erzeugen. Die ‚Situation' ist ein ‚Gegenstand der Rede', nicht ein Komplex von Dingen.

Wenn wir sagen ‚es regnet' ist auch nicht gemeint, es gebe hier etwas oder jemanden, der eine Tätigkeit ausführe, deren Resultat das Fallen der Regentropfen ist.

Man kann beobachten, wie sich solche Artikulationen wiederholen und wie sie (darüber hinausgehend) sogar ritualisiert werden, was bei dieser Art von Zeichen besonders nahe liegt, weil wir offenbar ein Bedürfnis haben, uns bei gemeinsamen Handlungen darüber zu vergewissern, dass wir im Gleichklang sind. Dies tun wir auch in Fällen, in denen es pragmatisch weniger zwingend ist als im Fall des mit ‚Hauruck' koordinierten Ziehens. Wenn wir z. B. an das Ritual des Badens kleinerer Kinder denken (die in diesen Dingen erstaunlich konservativ sein können), kennen wir Beispiele der Art, dass zu seinem ‚richtigen' Ablauf nicht nur eine bestimmte Schwimmente gehört, sondern auch, dass es jedes Mal beginnt mit einem Spiel nach dem Muster ‚das Wasser ist viel zu heiß!' – Das ‚richtige' Zubettgehen kann verlangen, dass ein Lied gesungen, ein Gebet gesprochen oder ein Gutenachtkuss gegeben wird, etc. Wie auf der tropischen Zugfahrt sind wir auch hier nicht auf Wörter angewiesen, die für Gegenstände stehen, damit die sich einspielenden artikulierenden Ausdrücke Bedeutung haben. Ritualisierte Gesten brauchen nicht einmal verbal zu sein; beim Kinderbad z. B. genügt eine stets wiederkehrende Grimasse oder ein regelmäßiges demonstratives Zurückweichen beim Einlassen des Wassers als ritualisiertes Zeichen dafür, dass wieder einmal das bekannte Spiel gespielt wird.

Wir können leicht erkennen, dass sich die Bedeutung solcher kommunikativen Handlungen nicht auf diejenigen Funktionen reduzieren lässt, die der Sprachtheoretiker Karl Bühler die Ausdruck- und die Appellfunktion genannt hat,[151] denn sie sind weder bloße Symptome (das wäre die Ausdrucksfunktion; hierüber haben wir schon gesprochen), noch sind sie Handlungsaufforderungen (Appelle): Es geht ja z. B. nicht im Ernst darum, das Ritual des Badens durch die Grimasse zu unterbrechen, damit erst einmal das Wasser abkühlen kann. Auch Taylors Reisender will seinen Abteilpartner nicht zu einer Handlung auffordern; sein ‚puh' bedeutet nicht ‚bitte helfen sie mir, den Koffer ins Gepäcknetz zu heben'. Wenn wir mit Taylor sagen, solche Äußerungen würden ein sozial geteiltes Verständnis eines bekannten Handlungsablaufs artikulieren, dann kann dies in manchen Fällen zwar durchaus einschließen, dass die Mitspieler jetzt voneinander gewisse Fortsetzungshandlungen erwarten (nämlich dass verfahren

2. Einfache Formen einer ‚Verständigung über die Lage'

wird ‚wie üblich'), es handelt sich aber nicht um Aufforderungen zu bestimmten, sprachlich ‚benannten' Handlungen.

Solche Artikulationen sind also sehr wohl sprachlich, sie erfüllen ihre Orientierungsleistung aber ohne für Dinge oder Ding-Komplexe im Sinne vorgegebener Gegenstände oder Sachverhalte zu stehen, die jenseits und unabhängig von den Zeichen existierten und von denen man sagen könnte, die Zeichen würden sie ‚abbilden'. Wie wir im dritten Kapitel gesehen hatten, gilt dies auch für ‚innere Gegenstände'; auch sie werden in Äußerungen der geschilderten Art nicht abgebildet. In Anknüpfung an Wittgensteins Interpretation der Schmerzäußerungen können wir deshalb in beiden Fällen sagen: Es geht hier wie dort um ‚kein Etwas', aber es geht auch nicht in dem Sinne um ‚nichts', dass die jeweiligen Äußerungen bedeutungslos oder leer wären, wie uns ein Blick auf ihre Funktion, ihre Verwendung gezeigt hat. Auch und gerade in den Religionen kommt ein in diesem Sinne ritueller Gebrauch sprachlicher und auch nicht-sprachlicher Zeichen sehr häufig vor, und auch dort artikuliert er ein geteiltes Situationsverständnis und schafft oder bestätigt einen sozialen Zusammenhang, etwa die Gliederung einer Feier oder anderer Zeitspannen.

Nun sind aber Sprachformen, die einen *ausschließlich* rituellen Sinn haben, sogar in der Religion die Ausnahme. Auf den *höheren* Stufen der Sprachkompetenz haben wir es auch bei rituellen Artikulationen der Lage fast immer mit syntaktisch komplexen Sprechhandlungen zu tun, in denen mehrheitlich Ausdrücke vorkommen, die dazu geeignet sind, einen Bezug zu (realen oder fingierten) Gegenständen herzustellen. Man kann z. B. zum Zubettgehen auch eine Rückschau auf den Tag halten, bei der die Namen realer Personen genannt werden, oder man kann ein Märchen erzählen, in dem von Königinnen oder Fröschen die Rede ist, man kann ein Gebet sprechen. Der entscheidende Punkt ist nun, dass trotz dieser Dimension des Bezugs der Charakter der *ganzen* Sprechhandlung darin bestehen kann, dass sich die Sprecher und Hörer ihrer Situation vergewissern, was beim Zubettgehen z. B. dann der Fall wäre, wenn ein schon gut bekanntes Märchen ‚zum hundertsten Mal' erzählt wird, obwohl es zu den konkreten Episoden des vergangenen Tages keinen Bezug haben mag. Und unser von Taylor angeleiteter Blick auf vorsprachliche, nur sprach*ähnliche* Artikulationsweisen kann verständlich machen, dass auf der höheren Kompetenzstufe die Möglichkeit besteht, dass Ausdrücke, die in anderen Kontexten die Funktion erfüllen, real anwesende Gegenstände zu nennen oder zu klassifizieren (oder ganze Geschichten von ihnen zu erzählen), diese Funktion in einem ritualisierten Kontext verlieren. Eine komplexe sprachliche Handlung (etwa das Erzählen eines Märchens) kann wie der Ausdruck ‚Puh' die erörterte Artikulationsfunktion haben, d. h. sie kann eine Verständigung über die Situation ermöglichen, ohne dass dazu der Bezug der Teilausdrücke eine Rolle spielen muss, und zwar weder als konkreter Bezug auf bestimmte Gegenstände, noch als indirekter Bezug von der Art, wie wir ihn beim Märchen kennen gelernt hatten, wo z. B. über die *eine* reale Mutter auf dem Umweg über *zwei* Märchenfiguren gesprochen wird, von denen eine gut und die andere böse ist. Dies zeigte gerade Taylors Erörterung der Funktion des Wortes ‚puh', von dem wir unterstellt hatten, dass es zu keiner Zeit etwas bezeichnet hat, wenn man das Wort ‚bezeichnen' im strengen Sinne des Referierens versteht. Ausdrücke, die normalerweise etwas bezeichnen, können also selbst dann der Verständigung dienen, wenn ihre grundsätzlich mögliche Bezeichnungsfunktion im besonderen Fall suspendiert ist. Dies gilt z. B. auch dort, wo uns in einer fremden Sprache etwas gesagt wird, dessen pragmatischen Sinn wir nur erraten können, wo aber die Verständigung über die Situation genauso erfolgreich sein kann wie bei Taylors ‚puh'.[152]

Eine weitere elementare sprachliche Möglichkeit, sich über die Sicht auf die jeweilige ‚Lage' oder ‚Situation' zu verständigen, die im Unterschied zu den bisher betrachteten Sprachformen bereits geeignet ist, einen Blick auf ‚das Ganze' zu artikulieren, können wir in den Weisheitssprüchen und ihren alltäglichen, eher anspruchslosen Vorformen sehen. Sie zielen auf ein Allgemeines, aber in einem anderen Sinne als wir es von den Wissenschaften kennen. Ob sie sich bereits als Schritte in Richtung Transzendenz verstehen lassen, werden wir noch zu prüfen haben.

Betrachten wir zunächst die angesprochene Differenz: Das Interesse der *Wissenschaften* am Allgemeinen ist ihr Interesse an der Formulierung von Naturgesetzen, und deren Aufstellung steht im engsten Zusammenhang mit dem wissenschaftlichen Experiment. Die Frage, ob eine naturwissenschaftliche Darstellung gelungen ist, ist in den paradigmatischen Fällen der Grundlagenwissenschaften an den Erfolg von Experimenten gebunden. Erst mit der Entwicklung des systematisch variierenden Experimentierens, d. h. der kontrollierten Eingriffe, verbunden mit der systematischen Beobachtung dessen, was in der Natur dann ‚von selbst' abläuft, wurde die moderne Naturwissenschaft mit ihrer beeindruckenden

2. Einfache Formen einer ‚Verständigung über die Lage'

Erfolgsgeschichte möglich. Ein allgemeines Naturgesetz kann genau dort formuliert werden, wo kontrollierte Experimente regelmäßig gelingen.

Anders verhält es sich bei den jetzt ins Auge zu fassenden Sprüchen und Geschichten über typische menschliche Situationen. Blicken wir noch einmal zurück auf das abendliche Kinderbad. Wir können uns leicht vorstellen, dass das Töchterchen, das immer wieder kein Ende finden mag, empört sagt ‚immer muss man schlafen!' Wer diesen höchst allgemeinen Satz durch die erkenntnistheoretische oder wissenschaftliche Brille betrachtet, wird ihn auf offensichtliche Weise falsch finden. Trotzdem wird er aber nicht nur verstanden und von den Älteren als sinnvoll akzeptiert, wir können sogar davon ausgehen, dass die Erwachsenen mit Äußerungen dieses Typs vorangegangen sind, z.B. mit Sätzen wie ‚morgen ist auch noch ein Tag' (der sich im vorliegenden Fall als Antwort anbieten würde). Hierher gehört auch der früher bei kleineren Verletzungen verbreitete Trost in Gestalt des Satzes (der ‚Vorhersage'): „Bis du heiratest ist alles wieder vorbei!' Obwohl also der Satz ‚immer muss man schlafen' falsch ist, obwohl der Satz über das Heiraten und der Spruch ‚morgen ist auch noch ein Tag' nicht beanspruchen, auf fehlerlosen Induktionsschritten zu beruhen (– wenn es solche denn gäbe –) oder eine Hypothese oder ein Naturgesetz zu formulieren, können sie in Taylors Sinn ein jeweiliges Situationsverständnis artikulieren. Ein Sprecher kann sie benutzen, um sein Verständnis, seine Sichtweise der gerade bestehenden Lage und damit auch seine Einstellung zu ihr zum Ausdruck zu bringen und beim Adressaten anzuregen, die Lage auch so zu sehen. Irgendwann muss mit dem Baden Schluss sein; morgen ist auch noch ein Tag!

Diese Sprachformen schaffen einen Bezug zwischen dem Hier und Jetzt der Äußerung und vergangenen oder zukünftigen Episoden oder Lebensabschnitten, so dass die gegenwärtige Situation in einem bestimmten Licht erscheint. Wer früher sagte ‚bis du heiratest ist alles wieder vorbei', der rückte z.B. eine unangenehme Verletzung in einen größeren lebenszeitlichen Zusammenhang: So sehr das aufgeschlagene Knie im Moment auch schmerzen mag, eines Tages kommen wieder fröhliche Zeiten und der Schmerz wird vergessen sein. Die Äußerung sagt: Tritt einen Schritt zurück, fasse einen größeren Teil deines Lebens ins Auge, dann siehst du die Dimension des Schmerzes angemessener. Wer sich die so empfohlene Sicht zu Eigen macht, für den verändert sich die Bedeutung des kleinen Vorkommnisses. Man kann sogar so weit gehen zu sagen, wenn sie anders erzählt wird, ist aus ihr eine ‚andere Episode' geworden (‚eine Lappalie'). Die Identität einer menschlichen Episode ist eine Frage der Sehweise, und die Kennzeichnung einer Sehweise erfolgt häufig in Gestalt einer Geschichte, einer *story*.[153]

Es geht in den genannten Beispielen (aus der Perspektive der Erwachsenen) um kleine und eher unbedeutende Vorkommnisse. Gleichwohl haben wir es hier mit den frühen Stufen einer Art von Sprachgebrauch zu tun, mit dem auch Weisheiten artikuliert werden, die über die kindlichen Belange hinausgehen. Was Taylor im kleinen Maßstab am Beispiel des tropischen Zugabteils vorgeführt hat, nämlich dass es hilfreich ist, sich über die Art der Situation, in der man mit anderen ist, zu verständigen, das gilt auch für größere Zusammenhänge. Dabei geht es bei der Artikulation des Verständnisses, das man von seiner Lage hat, um Fragen der Art: Wie stellt man sich auf einen Schmerz ein oder auf das Ende eines Vergnügens? Oder gewichtiger: Wie geht man mit Liebeskummer oder mit dem Tod eines nahen Menschen um? Auf solche Fragen geben mehr oder minder bedeutsame, mehr oder minder weitreichende Weisheitssprüche eine knappe Antwort; längere Geschichten können ausführlichere Antworten formulieren. Die Aussagen ‚über Situationen', die sie machen, sind allgemein, aber nicht gesetzesartig, d. h. nicht wissenschaftlich. Sie leiten sich nicht aus Experimenten her, sondern aus der Lebenserfahrung oft vieler Generationen. Sie artikulieren (wie Taylors ‚Puh') ein Situationsverständnis, sprachlich handelt es sich aber bei ihnen bereits um Aussagen. Dadurch sind sie den Märchen und Mythen ähnlich. Sie machen eine Aussage über die jeweilige Lage der betroffenen Person oder in manchen Fällen sogar noch allgemeiner über die ‚Lage des Menschen in dieser Welt'. Und da sie Aussagen sind, können solche Artikulationen kritisiert werden, wie wir bereits an den ‚geschönten' Märchenversionen gesehen haben, die nach Bettelheim der Lage der Kinder nicht angemessen sind. Und unser Blick auf den Trost ‚bis du heiratest ist alles wieder vorbei' hat darüber hinaus deutlich gemacht, dass der Vorwurf, jemand habe die Lage unangemessen oder falsch dargestellt, auch dann sinnvoll erhoben werden kann, wenn über die Seite der ‚Sachverhalte' (des ‚materiellen Ablaufs', der Realität der Verletzung) kein Dissens besteht. Es geht um die Aussage, dass es *unangemessen* ist, wegen einer Lappalie ein solches Geschrei zu machen. Dies erinnert an die im vierten Kapitel erörterte Zielsetzung des Buddhismus, eine angemessene *Einstellung* zum unvermeidlichen menschlichen Leid zu finden.

3. Der Schritt zur Transzendenz: Gestaltwandel statt Ausdehnung des Bereichs

Wir hatten zu Anfang den Fall eines Märchens betrachtet, also einer bereits vorliegenden Geschichte, die traditionell in bestimmten Kontexten erzählt wird. Wir hatten mit Bettelheim gesehen, wie diese Geschichte einem Menschen, der in die Erwachsenenwelt erst hineinwächst, dabei helfen kann, seine neuen beängstigenden Impulse und die daraus entstehenden Konflikte zu verstehen. Die Geschichte ist nicht nur einfach eine ‚Expression' einer Empfindung, sondern sie ‚konstruiert' eine bestimmte Sicht, sie konstituiert den in der jeweiligen Kultur spezifischen Charakter des Widerfahrnisses und dieses wird erst dadurch zu einer ‚Erfahrung', zu einem mitteilbaren und bedeutungsvollen Vorkommnis. Das Kind überschreitet oder ‚transzendiert' seine bisherige enge Perspektive, es überwindet seine Angst und lernt seine gemischten Gefühle wahrzunehmen, sie zu akzeptieren und mit ihnen handelnd so umzugehen, dass ein hinreichendes Maß von Übereinstimmung mit seinen Bezugspersonen erhalten bleibt.

Zweitens hatten wir an Taylors Geschichte aus dem Zugabteil gesehen, wie zwei Erwachsene sich über eine dem Typus nach beiden bekannte Situation sogar dann verständigen können, wenn sie keine gemeinsame Sprache haben, und wir hatten den Gewinn dieser Verständigung mit Taylor in der ‚Herstellung eines öffentlichen Raums' gesehen. Durch eine Artikulation des von ihm erörterten Typus entsteht im gelingenden Fall ein gemeinsames Verständnis ihrer Lage, es entsteht eine ‚geteilte' Situation. Wir sahen daran, dass nicht jedes Einverständnis über eine Situation auf einer Einigung über einen gegenständlichen Sachverhalt beruht. Es gibt vielmehr ‚Artikulationen der Lage', die *direkt* als angemessen beurteilt werden können, d. h. ohne dass der Schritt einer Überprüfung der Wahrheit einer Sachverhaltsdarstellung vorhergehen müsste.

Zuletzt hatten wir in den einfachen Formen der Weisheitssprüche Ansätze zu teils punktuellen, teils weiter gefassten ‚Darstellungen einer menschlichen Situation' gesehen, deren Funktion einerseits Taylors Verständigungsfall ähnlich ist, die aber auf der anderen Seite den Märchen darin gleichen, dass sie eine bestimmte ‚Sicht der Lage' selbst explizit zur Sprache bringen. Ihre Rolle ist nicht darauf beschränkt, an etwas bereits Bekanntes nur zu erinnern, sie behaupten auch etwas über die Situation. Wir können sogar weiter gehen und sagen, dass in ihrem Fall die Artikulation an der ‚Definition' und in diesem Sinne an der ‚Schaffung' der Situation beteiligt ist. Dies liegt daran, dass ‚Situationen' keine objektiven Gebilde sind (keine ‚Gegenstandskomplexe' im Sinne des *Tractatus* von Wittgenstein), deren Vorhandensein einfach nur protokolliert, ‚widergespiegelt' oder ‚notiert' werden könnte. Wie Handlungen werden vielmehr auch Situationen durch die Art ihrer Beschreibung in ihrer Identität bestimmt. Eine bestimmte Artikulation kann *eine* ‚Sicht' zur Geltung bringen, eine alternative Artikulation eine andere, und die ‚Sicht' ist ein konstitutives Merkmal dessen, was wir eine ‚Situation' nennen (und entsprechend eine ‚Erfahrung').[154] Daher kann es auf dieser Stufe vorkommen, dass bei ein und demselben ‚äußeren Anlass' zwei Sichten konkurrieren (‚immer muss man schlafen' gegen ‚morgen ist auch noch ein Tag'); entsprechend konkurrieren die durch sie nahe gelegten Handlungsweisen, denn was wir als eine adäquate Reaktion auf das Eintreten einer Situation ansehen, hängt davon ab, wie wir die Situation bestimmen. Und umgekehrt ist es möglich, dass zwei sprachlich *verschiedene* Artikulationen in ihrem Sinn, in der Weise, wie sie das Handeln anleiten, äquivalent sind. Ob man sagt ‚lass mich nicht im Stich' oder ‚lass mich nicht im Regen stehen' kann auf dasselbe hinauslaufen.

Wie wir anlässlich des Spruches ‚bis du heiratest ist alles wieder vorbei' schon festgestellt hatten, kann man ein Vorkommnis z. B. ‚aufbauschen' oder verniedlichen. Auch vor Gericht kann nach der Einigung über den objektiven Sachverhalt immer noch über seine ‚Bewertung' Streit entstehen. Dieser Streit betrifft kein zusätzliches Problem in dem Sinne, dass nun der ontologische Bereich der ‚Werte' einbezogen wird. Wo die ‚Welt des Menschen' im Blick ist und keine Abstraktionen vollzogen wurden, geht es durchgängig um die Frage, was für eine Handlung oder Tat überhaupt zur Beurteilung ansteht. So wie die ‚Lage des Menschen' nicht von unserer *Sicht* auf sie zu trennen ist, so ist auch die ‚objektive' Seite des Handelns von seiner Bewertung nicht wirklich zu trennen, sondern nur ‚im Geiste', durch Weglassen.

Von hier aus legt sich im Kontext einer Erörterung der Religion die Frage nahe, ob es aus unserer heutigen Sicht möglich ist, die Integration der uns auf der Lebensbühne zustoßenden Erlebnisse

3. Der Schritt zur Transzendenz: Gestaltwandel statt Ausdehnung

zu einer artikulierten, gegliederten Geschichte, wie wir sie am Muster der Weisheitssprüche und der Märchen erörtert haben, so weit auszudehnen, bis die resultierende Geschichte schließlich ‚das Ganze' dessen umfassen würde, was uns im Leben an wirklich entscheidenden Dingen begegnen kann. Die einzelnen sprachlichen Artikulationsbemühungen müssten bei dieser Zielsetzung zu einem Gesamtbild integriert werden. Jeder begrenzte Kontext würde überschritten (‚transzendiert'), so dass wir schließlich auf diesem Wege zu einer ‚Gesamtgeschichte', einer Darstellung unserer ‚Gesamtsituation' kämen, in der alles Einzelne seinen Platz und folglich einen Sinn finden würde, auch über unser eigenes Leben hinaus. Zugleich ergibt sich aus den gerade angestellten Überlegungen, dass jede solche Gesamtgeschichte eine *bestimmte* Sicht auf unsere Lage artikuliert, zu der im Prinzip auch andere Sehweisen denkbar sind; der eine kann ‚unsere Situation' ganz anders sehen als ein anderer. Eine Gesamtgeschichte der ins Auge gefassten Art macht also eine spezifische Aussage, über deren Angemessenheit gestritten werden kann.[155]

Eine solche *umfassende* Geschichte müsste offenbar von der Art sein, wie wir sie von den Mythen kennen, die ihren Adressaten von der Entstehung der Welt, vom Leben der Götter, von der Herkunft ihrer sozialen Gruppe und von Schicksal der Menschen nach dem Tod erzählen. Daher liegt die Frage nahe, ob wir die Religionen richtig verstehen, wenn wir in ihren Artikulationen auch heute noch Versuche sehen, ein solches Bild der ‚ganzen Welt' zu vermitteln; ist es nicht dies, was viele von uns auch heute noch von ihnen erwarten? Mit einer so umfassenden Geschichte hätten wir die kleinen Dinge des Alltags ‚transzendiert'; wir hätten ‚das Ganze' in den Blick genommen als den Kontext, in dem die einzelnen kleinen Begebenheiten erst ihren Sinn zu bekommen scheinen. Ein Beispiel für einen solchen sinnstiftenden Zusammenhang ist der Gedanke, verborgene Übertretungen erhielten ihre gerechte Strafe in einem ‚Jenseits', sie seien aus der Sicht der Götter (oder des einen Gottes) nicht wirklich verborgen und wir täten folglich besser daran, sie zu unterlassen. Aus der Perspektive Bettelheims könnten wir sagen, eine so umfassende Geschichte wäre das ‚Märchen aller Märchen', eine Geschichte, die auch uns erwachsen gewordenen Kindern bezüglich all unserer Lebensprobleme eine angemessene Sicht so ermöglichen würde, wie es die klassischen Volksmärchen für jeweils einzelne Probleme in bestimmten Situationen der Kindheit tun. Eine solche Geschichte könnte uns im besten Fall dazu verhelfen, mit unseren

Ängsten und Hoffnungen bezüglich des Ganzen unseres Lebens realistisch umzugehen, ähnlich wie wir es in begrenzterem Rahmen bei den Kindern für die Märchen gesehen hatten. Und wir können uns nun fragen, ob dafür eine Wahrheit auf der Fabelebene vorausgesetzt werden muss oder nicht.

Sind die Erzählungen der Religionen nicht in der Tat solche umfassenden und an jedermann adressierte Geschichten oder Sammlungen von Geschichten, die einer ganzen Kultur eine Orientierungshilfe bieten, die den besonderen Charakter der zu ihr gehörenden Personen, ihre ‚Sicht auf die Welt' bestimmen? Die religiösen Geschichten hätten dann einen Sonderstatus, der es rechtfertigt, bei ihnen nicht mehr von Märchen zu sprechen, die ja meist auf Einzelnes, nicht auf ‚das Ganze' bezogen sind. Wie es mit Bezug auf die Märchen erörtert wurde, müssten wir auch für die so verstandenen religiösen Geschichten sagen können, in welchem Sinne sie *angemessen* oder sogar *wahr* zu heißen verdienen, aus welcher Perspektive wir die Feststellung treffen könnten, sie würden die menschliche Situation so darstellen, wie sie sei, sie würden uns ein realistisches Bild von unserer Lage zeichnen. Der Fall des Märchens lässt es denkbar erscheinen, dass sie auf der Fabelebene (wörtlich, buchstäblich) nicht wahr zu sein brauchen, um in diesem Sinne ‚angemessen' zu sein.

Wie ist nun aber der Prozess des Erweiterns, des Ausdehnens des Bereichs, von dem in einzelnen Geschichten gehandelt wird, zu verstehen, wenn gleichzeitig das Ziel der Integration verfolgt wird, d.h. wenn das Resultat eine einheitliche Gesamtgeschichte sein soll, in der alles zueinander passt, nicht nur eine Sammlung besonders wichtiger aber zusammenhangloser Geschichten, die verschiedenen Textsorten angehören dürfen? Zu den Zeiten des Mythos erschien gar nichts anderes denkbar als dass alle Teilgeschichten auf ein und derselben Ebene angesiedelt sind. Aber kann es für uns heute noch eine Geschichte vom Anfang und vom Ende der Welt geben, die durch ihre umfassende Perspektive die Funktion hat, unser Leben als sinnvoll darzustellen, wo wir doch wiederholt gesehen hatten, dass man die Unterschiede zwischen den Wissensformen und Textsorten genau zu beachten hat, wenn man vermeiden will, durch Kategorienfehler in unlösbare Probleme zu geraten? Lässt sich das Transzendieren heute noch als ein raumzeitliches Ausgreifen auf immer größere Zusammenhänge mit dem Ziel der Integration verstehen, also des Zusammenschlusses der einzelnen Erzählungen zu einer einheitlichen Gesamtgeschichte?

3. Der Schritt zur Transzendenz: Gestaltwandel statt Ausdehnung 157

Wer von der ‚Fabelebene' her denkt, dem legt sich die bis heute verbreitete Vorstellung nahe, ein solches Transzendieren des Begrenzten und Konkreten könnte in Gestalt einer raumzeitlichen Erweiterung erfolgen. Wie die alten Weltentstehungsmythen würde eine so vorgestellte Gesamtgeschichte vom Anfang und vom Ende der Welt handeln, sie gäbe uns einen Blick auf das, was vor unserer Geburt war, und auch auf das, was nach unserem Tod sein wird. Bei entsprechender inhaltlicher Füllung (ein gütiger Gott erschafft die Welt und hat einen Heilsplan für die Menschen) würde sie den Rahmen bilden, der allem Einzelnen im Leben seinen Sinn verleiht. Dieser Rahmen sagt uns z. B., welchen Sinn das Leiden hat und wie es letztendlich mit der Gerechtigkeit bestellt ist, mit den moralischen Geboten und dem Bösen, das ‚hier auf Erden' nicht bestraft worden ist. Mit dem bereits zitierten Gleichnis Bruners gesprochen: Wenn wir an das Textbuch des großen Dramas gelangen könnten, das für jeden von uns auf der Lebensbühne schon lange vor seiner Geburt begonnen hat und in das er sich im Verlauf seines Lebens oft mühsam hineinfinden muss, dann könnten wir unsere Rolle vielleicht so spielen, dass alles auf erträgliche oder sogar erfreuliche Weise zusammenpassen würde. Auf der Fabelebene ist die christliche Geschichte von der Schöpfung und vom Jüngsten Gericht ein Beispiel für das Transzendieren im Sinne einer solchen raumzeitlichen Ausdehnung, die so weit fortgeschritten ist, dass ‚das Ganze' im Blick ist, ‚die ganze Welt', also das, was noch bei William James in einem nicht wissenschaftlich gemeinten Sinn ‚das Universum' hieß.

Dies ist, wie gesagt, von der Fabelebene her gedacht, von der ersten oder wörtlichen Inhaltsebene her, auf der die ‚Ausdehnung in Raum und Zeit' buchstäblich verstanden wird. Solche Vorstellungen vom Bereich des Transzendenten können durchaus in einer modernen Form auftreten. Ihre Verfechter sind dann zwar bereit, einzelne Aussagen der tradierten Mythen zu korrigieren oder nicht wörtlich zu nehmen, z. B. diejenigen über das Alter der Welt und die Entstehung der Arten. Trotzdem versuchen sie, die Perspektive beizubehalten, der gemäß das ‚Transzendieren' der Religionen eine ‚Ausdehnung in Raum und Zeit' sei. Dann hätte z. B. der ‚Urknall' und das Entstehen und Vergehen von Sternen durchaus etwas mit dem Begriff der Transzendenz zu tun. Aus dieser Sicht erscheinen die neuesten Theorien über die Weiten des Weltraums, über die Phasen im Leben eines Sterns oder über den Zusammenhang von Materie und Energie für religiöse Fragen relevant. Den

Bereich des Göttlichen denkt man sich dort, wo die Wissenschaft jeweils noch nicht ist: In ihn gehören die Zeit vor dem Urknall, die unerforschten Formen der Energie, in denen der ‚Geist' vermutet wird, etc. Die Integration, die hier angestrebt wird, will auch die Wissenschaften integrieren; es ist eine Integration auf einer einzigen Ebene.

Nach unseren bisherigen Überlegungen haben wir aber allen Grund, einem solchen Projekt gegenüber skeptisch zu sein. Da es darauf abzielt, zu einer Gesamtgeschichte zu gelangen, die (trotz punktueller Umdeutungen) am Ende doch alles auf einer Ebene integriert, muss sie sich auf die Wissenschaften einlassen und muss dort ständig damit rechnen, dass deren aktuelles Verständnis unserer Welt nicht mit dem verträglich ist, was die tradierten religiösen Erzählungen sagen. Daraus entsteht für sie der Zwang, jeweils von Fall zu Fall zu entscheiden, wie bestimmte religiöse Aussagen zu interpretieren sind (wörtlich oder gleichnishaft), welche älteren Deutungen zurückgezogen werden müssen und welche (vorläufig) Bestand haben. Es scheint also, dass alle Argumente, die bisher für die Trennung verschiedener Ebenen vorgetragen wurden, in Kraft bleiben. Das skizzierte ‚Ausdehnungsmodell' der Transzendenz würde uns zurückführen zu den Problemen von Hume.

Zu dieser Bekräftigung der schon oben erarbeiteten Position passen auch die Ergebnisse der auf Hume folgenden erkenntnistheoretischen Anstrengungen, insbesondere derjenigen Kants, der gezeigt hat, dass die ‚theoretische Vernunft' zur Erkenntnis Gottes nicht fähig ist und dass alle vorgeschlagenen Gottesbeweise logisch fehlerhaft sind.[156] So finden wir uns heute in der Zeit eines ‚nachmetaphysischen' Denkens in dem Sinne vor, dass wir nicht meinen, durch einfache Ausdehnung der wissenschaftlichen Erkenntniskräfte in immer fernere raumzeitliche Regionen bis zu einer ‚Erkenntnis Gottes' fortschreiten zu können. Wissenschaftlich plausibel zu machende Aussagen über den Anfang der Welt können die entsprechenden mythisch-religiösen Aussagen nicht stützen und sie können mit ihnen auch kein homogenes Ganzes bilden, wie es das Ausdehnungsmodell verlangt.

Wer nur eine einzige Inhaltsebene akzeptieren will, auf der sich alles abspielt, was wir wissen können, hat demnach zwei Optionen: Entweder muss er manche Wissenschaften verdammen, wie es die ‚Literalisten' tun (d. h. diejenigen, von denen die religiösen Aussagen ‚buchstabengetreu' oder ‚wörtlich' genommen werden). Das Projekt einer *integrierten* Gesamtgeschichte ist damit insofern auf-

3. Der Schritt zur Transzendenz: Gestaltwandel statt Ausdehnung

gegeben, als Teile der Wissenschaft nicht einbezogen sondern ausgeklammert werden. Die zweite Option besteht darin, sich mit Ausschließlichkeit allein für die Wissenschaften zu entscheiden. Innerhalb dieses zweiten Weges gibt es dann noch einmal eine Verzweigung: Entweder man hofft, alles, was in der Religion (und in den Geisteswissenschaften) wichtig ist, eines fernen Tages in der Sprache der Naturwissenschaften sagen zu können. Eine solche Hoffnung kann man z. B. bei manchen Anhängern der so genannten ‚Neurotheologie' vermuten, die darauf setzen, Gott eines Tages im Gehirn zu finden.[157] Aus der hier erarbeiteten Sicht erscheint eine solche Hoffnung völlig unbegründet. Diese Skepsis ergibt sich aus den Überlegungen unseres Kapitels über Wittgenstein: Kategoriale Grenzen, so hatten wir am Beispiel des Schmerzes zu zeigen versucht, lassen sich nicht dadurch überwinden, dass man die empirische Arbeit an den Details auf der einen Seite der Grenze verstärkt und hofft, dadurch ‚irgendwie' auf die andere Seite zu kommen. Es ist eine philosophische Konfusion zu meinen, eine immer genauer werdende Neurophysiologie könne eines Tages herausfinden, was ein Schmerz (oder Gott) ‚wirklich' sei.

Auf dem anderen Zweig der ausschließlich für die Wissenschaften Partei nehmenden Option sieht man in religiösen Aussagen nur die Formulierung von Illusionen. Diese zweite Form einer eindimensionalen (und darin Hume ähnlichen) Sicht finden wir auf klassische Weise bei Sigmund Freud formuliert; wir stoßen aber auch in jüngster Zeit noch darauf, z. B. bei Ernst Tugendhat, der die Rede von Gott, durch die er seinen sehr engen Begriff von Religion definiert, nicht anders verstehen kann als im Sinne eines Bezugs auf ein raum-zeitliches Wesen, das aber, so verstanden und zugleich mit den üblichen christlichen Attributen verbunden, für ihn nicht einmal eine Denkmöglichkeit ist.[158]

Die hier vorgetragenen Überlegungen hatten dagegen schon im ersten Kapitel eine Diskontinuität zwischen einer wörtlichen und einer zweiten Inhaltsebene in den Vordergrund gestellt. Daraus ergibt sich nun die Frage, ob und wie wir die Rede von der Transzendenz auf eine andere Art begreiflich machen können als sie das Ausdehnungsmodell formuliert, in dem es nur eine einzige Ebene gibt. Von einer ‚Erweiterung' der Perspektive über die Belange des Alltags hinaus könnten wir dann vielleicht weiter sprechen, wir würden sie aber nicht in einem raum-zeitlichen Sinne verstehen. Bettelheim hatte gute Gründe, den Märchen mehr zuzutrauen als die Verbreitung von Illusionen, und so wollen wir prüfen, ob es sich bei den religiösen Erzählungen nicht ebenso verhält, anders als es uns die Diagnosen z. B. Freuds, Tugendhats oder Dawkins' sagen. Unsere Frage lautet also, in welchem Sinne ‚das Ganze', um das es in den Religionen geht, etwas anderes sein kann als eine *raumzeitliche* Ganzheit. Was können die Aussagen heißen, in den Religionen gehe es um etwas, das alles Einzelne überschreitet und das zugleich über den Sinn dieses Einzelnen entscheidet, wenn damit nicht gemeint ist, es werde in ihnen eine ‚Gesamtgeschichte' erzählt, die durch eine raumzeitliche ‚Ausdehnung' des Bereichs partikularer Geschichten entsteht und den Sinn von einem erzählten Ende her deutet?

Wenn wir beim Versuch der Beantwortung dieser Frage auf den bisherigen Erörterungen aufbauen, können wir zunächst behutsam formulieren, ‚das Ganze', um das es in der Religion gehe, sei die ‚Sicht' auf alles Einzelne, die ‚Färbung' oder ‚Beleuchtung', in der alles Besondere erscheine. Wenn wir diese Sprechweise benutzen, dann haben wir in dieser ‚Sicht' oder ‚Färbung' nicht einen weiteren Gegenstand vor uns, einen ‚jenseitigen' (z. B. einen ‚himmlischen') Gegenstand, der dadurch *neben* oder *über* den Alltagsdingen sichtbar werden würde, dass wir unser begrenztes Blickfeld raumzeitlich bis in eine ferne, geheimnisvolle Welt ausdehnen würden. Wir bleiben vielmehr, was die *Gegenstände* angeht, in der uns vertrauten Welt.

Erst recht ist die ‚Sicht' oder ‚Färbung' kein weiteres Alltagsding. Wenn wir eine Aufzählung aller Alltagsdinge in Gestalt einer Liste erstellen müssten, käme die ‚Sicht' oder ‚Färbung' darin nicht vor. Auch eine ‚Darstellung der Welt', eine ‚Abbildung' im Sinne von Wittgensteins *Tractatus*, die neben den Nennungen der Dinge eine Angabe über die Relationen zwischen ihnen enthalten würde, könnte die ‚Sicht' nicht auflisten. Wenn die Vermutung stimmt, dass der Transzendenzbezug etwas mit einer solchen Sicht zu tun hat und wenn es zugleich sinnvoll ist, zu sagen, bei ihm gehe es um etwas ‚Höheres', das ‚über den Alltag hinausgeht', dann wäre der frühe Wittgenstein durchaus im Recht gewesen, als er mit Bezug auf eine ‚Sprache' der im *Tractatus* entworfenen Art meinte, sie könne „nichts Höheres ausdrücken".[159] Sie kann nur sagen, was ist, sie kann aber keine Sicht auf das ausdrücken, was ist.

Wir hatten im Kapitel über William James gesehen, dass eine Veränderung dessen, was wir hier als ‚Sicht' oder ‚Färbung' bezeichnen, den Kern der religiösen Erfahrung bildet und dort eine Veränderung ‚ums Ganze' ist. Deshalb können wir nun auch sagen,

3. Der Schritt zur Transzendenz: Gestaltwandel statt Ausdehnung

mit der Thematisierung der ‚Sicht' werde die Alltagswelt ‚transzendiert', in einem solchen Schritt gehe es ‚ums Ganze' (weil *alles* in einem anderen Licht erscheint, das ‚ganze Leben'), es gehe nicht um irgendetwas Einzelnes, weder aus dem Alltag, noch aus einer jenseitigen Welt, solange diese Jenseitigkeit nach dem ‚Ausdehnungsmodell' verstanden wird.

Eine zu den Weltentstehungsmythen alternative Redeweise, die zu dieser Deutung des Übergangs zur Transzendenz als einer Änderung der Sicht passt, ist die in vielen Kulturen (auch im Christentum) verbreitete Lichtmetaphorik, die sowohl in Platons Höhlengleichnis zu erkennen ist, wo der Weg aus dem dämmerigen Bereich des Alltags ins Helle führt, als auch in der buddhistischen Metaphorik von der ‚Erleuchtung' und im dort benutzen Bild vom ‚Erwachen', das ein Öffnen der Augen für das Licht des Tages anklingen lässt. Diese Metaphorik ist so angelegt, dass man nicht etwas Neues sieht, einen vorher unbekannten, ‚unerhörten' Gegenstand (obwohl dies in ‚esoterischen' Kreisen manchmal so missverstanden wird), sondern dass man das, was man schon immer gesehen hat, anders sieht: klarer, deutlicher, schärfer; ein Schleier wird fortgezogen; es fällt einem wie Schuppen von den Augen; alles erscheint neu.

Mit der Redeweise von einer ‚Sicht auf die Lage', die für das, was gesehen wird, mitbestimmend ist, sind zwei Pole signalisiert, die Seite eines Sehenden und die Seite dessen, was er sieht. Wenn wir die Seite des Gesehenen (dessen, was uns umgibt, die Seite der ‚Welt') ins Zentrum rücken, können wir sagen, es gehe um ihre Gestalt, ihre Physiognomie, um die Färbung, in der sie erscheint. Fokussieren wir dagegen auf die sehende Person, dann können wir sagen, es gehe nicht im wörtlichen Sinne um Optisches, auch nicht um andere Empfindungen, sondern es gehe um die Weise, in der die Person mit allem, was ihr begegnet, umgeht, die Art, in der sie in einem praktischen Sinne zurechtkommt, wie sie die Anforderungen, die ihr Leben an sie stellt, meistert. Wir haben in diesem Zusammenhang oben auch von der ‚Einstellung' oder ‚Haltung' einer Person gesprochen.

Insoweit wir selbst unsere Einstellung verändern können, d. h. insoweit wir unsere Weise des Antwortens ein Stück weit selbst gestalten können, ist die Färbung oder Beleuchtung der Welt etwas, das *auch* (aber nicht ausschließlich) von uns abhängt. Im Kapitel über den Buddhismus hatten wir gefunden, dass dort die Frage im Zentrum steht, wie wir uns zu den leidvollen Seiten des

Lebens *einstellen*. Damit ist etwas gemeint, das über Tagträume und Wünsche hinausgeht, was den *Weg* eines Menschen im Laufe seines Lebens betrifft, die Art und Weise, wie er sich verändert und sich im wahrhaftigen Umgang mit seinen Erfahrungen von diesen verändern lässt. Hier zeigt sich wieder die praktische, das Handeln anleitende Seite der Religionen: Die ‚Sicht aufs Leben', die sie vermitteln, soll sich in der Einstellung bemerkbar machen und muss in diesem Sinne als eine Hilfe verstanden werden, sich auf dem Lebensweg zurechtzufinden.

Wir erinnern uns, dass die religiöse Erfahrung bei William James für die betroffenen Personen einen grundlegenden Wandel in ihrer ‚Sicht' und damit in ihrer ‚Einstellung' zum Ganzen des Lebens bedeutet. Dieser Wandel ist daher eine grundlegende Veränderung der Physiognomie der Welt, ein Wandel zum Guten, vergleichbar mit der Situation des kindlichen Adressaten eines Märchens, der seine handlungshemmenden Ängste verliert und lernt, die neuen Gefühle zu akzeptieren und mit ihnen zu leben. Dass sich in solchen Erfahrungen die ‚Sicht' wandelt, braucht nicht zu heißen, dass in ihnen besondere ‚religiöse Gegenstände' auftreten, wie es das Ausweitungsmodell der Transzendenz nahe legen würde. Solche ‚Begegnungen' können, wo sie durch eine entsprechende religiöse Sozialisation vorbereitet sind, zwar vorkommen, wie wir den von James zusammengestellten Erfahrungsberichten entnehmen können. Aber das Entscheidende an ihnen ist das, was ihnen *praktisch* folgt im Leben des Betroffenen.

Bedeutsam ist hier also nicht ein punktuelles ‚Erlebnis', eine atomare Empfindung und deren vermuteter Auslöser, sondern etwas, das dem verwandt ist, was man in der Wahrnehmungspsychologie einen ‚Gestaltwandel' nennt, wie er von den so genannten ‚Kippbildern' vertraut ist: Man schaut auf eine Zeichnung, auf der man z. B. eine alte Frau mit eingefallenem Mund und großem Kinn erkennt, und ohne dass sich ein Strich verändert hätte, sieht man in derselben Zeichnung bei einem späteren Blick eine elegante junge Dame. ‚Objektiv', d. h. gegenständlich gedacht, bleibt alles gleich, die Verteilung der Tusche auf dem Papier ist genau wie vorher. Und doch ist das Bild ‚gekippt', man sieht ‚es' ganz anders und *sieht* demzufolge auch *etwas anderes*; man sieht etwas, das man vorher nicht gesehen hatte. Daher kann man durchaus sagen, man habe etwas Neues erfahren. Und in beiden Fällen, dem der religiösen Erfahrung und dem des optischen Gestaltwandels, kann dieser Blick einen nachhaltigen Charakter haben. Er ist kein punktuelles Phänomen, ist nicht von der Art einer vorübergehenden Sehstörung (mag diese nun als beunruhigend oder als beglückend vorgestellt werden), sondern ein Vorgang in der Zeit, ein Prozess der Verwandlung der Person. In Analogie zu diesem Fall können wir mit Bezug auf die Religion von einem ‚transzendenten Gestaltwandel' sprechen: Alles ist ‚objektiv' (d. h. gegenständlich gesehen) gleich geblieben, Freude und Leid bestehen weiter, und doch hat sich alles verändert, die Färbung, der Geschmack, die Physiognomie der Welt ist nicht mehr dieselbe.

4. Aktivität und Passivität, Handlung und Widerfahrnis

Ist hier nicht einzuwenden, diese Deutung des Schrittes zur Transzendenz sei eine Verharmlosung, die ein eigentlich Übergroßes auf ein allzu menschliches Maß zurückstutze? Selbst der Auftritt eines vergleichsweise subalternen Jenseitigen, die Erscheinung des Erdgeistes in Goethes ‚Faust', scheint uns sagen zu wollen, dass die transzendente Welt sich viel gewaltiger zu Wort melden muss als es nach der hier vorgeschlagenen Deutung möglich erscheint.[160] Wenn z. B. die Rede vom Anfang und Ende aller Zeiten, von der Erschaffung der Welt und vom Jüngsten Gericht nicht mehr wörtlich gemeint ist, sondern nur zur lebhaften, poetischen Beschreibung der Möglichkeit einer ‚Einstellungsveränderung' dient, begeben wir uns dann nicht auf das Niveau des Schulterklopfens, auf die Ebene von vielleicht gut gemeinten, in der konkreten Situation aber dennoch oft dummen Sprüchen wie ‚Kopf hoch', mit denen wir z. B. einem ‚pessimistischen' Arbeitskollegen sagen wollen, er solle sich nicht so hängen lassen? Nähern wir uns nicht einem Verständnis der Religion, das sie auf ein Mittel zum Erreichen einer lauen Selbstzufriedenheit reduziert, bestenfalls zu einem Vehikel der Klugheit oder der ‚Seelenhygiene'?

Mit diesem Einwand sind zwei Fragen angesprochen. Auf der offensichtlichen Ebene die Frage, wie tiefgreifend oder existentiell bedeutsam ein Gestaltwandel von der Art sein kann, wie wir ihn in Anknüpfung an Gedanken von James als das Charakteristikum der religiösen Erfahrung betrachtet haben und damit als den Kern der Religion selbst. Hier kann die Antwort auf der Basis unseres zweiten Kapitels nur lauten: Ein solcher Wandel kann zwar auch in ‚leichten' Versionen vorkommen, er kann in kleineren Stufen erfolgen, seine gravierenderen Formen können aber gar nicht als tiefgreifend genug aufgefasst werden. Dies zeigte sich oben u. a. an der Lebensgeschichte von James selbst: Er hatte eine mehrjährige Niedergeschlagenheit mit einer furchtbaren seelischen Lähmung hinter sich, als er sein Buch schrieb. Es zeigt sich aber auch an vielen anderen der von ihm als paradigmatisch vorgestellten Fällen. Wenn jemandem z. B. das Leben so problematisch ist, dass die Perspektive einer Selbsttötung ins Blickfeld gerät, dann geht es wirklich ‚ums Ganze'.[161]

Dieser erste Einwand ist mit einem Zweifel vergleichbar, der uns bei der Erörterung Wittgensteins begegnet war. Bei seinen Überlegungen über die Schmerzen hatte er mit dem Vorwurf gerechnet, wenn er sage, der Schmerz sei kein *Gegenstand*, dann laufe das auf eine Leugnung der Schmerzen hinaus, dann missachte er den Unterschied zwischen einem Schmerzbenehmen *mit* Schmerzen und einem solchen Benehmen *ohne* Schmerzen. Wittgenstein spricht die Befürchtung an, ohne ‚Gegenstand' gehe es ‚um nichts'. Ein ähnlicher Gedanke fand sich bei James, als er sich genötigt fühlte, einen kausalen Verursacher religiöser Erfahrungen zu postulieren. Wittgensteins Antwort ist auch für unsere Deutung des Schrittes zur Transzendenz als Gestaltwandel passend; er hatte nämlich ausgerufen: „Welcher Unterschied könnte größer sein!" In der Tat: Was könnte gravierender und bedeutsamer für ein Leben sein als ein Schritt wie der von James erlebte Übergang von einer über Jahre empfundenen lähmenden Niedergeschlagenheit zu Tatkraft, Realismus und Akzeptanz der menschlichen Situation?

Wir hatten gesehen, dass das existentielle Gewicht dieses Unterschieds nicht davon abhängt, ob die betroffene Person in ihrer Beschreibung dieser Verwandlung ein Vokabular benutzt, das von außerweltlichen Personen oder Instanzen handelt. Besondere ‚Gegenstände' brauchen weder in der Beschreibung der Erfahrung selbst vorzukommen (z. B. als Wesen, denen man begegnet), noch müssen sie bei ihrer rückblickenden philosophischen Bewertung und Interpretation in Gestalt eines ‚Überglaubens' an kausale Verursacher erscheinen. Die Tatsache, dass dieser ‚Überglaube' bei James ausdrücklich als eine optionale Zutat beschrieben wird, zeigt vielmehr, dass wir seine Berichte über Gestaltwandel-Erfahrungen in ihrem ganzen Gewicht akzeptieren können, ohne ‚Gegenstände' annehmen zu müssen, von denen sie verursacht werden. Für das vorliegende Kapitel heißt das: Die von James beschriebenen Erfahrungen zwingen uns nicht dazu, ein ‚Ausweitungsmodell' der

4. Aktivität und Passivität, Handlung und Widerfahrnis

Transzendenz zu akzeptieren, in dem das physikalische Kausalverhältnis bis in ein ‚Jenseits' hinein ausgedehnt wird. Deshalb können wir in beiden Fällen (beim transzendenten Gestaltwandel so gut wie beim Schmerz) an Wittgenstein anknüpfend sagen, worum es gehe sei „kein Etwas, aber auch nicht ein Nichts."

Damit ist nicht in Abrede gestellt, dass es *möglich* ist, die existentielle Dramatik des fraglichen Wandels in der Sicht auf die Welt mit Hilfe personifizierender Rede zum Ausdruck zu bringen; dieses personale Sprechen ist und war vielmehr kommunikativ außerordentlich erfolgreich, wie die buchstäblich seit Jahrtausenden gepflegte Praxis der theistischen Religionen bezeugt: Sie erzählt Geschichten vom ‚Handeln Gottes', und viele Menschen wollen die Erfahrung, solche Geschichten zu hören, nicht missen. Wir lassen uns von ihnen noch immer gerne ansprechen und ‚gefangen nehmen'. Wir werden im nächsten Kapitel ausführlicher darauf eingehen. Es ist aber wichtig, zu erkennen, dass dieses Ernstnehmen der Geschichten auch dann möglich ist, wenn wir sie nicht wörtlich nehmen.

Hier wird die These vertreten, ihre Funktion sei die Artikulation einer auf Erfahrungen gründenden Sicht, das Erzählen der Geschichte sei also im entsprechenden Kontext als eine Behauptung über die Angemessenheit dieser Sicht anzusehen und damit als eine Aussage über die ‚Gestalt' oder ‚Physiognomie' der menschlichen (nicht der physikalischen) Welt. Wenn das richtig ist, wird der Akt des Erzählens der Geschichte häufig der Versuch sein, beim Zuhörer einen entsprechenden Gestaltwandel anzuregen oder dort, wo er bereits vollzogen wurde, zu bestärken. Das Erzählen der Geschichte entspricht dann einer Aussage von der Form ‚sieh die Sache doch einmal *so* an'.[162] Diese Deutung macht verständlich, dass es sehr unterschiedliche Arten oder Typen von Geschichten geben kann, von der jede auf ihre Weise diese Funktion erfüllen kann. Sehweisen können, ebenso wie die Erfahrungen ihrer Veränderung, sehr verschieden artikuliert werden; dies zeigte sich bereits an den von James zusammengetragenen Berichten. Weder zwingt uns z. B. eine personale Sprache dazu, nur eine einzige Inhaltsebene zu unterstellen (und die betreffende Erzählung dann als naiv zurückzuweisen), noch muss eine Formulierung in einer nichtpersonalen Sprache eine Verminderung des existentiellen Gewichts des Erzählten bedeuten.

Die zweite Frage hinter dem Eindruck, die hier vorgeschlagene Deutung des Schrittes zur Transzendenz würde es sich zu leicht machen, betrifft den besonderen Charakter des Zusammenspiels zwischen Aktivität und Passivität in der religiösen Erfahrung. Auch wenn der gerade besprochene erste Einwand nicht erhoben wird, weil der existentiell gravierende Charakter der Veränderung, um die es hier geht, anerkannt ist, lässt sich die Frage aufwerfen, ob mit unserem Modell des Gestaltwandels, wenn er verbunden wird mit der These, für die Einstellung, die man hat, sei man in einem gewissen Grad *auch* selbst verantwortlich, – ob dadurch nicht etwas in den Bereich der menschlichen Handlungsmöglichkeit gelegt werde, was sich dieser gerade entziehe. Die Frage lautet, ob wir unsere ‚Sicht der Welt' wirklich nach eigener Wahl verändern können. Gehört es nicht gerade zu den Kernaufgaben der Religion, uns bewusst zu machen, dass uns die Entscheidung darüber, ‚wer wir sind' (das soll hier heißen: wie wir auf die uns begegnenden Dinge des Lebens von Moment zu Moment reagieren) entzogen ist? Selbst wenn die vorgeschlagene Deutung des Schrittes zur Transzendenz als eines Gestaltwandel-Schritts akzeptiert ist, kann man also fragen, ob dieser Schritt, so wie er hier dargestellt wurde, von uns selbst aktiv getan werden kann (aber auch, ob dies vorausgesetzt werden muss, damit die Deutung des Schrittes zur Transzendenz als eines Gestaltwandels bestehen bleiben kann). Gegen die Ansicht, hier sei eine Selbststeuerung möglich, scheint zu sprechen, dass der betreffende Schritt eine so starke Veränderung der Person involviert, dass man sagen muss, ein solches ‚Erwachen' könne man nicht *bewirken*, es müsse einem (so wie das wirkliche Erwachen aus dem Schlaf) *widerfahren*, es müsse einem zustoßen, so dass man nur geduldig darauf warten könne, ob es eintrete.

Auf diese in der Tat für die Religion zentrale Frage ist keine andere Antwort möglich als ein sorgfältig differenzierendes ‚Einerseits – Andererseits'. Um die Wichtigkeit dieser Frage zu betonen sei hier zunächst der Hinweis wiederholt, dass selbst dort, wo ein strenger Übungsweg gelehrt wird, in der Tradition des Zen-Buddhismus, dem Schüler gegenüber kein Zweifel daran gelassen wird, dass die Erfahrung des Erwachens von ihm nicht in einem technischen Sinne hergestellt werden kann. Wir alle kennen Erfahrungen, die wir uns leicht verschaffen können. Wie es sich anfühlt, nach dem Schwitzen in der Sauna ins kalte Wasser zu springen, können wir vergleichsweise leicht feststellen. Zielstrebig können wir eine Gelegenheit herstellen, um die entsprechenden Handlungen auszuführen. Für die Erfahrung, auf die der Übungsweg

4. Aktivität und Passivität, Handlung und Widerfahrnis

des Zen zielt, gilt das nicht. Wir können uns zwar auf diesen Weg machen, die Erfahrung bleibt aber ein Widerfahrnis, das wir nicht selbst ‚produzieren' können; christlich gesprochen: Sie ist eine Gnade.

Allerdings folgt daraus auf der praktischen Ebene nicht, dass derjenige, der sich auf diesen Weg gemacht hat, beim Wecken am frühen Morgen statt aufzustehen genauso gut noch ein Nickerchen machen könnte. Er kann und soll vielmehr mit nicht nachlassender Aufmerksamkeit durch seine eigenen Handlungen und Unterlassungen dazu beitragen, dass ihm diese Erfahrung eines Tages geschehen kann. Aber wenn sie geschieht, dann kann man nicht sagen, er habe sie in einem Sinne herbeigeführt, in dem er die Erfahrung herbeigeführt hat, wie es sich anfühlt, ins kalte Wasser zu springen. Es gibt auf der einen Seite also durchaus Anweisungen für den Weg (so wie es in allen Religionen Anweisungen zum Handeln gibt), diese bilden auf der anderen Seite aber zusammen keine *hinreichenden* Bedingungen für das Erreichen des ‚Erwachens'. Man kann dieses Ziel zwar anstreben, man kann sich in Richtung dieses Ziels ausrichten (‚orientieren', ‚einstellen'), man kann die eigene Ankunft aber nicht in einem technischen Sinne herbeiführen, und das gilt (aus der Perspektive des Lehrers gesprochen) auch für die erfolgreiche Ankunft eines anderen Menschen, eines Schülers; der Lehrer kann ihm keine Garantie dafür abgeben, dass er ‚ankommt'.

Ebenso irritierend wie dieser Mangel an ‚Machbarkeit' kann für den Adepten die Tatsache sein, dass es für diesen Weg auch keine *notwendigen* Bedingungen gibt. Bereits an den von William James zusammengetragenen Beispielen können wir sehen, dass nicht nur derjenige die Erfahrung des Gestaltwandels, des ‚Erwachens' machen kann, der die Übungen und Verrichtungen pünktlich ausgeführt hat, die in einer bestimmten Tradition etwa der Kontemplation, der Meditation, oder des Gebets gelehrt werden. Nicht selten kommt eine solche Erfahrung ganz unverhofft, wie ein ‚Geschenk des Himmels', das einen ganz ‚unverdient' erreicht. Das (‚fromme' oder ‚frömmelnde') Ausführen der Übungen und die Erfüllung der Vorschriften sind daher weder hinreichende noch notwendige Bedingungen für das Erreichen des erwünschten Ziels. Wenn also die Mühen, die man bei dem Versuch auf sich nehmen muss, den Ausgang aus Platons Höhle zu finden, weder notwendig noch hinreichend dafür sind, tatsächlich bis dorthin zu gelangen, warum sollte man sie nicht ganz ignorieren und einfach abwarten, was passiert und sich einstweilen, wie in einem Wartezimmer des Lebens, mit Zerstreuungen die Zeit vertreiben? Wir sehen, dass die Hervorhebung der Widerfahrnis-Seite im Zusammenspiel zwischen Aktivität und Passivität dazu führt, dass die Seite der Aktivität in Gefahr gerät, als irrelevant oder sinnlos zu erscheinen, als eine vergebliche Mühe, über die nachzudenken sich gar nicht lohnt. Eine Anstrengung ohne Erfolgsgarantie passt schlecht in unser zweckrationales Denken.

Dass dieser Eindruck täuscht, wird sichtbar, wenn wir jetzt die andere Seite genauer betrachten, die der Aktivität. Was sich durch die eben angestellte Überlegung bereits erwiesen hat, ist die Tatsache, dass das Handeln, um das es hier gehen muss, kein *technisches* Handeln sein kann; es kann nicht nach dem Schema verstanden werden ‚indem ich Druck auf den Gashebel gebe, beschleunige ich das Auto'. Wir können uns aber leicht klarmachen, dass viele für unser Leben entscheidende Handlungen von dieser nicht-technischen Art sind; wir brauchen uns bloß Fälle wie das Einlassen auf eine Liebesbeziehung, die Kindererziehung oder das Verfassen eines Textes vor Augen zu führen, und ein kurzes Nachdenken zeigt, dass solche nicht technischen Handlungen häufig sind und für viele gerade zu denen gehören, die ihnen am wichtigsten sind. Aus der Tatsache, dass die Erfüllung der Wünsche, die wir auf dem Gebiet dieser Handlungen hegen oder erst entwickeln, nicht in einem technischen Sinne planvoll zu verwirklichen ist, folgt nun aber weder, dass wir in den entsprechenden Situationen untätig die Hände in den Schoß legen sollten, noch folgt daraus, dass es auf solchen Gebieten, da sie nicht berechenbar sind, *überhaupt keine* Orientierungsmöglichkeiten gibt.

Wer sein Leben wegen seiner buchstäblichen ‚Unberechenbarkeit' nicht einfach versäumen will (wie Gontscharows Romanfigur des Oblomow, der schon zögert, am Morgen das Bett zu verlassen), der muss immer wieder beherzt anpacken. Auch in nicht technischen Kontexten sind wir fast immer in Situationen, in denen es ‚etwas zu tun gibt' und in denen auch Unterlassungen Handlungen sind. Wir stehen also ständig vor der Frage, wo es angemessen ist, etwas zu tun oder zu unterlassen.

Darüber hinaus lässt sich leicht feststellen, dass es Unterschiede in den Fähigkeiten verschiedener Menschen gibt, sich auf den Gebieten solcher Handlungen und Unterlassungen zurechtzufinden. Auch nicht berechenbare Situationen werden sehr unterschiedlich gemeistert. Die Wahrnehmung dieser Unterschiede und das bei

4. Aktivität und Passivität, Handlung und Widerfahrnis

vielen Menschen anzutreffende mehr oder minder reflektierte Unbehagen über ihre Situation in der Höhle legen die Frage nahe, ob es nicht auch Handlungsanleitungen einer nicht technischen Art gibt, die eine Orientierung ermöglichen, auch wenn es ganz unbestritten ist, dass solche Anleitungen anders funktionieren müssen als z. B. Gebrauchsanweisungen für technische Geräte.

Nach dem hier erarbeiteten Verständnis gehören viele Lehren der Religionen zu diesen nicht technischen Handlungsanleitungen. Sie geben uns mit Hilfe ihrer Geschichten eine ‚Sicht' auf die menschliche Situation, ein Verständnis des Lebens. Sie helfen, die Relevanz oder Gewichtung der verschiedenen angenehmen oder unangenehmen Erfahrungen, die einem bevorstehen, richtig einzuschätzen und richtig damit umzugehen. Sie tun dies auf eine umfassende, das ganze Leben beleuchtende Weise, und darin unterscheiden sie sich von den Märchen und von anderen Erzählungen, die jeweils nur einen begrenzten Ausschnitt aus dem Leben einer bestimmten Epoche oder einer bestimmten Altersgruppe zum Thema haben.

Die zweite entscheidende Besonderheit der Religionen (die sie u. a. von der Philosophie unterscheidet) besteht in ihrem praktisch anleitenden Charakter. Am deutlichsten haben wir dies im Kapitel über den Buddhismus gesehen. Wer mit Leid und Tod zurechtkommen will, kann dies nach buddhistischer Auffassung nicht dadurch tun, dass er diese Realitäten der menschlichen Situation ignoriert oder abzuschaffen versucht, sondern nur dadurch, dass er an seiner eigenen Einstellung dazu etwas verändert, dadurch, dass er sich auf einen Weg macht. Deshalb heißt es z. B. vom Zen-Weg, auf ihm gehe es um ‚Leben und Tod'. Diese Veränderung der Einstellung ist (mit einem Ausdruck des späten Wittgenstein gesagt, der diesen Anspruch sogar an die Philosophie stellte) eine „Arbeit an einem selbst".[163] Wie wir gesehen haben, besteht sie nicht in technischen Handlungen; es geht gar nicht um einen ‚Endzustand', um ein Plateau, das es zu erreichen gilt, sondern um das Einhalten einer Richtung. Aber auch dafür lassen sich keine notwendigen und hinreichenden Bedingungen formulieren. Wie auch sonst in den nicht technischen Bereichen des Lebens leiten uns auf diesem Gebiet Vorbilder, Lehrer und Weggefährten (eine ‚Gemeinde'), denen wir vertrauen und denen wir nachzufolgen versuchen, mit denen wir gehen. Und es leiten uns Geschichten, die eine Sicht auf ‚die menschliche Situation' artikulieren.

5. Lehrbarkeit, Unsagbarkeit, Glaube

Aus diesen Überlegungen wird ersichtlich, dass die Weitergabe der in den Religionen erarbeiteten und gepflegten Sehweisen und Einstellungen nicht in Form einer Informationsweitergabe erfolgen kann. Wir hatten mehrfach gesehen, dass die religiöse Erfahrung im Sinne von William James in ihrem Kern nicht als eine ‚Erfahrung von einem gegenständlichen Etwas' charakterisiert werden kann. Von einer ‚Begegnung mit Gott' kann zwar gesprochen werden, aber sie kann nicht nach dem Drehbuch eines Hollywoodfilms über eine ‚Begegnung mit Außerirdischen' gedacht werden. Oder mit Wittgenstein gesprochen: Wer vom ‚Auge Gottes' spricht, dem nichts entgeht, muss deshalb nicht auch von den Augenbrauen Gottes sprechen.[164] Diese Ungegenständlichkeit wird hervorgehoben, wenn man sagt, in der religiösen Erfahrung gehe es um einen ‚transzendenten Gestaltwandel', um eine Veränderung in der Seh*weise*, nicht um das Sehen eines besonderen ‚Etwas'.

Oft wird diese Gleichzeitigkeit von ‚man kann sagen' und ‚man kann nicht sagen' mit angeblichen ‚Grenzen der Sprache' in Zusammenhang gebracht. Dies ist nicht rundheraus falsch, es scheint aber, dass der zugrunde liegende Sachverhalt oft nur ungenau verstanden wird. Schon Hume hatte seiner Figur des ‚Mystikers' Demea einen Hinweis auf solche Grenzen in den Mund gelegt und auch William James hält sie für ein charakteristisches Merkmal der Mystik.[165] Bei Hume hatten wir zwei Versionen einer solchen ‚Unsagbarkeitsthese' kennen gelernt. In der ersten Lesart, derjenigen des Skeptikers Philo, ist das Problem der Grenzen der Sprache ein Problem der Größenordnungen der betreffenden Gegenstände. Im Sinne des ‚Ausdehnungsmodells der Transzendenz' meint Philo, bei den Gegenständen der Religion seien wir mit so ungewohnten Größenverhältnissen konfrontiert, dass sprachliche Ausdrücke sie nicht fassen oder nicht einmal bis zu ihnen hinausreichen könnten. Die Sprache erscheint hier wie ein zu kurzer Arm des Denkens: Er wird ausgestreckt, erreicht sein Ziel aber nicht, er ‚greift zu kurz'. Ganze Welten, so hatte Philo gemeint, könnten wir in einem an die Erfahrung gebundenen Sprechen nicht vor uns bringen.

Nach der zweiten Lesart der Unsagbarkeitsthese, die der Mystiker Demea vertritt, erscheinen die göttlichen Dinge dem Menschen dagegen besonders nahe, und es ist gerade diese Nähe, die für ihn zu ihrer Unsagbarkeit führt. Dieser fehlende Abstand (man kann auch sagen: ihre ‚Innerlichkeit', denn sie betreffen keine ‚äu-

5. Lehrbarkeit, Unsagbarkeit, Glaube

ßeren Gegenstände') macht sie von den Alltagsdingen so verschieden, dass man sie, wie einen absolut durchsichtigen Gegenstand, sprachlich nicht ‚widerspiegeln', oder, wie etwas extrem Zerbrechliches, sprachlich nicht ‚fassen' kann, denn die Sprache sei für normale, sichtbare und fassbare Gegenstände gemacht. Derjenige, der (wie Humes Philo) glaubt, dass ihm selbst solche Erfahrungen völlig fehlen, wird dazu neigen, sich von solchen ungreifbaren Gegenständen abzuwenden; ‚das Mystische' erscheint ihm als ein ärgerliches Hirngespinst.

Es bedeutet aus der hier erarbeiteten Sicht nun einen Schritt zur ‚Entmystifizierung der Mystik', wenn wir Demeas Hinweis nachgehen, dass der alltägliche Sprachgebrauch in unserem Umgang mit alltäglichen Dingen beheimatet ist. Dazu findet sich eine erhellende Parallele in der folgenden Bemerkung Goethes zu Eckermann:[166] >„Die Sache ist ganz einfach diese", sagte Goethe. „Alle Sprachen sind aus nahe liegenden menschlichen Bedürfnissen, menschlichen Beschäftigungen und allgemein menschlichen Empfindungen und Anschauungen entstanden. Wenn nun ein höherer Mensch über das geheime Wirken und Walten der Natur eine Ahndung und Einsicht gewinnt, so reicht seine überlieferte Sprache nicht hin, um ein solches von menschlichen Dingen durchaus Fernliegende auszudrücken. Es müßte ihm die Sprache der Geister zu Gebote stehen, um seinen eigentümlichen Wahrnehmungen zu genügen. Da dieses aber nicht ist, so muß er bei seiner Anschauung ungewöhnlicher Naturverhältnisse stets nach menschlichen Ausdrücken greifen, wobei er denn fast überall zu kurz kommt, seinen Gegenstand herabzieht oder wohl gar verletzt oder vernichtet."< Goethe hat hier ‚besondere Dinge' im Auge, über die angemessen nur mit ciner ‚besonderen Sprache' (der „Sprache der Geister") gesprochen werden könne, insofern legen seine Formulierungen das Modell der ‚Begegnung mit Außerirdischen' nahe, nicht das Modell eines Gestaltwandels. Die Gegenstände, an die Goethe denkt, sind im zitierten Textstück zwar solche der Natur, aber es sind *besondere* Gegenstände. Demea dagegen geht es, auf eine freilich nur angedeutete Weise, um religiöse Erfahrungen, nicht um ‚Gegenstände der Natur', aber auch er ist versucht, den Grund für die Ausdrucksschwierigkeiten (wie auf seine Weise auch Philo) im besonderen Charakter der erfahrenen *Gegenstände* zu suchen, in ihrem Mangel an Ähnlichkeit mit denjenigen Dingen, auf die wir uns alltäglich mit sprachlichen Ausdrücken beziehen, dem Fall des Schnabeltiers vergleichbar, einer exotischen Besonderheit, die man für eine Bastelei von Matrosen hielt, bevor man erkannte, dass es tatsächlich ein natürlich vorkommendes Wesen ist. Die Voraussetzung der *Gegenständlichkeit* dessen, was sprachlich erfasst werden soll, bleibt also bei beiden Protagonisten bestehen. Damit wird aber das Missverständnis provoziert, in der religiösen Erfahrung gehe es um die Begegnung mit besonderen Wesen oder Dingen aus einer transzendenten Welt, die nur leider sprachlich sehr schwer zu fassen sind, weil alle Analogien, die einem in den Sinn kommen, nicht greifen. Die Ausdrücke, die dem Sprecher einfallen, betreffen Alltagsdinge, die von den ‚Gegenständen', über die er sprechen will, grundverschieden sind. Das hatte Philo in seiner Skepsis bestärkt und ihn zugleich zu dem Vorwurf veranlasst, Mystiker wie Demea seien Atheisten ohne es zu wissen: In einem ‚ordentlichen', gegenständlichen Sinne wüssten sie nicht anzugeben, wovon sie sprechen; sie könnten deshalb genauso gut sagen, Gott gebe es nicht.

Das hier vertretene Gestaltwandel-Modell der Transzendenz zielt darauf ab, diese Gegenständlichkeit zu vermeiden: Es geht in vielen religiösen Aussagen demnach nicht um *geheimnisvolle* Dinge, sondern *gar nicht* um Dinge. Trotzdem bleibt die Besonderheit und die Nichtalltäglichkeit der sprachlichen Aufgabe auch bei dieser Lesart bestehen. In der Tat sind „… alle Sprachen … aus nahe liegenden menschlichen Bedürfnissen, menschlichen Beschäftigungen und allgemein menschlichen Empfindungen und Anschauungen entstanden." Wenn man nun versucht, jemandem den Weg zu einer anderen Sicht der Welt zu zeigen, kann dies nicht dadurch geschehen, dass man sich auf Gebäude, Straßenverläufe und Bergkuppen so bezieht, wie man das für die Beschreibung eines Wanderwegs tun würde. Denn über diese Gegenstände besteht bei dem hier vorgestellten Gesprächspartner keine Unklarheit. Wenn es um die Übermittlung einer ‚Sicht', einer ‚Einstellung' geht, reicht eine rein deskriptive Sprache, die nur von Konstellationen von Gegenständen in Sachverhalten handeln kann, nicht aus. Wie bei einem Kippbild muss der Adressat dieses Sprechens ‚am eigenen Leibe' erfahren, wie es sich anfühlt, sich das Erzählte zu Eigen zu machen. Und dabei darf man nicht den Fehler machen, diese Erfahrung selbst wieder zu vergegenständlichen, etwa indem man sie sich als zusammengesetzt aus ‚Empfindungsentitäten' denkt.[167]

Verliebte und Zen-Schüler werden immer wieder Momente erleben, von denen sie meinen, sie könnten sie nicht angemessen zur Sprache bringen. Solche Momente sind in beiden Fällen wie Versprechen: Sie scheinen einen Blick auf eine wunderbare Wendung

5. Lehrbarkeit, Unsagbarkeit, Glaube

freizugeben, die das Leben gerade nimmt. Man möchte sie zum Verweilen zwingen, wohl in der Hoffnung, damit hätte man schon die Einlösung des Versprechens. Da aber ein solches ‚Anhalten der Zeit' nicht möglich ist, möchte man sie wenigstens sprachlich ‚fixieren', aufs Papier ‚bannen' und so auch an andere weitergeben.

Solche Momente können in der Tat bedeutsam und beflügelnd sein. Was sie wert sind, erkennt man aber nicht an ihrem wunderbaren Charakter im Augenblick, nicht daran, wie sie sich ‚anfühlen', oder wie ein besonderer in ihnen enthaltener ‚Gegenstand' beschaffen ist. Ihren Wert erkennt man vielmehr (wie bei gewöhnlichen Liebesversprechen) daran, wie es weiter geht. Und hier wie dort kann die Erfüllung des Versprechens auch dann zutiefst befriedigend sein, wenn der Betroffene sie sich zu Beginn ganz anders vorgestellt hatte.

Die Kommunikation auf diesem Felde bleibt also prekär; von der Aura des Geheimnisvollen, von der die Mystik umgeben ist, bleibt etwas bestehen. Aber wir können erkennen, woran das liegt: Sichtweisen und Einstellungen, die das ganze Leben betreffen, sind selbst keine Gegenstände, sondern Perspektiven (oder Versprechen), so dass alle sprachlichen Handlungen, zu denen sie Anlass geben, notwendig unabgeschlossen sind. Diese Unabschließbarkeit hat mit einem weiteren Umstand zu tun. Auch dort, wo uns eine Geschichte ‚etwas sagt', ist es ein weiterer Schritt, sich die betreffende Sicht auch *anzueignen*. Selbst wenn man dies möchte, kann das erfahrungsgemäß auch dann schwer fallen, wenn wir eine große Sympathie für sie empfinden und uns *wünschen*, wir könnten die Welt so sehen. Die Nichtgegenständlichkeit der Erfahrung des Gestaltumschlags und die daraus resultierende begrenzte Mitteilbarkeit sind für die Schwierigkeit der Aneignung genauso verantwortlich wie die Mühsal der ‚Arbeit an einem selbst', die für eine Einstellungsänderung nötig ist.

Aus diesen Hürden bei der Aneignung ergibt sich zwanglos ein Sinn, in dem auf dem Gebiet des so verstandenen Religiösen von einem ‚Glauben' gesprochen werden kann. Es handelt sich dabei nicht um etwas von der Art des gegenständlichen Wissens, das sich von diesem nur durch seine Unsicherheit unterscheidet, seinen schwachen epistemischen Status. Es geht nicht um die Existenz bestimmter Gegenstände oder menschenähnlicher Wesen, über die wir nur unsichere Vermutungen haben. Worum es geht ist vielmehr ein Vertrauen auf die Möglichkeit eines Gestaltwandels, eines Weges in Richtung des Ausgangs aus der Höhle. Es geht um das

Vertrauen in die Möglichkeit der Aufrechterhaltung einer Sehweise, die zugleich eine Seinsweise ist.

Wenn man nun z. B. sagt, ein religiöser Ritus wie das christliche Abendmahl betreffe etwas ‚Reales', es sei mehr als eine ‚bloß symbolische' Erinnerung an ein vergangenes Ereignis, die nicht viel besser sei als der Ausdruck eines (möglicherweise vergeblichen) *Wunsches*, der Ausdruck einer Not, dann kann dieses Reale für den Betroffenen in der Erfahrung seiner Transformation gesehen werden, seiner persönlichen Veränderung, wie unsicher und geringfügig sie ihm selbst auch manchmal erscheinen mag. Das Reale und höchst Bedeutsame ist diese Veränderung, und wir haben gesehen, dass mit ihr nicht zwangsläufig etwas verbunden ist, das als eine Begegnung mit einem gegenständlichen oder personalen Gegenüber beschrieben werden muss. Die im Zusammenspiel von Handlung und Widerfahrnis auftretende Erfahrung einer Verwandlung der eigenen Person (und damit der ‚ganzen Welt') lässt sich durch die Erfahrung des Lesens eines Berichts, den ein anderer über seine eigene Erfahrung geschrieben hat, nicht ersetzen. Treffend sagt Karen Armstrong mit Bezug auf den Mythos, eine Kenntnisnahme allein seines Inhalts, ohne die dazugehörigen praktischen Erfahrungen, sei wie die Lektüre des Librettos einer Oper, zu der man die Musik nicht kennt.[168]

Dieser Zusammenhang ist ein Aspekt der Unsagbarkeitsthese, in dem sie zweifellos etwas trifft. Viele wichtige Erfahrungen (Liebe, Elternschaft, Sterben) muss man ‚am eigenen Leibe' machen, die Lektüre von Beschreibungen kann sie nicht ersetzen, – aber dies gilt auch für die vergleichsweise trivialen Erfahrungen die man mit Wein- und Käsesorten machen kann. Die Tatsache, dass sich der persönliche Wandel, um den es hier geht, nicht technisch herstellen lässt, dass er prekär und unsicher bleibt, dass die mit ihm einmal als gewonnen betrachtete Sicht auch wieder verloren gehen und sprachlich nicht sicher fixiert werden kann, – all dies spricht dafür, das Festhalten an der fraglichen ‚Ausrichtung' einen ‚Glauben' zu nennen, der sehr wohl ‚zerbrechen' kann, auch wenn er sich nicht, wie wir das von wissenschaftlichen Theorien verlangen, falsifizieren, d. h. wissenschaftlich widerlegen lässt.

Was hier ‚Glaube' heißt, ist also das Vertrauen auf die Möglichkeit eines Gestaltwandels und auf die *Angemessenheit* der sich aus diesem Wandel ergebenden Sicht, vergleichbar mit der Angemessenheit eines Märchens an die reale Situation des jungen Zuhörers. Daraus ergibt sich nun in einem zweiten Schritt die Möglichkeit zu

5. Lehrbarkeit, Unsagbarkeit, Glaube 175

sagen, der Glaube betreffe die ‚Realität' dessen, was in der Artikulation dieser Sicht gesagt werde. Abermals haben wir hier aus sprachphilosophischer Sicht eine Vergleichbarkeit mit der Mathematik, auch wenn diese nicht dasselbe existentielle Gewicht beanspruchen kann. Wer sie beherrscht und ausübt, kann sagen, *es gebe* (in der ‚Welt der Mathematik', die ihre eigene Praxisanbindung hat und es insofern keineswegs mit Fiktionen zu tun hat) eine Primzahl zwischen fünf und neun, auch wenn ihm bewusst ist, dass diese Existenzbehauptung im Fall eines Zweifels anders zu bewahrheiten ist als eine Behauptung bezüglich der Existenz eines materiellen Gegenstandes.

Wollen wir nun noch einen Schritt weiter gehen und sagen, wer sich im geschilderten Sinne zu einem religiösen Glauben bekenne, wer sich eine solche Sicht aneigne, der gehe damit ‚ontologische Verpflichtungen' ein, d. h. er behaupte, die Welt, die er mit allen anderen Menschen teile, enthalte diejenigen ‚Gegenstände', die in den von ihm bevorzugten Artikulationen genannt werden?[169] Kommen wir auf diese durch den Begriff der ‚Angemessenheit' vermittelte Weise doch noch zu ‚transzendenten Gegenständen'? Die entscheidende Frage ist hier, ob wir in den fraglichen Aussagen ‚von innen' oder ‚von außen' sprechen. Wir hatten zwar im Anschluss an William James davon gesprochen, religiöse Erfahrungen seien existentiell von größter Bedeutung, sie seien ferner nicht selbstgemacht, stießen uns vielmehr als Widerfahrnisse zu. Die Erfahrungen können wir also in diesem Sinne ‚real' nennen. Da sich aber der von James artikulierte ‚Überglaube' als eine nicht zwingende Zutat erwiesen hatte, weil sich religiöse Erfahrungen (wie der Buddhismus zeigt) auch anders artikulieren lassen, ergab sich schon oben, dass daraus nicht folgt, dass wir auch in demjenigen Bereich unseres Sprechens, der außerhalb einer spezifischen religiösen Artikulationstradition liegt, verständlich von einem ‚Gegenüber' sprechen können, dessen Existenz aus der Realität der Erfahrung folgen würde. Wir können also nicht sagen, James habe gezeigt, dass die Alltagswelt *von jedermann* neben den Alltagsdingen und Personen auch dieses ‚Gegenüber' enthalte. Das folgende Kapitel soll zeigen, dass eine theistische Sicht, speziell die christliche Sicht, mit diesen Folgerungen aber gut verträglich ist.

Sechstes Kapitel
Margarethes Frage. Theistisches Sprechen und Bekenntnis

Goethes Figur der Margarethe sorgt sich um den schlechten Umgang ihres Verehrers Heinrich. Sein unheimlicher Begleiter erregt in ihr ein Grauen, das ihr bis dahin nicht bekannt war. Sie spürt, dass hier etwas auf einer tiefen Ebene nicht stimmt. Was das für sie bedeutet, wird klar, wenn sie sich an Heinrich mit der Frage wendet: „Nun sag, wie hast du's mit der Religion?" In seiner Antwort gibt Faust zu, den Kirchgang zu vernachlässigen, er beteuert aber, niemandem „sein Gefühl und seine Kirche" rauben zu wollen. Die junge Frau lässt nicht locker und fragt nun direkt: „Glaubst du an Gott?" Darauf antwortet er ausweichend: Er verweist auf die Grenzen der Sprache; sie könne das, worum es gehe, nicht leicht fassen. Und abermals erwähnt er das *Gefühl* als das zuständige Erkenntnismittel; es sei so stark, dass ihm die Worte, die ihm dafür durch den Kopf gehen, nebensächlich erscheinen. (Er nennt: „Glück, Herz, Liebe, Gott" – hält er diese Ausdrücke für gleichbedeutend?) Margarethe findet seine Antwort „schief", mit der Begründung: „Denn du hast kein Christentum."[170]

Nun waren die bisher vorgetragenen Überlegungen zwar weniger ausweichend und weniger gefühlsbetont als die zitierten Andeutungen Fausts. Das Verdikt Margarethes triff auf sie aber ebenfalls zu: mit ihnen allein ‚hat man kein Christentum'. Dieses Kapitel soll die Frage erörtern, ob die bislang vorgetragenen Gedanken mit einer christlichen Orientierung gleichwohl *verträglich* sind oder ob sie die christliche Option bereits im Vorfeld ausschließen.

Als Philosoph könnte man hier versucht sein, dem Theologen seine Arbeit aus der Hand zu nehmen. Man könnte Vorschläge unterbreiten, was die mythisch und gleichnishaft formulierten Aussagen, die die Bibel überliefert, für uns heute, wenn wir uns ihrer ‚zweiten Inhaltsebene' bewusst sind, bedeuten könnten, wie man sie in einer heute leichter zugänglichen Sprache erläutern könnte. Ein bekannter Ansatz dieser Art findet sich z. B. in Kants Buch mit dem bezeichnenden Titel „Die Religion innerhalb der Grenzen der bloßen Vernunft".[171] Ob bei einem solchen hermeneutischen Versuch eine eigentliche *Übersetzung* möglich ist, bei der nicht-religiöse Redeweisen die religiösen inhaltlich gleichwertig ersetzen, so dass man bei diesem Verfahren sicher bleiben kann, wirklich innerhalb der von Kant gezogenen Grenzen zu bleiben, erscheint aus der hier erarbeiteten sprachphilosophischen Sicht zweifelhaft.[172] Gerade die Überlegungen des späten Wittgenstein zeigen, dass es durchaus *neue* sprachliche Züge sind, die auf den höheren Ebenen der Sprachkompetenz möglich werden. Und dies gilt für den Bereich des Psychischen wie für den des Religiösen. Was aber sicher möglich ist (und im Religionsunterricht ja auch ständig praktiziert werden muss), ist eine hinführende Lesehilfe, ein ‚Einstieg' in die durch religiöses Sprechen konstituierte Welt. Die wenigen Schritte zur philosophischen Erkundung theistischen Redens, die im Folgenden unternommen werden, zielen also nicht darauf, religiöses Sprechen in eine philosophische Sprache zu *übersetzen*. Es geht allein darum, potentielle Hindernisse zu beseitigen, die sich für manche Leser vom Gang der bisherigen Überlegungen her nahe legen könnten. Insbesondere soll plausibel werden, dass die bisher entwickelten allgemeinen Gedanken zur Frage, worum es sich bei den Religionen überhaupt handelt, eine christliche Sicht nicht von vornherein ausschließen.

1. Ist Gott eine Person?

Der Verdacht eines Ausschlusses könnte sich vor allem dort nahelegen, wo es um das Verhältnis zwischen einem *theistischen* Glauben wie dem Christentum geht, in dem Gott als eine Person vorgestellt wird, und einer nicht-theistischen Religion, wie wir sie im Buddhismus kennen gelernt hatten. Dieser spricht zwar (besonders in seinen späten Formen) von einer Fülle ‚göttlicher Wesen', er sieht aber das Zentrum der Religion nicht in dem *einen* Gott, der wie ein königlicher Herrscher über all diesen Wesen und über ‚der ganzen Welt' steht. Einen vergleichbaren Platz nimmt eher eine universale Ordnung ein, der auch die göttlichen Wesen unterworfen sind. Sie durchzieht das ganze Universum und an ihr kann sich der Mensch auf der Suche nach einem ‚heilen' Leben orientieren. Klafft hier nicht ein unversöhnlicher Widerspruch; bezieht nicht derjenige, der eine nicht-theistische Religion auch nur für möglich hält, bereits dadurch einen in Wahrheit atheistischen und also antireligiösen Standpunkt, dass er ‚die Gottesfrage' von vornherein ausklammert oder negativ beantwortet, mit der Folge, dass er sich mit einem Christen nie wird verständigen können?

Nun wurden in diesem Buch die religiösen *Erfahrungen* zum Angelpunkt gemacht, von denen her sich verständlich machen lassen sollte, worum es sich bei den Religionen überhaupt handelt. Wenn man so vorgeht, sind Vorschriften, Gebräuche, Institutionen, formulierte Glaubenslehren etc. grundsätzlich von diesen Erfahrungen her zu erläutern, so sehr diese Elemente, sind sie erst einmal vorhanden, dann wiederum den Charakter der Erfahrungen und ihrer Beschreibung beeinflussen. Auf dem hier eingeschlagenen Weg beginnen wir also nicht mit ‚metaphysischen Annahmen', um dann zu fragen, ob sie glaubwürdig sind, sondern wir beginnen mit Erfahrungen, um dann zu verstehen, wie sie zur Sprache gebracht werden. Daher kann unsere Frage jetzt so lauten: Gibt es Gründe, die zwingend dafür oder dagegen sprechen, religiöse Erfahrungen in einer personalen Sprache zu formulieren? Wer z. B. als Christ meint, es gebe zwingende Gründe *für* eine personale Ausdrucksweise, der könnte der Auffassung sein, alle anderen Artikulationsweisen seien Spielarten des Atheismus. Wenn Gott als Person in einer religionsphilosophischen Erörterung nicht vorkäme, dann könnte ein solcher Leser darin eine Leugnung der Sachhaltigkeit seiner Religion erblicken: Wenn man den wichtigsten Protagonisten streicht, kann der Rest nicht mehr relevant sein. Wir hatten gesehen, dass Humes Figur des Philo sogar den christlichen Mystiker Demea als einen Atheisten bezeichnet, weil dieser Zweifel an der Zulässigkeit einer personalen Sprache äußert. Indem die Mystiker zögerten, Gott wirklich als Person anzusehen, so Philo, seien sie Atheisten ohne es zu wissen.

Wer umgekehrt der Auffassung ist, es gebe überzeugende oder gar zwingende Gründe *gegen* eine personale Sprache, der wird dies oft deshalb meinen, weil für ihn diese Redeweise unvermeidlich der Ausdruck eines mythischen oder gar magischen, jedenfalls eines heute endgültig überholten Religionsverständnisses ist, das vor dem Forum der wissenschaftlich gebildeten Vernunft keinen Bestand mehr haben könne. Wo der erste Kritiker eine Ausdrucksweise *vermisst* und daraus das Verdikt ‚Atheismus' ableitet, kommt der zweite umgekehrt *aufgrund* einer Ausdrucksweise zum Vorwurf ‚mythisches Denken'.

1. Ist Gott eine Person?

Wir hatten Ernst Tugendhat bereits als einen erkenntnistheoretisch orientierten Vertreter dieser zweiten, kritischen Auffassung erwähnt. Er gelangt dadurch zu ihr, dass er in einem rein terminologischen Schritt für seinen eigenen Sprachgebrauch die Festsetzung trifft, den Ausdruck ‚religiös im engeren Sinne' als gleichbedeutend mit ‚theistisch' zu verwenden. Wer in diesem Sinne religiös ist, glaubt nach Tugendhat an die Existenz einer göttlichen Person, und zwar wörtlich. Da ihm selbst aber der Gedanke eines allmächtigen Einzelwesens, einer Person außerhalb der Welt, nicht einmal als denkbar erscheint (weil es im Prinzip möglich sein müsse, Einzelwesen raumzeitlich zu verorten, was im Widerspruch stehe zu der Bestimmung ‚außerhalb der Welt')[173], hält er den Theismus (nach seinem Sprachgebrauch also: die Religion im engeren Sinne) für widervernünftig, für philosophisch inakzeptabel. Sich zu ihr zu bekennen, ist für ihn ein *sacrificium intellectus*, eine Preisgabe der Vernunft.

Gleichzeitig anerkennt und schätzt Tugendhat aber einen spirituellen Bereich außerhalb des Theismus. Dieser breitere Bereich, den er z. B. unter Rückgriff auf Rudolf Ottos Begriff des ‚Numinosen'[174] und auf Schleiermachers Diktum vom ‚Gefühl schlechthinniger Abhängigkeit'[175] zu kennzeichnen versucht, ist für ihn mit dem Religiösen (in seinem engen Sinne) nicht gleichzusetzen. Er selbst bezeichnet ihn als die Sphäre der *Mystik*, und die Frage, was er genau darunter versteht, wird uns im nächsten Abschnitt noch beschäftigen.[176] Für den Augenblick reicht es, festzustellen, dass die Mystik für ihn eine menschliche Lebensmöglichkeit ist, die sich vor allem in der Fähigkeit zeigt, von sich selbst abzusehen. Wenn wir das von Philo benutzte Verdikt über Demea variieren, können wir Tugendhat also als einen Mystiker bezeichnen, der weiß, dass er Atheist ist.

Neben solchen erkenntnistheoretischen Einwänden gegen einen wörtlich verstandenen Theismus gibt es auch ethisch motivierte Bedenken gegenüber einer personalen Sprache, und zwar auch von christlicher Seite. Solche Vorbehalte finden wir z. B. bei dem amerikanischen Bischof J. S. Spong, einem Schüler Paul Tillichs. Wie viele andere Theologen wendet er sich gegen den ‚Literalismus' (gegen die Auffassung, die Aussagen der Bibel müssten wörtlich verstanden werden),[177] viele seiner Äußerungen klingen darüber hinaus aber so, als würde ihr Autor bereits die personale *Ausdrucksweise* aus ethisch-politischen Gründen für inakzeptabel halten und nicht erst einzelne Lehren oder Folgerungen, die mit ihr zwar verbunden werden *können*, zu denen die Ausdrucksweise selbst aber niemanden zwingt. Wir werden auch auf Spong noch zurückkommen.

Ist eine personale Ausdrucksweise für das Religiöse also zwingend notwendig, oder ist sie aus erkenntnistheoretischen oder ethischen Gründen abzulehnen? Fragen wir zunächst, was sich *zu Gunsten* einer personalen Ausdrucksweise anführen lässt.

Wir hatten mehrfach festgestellt, dass es für den Inhalt religiöser Erfahrungen charakteristisch ist, dass gerade die Aufgabe des eigenen Handlungsimpulses das bringt, was die Person als ihre Rettung empfindet. Wer das eigene Handeln an einem bestimmten Punkt aufgibt, dann aber erfährt, dass er nicht ‚ins Leere fällt', der kann diese Erfahrung durch die Aussage artikulieren, es seien ‚Kräfte' außerhalb seines eigenen Ich am Werke, die zu einer Veränderung seiner Situation geführt hätten, zu einem Wandel, den er als eminent sinnvoll und hilfreich erfahren habe. Dieser positive Charakter des Geschehens kann es einem Betroffenen nahe legen, es zumindest als *handlungsartig* zu beschreiben: Es geschieht ihm etwas, das sich einerseits offensichtlich nicht seiner *eigenen* praktischen Tätigkeit verdankt, das von ihm aber gleichwohl insofern als analog zu einem Handlungsresultat gesehen werden kann, als es eine sinnvolle, ja rettende Veränderung seiner Lage ‚im Ganzen' bedeutet. Und wenn dies als Teil eines Transformationsprozesses geschieht, in dessen Verlauf er sich in seinem Leben auf lange Sicht zunehmend besser zurechtfindet, dann wäre es einer solchen Kontinuität nicht angemessen, dafür einen Ausdruck wie ‚glücklicher Zufall' zu gebrauchen, denn dadurch würde die Gerichtetheit des Prozesses aus dem Blick fallen, d. h. die Tatsache, dass der Betroffene ihn als einen längeren sinnvollen Weg empfindet.

Es legt sich für die Artikulation einer solchen Erfahrung daher durchaus nahe, von einem ‚unsichtbaren Akteur' zu sprechen, von einem handelnden Wesen, dem man die ‚Rettung' verdankt. Diese gleichnishafte Sprechweise lässt sich fortsetzen und ausbauen, wenn man z. B. sagt, der Zuwachs, den das Subjekt in einer solchen Erfahrung erhalte, sei *wie ein Geschenk*. Die betroffene Person findet sich überraschenderweise zu etwas fähig, das sich nicht auf unmittelbarem Wege anstreben und gewinnen lässt. Der Betroffene kommt mit seinem Leben auf eine Weise zurecht, wie es ihm früher nicht möglich war. Dieses Können hat er nicht im technischen Sinne (etwa durch fleißigen Kirchgang, durch regelmäßige Medita-

1. Ist Gott eine Person?

tionsübungen) selbst erzeugt (bewirkt, verdient), sondern es ist ihm ‚zugewachsen' oder ist ihm ‚geschenkt' worden. Theistische Redeweisen erscheinen hier also naheliegend und verständlich.

Nach den Überlegungen der vorangegangenen Kapitel kommt nun aber alles darauf an, solche *Artikulationsweisen* nicht mit den ersten Schritten zu einer *Theorie* zu verwechseln. Daran sei hier kurz erinnert: *Artikulationen* bringen eine Erfahrung zur Sprache, sie versuchen nicht, einen Sachverhalt berechenbar oder vorhersagbar zu machen. Mit vorhandenen Worten, oft mit den Worten überlieferter, teils sehr alter Geschichten, oft aber auch mit ganz alltäglichen Ausdrücken, wird eine Erfahrung zur Sprache gebracht und dadurch sowohl ‚erfasst' (von der betroffenen Person für sich selbst identifiziert) als auch (einer anderen Person) mitgeteilt. Mit einer *Theorie* dagegen würde die Erfahrung nicht nur artikuliert, sprachlich ‚dingfest gemacht' wie ein Traum durch die Traumerzählung, vielmehr würde versucht, sie zu *erklären*, indem ihr ein verursachender Faktor zugeordnet würde. Trägt der Sprecher den Ansatz zu einer Theorie vor, dann spekuliert er z. B. über besondere Gegenstände, die für ihn als kausale Auslöser der Erfahrung in Frage kommen könnten und die im Normalfall in einem an der Wissenschaft oder der Kriminalistik orientierten Sinne früher oder später direkt oder indirekt *nachweisbar* sein müssen.

Hier müssen wir im Auge behalten, dass dem mythischen Denken diese Unterscheidung noch fremd war. Für uns heute ist es aber etwas grundsätzlich anderes, ob ich eine Erfahrung artikuliere mit Worten wie ‚ich fühlte mich erleichtert; es war, als hätte mir ein mächtiges Wesen plötzlich alle meine Sorgen von den Schultern genommen' oder ob ich den Ansatz für eine Theorie formuliere mit einer Aussage wie ‚ich vermute, es gibt unsichtbare Wesen, die handelnd in den Zustand unserer ebenfalls unsichtbaren (‚gespenstförmigen') Seele eingreifen, z. B. uns die Last der Sorgen von den seelischen Schultern nehmen'.

Wenn diese Unterscheidung zwischen der Artikulation einer menschlichen Erfahrung und dem Entwurf einer erklärenden Theorie akzeptiert ist, dann können wir Rudolf Bultmanns Begriff der ‚Entmythologisierung' (besser: Entmythisierung)[178] aufgreifen und ‚mythische' Religionsverständnisse als solche kritisieren, die diese Unterscheidung nicht deutlich treffen und insofern dazu einladen, religiöse Artikulationen als Theorie-Ansätze misszuverstehen. Genauer: Wir können ein Verständnis eines Berichtes über eine religiöse Erfahrung ein im negativen Sinne ‚mythisches Verständnis' nennen, wenn es die Ebene der Erfahrungsartikulation nicht anders als wörtlich auffassen kann.

Wenn wir dagegen mit einer zweiten Inhaltsebene rechnen (wie es sich im Verlauf unserer Untersuchungen immer wieder als unumgänglich erwiesen hat), dann sehen wir, dass die Artikulation der Erfahrung etwas im Leben des Betroffenen höchst Reales und zutiefst Bedeutsames berichten kann, *ohne* dass diese Artikulation deshalb eine Hypothese, also eine Vermutung über die *Ursache* der Erfahrung enthalten würde. Dem entspricht bei Bultmann die Unterscheidung zwischen existentiellem und objektivierendem Denken. Deshalb können wir im ersten Fall von einer ‚ungegenständlichen Erfahrung' sprechen: Sie betrifft nicht einen besonderen ‚ätherischen' (einen ‚mystischen', schwer zu fassenden, ‚unsagbaren') Gegenstand, der sich nur dem ‚inneren Auge' zeigt, sondern sie betrifft *gar keinen* Gegenstand. Freilich geraten wir immer wieder in Versuchung, zu meinen, der Realitätsgehalt, die tiefe Wichtigkeit einer solchen Erfahrung könne nicht anders als durch die Aussage ausgedrückt werden, die Worte zur Artikulation der Erfahrung müssten etwas *bezeichnen*, sie müssten *für etwas stehen*. Wir hatten bei Wittgenstein gelernt, dass dies nicht der Fall ist.

Vor diesem Fehler ist auch die Theologie nicht gefeit. So hat z. B. Bultmann selbst mit seinem Programm der Entmythisierung entschieden darauf bestanden, das mythische Reden nicht wörtlich (nicht objektivierend) zu nehmen; hier ist ihm nur zuzustimmen. Darüber hinaus war er aber der Meinung, die von der Theologie und der Religionsphilosophie geforderte Verdeutlichung der Sinngehalte dieses Sprechens müsse (und könne) sich selbst einer nichtmythischen Sprache bedienen. Diese These erscheint aus der hier erarbeiteten Perspektive falsch und unnötig. Bultmann meint, ohne eine solche Ersetzbarkeit käme es zu einem unendlichen Regress, weil die deutende Sprache dann wiederum gedeutet werden müsste, u.s.w. Um diesem Sog ins Unendliche zu entgehen, benutzt er beim existentiellen Sprechen keine personale Sprache. Aber er bleibt bei der Vergegenständlichung. So verteidigt er z. B. Herbert Brauns Ausdruck ‚das Woher meines Umgetriebenseins' und schwelgt geradezu in Kennzeichnungen wie ‚der Grund allen Seins' (Tillich), ‚das Jenseits in unserer Mitte' (Bonhoeffer), ‚das Unheimlichste und Aufregendste', ‚die letzte Wirklichkeit', etc.[179]

Nun ist jeder in der Wahl derjenigen Sprachformen, denen er in seinem Kontext eine Verdeutlichung zutraut, frei. Wer die christliche Religion schon kennt, mag auch mit den zitierten Kennzeich-

1. Ist Gott eine Person?

nungen etwas anfangen können. Es erscheint aber verfehlt, diesen Ausdrücken einen neutralen Zugriff auf ‚die religiösen Gegenstände' zuzutrauen, weil sie die Sprechweisen der überlieferten Religionen vermeiden. Ein Ausdruck wie ‚die letzte Wirklichkeit' hat kein engeres Verhältnis zur religiösen Erfahrung als der Ausdruck ‚Gott'. Man kann sich nicht *erst* mit unverfänglichen Worten (‚objektiv') der Existenz Gottes versichern, um *dann* zu sehen, welche Bezeichnungen die verschiedenen Religionen für ‚ihn' haben. Nur der Rekurs auf die Erfahrung kann den Ausdrücken einen Sinn geben, und dafür ist es gleichgültig, ob sie neutral und modern oder mythisch und traditionell klingen und ob die Erläuterungen, die man dazu gibt, auf ‚Geschichten' rekurrieren oder nicht. Die *Erfahrung* beendet den von Bultmann gefürchteten Regress, nicht ein ‚objektives' und daher unverdächtiges Vokabular, mit dessen Hilfe sich jedermann umweglos auf ‚das religiöse Objekt' beziehen könnte.

Im Falle der Märchen hatte Bettelheim festgestellt, dass gut gemeinte Revisionen mehr schaden als nutzen; hier scheint es sich ebenso zu verhalten. Obwohl die neu geprägten Ausdrücke den Bezug auf eine Person vermeiden, *unterstützen* sie die Tendenz zur Verdinglichung, statt dabei zu helfen, gerade diese Neigung zu überwinden. Solche Vorschläge nähren die Illusion, das Auffinden eines gegenständlichen Ausdrucks,[180] so abstrakt und gesucht er auch erscheinen mag, sei ein Schritt zur Anerkennung der Existenz Gottes. So stützen sie das falsche Gefühl, nur ein Gegenstandsbezug, eine Referenz, die in Analogie zur Benennung von ‚mittelgroßen trockenen Gütern' gedacht wird, könne den nagenden Zweifel an der Existenz Gottes zum Schweigen bringen, während eine nicht vergegenständlichende Sicht zu einer atheistischen Position führen müsse. Denn wie immer der jeweils konkrete Gesprächspartner eine dieser Kennzeichnungen für sich selbst erläutern würde, er scheint nicht leugnen zu können, dass auch er mit einem Ausdruck wie ‚der Grund des Seins' (oder einem anderen aus der zitierten Liste) ‚etwas verbindet', dass der Ausdruck also ein *Etwas* bezeichnet, das für ihn existiert. Ist man sich darüber einig, scheint die Gefahr des Atheismus gebannt. Die Existenz Gottes erscheint gesichert; zu streiten wäre allenfalls über seinen Namen und seine Eigenschaften.

Von dieser Sprachgläubigkeit kann man sich mit Hilfe der Spätphilosophie Wittgensteins befreien. Seine Überlegungen haben gezeigt, dass es kein dingliches ‚Etwas' zu geben braucht, dessen

Existenz dafür garantieren könnte oder müsste, dass (in unserem Fall) die Artikulationen religiöser Erfahrungen sinnvoll sind. So verstanden gehört dieser Schritt Wittgensteins in die lange Geschichte unserer Befreiung vom Götzendienst, in der Theologie und Philosophie immer wieder einmal an einem Strang gezogen haben.

Wenn nun mit Bezug auf ein konkretes Beispiel eines Berichtes über eine religiöse Erfahrung gefragt wird, ob er einen solchen nicht-hypothetisch gedachten Realitätsgehalt tatsächlich habe, dann kann sich die richtige Antwort (ähnlich wie bei Liebesbeteuerungen) nicht anders als am weiteren Verlauf des Lebens der betroffenen Person zeigen. Die Realität der Erfahrung zeigt sich nicht am Resultat wissenschaftlicher Untersuchungen (weder ein Radioteleskop noch ein Lügendetektor oder die bildgebenden Verfahren der heutigen Hirnforschung kommen als Untersuchungsinstrumente in Frage), sondern daran, wie die betroffene Person ihr Leben führt. Mit einer Analogie Wittgensteins gesprochen: Nur das, was vorher und nachher passiert, nur der Kontext entscheidet darüber, ob das Verschieben eines Spielsteins auf einem Brett ein *Schachzug* war oder z. B. eine Teilhandlung in einer Erläuterung eines Plans zur Umstellung von Möbeln. Allein dem Brett und der Veränderung der Lage der Figur im Raum sieht man es nicht an.

Angenommen nun, wir haben einen Fall vor uns, in dem wir die fragliche Erfahrung als ‚real' ansehen, als bestimmend für die Form des Lebens, im Gegensatz zu einem ‚komischen Gefühl' wie z. B. einem *Déjà-vu* Erlebnis, das allenfalls momentan beeindrucken kann. Wenn nun die betroffene Person zur Artikulation dieser realen Erfahrung die sprachliche Formel benutzt ‚es war als ob', dann können wir nach dem Gesagten aus dieser Sprachform allein nicht folgern, der Sprecher wolle sagen, die Erfahrung habe den Charakter einer Einbildung, einer Illusion gehabt. Laut Voraussetzung soll sie gerade *nicht* irrelevant sein. Der Ausdruck ‚es war als ob' funktioniert bei solchen Artikulationen offenbar anders als in Fällen der Art ‚es war, als ob im Hauseingang eine Person stünde, tatsächlich handelte es sich aber nur um eine Graffiti-Figur, die von weitem den Eindruck einer Person machen konnte'. Diese zuletzt genannte Deutung des ‚als ob' teilt mit, dass die Worte, die der Wendung ‚als ob' folgen, die Beschreibung einer Täuschung seien. Dies hatten wir durch die Voraussetzung, es handle sich um eine im oben bestimmten Sinne reale Erfahrung, aber gerade ausgeschlossen. Der Ausdruck ‚als ob' verweist also in solchen Fällen auf einen Vorbehalt bezüglich des *Artikulationsmittels*, nicht des

1. Ist Gott eine Person?

Wahrheitsgehalts. Er signalisiert, dass der Sprecher weiß, dass er sich eines Gleichnisses bedient, wie man es z. B. auch in vielen Schmerzbeschreibungen tut („als läge mir ein Stein im Magen"); der Ausdruck ‚als ob' ist dann kein Vorbehalt bezüglich der Realität der Erfahrung.

Traditionell wird hier auch von einer ‚inneren Erfahrung' oder von ‚Gefühlen' gesprochen, bei beiden Redeweisen ist aber Vorsicht angebracht. Die vielfach übliche Ausdrucksweise, es gehe um ‚Inneres' will sagen, dass die Erfahrung für den Betroffenen ‚real' ist, obwohl sie sich anderen gegenüber nicht durch einen einfachen Hinweis auf gewöhnliche (‚äußere') Dinge bewahrheiten lässt. Um dies auszudrücken wird ein Bild benutzt, nach dem ein Sprecher z. B. ‚Vorstellungen' beobachtet, die in ihm aufsteigen. Das Religiöse oder Spirituelle erscheint dann (wie das Auftauchen von Gefühlen) als eine private Sache, und es ist für einen Verteidiger der Religion verführerisch, zu meinen, damit verliere es zwar vielleicht an Gewicht, positiv sei aber, dass es mit diesem Zug zugleich unangreifbar werde. Es sieht dann so aus, als habe sich Gott, bedrängt von den Naturwissenschaftlern, von seinem Platz über den Wolken in das Innere des Menschen gerettet und sei dort nun in Sicherheit.

Wir hatten aber im Wittgenstein-Kapitel gesehen, dass diese ‚Privatisierung des Inneren' aus bedeutungstheoretischen Gründen schon bei so trivialen ‚Dingen' wie Schmerzen nicht möglich ist. Erst recht lassen sich Erfahrungen, die ‚das Leben als Ganzes' betreffen, nicht auf die Privatheit eines psychischen Innenraums oder auf das Kommen und Gehen von Gefühlen, Empfindungen oder Vorstellungen begrenzen. Erinnern wir kurz an die Gründe dafür. Erstens ist das so genannte ‚Innere' sozial *konstituiert*. Schon bei Bettelheim hatten wir gesehen, dass das von den Eltern an das Kind ‚herangetragene' Märchen die Weise bestimmt, wie es seine neu auftretenden, noch unbestimmten negativen Gefühle einzuordnen und zu sehen lernt. Das Innere, speziell auch das Gefühlsleben, hat im kulturellen Kontext von Anfang an eine soziale Dimension.[181] Und zweitens hat die *Zuschreibung* von ‚Innerem' (wenn wir z. B. von jemandem sagen, er sei hasserfüllt, zornig oder eifersüchtig, oder er habe Schmerzen) *soziale Kriterien*. Die schönsten Herzensoffenbarungen sind unwahrhaftig oder sinnlos, wenn sie im Handeln keine ‚Früchte' tragen. Der Fall psychischer Krankheiten erinnert uns daran, dass diese Verbundenheit mit dem Sozialen sogar für Selbstzuschreibungen gilt, – eine Person kann nicht für sich allein entscheiden, ob sie Napoleon ist. Dies gilt erst recht, wenn es um Erfahrungen geht, die für das ganze Leben des Betroffenen von einschneidender Bedeutung sind, weil das ‚ganze Leben' nicht als eine völlig asoziale Episode denkbar ist, nicht einmal bei einem Einsiedler, der ja auch von Älteren groß gezogen worden ist, bei denen er u. a. die Sprache erlernt hat. Deshalb lässt sich über den realen oder illusionären Charakter auch einer religiösen Erfahrung nicht *allein* durch einen ‚Blick nach innen' entscheiden. Er wird sich vielmehr an der Lebensgeschichte des Betroffenen zeigen. Diese Entscheidung geschieht in einem sozialen Handlungszusammenhang, deren Teilnehmer über die entsprechenden sprachlichen Mittel verfügen. Solche Ausdrucksmittel wurden normalerweise über lange Zeiträume historisch entwickelt, und sie sind entsprechend differenziert. Es können aber auch neue Ausdrucksweisen spontan gefunden werden, die dann aus der Perspektive einer etablierten Tradition vielleicht unbeholfen oder auch erfrischend wirken.

Wenn jemand also eine religiöse Erfahrung artikuliert und sich einer personalen Sprache mit dem Zusatz bedient ‚es war als ob', dann signalisiert dieser Ausdruck, dass die zur Artikulation benutzten Wendungen (‚Sorgen von den Schultern nehmen') auf eine nicht-wörtliche Weise verwendet werden, so dass sie solchen Redeweisen vergleichbar sind wie ‚einen Kloß im Hals haben' oder ‚es war als würden tausend Ameisen über meinen Fuß krabbeln'. Ein Sprachgebrauch dieser Art ist auch die Aussage eines Verliebten, der sagt ‚mir ist, als wüchsen mir Flügel!' Es wird etwas Reales ausgesagt (er ist wirklich verliebt, er steht anders im Leben als vorher), dessen nicht-illusionärer Charakter aber nicht dadurch erwiesen werden kann, dass man schaut, ob sich bereits Auswüchse in der Gegend seiner Schulterblätter feststellen lassen. Es geht gar nicht um einzelne Gegenstände. Vielmehr hatten wir gesehen, dass es in der religiösen Erfahrung um einen Umschwung, einen Gestaltwandel geht, der das Leben als Ganzes betrifft. Wittgenstein hatte für den Fall der Schmerzen formuliert: Kein Etwas aber auch nicht ein Nichts. Diese Wendung hatten wir auf religiöse Erfahrungen übertragen, denn auch bei ihnen geht es nicht um einen besonderen ‚Gegenstand'. In diesem Sinne kann man sie ‚ungegenständlich' nennen. Sie sind zugleich aber alles andere als nichtig, denn sie machen einen Unterschied ‚ums Ganze'.[182]

Ein personale Redeweise kann also durchaus geeignet sein, eine religiöse Erfahrung zu artikulieren. Sie kann nicht *schon als Redeweise* falsch sein. Aber es zeigt sich auch sofort, dass (wie immer

1. Ist Gott eine Person?

bei gleichnishaften Redeweisen) nicht *jede* sich anbietende Fortsetzung akzeptabel ist, und zwar auch dann, wenn diese Unannehmbarkeit (anders als beim mythischen Denken) nicht daran liegt, dass diese Art des Weiterredens auf die erste Inhaltsebene zurückfallen würde. Wittgenstein hatte mit seinem Gespür für einfache Fälle darauf hingewiesen, dass die Rede vom ‚Auge Gottes' einen Sprecher nicht zwingt (es ihm möglicherweise nicht einmal erlaubt), nun auch von seinen Augenbrauen zu reden. Woody Allen hatte die Wendung ‚es gibt einen Gott' mit der Wendung ‚es gibt einen Klempner' konfrontiert und uns so vor Augen geführt, dass hier zwei völlig verschiedene Bedeutungen des Ausdrucks ‚es gibt' vorliegen. Das gleichnishafte Reden tut immer beides: Auf der einen Seite *eröffnet* es Fortsetzungsmöglichkeiten, es erschließt einen Bereich von Artikulationsmöglichkeiten. Wer sie versteht und aufgreift, der sieht aber zugleich, dass manche Fortsetzungen als widersinnig ausgeschlossen sind.

Wenn wir unter Theologie das Nachdenken darüber verstehen, wie sich ‚von Gott reden' lässt, dann sehen wir leicht, dass ihre Arbeit anfangen kann, sobald das Interesse vorhanden ist, sich über religiöse Erfahrungen (über bestimmte Veränderungen im Blick auf ‚das Ganze') zu verständigen. Da solche Erfahrungen definitionsgemäß von den Betroffenen als äußerst bedeutsam angesehen werden, legt es sich nahe, die Notwendigkeit einer solchen Verständigung ‚von Anfang an' zu erwarten. Es besteht also schon sehr früh ein Anlass dafür, hilfreiche von weniger hilfreichen und von regelrecht irreführenden Fortsetzungen bestimmter Redeweisen zu unterscheiden; schließlich wissen wir, dass alle Vergleiche ‚hinken'. Schon die christliche Trinitätslehre ist ein klarer Ausdruck dafür, dass Gott keine Person *wie andere Personen* ist; wir kennen keinen Menschen, der sein eigener Vater oder sein eigener Sohn wäre. Die Frage, wie es möglich ist, ‚von Gott zu reden', bedurfte in der christlichen Tradition also schon immer einer eigenen Reflexion. Und die Aufgabe der jeweiligen religiösen Gemeinschaft, in diesem Reden das Treffende vom Irreführenden zu unterscheiden, besteht von Anfang an.[183]

Was spricht nun *gegen* die Wahl einer personalen Sprache bei der Artikulation religiöser Erfahrungen? Wir können feststellen, dass jedenfalls solche Bereiche personalen Redens vermieden oder aufgegeben werden sollten, die (in den Augen des Sprechers oder seiner Zuhörer) schwerwiegende Missverständnisse und Verzerrungen einladen würden. Ein für mich einschlägiges Beispiel betrifft die Frage nach der so genannten ‚Allmacht' Gottes, die in jüngerer Zeit auch als die Frage nach einem ‚starken' oder ‚schwachen' Gott erörtert wird.[184] In diesen Kontext gehört auch das klassische Problem der Theodizee, also die Frage der ‚Entschuldigung' (d. h. des Nachweises der Gerechtigkeit) Gottes angesichts der Übel in der Welt. Wenn der christliche Gott ein analog zu menschlichen Königen gedachtes himmlisches Wesen sein soll, dass grenzenlose Güte, grenzenloses Wissen und grenzenlose Macht in sich vereint, warum gibt es dann unverdientes Leid, warum gibt es wehrlose Opfer, unbehelligte Täter und ungesühnte Verbrechen?

Auf die christlichen Antworten auf diese Frage können wir uns hier nicht einlassen, aber so viel scheinen die vorangegangenen Überlegungen doch klar gemacht zu haben: Aus der Tatsache, dass eine personale Sprache zur Artikulation einer religiösen Erfahrung geeignet ist, die der Betroffene z. B. durch die Wendung ausdrückt, er habe ‚ein übergroßes Geschenk erhalten', folgt nicht zwingend, dass wir nun auch sagen könnten, er habe damit eine ‚Person' kennen gelernt, die, da sie offenbar überaus mächtig sei, durch ihren Eingriff doch mit Leichtigkeit z. B. hätte verhindern können, dass das Kleinkind aus dem fünften Stock auf die Straße gestürzt ist. Wenn wir den Ausdruck ‚Allmacht Gottes' beibehalten wollen, muss er also etwas anderes bezeichnen als die *Power* einer Comic-Figur wie *Superman*, der das bereits fallende Kind im Fluge auffängt und sicher ins Kinderzimmer zurückbringt. Der angesprochene Übergang von der Artikulation einer konkreten Erfahrung mit Hilfe des Ausdrucks ‚Geschenk' zur Fortsetzung und Ausmalung dieser Redeweise zum Bild von einer *Superman*-Figur ist so wenig legitim wie der Übergang vom ‚Auge Gottes' zu seinen Augenbrauen. Die personale Artikulationsform legitimiert nicht *jede* Art der Fortsetzung.

Blicken wir nun im Einzelnen auf die Bedenken, die Spong gegen manche personalen Ausdrucksweisen vorgebracht hat. Er spricht sich dagegen aus, Gott als extern, übernatürlich, personal und potenziell ins Weltgeschehen eingreifend zu denken.[185] Diese vier Merkmale bestimmen für ihn die Bedeutung des Ausdrucks ‚Theismus',[186] was durchaus vergleichbar ist mit der engen Bestimmung des Ausdrucks ‚Religion' bei Tugendhat. Spong spricht in diesem Zusammenhang vom langen Sterben des so verstandenen theistischen Gottes und er sieht an manchen Stellen bereits in der theistischen *Sprache* ein mythisches Element, das wir im Geiste Bultmanns hinter uns lassen sollten.[187]

1. Ist Gott eine Person?

Das Hauptmotiv für diese Stellungnahme gegen ein personales Gottesbild ist bei Spong ein moralisches, das sich an populären Vorstellungen über den Opfertod von Jesus entzündet (er wendet sich an durchschnittliche Kirchenbesucher, nicht an Theologen.) So schreibt er z. B.: „Selten haben sich die Christen darauf besonnen, in was für ein Monster sie Gott verwandelt hatten. Ein menschlicher Vater, der seinen Sohn (gleichgültig zu welchem Zweck) ans Kreuz nagelte, würde wegen Kindsmissbrauchs verhaftet. Gleichwohl hat man dies immer wieder von Gott gesagt als würde es ihn heiliger und verehrungswürdiger machen."[188]

Spong findet auch an anderen Stellen deutliche Worte. Nachdem er die traditionelle Geschichte von der Güte der Schöpfung, vom Abfall des Menschen in die Sünde und von der Erlösertat am Kreuz rekapituliert hat, fährt er fort mit den Worten, diese Interpretationen verwickelten uns in die „... Bildlichkeit von einer externen Gottheit, nach der diese sich wie eine launische menschliche Autoritätsfigur benehmen würde, die mit dem menschlichen Verhalten unzufrieden sei und eine Art Ausgleich dafür verlange. Sie lassen das menschliche Leben als sündig und gefallen erscheinen. Aber diese externe Gottheit ist heute ganz einfach tot, und diejenigen Bestimmungen des menschlichen Lebens, die uns dazu zwingen, von Sühnehandlungen, Opfern und Geschichten von göttlichen Eingriffen zu träumen, sind unsinnig. Daher ist das meiste an der traditionellen Christus-Sprache unbrauchbar geworden. Jesus als derjenige, der eine göttliche Rettungsoperation durchführt, ist nicht der Jesus, der das Interesse der Bürger dieses Jahrhunderts finden und mit ihnen kommunizieren könnte."[189]

Wir sehen hier, dass Spong auf Fälle weist, in denen diese Sprache *zu menschliche* Vorstellungen transportiert, die teilweise moralisch eng oder sogar verwerflich sind. Insofern ähnelt seine Kritik dem zweifelnden oder gar verächtlichen Blick, den wohl viele Anhänger des noch im Entstehen begriffenen Christentums auf die olympische Götterwelt mit ihren Liebschaften, Eifersuchtsanfällen und ähnlichen ‚allzu menschlichen' Episoden geworfen haben. Wieder geht es um die Frage, ob ein religiöser Artikulationsversuch (hier: eine personale Sprache) bestimmte Fortsetzungen erlaubt oder nicht, wie z. B. eine erotische Liebe zwischen einem Gott und einer Frau (wie bei den griechischen Göttern) oder die zweckvolle Opferung des Gottessohnes, wie anscheinend im Christentum. Grundsätzlich gesehen ist das Problem also abermals von der gleichen Art wie die Frage nach der Legitimität des Übergangs von ‚Gottes Auge' zu ‚Gottes Augenbrauen'.

Was die positive Seite von Spongs Sicht angeht, können wir bei ihm zwei Schritte unterscheiden. Er beginnt mit unpersönlichen Redeweisen, d. h. er benutzt Kennzeichnungen der von uns bereits erwähnten Art, wie ‚der Grund des Seins' (Tillich) oder ‚die Tiefe des Lebens'. Er gibt dann das Wort ‚Gott' trotz seiner Ablehnung dessen, was er ‚Theismus' nennt, nicht auf; die Bedeutung dieses Wortes versucht er aber (in einem zweiten Schritt) mit Hilfe der zuvor benutzten unpersönlichen Kennzeichnungen zu bestimmen.

Wenn dies der einzige Zugang zu christlichen Redeweisen bleiben sollte, müsste man darin wohl eine Illusion sehen, denn wie soll man verstehen, was mit einem Ausdruck wie ‚der Grund des Seins' gemeint ist, wenn man nicht schon tief in den religiösen Geschichten steckt? Die systematische Reihenfolge scheint doch genau umgekehrt zu sein: Man kennt *zunächst* die in Form von Geschichten überlieferte und an Erfahrungen gebundene christliche Redeweise, die man *dann*, sekundär auf ‚neutrale' Weise zu paraphrasieren sucht.

Deshalb erscheint das Vorgehen Spongs dort plausibler, wo er selbst Geschichten erzählt, nämlich Geschichten von den Erfahrungen, die die Jünger Jesu in ihrem Umgang mit dieser außergewöhnlichen Person gemacht haben. Hier kann auch das Wort ‚Gott' auf viel plausiblere Weise erläutert werden. Dem gemäß entscheidet sich Spong dann auch, vom ‚Tod des Theismus', nicht vom ‚Tod Gottes' zu sprechen.[190]

Hier bestätigt sich, dass dort, wo ein Rückfall in eine buchstäbliche Lesart nicht zu befürchten ist, ein Spielraum besteht, wenn es darum geht, Artikulationen für religiöse Erfahrungen zu finden. Dabei handelt es sich um einen allgemeinen sprachphilosophischen Punkt, der oben bereits angedeutet wurde. Für Artikulationen, die beginnen ‚es war als ob ...', wird es aus der Perspektive des Sprechers nämlich in vielen Fällen Variationen geben können, denn zu einer Analogie, zu einem Vergleich, gibt es stets auch andere Analogien, andere Vergleiche, und es erscheint in vielen Fällen sinnlos, zu fordern, man müsse sich für einen und gegen die anderen entscheiden. Die eine Analogie lädt andere Fortsetzungen ein als eine andere, und es steht aus sprachphilosophischen Gründen zu erwarten, dass es überall (gemessen am ursprünglichen Artikulationsbedürfnis) sowohl ‚gute' (weiterführende, erhellende) als auch ‚schlechte' (irreführende, absurde, der Erfahrung nicht gerecht

1. Ist Gott eine Person?

werdende) Fortsetzungsmöglichkeiten geben wird. Redeweisen sind nur dann ganz auszuschließen, wenn sie der zu artikulierenden Erfahrung gar nicht gerecht werden oder *nur* absurde Fortsetzungen erlauben.

Dies bedeutet, dass die Entscheidung für oder gegen eine personale Sprache im Bereich des Religiösen von außen betrachtet keine Grundsatzentscheidung ist; man kann so oder anders reden und für das eine wie für das andere in der konkreten historischen Sprechsituation jeweils gute Gründe haben. Wer noch gegen den Literalismus kämpft, wird sich hier anders entscheiden als ein Sprecher, der mit diesem Typus von Missverständnis gar nicht mehr zu rechnen braucht. Wie immer diese Entscheidung im Einzelfall ausfallen mag, es bleibt die Aufgabe der Theologie, die jeweils gewählte Sprechweise verständlich zu machen und vor Fortsetzungen oder Ausmalungen zu schützen, die aus der Sicht der unterstellten ursprünglichen Artikulationsbemühung (und der Sicht der Tradition, die sie pflegte und ausbaute) irreführend oder falsch sind, d. h. die der Erfahrung nicht gerecht werden. So könnte es durchaus Kontexte geben, in denen derjenige, der von Gott als einer Person spricht, sich ausdrücklich vom Bedeutungsfeld eines absoluten Königtums distanzieren sollte, das einen unbedingten Gehorsam auch gegenüber ethisch nicht legitimierbaren Befehlen verlangt, wie dies z. B. bei der Geschichte von Abraham und Isaak (zumindest auf den ersten Blick) der Fall zu sein scheint. Dies ist aber kein hinreichender Grund für die Forderung, man müsse die theistische Sprache ganz vermeiden; mit Wittgenstein können wir vielmehr sehen, dass der Streit um *Ausdrucksweisen* oft vermeidbar ist.[191] Daher lässt sich die zitierte Ansicht Tugendhats klar zurückweisen, wenn er meint, die Religion im Sinne des Theismus sei heute für den intellektuell Redlichen keine Option mehr. Denn wenn die Notwendigkeit einer zweiten Inhaltsebene anerkannt ist, gibt es keinen Grund, die theistische *Redeweise* schon als Ausdrucksform auszuschließen.

Dieselbe Überlegung spricht dafür, sich den auch bei Tugendhat erwähnten *weiten* Religionsbegriff zu eigen zu machen, der insbesondere das umschließt, was bei ihm ‚Mystik' heißt und was er durchaus zu schätzen weiß.[192] Wir werden uns jetzt diesem Begriff von Mystik zuwenden und dabei sehen, wie weit er mit dem bis hierher explizierten erfahrungsbezogenen Ansatz in Übereinstimmung zu bringen ist.

2. Religion und Mystik

Zunächst ist positiv hervorzuheben, dass ein kritischer Intellektueller sich nicht scheut, einen so stark unter dem Verdacht des Irrationalismus stehenden Ausdruck wie ‚Mystik' zu benutzen,[193] um eine ernst zu nehmende menschliche Option zu bezeichnen, die er mit so viel Sympathie entwickelt, dass man fast sagen möchte, er lege sie dem Leser ans Herz. Zu begrüßen ist ferner Tugendhats Entscheidung, dabei aus der „Perspektive der 1. Person" zu sprechen. Was er damit meint, erläutert er durch die Bemerkung, dass für ihn „…die Frage leitend ist, was es für uns bedeuten kann und wie weit es für uns Gründe oder Gegengründe gibt, diesen Weg oder einen vergleichbaren selbst zu beschreiten." Entsprechend sind seine Bemühungen darum, einige Redeweisen, die in diesem Bereich anzutreffen sind, in ihrem Sinn zu klären, aus dem Interesse zu verstehen, „daß sie für uns heute sinnvolle Alternativen implizieren."[194]

Zunächst jedoch orientiert sich Tugendhat eher am Üblichen und sagt: „So komme ich zu einer Definition von ‚Mystik', derzufolge sie (1) im Sichlösen vom voluntativen Haften (oder der Gier oder der Sorge) besteht, und dies (2) *angesichts* (statt ‚in meditativer Versenkung') des Universums (wie ich gegenüber ‚letzter Realität' vorziehe), und dabei kann, in Anbetracht des Theravada Buddhismus … dieser Zusatz (2) auch entfallen. Diese Definition lässt sich dann auch auf die religiöse Mystik (in Tugendhats engeren Sinn, HJS) erweitern, indem an die Stelle des Universums Gott tritt."[195]

Was im ersten Teil des Definitionsvorschlags das ‚Sichlösen von der Gier' heißt, ist uns aus dem Buddhismus-Kapitel bereits vertraut. Die Meditation, die durchaus als eine Art der ‚mystischen Versenkung' gesehen werden darf, ist ein Weg, der es dem Übenden ermöglichen soll, sich vom ‚Anhaften' zu befreien. Am zweiten Teil der Bestimmung fällt auf, dass sie bezüglich der Frage, ob es bei der mystischen Einstellung ein *Gegenüber* gibt (also etwas, das diejenige Stelle ausfüllt, die in der christlichen Mystik von Gott eingenommen wird), sowohl mit einer positiven als auch mit einer negativen Antwort rechnet. Als Kandidaten für ein solches Gegenüber nennt der Autor ‚die letzte Realität'; ferner nennt er ‚das Universum' (das in einer ähnlichen Rolle auch bei William James und bei Schleiermacher auftaucht) und ‚Gott'. Da er die Rede von Gott nur als Resultat einer illusionären Projektion verstehen kann (und

2. Religion und Mystik

daher konsequenterweise nur eine Mystik für vernünftig hält, die nach seinem Sprachgebrauch *nicht* religiös im engeren Sinne ist), bleiben als Ausdrücke für das Gegenüber ‚die letzte Realität' und ‚das Universum' übrig, wobei er ‚das Universum' bevorzugt.

Um die Besonderheiten in Tugendhats Zugang zur Mystik zu würdigen und in den Kontext unserer Frage nach dem Stellenwert einer theistischen Sprache zu stellen, sind nun die folgenden Fragen zu erörtern: (1) Wie kommt er überhaupt auf den Gedanken, ein Sichlösen vom voluntativen Haften brauche (manchmal) ein Gegenüber? (2) Was ergibt sich daraus für die Frage, wie dies Gegenüber zu charakterisieren ist? Spezieller gefragt: Wie hilfreich sind die von Tugendhat erwogenen Ausdrücke zur Kennzeichnung dieses Gegenübers? (3) Welche Rolle spielt für die Mystik die ‚meditative Versenkung', die Tugendhat zunächst in die Betrachtung einschließt, von der er sich dann aber distanziert, indem er sagt, das Sichlösen geschehe *angesichts* des Universums? Und schließlich: (4) Wird verständlich, warum der zweite Teil der Definition (und damit das ‚Gegenüber') seiner Meinung nach doch schließlich entfallen kann?

Zunächst zur ersten Frage: In welchem Sinne gibt es für den Mystiker ein Gegenüber, wenn es ihm darum geht, sich vom ‚Ich will' zu lösen? Ein erster Hinweis zur Beantwortung ergibt sich aus dem Umstand, dass Tugendhat seine Überlegungen zur Mystik aus sprachphilosophischen Untersuchungen zur Erkenntnistheorie und zur Ethik entwickelt, in denen er insbesondere die Fähigkeit des Menschen, ‚ich' zu sagen, untersucht. Ein sprachfähiger Akteur, der dieses Personalpronomen in der ersten Person Singular beherrscht, der sich Handlungen zuschreibt und versteht, was es heißt, für eine Handlung verantwortlich zu sein, der erkennt auch, das alles Handeln in einem *Kontext*, vor einem unthematischen Hintergrund stattfindet. Der Vielheit der jeweils einzelnen Handlungen ordnet Tugendhat den Ausdruck ‚Zerstreutheit' zu und stellt ihm als Gegenbegriff die ‚Gesammeltheit' oder ‚Einheit' gegenüber, die es mit dem Hintergrund zu tun zu haben scheint, vor dem die jeweils einzelne Handlung stattfindet. Sich in diesem Sinne sammeln zu können, ist für ihn eine höhere, dem Menschen vorbehaltene Möglichkeit, und er sieht in der Religion und in der Mystik zwei Formen, die der Verwirklichung dieser Möglichkeit dienen. Hier ist der Ort, an dem ein ‚Gegenüber' auftritt, denn Tugendhat meint zunächst, eine Sammlung sei ohne ein Gegenüber nicht möglich.

Fragen wir also, was mit dieser ‚Sammlung' gemeint ist und ob sich aus ihrem genaueren Verständnis eine Aussage über die Notwendigkeit oder Entbehrlichkeit eines Gegenübers ergibt. Dabei ist auch darauf zu achten, ob dieses Gegenüber tatsächlich den Charakter einer umfassenden Einheit gegenüber den zerstreuten Einzelhandlungen hat, so dass Kennzeichnungen wie ‚die letzte Wirklichkeit' und ‚das Universum' für seine sprachliche Erfassung plausibel erscheinen können. Diese Ausdrücke sind von ihrer semantischen Funktion her als Kennzeichnungen anzusehen, mit denen die Vielfalt der Erscheinungen als *eine* Sache erfasst werden soll. An welche vertrauten Tatsachen knüpft Tugendhat an, um uns diese Sicht plausibel zu machen?

Wir können leicht sehen, dass der bereits genannte formale Gesichtspunkt, dass jede Handlung in einem Kontext, vor einem Hintergrund erfolgt, zur Begründung der anvisierten Thesen nicht ausreicht. Weder rechtfertigt er es, die einzelnen Handlungen eines seiner selbst bewussten Ich als Ausdruck seiner ‚Zerstreutheit' zu sehen, noch ist ihm zu entnehmen, dass der Gegenbegriff der ‚Gesammeltheit' es mit dem *Ganzen* eines umfassend gedachten Kontextes oder Hintergrunds zu tun haben müsste. Eine einzelne Handlung (etwa der Pinselstrich eines japanischen Kalligraphen in einem Zen-Kloster) kann hochkonzentriert und ‚gesammelt' sein, also das pure Gegenteil von ‚Zerstreuung', und es ist nicht ersichtlich, dass und wie dieser Charakterzug etwas mit einem ‚Gegenüber' (oder gar mit dem ‚Universum') zu tun haben sollte. In welchem Sinne soll dieser Pinselstrich ‚angesichts eines Ganzen' vollzogen worden sein? Wie würde es aussehen, ihn nur angesichts eines Teils dieses ‚Ganzen' zu vollziehen, z. B. angesichts der begrenzten Klosterwelt? Der formale Begriff eines Kontextes oder Hintergrundes reicht für ein Verständnis hier offenbar nicht aus, so dass wir uns nach einer inhaltlichen Bestimmung der Ausdrücke ‚zerstreut' und ‚gesammelt' umsehen müssen.

Hier stellt sich nun heraus, dass Tugendhat das *Misslingen* von Handlungen im Auge hat, und allgemein die Grenzen unserer Handlungsmöglichkeiten. Die ‚Zerstreutheit' ist dann eine Einstellung gegenüber den eigenen Handlungen, bei der der Akteur über das jeweils Einzelne nicht hinausschaut, bei der er von Impuls zu Impuls springt, ohne einen größeren Zusammenhang und das mögliche Scheitern seiner Handlungen im Auge zu haben. Man denkt an die ‚Sprunghaftigkeit' oder ‚Zerstreutheit' von Menschen, über die wir sagen, sie ‚wüssten nicht, was sie wollten', auch an

2. Religion und Mystik

Menschen, die in Ethik-Lehrbüchern vorgeführt werden als solche, die von Moment zu Moment ihren Neigungen folgen und deshalb in der Abfolge ihrer Handlungen fremdbestimmt oder zufällig erscheinen. ‚Zerstreutheit' ist also negativ konnotiert. Hieraus ergibt sich nun umgekehrt der Gegenbegriff der Gesammeltheit als eine Einstellung dem eigenen Handeln gegenüber, die in Rechnung stellt, dass es scheitern kann, dass es oft auf vielfache Weisen durchkreuzt wird, so dass sich die Pläne und Absichten des Handelnden nicht verwirklichen. Diese Gesammeltheit soll auch dasjenige ‚große' Scheitern im Auge behalten, das nach einer verbreiteten Meinung in der Tatsache der menschlichen Sterblichkeit liegt.

Tugendhat verbindet diese Art der Gesammeltheit mit den Fragen ‚was will ich im Ganzen', ‚worauf kommt es an', ‚was ist der Sinn des Lebens?'.[196] Hier scheint mir aber Vorsicht geboten. Führen wir uns noch einmal den konzentrierten Kalligraphen vor Augen und fragen uns: Unterstellen wir ihm eine Meinung über den Sinn des Lebens (über ein Ganzes, über eine Einheit) als die Quelle seiner Gesammeltheit? Hat er, wenn er gesammelt handelt, einen ‚großen Plan' für das Ganze seines Lebens, hat er eine Vorstellung von dem, was er erreichen möchte, bevor er stirbt? Denkt er überhaupt an die Tatsache seiner Sterblichkeit?

Zweifel dieser Art scheinen Tugendhat nicht fremd zu sein, denn er sagt, es lege sich nahe „... die Einheit nicht *neben* dem Vielen zu suchen, sondern in einem einheitlichen Wie im Verhalten zu diesem."[197] Wie diese Einheit des ‚Wie' zu verstehen ist, ist allerdings klärungsbedürftig. Aus der Perspektive unserer eigenen Kultur könnte man vermuten, sie könne sich dadurch ergeben, dass alles, was jemand tut und lässt, von ihm gesehen wird als im Kontext eines christlichen Lebens stehend, das wiederum im Zusammenhang der Heilsgeschichte zu verstehen ist. Das ‚Ganze' wäre dann vor allem ein räumliches und zeitliches Ganzes: der ganze Weltverlauf, von der Schöpfung bis zum Jüngsten Tag, wie wir es beim Ausdehnungsmodell der Transzendenz erörtert hatten.

Gerade diese Spezifizierung macht aber sichtbar, dass ein solches ‚Gegenüber' für die Art der von Tugendhat ins Auge gefassten Sammlung nicht zwingend erforderlich ist. Handelt jeder ‚zerstreut', der nicht eine Großgeschichte (eine ‚Meta-Erzählung') vor Augen hat, in die er seine aktuelle Aktivität einordnet? Ist dies nicht eine sehr enge und spezifisch ‚westliche' Vorstellung? Wenn es dazu eine Alternative geben sollte, wenn nämlich eine ‚Einheit des ‚Wie' denkbar erscheint, die *nicht* aus einer Bezogenheit auf ein Gegenüber entsteht,[198] würde bereits hier verständlich, warum diese zweite Bestimmung in der oben zitierten Definition (wie Tugendhat später selbst sagt) entfallen kann.

Er bleibt aber zunächst bei dem Verständnis, die Gesammeltheit sei eine Zurückstellung des eigenen Willens angesichts der Endlichkeit des Lebens. Er bemerkt ferner, eine solche Zurückstellung sei nur ‚auf etwas hin' möglich, das kein weltliches Ziel oder Objekt sein könne, auch nicht die eigene Person. Es müsse daher etwas sein, das ‚nicht von dieser Welt' sei.[199] In der westlichen Mystik sei dies Gott; da diese Option für Tugendhat aber nicht besteht, hat er ein Motiv dafür, einen genaueren Blick auf die östliche Mystik zu richten, bei der an die Stelle von ‚Gott' etwas tritt, das er zunächst (einen existierenden Sprachgebrauch aufgreifend) als ‚letzte Realität' bezeichnet, mit der man sich in der meditativen Versenkung eins wisse. Später erscheint ihm beides fraglich: Den Ausdruck ‚letzte Realität' ersetzt er durch ‚das Universum', und ein Rekurs auf die ‚meditative Versenkung' erscheint ihm für eine Definition überflüssig. Sein Argument lautet, eine Person sei ja auch und gerade dann als ‚gesammelt' zu charakterisieren, wenn sie nicht meditiere, sondern (wie der oben als Illustration herangezogene Kalligraph) z. B. ein Schriftzeichen erzeuge.[200] Wie er zu dieser Sammlung komme, ob er dafür eine besondere Veranlagung habe, ob und wie er sie erlernt habe, erscheint Tugendhat nicht von Belang. Aus unserer erfahrungsbezogenen Perspektive werden wir hier allerdings zu widersprechen haben: Wenn die Bedeutung auch eines Wortes wie ‚Gesammeltheit' sein *Gebrauch* ist, wird eine Erläuterung der Bedeutung nicht ohne eine Berücksichtigung der Praxis auskommen, in die das Wort gehört, aus der es seinen Sinn bezieht. Zu dieser ‚Berücksichtigung' der Praxis könnte es durchaus gehören, dass man mit der Gesammeltheit eine Bekanntschaft ‚am eigenen Leibe' gemacht hat.

Was heißt dann also ‚Gesammeltheit' angesichts eines Gegenübers, das ‚nicht von dieser Welt' ist? Auf welche Weise haben wir einen Zugang zu dem, was bei Tugendhat tastend ‚die letzte Realität' und ‚das Universum' genannt wird? Bezüglich der erkenntnistheoretischen Reihenfolge legt er nahe, dass wir *zunächst* verstehen müssen, was mit solchen Ausdrücken gemeint ist, damit wir allenfalls *danach* beurteilen können, ob die Methode der ‚meditativen Versenkung' ein Weg ist, sich dieser Sache anzunähern oder gar sich ‚mit ihr eins zu fühlen'.

2. Religion und Mystik

Im Gegensatz dazu ergibt sich aus unseren eigenen Überlegungen, dass es angemessener wäre, die erkenntnistheoretische Reihenfolge umzukehren: Wir müssen *erst* verstehen, was ‚meditative Versenkung' ist, um *dann* sagen zu können, welchen Sinn ein Ausdruck wie ‚letzte Realität' haben kann, bzw. welchen Sinn die uns von William James bekannte Rede vom Universum haben muss, wenn damit nicht einfach der Gegenstand der wissenschaftlichen Kosmologie gemeint ist, sondern (wie Tugendhat sich ausdrückt) „das mystisch gedeutete Universum".[201]

Er unternimmt zunächst einen von Autoren wie Schleiermacher[202] und Rudolf Otto[203] inspirierten Versuch, ein ‚Gegenüber' des Gesammeltseins namhaft zu machen. Nachdem er gesagt hatte, die *Religion* projiziere in das Universum hilfreiche Instanzen hinein (ein nach seinem Verständnis illegitimer Schritt, den er verweigert), fährt er kontrastierend fort: „...hingegen dient dem Mystiker das Sichbewußtmachen der Existenz des Numinosen – mag er es nun das Universum oder Sein oder Tao nennen oder es auch als Gott sehen – als Bezugspunkt, auf den hin er von seinen Wünschen – sei es schlechterdings, sei es einen Schritt – zurücktritt und so versucht, einen Zustand des Seelenfriedens zu erreichen."[204] Was ist das Numinose, dessen Existenz sich der Mystiker bewusst macht und dem gegenüber (angesichts dessen) er von seinen Wünschen zurücktritt? Was ist mit ‚Universum', ‚Tao' oder ‚Gott' hier gemeint? Sind diese Ausdrücke gleichbedeutend und wissen wir alle, wofür sie stehen, oder (um der von Wittgenstein erarbeiteten Stufe der Sprachphilosophie gerecht zu werden:) wissen wir, was sie bedeuten, wenn sie *nicht* ‚für etwas stehen'?

An dieser Stelle gabelt sich der Weg der Interpretation, und beide Verstehensmöglichkeiten scheinen in Tugendhats Text angelegt zu sein. Für eine Lesart, die sich bemühen wollte, die Frage nach dem Gegenüber möglichst nüchtern anzugehen und dem Autor darin zu folgen, ‚Exerzitien' und ‚mystische Versenkungen' wenn möglich auszuklammern, wäre es konsequent, auch den Begriff des Numinosen ganz zu vermeiden und ihn von Anfang an durch den später von Tugendhat bevorzugten Ausdruck ‚das Universum' zu ersetzen, der dann aber ohne den Zusatz ‚mystisch verstanden' auskommen müsste. Ähnlich wie bei Kants berühmtem Bild vom ‚gestirnten Himmel' könnten wir hier an eine Situation denken, in der ein Handelnder sich die Dimensionen des Weltalls vor Augen führt, ferner die Unvorhersehbarkeit und die Unbeherrschbarkeit der Entwicklung der Welt, und sich dadurch der

Kleinheit seiner Person bewusst wird und der Unsicherheit der Erfüllung seiner Wünsche. Er verhielte sich dann ähnlich wie ein Gast, der in einem überfüllten Restaurant auf die Bestellung seines Lieblingsgerichts verzichtet und lieber zum banalen Tagesangebot greift, weil er sich klargemacht hat, dass er andernfalls unangenehm lange warten müsste und nicht einmal ausschließen könnte, dass er im Trubel gar nicht bedient wird. Dies wäre ein Verhalten aus Klugheit.

Diese ‚prosaische‘ Lesart hat für einen nüchternen Denker den Vorteil, kein schwer greifbares Gegenüber bestimmen zu müssen; alles was wir brauchen, ist eine rationale Anerkennung der realen Größen- und Kräfteverhältnisse im ‚Universum‘ in einem ganz alltäglichen Sinn. Worum es in der Mystik ginge, wäre bei dieser Lesart allein ein lebenskluger Rat von der Art ‚nimm dich nicht so wichtig‘, der auf derselben Ebene angesiedelt ist wie der oben zitierte Spruch ‚bis du heiratest ist alles wieder vorbei‘. Diese Überlegung hätte aber, worauf Dieter Henrich zu Recht verwiesen hat, mit der Mystik im üblichen Wortsinn kaum mehr etwas zu tun,[205] denn dieser Version fehlt der positive Grundton, die entschiedene emotional-ganzheitliche Zustimmung zu der Ordnung, als deren Teil sich der Mystiker erfährt. Diesen Überschuss hatten wir oben in den Kapiteln über James und über den Buddhismus kennen gelernt. Henrich weist darauf hin, dass aus der bloßen Einsicht in die Größenverhältnisse im Universum ebenso gut eine nihilistische Einstellung folgen kann, wie wir sie durch das Bild Jaques Monods von der ‚teilnahmslosen Unermesslichkeit des Universums‘ illustriert hatten. Diese frostige Sicht auf ‚das Ganze‘ ist aber von Bildern, die traditionell ‚mystisch‘ heißen, grundverschieden.[206]

Wenn wir also versuchen, eine *nüchterne* Lesart des Zurücktretens von den eigenen Wünschen durchzuhalten, dann entfällt in der Tat der von Tugendhat als fakultativ behandelte zweite Teil der oben zitierten Definition. Dies erklärt auch seinen Hinweis auf den (älteren) Theravada-Buddhismus. Wer den ‚achtspurigen Pfad‘ gehen will, braucht am Anfang kein anderes Motiv zu haben als das der Leidüberwindung. Eine Gesammeltheit in diesem nüchternen Sinn braucht kein Gegenüber; wir tun einfach gut daran, die Kontexte unseres Handelns (einschließlich der menschlichen Sterblichkeit) nicht aus dem Auge zu verlieren. Ein ‚mystisch verstandenes Universum‘ erscheint bei dieser Lesart sowohl unnötig als auch unverständlich; die Ausdrücke ‚das Numinose‘ und ‚das Tao‘ sind nichts anderes als nur scheinbar akzeptablere Stellvertreter für den

2. Religion und Mystik

Ausdruck ‚Gott'. Wenn man so konsequent ist, auf sie zu verzichten, entfällt aber das Thema Mystik; die ‚mystische' Einstellung zum Leben in diesem prosaischen Sinne ist nichts anderes als die aufgeklärte Haltung eines halbwegs lebensklugen Erwachsenen.

Eine zweite Lesart würde dagegen versuchen, diese Stellvertreter-Ausdrücke doch ernster zu nehmen und das Problem des ‚Gegenübers' genauer ins Auge fassen, aber nicht in einem ersten und unmittelbaren Schritt, sondern so, dass sich ihr Sinn erst aus der religiösen Erfahrung selbst ergibt, z. B. aus der von Tugendhat genannten aber beiseite geschobenen Praxis der ‚Versenkung'. Alles, was wir in den vorhergehenden Kapiteln entwickelt haben spricht nämlich dafür, die Richtung des Zugangs gegenüber der von Tugendhat gewählten Richtung in der Tat umzukehren. Wenn wir dies tun, setzen wir nicht voraus, dass wir bereits wüssten, was das ‚mystisch verstandene Universum' oder ‚das Numinose' ist, um *dann* die mystische Einstellung als die zu bestimmen, die dieses ‚Etwas' im Auge behält oder sich ihm annähert. Wie William James sehen wir umgekehrt die einschlägigen *Erfahrungen* als den Ausgangspunkt an, um danach und im Lichte dieser Erfahrungen zu fragen, welchen Sinn die Rede von einem so oder so benannten ‚Gegenüber' haben kann.

Für die Vermutung, dass diese methodische Reihenfolge vorzuziehen ist, finden sich auch bei Tugendhat Anzeichen, und zwar auf doppelte Weise. Erstens stimmen seine Resultate (wenn auch nicht sein Weg) teilweise mit dem überein, was hier entwickelt wurde; am auffälligsten ist das bei der Bestimmung der Mystik als eines Zurücktretens von den eigenen Wünschen. Zweitens können wir feststellen, dass er seine Versuche, *zunächst* den ontologischen Status und die genauere Natur des ‚Gegenüber' zu klären, etwas unvermittelt abbricht. Er fragt sich mit Bezug auf die Rede von ‚Einheit' und ‚Vielheit' in indischen mystischen Texten, „… ob diese ontologisch-epistemologische Begründung nicht eine Verschleierung der eigentlich praktischen Stoßrichtung ist". Er überlegt, „… wie man auch nur die Idee einer solchen letzten Realität jenseits aller Vielheit verstehen soll" und fährt fort: „Die Schwierigkeit, solche Fragen zu beantworten, kann einen darin bestärken, daß das wirkliche Ziel und die wirkliche Erfahrung nicht eine theoretische Reduktion der Vielheit der Dinge, sondern eine praktische der Wünsche und des Bewußtseins ist und daß die Bedeutung des ‚Einen' ganz in dem subjektiven Ziel des Seelenfriedens liegt."[207]

In der Tat. Dies bedeutet aber, dass das Besondere an der Mystik, ihr positiver und die Menschen einnehmender Charakter, den ein Leser z. B. hinter Ausführungen wie denjenigen von Rudolf Otto über das Heilige spürt und der weit über die nüchterne Klugheit des oben geschilderten Restaurantbesuchers hinausgeht, nicht anders als durch den Rekurs auf die ‚mystischen Erfahrungen' in den Blick geraten kann, deren Betrachtung Tugendhat ausklammert, – etwa Erfahrungen, wie sie in der Zen-Meditation gemacht werden können, aber keineswegs nur dort, wie das Buch von James eindringlich vor Augen führt. Wir wissen nicht *zuerst*, was das ‚mystisch verstandene Universum' oder ‚das Tao' ist, um uns dann bei Bedarf der nur für Praktiker interessanten Frage zuwenden zu können, mit welchen Techniken es gelingt, sich ‚mit ihm eins zu fühlen'. Vielmehr muss sich der Sinn dieser Worte (wenn sie denn einen haben) aus ihrer Funktion ergeben, die einschlägigen Erfahrungen zu artikulieren und anzuleiten.

So stehen wir vor der folgenden Wahl: Entweder man lässt die genannten Ausdrücke für das ‚Gegenüber' des Mystikers als sinnlos hinter sich; Tugendhat scheint zu dieser Lösung zu neigen, wie in den letzten Zitaten sichtbar wird.[208] Dies hieße aus der hier entwickelten Perspektive aber, das Kind mit dem Bade auszuschütten: Man landet bei einer allzu prosaischen Version von Mystik als einer vernünftigen Lebensklugheit, die mit dem, was gemeinhin so bezeichnet wird, nicht mehr viel zu tun hat.

Oder man nimmt die Praxis und die religiöse Erfahrung als Ausgangspunkt, d. h. man bildet sich sein Verständnis aus einer Perspektive, die das leibliche Tun und Lassen einschließt. Dazu gehört dann die Erfahrung, dass diese Praxis den betroffenen Menschen (nicht nur das Bild, das er von sich hat), wenn er lange genug bei der Sache bleibt, verändert. Es zeigt sich, dass manche Ausdrucksweisen, die im ontologischen Gewand daherkommen und wie unbegründete Prämissen (oder wie Floskeln) *erscheinen*, durch ihren Bezug zur Praxis einen Sinn bekommen. Die religiöse Erfahrung und die Praktiken, die zu ihrer Anleitung entwickelt wurden, sind dann für den Theoretiker der Religion nicht mehr irrelevant, vielmehr sind sie so unvermeidlich wie die Vertrautheit mit der Praxis des Zählens für den Mathematiker, weil nur die Praxis den einschlägigen Ausdrücken einen Sinn verleihen kann.

Diesen Weg haben die vorhergehenden Kapitel beschritten. Sie bestätigen manche Schlussfolgerungen Tugendhats (z. B. über die Möglichkeit, die eigenen Antriebe zurückzustellen), sie gestatten

2. Religion und Mystik

es aber, am reicheren Mystikbegriff festzuhalten. Wir brauchen hier nur an einige der oben gewonnene Ergebnisse zu erinnern: Obwohl die mystische Erfahrung das ganze Leben des Betroffenen umgestalten kann, braucht sie kein ‚Gegenüber' zu haben; im Zen-Buddhismus ist sie typischerweise ungegenständlich. Sie kann ‚angesichts' des gestirnten Himmels auftreten, aber auch angesichts eines Grashalms oder beim Zeichnen eines Schriftzeichens; sie hat kein für sie spezifisches ‚Gegenüber', sie ist nicht die Erfahrung von ‚Etwas'. Die ‚Gesamtheit', die sie betrifft, ist nicht das Universum, nicht ein besonders großer oder umfassender Gegenstand, sondern die Färbung, in der alles erscheint, was immer es sein mag.[209] Diese Färbung ist nicht resignativ, wie bei Monod, auch nicht nur lebensklug wie bei Tugendhat, sondern sie ist zutiefst akzeptierend bis freudig, wie bei Herrigels Erfahrung mit dem Bogenschießen und wie das Licht, das bei Platon vom Ausgang her in die Höhle scheint. Der Eindruck der Einheit (der bei manchen christlichen Mystikern als Einheit mit Gott beschrieben wird) kann in einem ersten Schritt mit William James als das Gewahrsein gefasst werden, dass man selbst Teil einer umfassenden Ordnung ist, die man nicht als ein Joch empfindet.[210] Dieses stellt sich ein, je mehr es gelingt, die eigenen Willensimpulse temporär zur Ruhe kommen zu lassen, und es hat nur dann einen Wert, wenn es sich schließlich im Handeln auswirkt, d. h. wenn es auch praktisch aus der Selbstbezogenheit hinausführt zu einer Verstärkung des Mitgefühls für andere.

Es gibt also eine Gesammeltheit ohne ein Gegenüber. Die Person (etwa der oben herangezogene Kalligraph) ist ganz im Hier und Jetzt seiner augenblicklichen Handlung und insofern ‚nicht zerstreut'. Er ist weder mit Erinnerungen beschäftigt noch mit Vorstellungen von seiner Zukunft, noch auch mit der Verortung seiner Handlung im Kontext einer räumlichen oder zeitlichen Welt- oder Heilsgeschichte; er ist auch nicht mit seinem Tod beschäftigt. Wie wir es bei selbstvergessen spielenden Kindern beobachten können, geht er in seiner Tätigkeit ganz auf, ohne im geringsten an ‚das Universum' zu denken.

Auch das universale Mitgefühl, das Tugendhat zu Recht als charakteristisch für den Mahayana-Buddhismus (also auch für das Zen) in der Vordergrund stellt, erscheint dann als eine Frucht der Praxis, ein Aspekt der Verwandlung der Person, der in der Übung des Zurückstellens der Handlungsimpulse angelegt ist. Dieses Mitgefühl ergibt sich nicht aus einer rationalen Überlegung, die bei

Tugendhat zu ausschließlich danach klingt, als würde man sich mit einem Seufzer in sein Schicksal fügen, etwa von der Art: Wenn ich mein eigenes Wollen zurückstelle, weil ich mein Leben nicht auf Illusionen bauen will, wenn ich aber am Leben bleiben will, was bleibt mir dann an Lebensinhalt anderes übrig als mich um das Wohl anderer Menschen zu kümmern? Das klingt nach einer Menschenliebe aus Resignation; auch hier fehlt die für die Mystik charakteristische Note der Zustimmung und der Freude, die allein auch einen Ansatzpunkt für ein Verständnis von Ausdrücken aus dem Umkreis von ‚Einheit', ‚Einssein mit' etc. bieten kann.

Nachdem sich Tugendhat zunächst wohlwollend um sie bemüht hatte, erschienen ihm diese Ausdrücke in ihrem erkenntnistheoretischen und ontologischen Sinn schließlich doch verdächtig. Sie ganz fallen zu lassen, würde seinen Zugang zur Mystik allzu prosaisch machen; dieser Schritt würde sie auf Lebensklugheit reduzieren. Behält er sie dagegen bei, ohne sich auf den praktischen Kontext einzulassen, von dem er selbst vermutet, er sei ihr eigentlicher Ort, besteht die Gefahr, dass sie unverständlich und unscharf bleiben. Der von William James eingeschlagene Weg, sie im Kontext eines Versuchs zu sehen, Aspekte von dem zu artikulieren, was wir eine ‚ungegenständliche Erfahrung' genannt hatten, bleibt am überzeugendsten.

3. Pluralismus ohne Beliebigkeit

Tugendhat sagt an einer Stelle, er wolle den Taoismus nicht als Heilslehre anpreisen, aber in diesem Denken kämen Probleme zum Ausdruck, die auch wir ernst nehmen könnten.[211] Da es auch hier nicht darum geht, eine bestimmte Lehre zu empfehlen, sondern eine Problemlandschaft so weit in Umrissen zu skizzieren, dass für den Leser erkennbar wird, worauf er sich einlassen würde, wenn er sich tiefer in einen ihrer Teile hineinbegäbe, fragen wir in einem nächsten Schritt, was es heißen würde, sich die Sicht einer bestimmten Religion zu Eigen zu machen. Unsere bisherige Antwort lautete: Es heißt, sich selbst und die Welt im Lichte bestimmter Geschichten zu sehen und seine Handlungen und Unterlassungen daran zu orientieren.

Es hatte sich in den bisherigen Überlegungen immer wieder gezeigt, dass dieser Schritt zu unterscheiden ist von dem Versuch,

3. Pluralismus ohne Beliebigkeit

sich dazu zu überreden, die Gesamtheit des Schrifttums, in dem sich eine Religion artikuliert, in einem buchstäblichen Sinne für wahr zu halten. Dieser so genannte Literalismus, der ‚Buchstabenglaube', ist typischerweise eine Position der Verzweiflung, zu der jemand gelangt, dessen Umstände ihm das Gefühl geben, ohne diesen einzig festen Anker würde er mit seinem ganzen Leben in einem Meer von Sinnlosigkeit untergehen. Moderne Entfremdungserfahrungen können ein solches Gefühl erzeugen.

Als Alternative zur *buchstäblichen* Wahrheit kann man von einer Wahrheit auf einer *zweiten Inhaltsebene* sprechen, so wie wir dies schon mit Bezug auf Bettelheims Erörterung der Volksmärchen getan hatten. Ein Märchen kann uns eine ‚Wahrheit über das Leben' vermitteln, ohne deshalb auch wahr im Sinne eines Berichts zu sein. Wenn man auf diese durchaus übliche Weise von Wahrheit spricht, muss auch der Begriff der Unwahrheit einen Sinn haben, und in der Tat hatten wir gefunden, dass z. B. manche gut gemeinten ‚Verbesserungen' der traditionellen Märchen sehr wohl als ‚unwahr' bezeichnet werden können. In einem vergleichbaren Sinn können auch andere Darstellungen oder Geschichten z. B. aus der Werbung als unwahr gelten. Wir sagen dann, ‚die Welt' entspreche nicht dem Bild, das eine solche Geschichte von ihr zeichne.

Wenn man hier terminologisch strenger verfahren will, kann man den Ausdruck ‚wahr' durch ein Wort wie ‚angemessen' oder ‚adäquat' ersetzen. Wir sollten uns aber vor Augen führen, dass sogar eine auf die Wissenschaften bezogene Verwendung des Wahrheitsbegriffs verschiedene Fälle umfasst. Er bezieht sich nämlich nicht nur auf Aussagen über hier und jetzt feststellbare Tatsachen (von denen man sich gern vorstellt, sie würden von der Sprache wie von einem Spiegel ohne unser Zutun einfach nur abgebildet), sondern auch auf zukünftige Tatsachen und auf eine weit entfernte hypothetische Vergangenheit. Darüber hinaus sprechen wir auch von der möglichen Wahrheit von Aussagen, von denen wir zugleich wissen, dass wir sie nie werden feststellen können. Sogar bezüglich ganzer Theorien hat man sich gefragt, ob sie wahr sein können oder nicht, und auch Werke der Geschichtswissenschaft, die eine ganze Epoche darstellen, lobt man für ihre Wahrheit und meint damit nicht allein, dass sie keine auf Einzelfakten bezogenen Fehler enthalten. Wenn man sich diese Vielfalt vor Augen hält, erscheint es weniger abwegig, auch das Bild, das eine Religion vom menschlichen Leben zeichnet, auf seine Wahrheit oder Unwahrheit zu beurteilen.

Nun könnte es scheinen, dass solche Beurteilungen von einem neutralen, ‚objektiven' Standpunkt aus erfolgen müssten, insbesondere dann, wenn es (wie im Fall der Religionen) um existentiell bedeutsame Themen geht. Kann es eine solche ‚Überparteilichkeit' aber geben, die wir zu brauchen scheinen, wenn der Schritt, sich die Sicht einer Religion zu Eigen zu machen, nicht blind erfolgen soll? Hier stehen sich zwei Denkmodelle gegenüber, die in ihren Extremformen beide falsch sind. Sie führen uns zurück zu der Frage, ob es überhaupt legitim ist, allgemein von ‚der Religion' (*dem* Religiösen, *dem* Spirituellen, etc.) zu sprechen.

Das eine dieser Extreme ist ein *Partikularismus* religiöser Inhalte. Ein idealtypischer Vertreter dieser Position stellt in Abrede, dass uns eine Perspektive möglich ist, aus der gesprochen die allgemeine Bezeichnung ‚die Religion' einen Sinn hat. Er führt ins Feld, dass von ‚der Religion im Allgemeinen' so wenig gesprochen werden könne wie von ‚der Sprache im Allgemeinen'. Es gibt nur einzelne Sprachen, die große Unterschiede aufweisen, aber ‚dahinter' gibt es nicht ‚die Sprache', die der Philosoph vermöge seines Blicks für das Allgemeine unabhängig von allen konkreten Vorkommnissen charakterisieren könnte.

Verallgemeinernd gesprochen lautet die partikularistische These: Es gibt konkrete Lebensformen (Kulturen, Subkulturen), von denen jede einzelne als eine Ganzheit aufgefasst werden muss, von der sich kein Teil sinnvoll in Isolation betrachten lässt. Mit dem ersten Atemzug beginnt der Erdenbürger in diejenige sozial konstruierte Wirklichkeit hineinzuwachsen, die seine Herkunftsgruppe ihm bietet, und diese Konstruktion bestimmt dann alle seine Wahrnehmungen und Denkweisen so tiefgehend, dass es ihm unmöglich ist, die festen Geleise seiner Ursprungskultur jemals zu verlassen.[212] Deshalb kann er auch später keinen neutralen Standpunkt für die Beurteilung dessen einnehmen, was ihm fremd ist, was in unserem Fall heißt, dass er keinen allgemeinen Religionsbegriff gewinnen kann, mit dem er sagen könnte, was die verschiedenen Religionen gemeinsam hätten, so dass sie sämtlich ‚Religionen' heißen dürften.

Eine andere Weise, diese angeblich unüberwindliche Fesselung an eine kulturell geprägte Sehweise zum Ausdruck zu bringen, ist die These von der so genannten *Inkommensurabilität* zwischen je zwei Sprachen, Kulturen oder Religionen, zu Deutsch, von der Unmöglichkeit, sie an einem Dritten zu messen, ein Maß anzulegen, das auf beide anwendbar ist. Wenn diese These zuträfe, gäbe es auch keine Möglichkeit, die Angemessenheit der Sicht der *einen* Reli-

3. Pluralismus ohne Beliebigkeit

gion (Kultur, Sprache) mit der Angemessenheit der Sicht einer *anderen* zu vergleichen.

Wenn der Partikularismus in dieser Form die ganze Wahrheit wäre, würde sich ein Angemessenheitsproblem genau genommen nicht einmal formulieren lassen. Wer in eine Religion (eine Kultur) A hineingewachsen ist, würde sich selbst und die Welt nämlich immer nur in ihrem Licht (‚A-förmig') sehen können, wer in B groß wurde dagegen notwendig B-förmig. Wenn man aber die Welt nicht anders als in einer bestimmten Form oder Färbung sehen kann, dann kann man auch nicht zwei Formen oder Färbungen mit der ‚Welt selbst' vergleichen, denn auch das Bild der ‚wirklichen Welt' ist ja bereits gefärbt. Also bestünde keine Möglichkeit, z. B. vom A-Bild zu sagen es sei bezüglich eines neutral spezifizierbaren Sachverhalts S dem B-Bild gegenüber *angemessener*. Und Entsprechendes gilt natürlich für die gegenseitige Wahrnehmung derjenigen, die diese Fragen stellen: Mitglieder von A können solche von B stets nur A-förmig sehen, Mitglieder von B können solche von A umgekehrt nur B-förmig sehen. Sagt der eine vom anderen z. B., er habe eine falsche Ansicht (z. B. meine er, durch Magie lasse sich das Wetter beeinflussen), so sieht er ihn bereits im System derjenigen Unterscheidungen, die für seine eigene Kultur charakteristisch sind. Diese könnte z. B. ganz überwiegend daran interessiert sein, durch technische Eingriffe auf der Basis objektiver Naturgesetze den Lauf der Dinge zu beeinflussen. Daher kommt ihm gar nicht in den Sinn, dass etwa ein Regentanz anders als im Sinne einer technischen Handlung zu verstehen sein könnte. Da es einen neutralen Standpunkt für den Partikularisten nicht gibt, da man, bildlich gesprochen, die Brille der eigenen Kultur niemals abnehmen kann, lassen sich Fragen nach der Wahrheit oder Angemessenheit einer Sehweise *prinzipiell* nicht beantworten, und das heißt, sie lassen sich gar nicht sinnvoll stellen.

Die geschilderte Auffassung kann entweder in einer verzweifelten Form auftreten, oder aber auch so, dass sie eher als Ausdruck von Bequemlichkeit erscheint. Vorteilhaft und bequem kann sie z. B. für denjenigen sein, der das Gefühl hat, mit seiner Kultur ohnehin am längeren Hebel zu sitzen und daher darauf vertraut, dass sich die Sehweise der eigenen Gruppe auch ohne sein Zutun als die stärkere durchsetzen wird. Er kann sich die Mühe ersparen, andere von ihrer Angemessenheit zu überzeugen. Die Tatsache, dass er in dieser Sache nicht einmal einen Versuch unternimmt, kann er durch den Hinweis auf die geschilderte Position des Partikularismus rechtfertigen: Eine Handlung, deren Ausführung unmöglich ist, kann man auch nicht zu tun versuchen. Eine Bequemlichkeit dieser Art wird sich manchmal als Toleranz ausgeben, es erscheint aber angemessener, sie als eine Form des Desinteresses zu sehen. Eine ähnliche Einstellung kann aber auch aus Angst vor religiös motivierten Auseinandersetzungen entstehen, und diese Angst kann begründet oder vorgeschoben sein.

Aber auch ein verzweifelter Literalist könnte sich im Sinne dieses Partikularismus verstehen. Wenn es ohnehin unmöglich ist, dem Angehörigen einer fremden Kultur oder Religion die positiven Seiten, also die Angemessenheit oder Wahrheit der eigenen Sicht nahe zu bringen, so glühend man auch selbst davon überzeugt ist, dann erübrigt sich auch für denjenigen, der sich als den hoffnungslos Schwachen sieht, jede Diskussion über diese Wahrheiten, wodurch es für ihn leichter wird, sich unangefochten an die Buchstaben der Lehre der eigenen Gruppe zu halten und gegebenenfalls gegen den Rest der Welt in den Kampf zu ziehen. Die Bequemlichkeit oder Angst des einen trifft sich mit den Versuchungen zum Märtyrertum des anderen, – eine unangenehme und höchst gefährliche Situation.

Die extreme Form einer Gegenposition zu diesem Partikularismus ist ein inhaltlich verstandener *Universalismus*. Die in unserem Kontext relevante Version dieser Position vertritt die These, es gebe in jedem Menschenleben, egal welche Sozialisationsgeschichte es hinter sich habe, die Möglichkeit der religiösen Erfahrung (im Singular).[213] Diese sei als inhaltlich bei allen Menschen stets dieselbe anzusehen, eine in allen Menschen tief angelegte Möglichkeit oder Realität. Sie sei in ihrem Charakter einer unmittelbaren Empfindung vergleichbar z. B. der Empfindung einer Farbe oder eines Geschmacks, die irgend ein beliebiger Mensch zu einem beliebigen Zeitpunkt einfach *habe* oder nicht habe, gleichgültig, wie er sie (seinen speziellen kulturellen Umständen und seiner Sprache gemäß) in einem nachträglichen Schritt *beschreibe*. Wenn dies so wäre, dann hinge die Wahrheit oder Angemessenheit eines religiösen Bildes vom menschlichen Leben in letzter Instanz von der Wahrheit und Genauigkeit ab, mit der der Zeichner des Bildes diese universale Erfahrung beschrieben hätte, und eine gute wörtliche Beschreibung müsste (wenn sie sich mit Ausschmückungen zurückhält) in jede andere Sprache übersetzbar sein, gleichgültig, was es ansonsten an Unterschieden zwischen den betreffenden Kulturen gäbe.

3. Pluralismus ohne Beliebigkeit

Wenn z. B. Tzvetan Todorov in seinem Buch über die Eroberung Amerikas[214] die Ansicht des Missionars Diego Durán wiedergibt, die Einheimischen hätten eine Vorstellung von der christlichen Trinität, ist das ein Ausdruck eines solchen inhaltlichen Universalismus, der im vorliegenden Fall katholisch verstanden wird: All die vielfältigen kulturellen Unterschiede, die ihm unangenehm auffallen, die ihm aber letztlich als oberflächlich gelten müssen, können den Missionar nicht darüber täuschen, dass sich die Einheimischen auf universale religiöse Inhalte beziehen, die ihm selbst aus seiner christlichen Religion gut vertraut sind.[215] Auch Karl Rahners These, nach der es Menschen gibt, die eigentlich Christen sind, obwohl sie es selbst nicht wissen (die von Rahner so genannten ‚anonymen Christen‘) ist im Sinne eines solchen Universalismus interpretiert worden.[216]

Diese Position hat den Vorteil, die Anstrengungen, die man im Interesse eines interreligiösen Dialogs oft auf sich zu nehmen hat, als eine Sache des guten Willens und der Ausdauer, als Schritte auf einem zum Erfolg bestimmten Weg erscheinen zu lassen. Von prinzipiellen Grenzen der Verständigung kann für diese Position keine Rede sein. Wenn es ihr gelingt, von den kulturellen Färbungen, mit denen die religiöse Erfahrung in den verschiedenen Traditionen beschrieben wurde, abzusehen, ermöglicht die universalistische Sicht eine tolerante religiöse Einstellung, da es offensichtlich kleinlich wäre, sich über die kulturellen Ausschmückungen, mit denen ein und dieselbe Sache verbunden sein kann, zu streiten. Diese Form der Toleranz kann nicht in den Verdacht geraten, ein in Wirklichkeit vorhandenes Desinteresse zu verstecken oder ein Ausdruck der Angst vor Auseinandersetzungen zu sein; sie kann mit einem großen Engagement für die Sache der Religion verbunden sein, für ihren ‚Kern‘, der sich nach dieser Auffassung als derselbe ‚im Inneren‘ aller kulturell verschiedener Hüllen finden werde. Aber es scheint ihrem Vertreter selbstverständlich, dass sich kein weltläufiger Mensch über die Frage erhitzen sollte, ob es besser ist, mit Stäbchen oder mit Messer und Gabel zu essen.

Der Universalismus hat den zusätzlichen Vorteil, dass er sich anschlussfähig erweist an die moderne Hirnforschung. Da man gegen die Hoffnung, es würden sich mit der nötigen Sorgfalt auf der psychologischen Ebene religiöse ‚Empfindungsatome‘ feststellen lassen, dieselben Argumente vorbringen kann, wie sie gegen die empiristische Idee von der Unmittelbarkeit eines ‚Gegebenen der Wahrnehmung‘ ins Feld geführt wurden, könnte man einen taktischen Vorteil darin sehen wollen, wenn man statt dessen gleich das Gehirn ins Auge fasst. An einem materiellen Gegenstand wie dem Gehirn, auch wenn es sich bei ihm tatsächlich um den komplexesten Gegenstand im Universum handeln sollte, lassen sich Tatbestände und Veränderungen leichter identifizieren als an so etwas Flüchtigem und Ungreifbaren wie dem ‚Bewusstseinsstrom', in dem die unterstellen religiösen ‚Erfahrungsatome' auftreten sollen. Und in der Tat sind Wissenschaftler bereits seit einiger Zeit dabei, zu untersuchen, ob seelische Zustände, deren Auftreten nach William James einen Teil der religiösen Erfahrungen ausmachen, mit spezifischen Gehirnzuständen verlässlich korrelieren.[217]

Wir wollen nun diese Extrempositionen beide so weit korrigierend abschwächen, dass sichtbar wird, dass es möglich ist und was es heißen kann, sich mit der einen aber nicht mit einer anderen Religion zu identifizieren und sich darüber mit anderen Menschen zu verständigen.

Wenn wir uns zunächst dem Partikularismus zuwenden, können wir feststellen, dass es ganz einfach falsch ist, die Sprachen bzw. größere oder kleinere Teile von ihnen zusammen mit den nichtverbalen Aktivitäten, in die sie verwoben sind (also das, was Wittgenstein ‚Sprachspiele' genannt hat), für undurchdringliche Einheiten zu halten. Kein Sprachspiel, keine Kultur und keine Religion ist eine abgeschlossene Ganzheit, die ihre Teilnehmer wie in einem Käfig gefangen halten würde. Um dies zu sehen, braucht man sich nur die Jahrhunderte gegenseitiger kultureller Beeinflussung vor Augen zu führen, oder die Tatsache, dass wir fremde Sprachen und Denkweisen erlernen können, oder auch das Faktum, dass es uns mit Bezug auf unsere eigene Geschichte möglich ist, uns einen Begriff zugänglich zu machen, der aus einer uns fremden Welt stammt, etwa den mittelalterlichen Begriff der *minne*.

Allerdings ist dabei im Auge zu behalten, dass wir uns auf diesem Gebiet leicht täuschen; oft *meinen* wir nur, wir sähen Ähnlichkeiten, bei näherem Hinsehen bemerken wir aber, dass wir dem zweiten Fall Merkmale des ersten zu Unrecht zugeschrieben haben; wir haben ihn nach einem Muster gesehen, das ihn verfälscht. Was dies im Einzelnen heißt, wurde im Wittgenstein-Kapitel am Fall des ‚Reden über Inneres' gezeigt, wenn es sich zu stark am Reden über ‚Dinge' orientiert. Insofern ist die geschilderte Version des Partikularismus zwar eine Extremform, sie enthält aber eine Teilwahrheit.

In Anerkennung dieser Teilwahrheit hat es im Anschluss an Wittgenstein Debatten darüber gegeben, wie die Sozialwissen-

3. Pluralismus ohne Beliebigkeit

schaften und die Kulturanthropologie methodisch zu verfahren haben, ob ein Anthropologe die aus seiner eigenen Kultur stammenden Kategorien bei der Beschreibung des Fremden hinter sich lassen muss und ob er dies überhaupt kann.[218] Diese Frage konnte mit guten Gründen verneint werden; das Vorgehen des Sozialwissenschaftlers muss vielmehr die Differenz zwischen dem Eigenen und dem Fremden in Rechnung stellen. Aber die Tatsache, dass es mühevoll ist, sich einer fremden Kultur oder Religion zu nähern, heißt nicht, dass es prinzipiell unmöglich ist. Gerade die Diskussionen über die Frage, was es heiße, eine fremde Gesellschaft zu verstehen, haben praktisch vorgeführt, dass Grenzen überwunden werden können, wenn man sorgfältig genug verfährt. Auf das oben genannte Beispiel bezogen: Auch wer aus einer stark technisch geprägten Kultur kommt, kann mit einiger Mühe schließlich doch verstehen, dass das Interesse an einer technischen Kontrolle nicht in jeder Kultur eine so dominierende Rolle spielen muss wie in seiner eigenen.

Ein damit zusammenhängender, aber trotzdem anderer Punkt, der zu Unrecht mit dem Partikularismus vermengt wird, ist die Frage nach einem neutralen Standpunkt, nach einem ‚gemeinsamen Maß'. Muss der wissenschaftliche oder philosophische Beobachter der Religion über einen Maßstab verfügen, mit dessen Hilfe er bestimmt, welche Phänomene unter den allgemeinen Begriff einer Religion fallen sollen, der zugleich aber von dem, was in seiner eigenen Kultur darunter verstanden wird, unabhängig ist? Diese Forderung ist der Ausdruck eines Missverständnisses, dessen Charakter man gerade an dem Argument aufzeigen kann, es lasse sich zwar von vielen einzelnen Sprachen reden, nicht aber von ‚der Sprache' in einem unspezifischen Sinne. Es hat der Verständigung über Sprachgrenzen hinweg nämlich noch nie geschadet, wenn zwei um Verständigung bemühte Partner keine *dritte* Sprache beherrschten, die ihnen als ein ‚Mittleres', als das Medium dafür gedient hätte, mit dessen Hilfe sie den jeweils fremden Satz mit ihrem eigenen Satz verglichen hätten. Man hat sich immer als derjenige, der man nun einmal war, dem Fremden genähert, ohne zu meinen, man müsse sich selbst zuvor in Gedanken ausgelöscht oder neutralisiert haben, damit eine solche Annäherung möglich wird.[219] In den Naturwissenschaften müssen Messungen unabhängig von der jeweiligen Kultur verlässlich wiederholbar sein; persönliche Vorurteile und Vorlieben dürfen hier im Interesse der Reproduzierbarkeit der fraglichen Abläufe keine Rolle spielen, denn naturwissenschaftliches Vorgehen ist durch Wiederholbarkeit definiert. Für die Kultur- und Sozialwissenschaften kann es *diesen* Begriff der neutralen Messung aber nicht geben. Die *persönlichen* Vorlieben können zwar auch hier klein gehalten werden, die kulturelle Prägung des Blicks ist aber unvermeidlich. Man wird vielmehr nach bestem Können versuchen, sich die Besonderheiten des eigenen Blicks bewusst zu machen und ihn durch die Erfahrung des Fremden zu erweitern, es gibt hier aber keine andere Methode als die, sich wiederholt zu korrigieren und korrigieren zu lassen.

Für das Thema der Religion ist es daher in einem philosophischen Kontext völlig ausreichend, die ‚Perspektive der ersten Person' einzunehmen und den Versuch zu machen, sich das Fremde aus der Perspektive der jeweils *eigenen* Sprache verständlich zu machen. Einen über-kulturellen Religionsbegriff braucht es bei dieser Zielsetzung nicht zu geben; es genügt, die jeweiligen Missverständnisse konkret aufzusuchen und die Verständigung im Einzelfall nach besten Kräften zu verbessern. Die These, es gebe keinen neutralen Ort, von dem aus eine unparteiische ‚Messung' erfolgen könnte, ist also keine Stütze für die Auffassung des Partikularismus, eine Verständigung sei aus prinzipiellen Gründen unmöglich.

Wenn wir uns nun der Extremform des *Universalismus* kritisch zuwenden, dann ist zunächst an die oben bereits erwähnte Tatsache zu erinnern, dass es ‚Erfahrungsatome' in einem ‚Bewusstseinsstrom' entweder gar nicht gibt, oder dass sie für den angestrebten Zweck nutzlos sind, weil sie als das, was sie sein sollen, nämlich als ‚reine', für alle Menschen gleiche Erfahrungsgegebenheiten, nicht fassbar (und daher auch nicht mitteilbar) sind. Wenn wir sie aber ohnehin nie zu fassen bekommen, dann ist es auch gleichgültig, ob man ihnen eine Existenz zuschreibt oder nicht. Auch die Hirnforschung kann hier nicht einspringen, weil sie ja die auf der Erfahrungsseite unterstellten Elemente schon namhaft gemacht, schon identifiziert haben müsste, um feststellen zu können, ob sie mit Vorgängen im Gehirn zuverlässig korrelieren. Wenn von religiöser Erfahrung gesprochen wird, kommen wir also um die Einbeziehung eines immer auch kulturell und historisch geprägten Kontextes (insbesondere: einer Sprache) nicht herum. Dies hatten die Überlegungen im Wittgenstein-Kapitel in aller Ausführlichkeit gezeigt. Sie hatten uns zu der These geführt, dass das Innere nicht anders als unter Bezug auf eine Handlungsumgebung, einen sozialen Kontext, bestimmt werden kann. Ohne den Kontext seiner Forschungen ist der Traum von Kekulé nicht die Lösung eines che-

3. Pluralismus ohne Beliebigkeit 211

mischen Problems, und parallel können wir sagen: Ohne den Kontext eines menschlichen Lebens, oft einer Krise, sind ‚komische Gefühle' und andere ‚innere Zustände' keine religiösen Erfahrungen, sondern eben ‚komische Gefühle'.

Das relative Recht eines weniger extremen Universalismus wird aber sichtbar, wenn wir uns bei der Bestimmung der für universal gehaltenen Inhalte weniger an der Idee einer spezifischen, unverwechselbaren Qualität orientieren, sondern stärker an ihrer Funktion im Leben der Betroffenen; wenn wir im Sinne von William James stärker ‚pragmatisch' denken.[220] Wir akzeptieren dann, dass Erfahrungen nicht als kontextlose Empfindungsatome bestimmt werden können, wir lassen aber gleichwohl zu, dass Episoden in menschlichen Lebenskontexten bei aller Differenz auch mehr oder minder ähnlich sein können. Es geht also um Episoden, um das, was in Geschichten erzählt wird, nicht um isolierte Empfindungen. Das entspricht dem normalen Gebrauch des Ausdrucks ‚eine Erfahrung machen': Wer eine Erfahrung gemacht hat, etwa auf Reisen, kann etwas erzählen. Und für das Thema der ‚Universalität oder Pluralität' ist nun der Umstand wichtig, dass es beim besonderen Fall der religiösen Erfahrungen zusätzliche sprachphilosophische Gründe für die These gibt, für sie könne es von vornherein verschiedene Beschreibungen geben, verschiedene erzählende Berichte, die sich trotz ihrer Verschiedenheit nicht zu widersprechen brauchen.

Wir hatten das oben bereits angedeutet und wollen es nun etwas weiter ausführen. Wenn Peter sich zunächst in Susi verliebt, ein Jahr später aber in Marianne, dann hat es einen guten Sinn von ihm zu sagen, er habe jetzt zweimal die Erfahrung gemacht, sich zu verlieben. Diese Art der Gleichsetzung ist vereinbar mit der nur scheinbar dazu im Widerspruch stehenden entrüsteten Aussage Peters, die Sache mit Marianne sei doch ‚ganz anders' als damals die mit Susi. Es verhält sich hier so wie in anderen Bereichen der Sprache auch: Klassifikationen sind stets Gleichsetzungen im Sinne einer begrenzten Gleichartigkeit, nicht im Sinne einer behaupteten Gleichheit in allen Merkmalen. Wir *behandeln* zwei Episoden als gleichartig und haben gute lebenspraktische Gründe dafür. So kann auch der oben entworfene extreme Universalist allenfalls eine Gleichartigkeit aber keine qualitative Ununterscheidbarkeit aller religiösen Erfahrungen behaupten.

Gleichartigkeit ist aber immer eine Frage des Grades und des Gesichtspunkts der Betrachtung, und wir hatten oben bereits erwähnt, dass es neben der Möglichkeit, einen Begriff durch Aufzählung charakteristischer Merkmale zu bestimmen, auch den Fall der von Wittgenstein so genannten ‚Familienähnlichkeit' gibt, bei dem einleuchtende Übergänge im Zuschreiben eines Begriffs gemacht werden, ohne dass sich eine angebbare Anzahl von Merkmalen bei allen Gegenständen, die unter den Begriff fallen, durchhalten würde. Da wir aus den genannten Gründen ohnehin auf die Kontexte verwiesen sind, wenn wir bestimmen wollen, was eine religiöse Erfahrung ist, können und müssen wir auch über die Gleichheit oder Ungleichheit von Kontexten befinden. James hatte überzeugend dafür plädiert, dabei auf die verändernde Rolle zu sehen, die solche Erfahrungen im Leben des Betroffenen spielen. In dem Maße, in dem wir berechtigt sind, von Angehörigen der verschiedensten Kulturen zu sagen, sie würden Lebenskrisen durchmachen, die wir in unseren eignen Worten und zu unseren eigenen Krisen ähnlich beschreiben können, in dem Maße sind wir berechtigt, diese Erfahrungen als (in diesem eingeschränkten Sinne) äquivalent zu betrachten und sie insofern (wenn sie die von James vorgeschlagenen Merkmale haben oder solche, die mit ihnen eine ‚Familienähnlichkeit' haben) in seinem Sinn unter den Begriff der ‚religiösen Erfahrungen' zu subsumieren. Wiederum wird es vom Kontext abhängen, ob eine solche Äquivalentsetzung im Einzelfall überzeugend ist oder nicht. Dass der von Todorov zitierte Diego Durán zu erkennen meinte, dass die Indianer einen Begriff der christlichen Trinität hätten, wird uns heute schwerlich einleuchten; wir werden darin vielmehr eine unzulässige Projektion von etwas Eigenem auf etwas Fremdes sehen. Dass ihre Rede von Göttern zu manchen unserer Redeweisen in einer Beziehung der Familienähnlichkeit steht, wird man dagegen kaum leugnen wollen, insbesondere dann, wenn man die ‚Ungegenständlichkeit' religiöser Erfahrungen wichtig nimmt, wie dies hier geschehen ist.[221]

Der besondere sprachphilosophische Punkt ist also der Folgende. Je stärker die Artikulation einer Erfahrung den Charakter einer ‚Als-ob' Formulierung hat, desto eher werden sich bereits für die ursprüngliche Artikulation eine Mehrzahl von Redeweisen anbieten. Ob der Verliebte sagt, er gehe wie auf Wolken, es wüchsen ihm Flügel oder er sehe die ganze Welt in ein rosarotes Licht getaucht, er kann alle diese Formulierungen als gleichwertig betrachten und könnte in seiner Begeisterung sich vornehmen, seiner Geliebten einen Brief mit fünfzig weiteren zu schreiben. Das Entscheidende ist nun, dass sich seine Aussagen nur oberflächlich

3. Pluralismus ohne Beliebigkeit

widersprechen würden, wir können sagen: auf der ersten Inhaltsebene. Ihm hier eine Entscheidung abzuverlangen erschiene so albern und unpassend, wie es absurd wäre, sich mit einem Engländer darüber zu streiten, ob er das auswendig gelernte Gedicht tatsächlich im Herzen habe (wie er zu behaupten scheint: *I know it by heart*) oder nicht vielmehr, wie wir selbst von uns sagen und großzügig allen vernünftigen Menschen als das von ihnen eigentlich Gemeinte unterstellen, ‚im Kopf'. Beide Ausdrucksweisen sind möglich, weil *beide* nicht wörtlich zu nehmen sind, denn auch ‚im Kopf' wird ein Hirnphysiologe das Gedicht nicht finden (obwohl er uns die Fähigkeit, es aufzusagen, vermutlich dadurch nehmen kann, dass er ein bestimmtes Areal zerstört).

Aus dieser Relativierung der Extrempositionen sowohl des Partikularismus als auch des Universalismus ergibt sich, dass es (freilich in Grenzen) möglich ist, sich eine neue Sehweise auf das menschliche Leben als Erwachsener bewusst anzueignen (trotz der starken Eindrücke der ersten Lebensjahre) und dass es möglich ist, die eine Art des Blicks angemessener zu finden als die andere. Es sind daher auch Schritte zur Verständigung möglich; weder sind wir in der Sicht, in die wir hineingeboren wurden, ein für allemal gefangen, noch erübrigt sich die Frage nach dem Grad der Angemessenheit einer Sicht.

Wie Aneignungsschritte dieses Typus zu verstehen sind, soll ein Blick auf die Psychoanalyse verdeutlichen, wobei hier nur eine formale Parallele zur Debatte steht, nicht der inhaltliche Wert dieser Freud'schen Schöpfung für das Selbstverständnis des Menschen. Der Fall zeigt gut, was eine Sehweise ist und was es heißt, sie sich zu Eigen zu machen, gleichgültig, ob diese spezielle Sehweise nun empfehlenswert ist oder nicht.

Der Anlass, eine Psychoanalyse zu beginnen, ist ein Leidens- oder Krisenzustand. Das Ziel ist eine Veränderung in der Art, wie der betroffene Mensch sich selbst und die Geschichte seines Lebens ansieht, wobei diese Veränderung des Blicks zugleich eine Verbesserung seiner Fähigkeit sein soll, mit dem Leben praktisch zurechtzukommen. Wie im Fall der Religion geht es auch hier nicht nur um eine Veränderung allein in den Gedanken, das Projekt ist kein rein theoretisches, sondern es geht um eine Transformation der Person. Im Fall der Psychoanalyse soll der Klient von Erlebens- und Handlungsmustern befreit werden, die aus seiner Vergangenheit stammen, die aber das zusätzliche Merkmal haben, seiner gegenwärtigen Lage nicht angemessen zu sein und ihn deshalb darin einschränken, sich bezüglich der aktuellen Anforderungen seines Lebens frei zu entscheiden.

Diese praktische Zielsetzung macht es erforderlich, dass der Klient sich zusammen mit dem Therapeuten auf einen Prozess einlässt, den er zu Beginn selbst nicht auf seine Zweckmäßigkeit hin beurteilen kann. Er muss darauf vertrauen, dass der eingeschlagene Weg zu einer für ihn willkommenen, sein Leiden lindernden Veränderung führt, die er vielleicht nicht sofort, aber doch in absehbarer Zeit selbst als Verbesserung seiner Lage wahrnehmen wird. Auch hier ist das Kriterium (wie bei den von William James geschilderten religiösen Erfahrungen) nichts anderes als die Qualität in der Veränderung des Lebens des Betroffenen. Es sind allein die ‚Früchte', die darüber entscheiden, keine isolierten Gefühle, Erlebnisse oder Empfindungen.

Es ist bemerkenswert, dass bei einer solchen psychoanalytischen Transformation auf zweifache Weise ‚Geschichten' eine Rolle spielen. Auf der primären Ebene fällt auf, dass die zugehörigen Krankenberichte wie künstlerische Produkte erscheinen können. So lesen wir in den zusammen mit Josef Breuer verfassten ‚Studien über Hysterie' von 1895 die erstaunlichen und für unsere Fragestellung unmittelbar einschlägigen Sätze Freuds: „Ich bin nicht immer Psychotherapeut gewesen, sondern bin bei Lokaldiagnosen und Elektroprognostik erzogen worden wie andere Neuropathologen, und es berührt mich selbst noch eigentümlich, daß die Krankengeschichten, die ich schreibe, wie Novellen zu lesen sind, und daß sie sozusagen des ernsten Gepräges der Wissenschaftlichkeit entbehren. Ich muss mich damit trösten, daß für dieses Ergebnis die Natur des Gegenstandes offenbar eher verantwortlich zu machen ist als meine Vorliebe; Lokaldiagnostik und elektrische Reaktionen kommen bei dem Studium der Hysterie eben nicht zur Geltung, während eine eingehende Darstellung der seelischen Vorgänge, wie man sie vom Dichter zu erhalten gewohnt ist, mir gestattet, bei Anwendung einiger weniger psychologischer Formeln doch eine Art von Einsicht in den Hergang einer Hysterie zu gewinnen."[222] Eine ‚Einsicht in den Hergang' zu gewinnen, heißt aber, die Geschichte als *angemessen* zu sehen. Die Person selbst und andere Menschen können mit ihrer Hilfe verstehen, was vorgefallen war, und die betroffene Person hat, wenn die Kur gelingt, einen Teil ihrer Freiheit wiedergewonnen.

Im zitierten Text von Freud klingt bereits der Gedanke an, wer als Wissenschaftler über Hysterie schreibe, könnte sich versucht

3. Pluralismus ohne Beliebigkeit

fühlen, auf eine äußerlich bleibende Weise seinen Darstellungen das ‚ernste Gepräge der Wissenschaft' aufzudrücken, indem er eine Respekt erheischende Terminologie wählt. Diesen Gedanken spricht Freuds Mitverfasser Breuer im selben Band deutlicher aus: „In diesen Erörterungen wird wenig vom Gehirne und gar nicht von den Molekülen die Rede sein. Psychische Vorgänge sollen in der Sprache der Psychologie behandelt werden, ja, es kann eigentlich gar nicht anders geschehen. Wenn wir statt ‚Vorstellung' ‚Rindenerregung' sagen wollten, so würde der letztere Ausdruck nur dadurch einen Sinn für uns haben, dass wir in der Verkleidung den guten Bekannten erkennen und die ‚Vorstellung' wieder stillschweigend restituieren. Denn während Vorstellungen fortwährend Gegenstände unserer Erfahrung und uns in allen ihren Nuancen wohlbekannt sind, ist ‚Rindenerregung' für uns mehr ein Postulat, ein Gegenstand künftiger, erhoffter Erkenntnis. Jener Ersatz der Termini scheint eine zwecklose Maskerade."[223]

Wie sieht es damit heute aus? Berechtigen uns die gewiss dramatischen Fortschritte in der Hirnforschung zu der Aussage, wir hätten heute bereits den Zustand der von Breuer ‚erhofften Erkenntnis' erreicht, so dass wir die ‚Sprache der Psychologie' (die bei Breuer offenbar nahe der Alltagssprache ist, mit Worten wie ‚Vorstellung', ‚Schmerz' oder ‚Angst') mittlerweile durch Termini der Neurowissenschaften ersetzen können? Können wir auf eine sich in *Geschichten* bewegende Artikulation der ‚Gegenstände unserer Erfahrung' verzichten und dieselben Inhalte äquivalent (oder sogar besser, nämlich präziser, aufgeklärter) in der Sprache der heutigen Hirnforschung ausdrücken?

Es kann kein Zweifel daran bestehen, dass diese Frage zu verneinen ist. Wir waren im Wittgenstein-Kapitel zu dem Resultat gekommen, dass der Sinn unserer ‚Sprache für Inneres' unauflöslich an Geschichten gebunden ist. Da dieser semantische Zusammenhang besteht, können wir sogar weiter gehen und sagen, dass der ‚Ersatz der Termini', von dem Breuer spricht, die auf Geschichten bezogenen Wörter niemals überflüssig machen kann, weil diese Wörter die ‚Gegenstände' der seelischen Seite identifizieren müssen, bevor die Korrelationsforschung beginnen kann. Populärwissenschaftliche Darstellungen, die das Gegenteil suggerieren, müssen daher auch heute noch als ‚zwecklose Maskerade' gelten, ganz wie zu Zeiten Breuers.

Deshalb lässt sich als die zweite Weise, in der *Geschichten* in die Psychoanalyse hineinspielen, der Umstand namhaft machen, dass sich nicht nur der Bericht, der sich von einer erfolgreichen Therapie geben lässt, wie eine Geschichte liest, wie ein stimmiges Produkt der Dichtkunst, sondern dass man auch an der Stelle, an der man eine stützenden ‚Theorie' erwartet, in der Frühzeit der Psychoanalyse (neben allen Bestrebungen, ein Modell vom ‚psychischen Apparat' auszuarbeiten) eine ausdrücklich so bezeichnete ‚Mythologie' finden kann. Das Erklärungsinstrument des Psychoanalytikers besteht selbst aus Geschichten, die jeweils ein Muster abgeben, vor dessen Hintergrund und mit deren Hilfe das Leben des Patienten sowohl begreiflich als auch für ihn wieder lebbar wird. Die Frage ist die, welche Geschichte adäquat ist.

Bei der Erörterung der Überlegungen Bettelheims war uns bereits aufgefallen, dass seine ‚wissenschaftliche' Formulierung der Botschaft eines Märchens sich an einer Stelle genauso in der Sprache der Geschichten bewegte (der Sprache der Dichter, sagt Freud) wie die ursprüngliche Fassung. Bei ihm war das eine Geschichte über Jungvögel, die aus dem Nest gestoßen werden, bei Freud ist es z. B. die Geschichte vom König Ödipus. Es ist in beiden Fällen der Rekurs auf eine Geschichte, die uns etwas verständlich macht. Wiederum zeigt Freud ein methodisches Bewusstsein, das er nicht zu verbergen sucht, denn er schreibt: „Die Trieblehre ist sozusagen unsere Mythologie. Die Triebe sind mythische Wesen, großartig in ihrer Unbestimmtheit. Wir können in unserer Arbeit keinen Augenblick von ihnen absehen und sind dabei nie sicher, sie scharf zu sehen."[224] Wie immer Freud diese Sätze genau verstanden wissen wollte, es scheint doch kein Zufall zu sein, dass er hier das Wort ‚Mythologie' gewählt hat.

Unabhängig von der weiteren historischen Entwicklung der Psychoanalyse, die stark von Freuds Wunsch beeinflusst wurde, ein Naturwissenschaftler zu sein, zeigen uns diese Kommentare doch exemplarisch, was es heißen kann, sich vor der Folie einer Geschichte sehen zu lernen, in diesem Fall vor einer ‚Mythologie' der Triebe.[225] Eine solche Geschichtenwelt bildet ein unersetzliches Medium, mit dem man bestimmte Arten von Lebenskrisen erstens beschreiben kann, und mit dessen Hilfe man zweitens, wenn man sich handelnd auf die Regeln der ‚Kur' einlässt, in vielen Fällen auch tatsächlich aus der Krise herausfindet. Dies führt im Fall der Psychoanalyse allerdings nur (wie wir bereits zitiert hatten) zum ‚gewöhnlichen Unglück', es führt den Klienten nicht bis zu jener ‚höheren Form der Glückseligkeit', die James als die beste Frucht *religiöser* Erfahrungen dargestellt hatte.

Was aber deutlich sein sollte ist die Tatsache, dass die Identifikation mit einer Selbstdeutungsgeschichte weder im Fall der Psychotherapie noch im Fall der Religion eine Sache der Willkür ist, obwohl es eine Pluralität von Geschichten gibt. Im ersten Fall hängt die seelische Gesundheit daran, im zweiten Fall die Meisterung des Lebens in einem noch umfassenderen Sinne. Man sollte also die Frage nach der Angemessenheit der angebotenen Geschichten für die Erhellung seines eigenen Lebens sorgfältig prüfend im Auge behalten.

4. Bekenntnis

Kehren wir zum Thema der Religion zurück und wenden uns einem Autor zu, dessen Zugang dem, was hier vor allem in Orientierung an Gedanken Wittgensteins entwickelt wurde, recht nahe steht. Es handelt sich um den amerikanischen Theologen George A. Lindbeck, der seinen Ansatz einen „kulturell-sprachlichen" nennt,[226] und dessen Kernaussage sich als die These formulieren lässt, Religionen seien in wesentlichen Punkten wie Sprachen.[227] Teils machen sie Bereiche *zugänglich*, die ohne sie nur im stummen Handeln gelebt werden könnten, wie es etwa bei den Schmerzen eines Kindes der Fall ist, das noch vor dem Spracherwerb steht und dann, wie Wittgenstein sagt, mit der Sprache ein ‚neues Schmerzbenehmen' lernt.[228] Teils *konstituieren* sie Bereiche, die dem Sprecher ohne ein solches Medium in keiner Weise zur Verfügung stehen würden, auch nicht in einem stummen Handeln. Dieser Fall ist dem der Mathematik vergleichbar, so dass man sagen kann: Das, was die zur Sprache kommenden Belange für den Sprecher schließlich sind, konstituiert sich erst im Medium einer so als eine ‚Sprache' verstandenen Religion.

Auch die *Aneignung* einer Religion ist ähnlich der Aneignung einer Sprache. Wer sich die Sehweise einer bestimmten Religion zu Eigen macht, beschreibt sich selbst und seine Lage unter Benutzung dieser ‚Sprache', die dann das Bild bestimmt, das er von sich selbst hat. Diese Funktion der Selbstbeschreibung kann in einem ähnlichen Sinne als eine ‚Identifikation' (als eine Art von ‚Bekenntnis') bezeichnet werden, wie dies mit Bezug auf die Psychoanalyse möglich ist. Wer seine tiefsten Lebenskrisen und ihre Überwindung mit Hilfe der psychoanalytischen ‚Mythologie' beschreibt, dem dient diese Geschichtenwelt dazu, zu sagen, wer er ist. In diesem Sinne identifiziert er sich mit ihr: Er sieht sich als jemand, über den man das sagen kann, was diese Mythologie zu sagen ermöglicht.

Diesen konstitutiven Charakter erläutert Lindbeck durch die Gegenüberstellung zweier Weisen, mit den Geschichten umzugehen, die eine Religion wie das Christentum erzählt. Entweder man sieht die Welt aus der Perspektive der Geschichten, dann sind diese Geschichten für das, was ‚die Welt' heißt, im erläuterten Sinne konstitutiv. Dies ist die Position, für die Lindbeck selbst optiert. Oder man versteht umgekehrt die Geschichten vermittels einer Sprache, über deren Wort- und Satzbedeutungen man bereits *vor* der Kenntnis der Geschichten (also unabhängig von ihnen) verfügte. Eine extreme Form des zweiten Falls ist der, in dem man die jeweilige Geschichte, auch das auf den ersten Blick Neue oder Ungewohnte an ihr, *restlos* in Begriffen versteht, über die man bereits verfügt, d. h. so, dass es möglich ist, alle ihre Inhalte auch in der alten Sprache zu sagen. Die Geschichte kann dann zwar als eine neue *Form* erscheinen, als eine neue ‚Einkleidung' von Gedanken, sie teilt aber einen alten Inhalt mit, d. h. einen solchen, den man im Prinzip auch mit den alten Mitteln zur Sprache bringen könnte. Dies zweite Verständnis wäre ‚reduktionistisch' zu nennen, weil es davon ausgeht, dass man die neuen Inhalte ohne Rest auf alte Inhalte *zurückführen* (in Ausdrücke der alten Sprache übersetzen) kann.

Lindbecks Zurückweisung dieser reduktionistischen Position können wir vorbehaltlos zustimmen, weil diese der prinzipiellen Offenheit und Kreativität von Sprachspielen (und erst recht von komplexeren sprachlichen Gebilden wie Geschichten) nicht gerecht wird. Natürliche Sprachen sind schon auf der Ebene der Satzbildung durch und durch von Analogien und Metaphern durchzogen; mit diesen Übertragungen oder ‚Projektionen' alter Strukturen auf neue Gegebenheiten schaffen wir fortwährend neue Bedeutungen. In einer natürlichen Sprache gibt es zu keinem Zeitpunkt einen überschaubaren Bereich des Sagbaren.

Das zeigt sich am Beispiel der Psychoanalyse, aber auch an vielen anderen Kulturleistungen. Die Psychoanalyse hat eine Fülle von Beschreibungsmöglichkeiten entwickelt, die notwendigerweise *anknüpfen* an bereits bestehende Ausdrucksweisen (denn sonst könnte man sie nicht erlernen), die aber trotzdem neue Inhalte auszudrücken gestatten, die in alte Inhalte nicht übersetzbar sind. Entsprechendes gilt auch für einen so simplen Fall wie den der nega-

4. Bekenntnis

tiven Zahlen in der Arithmetik. Wenn man dazu übergeht, das Abziehen einer größeren Zahl von einer kleineren zu gestatten (statt zu sagen: fünf minus sieben ‚geht nicht'), führt man die negativen Zahlen ein und verändert damit zugleich die Bedeutung des Minuszeichens. Man schafft eine neue Handlungsmöglichkeit, die zwar auf leicht nachvollziehbare Weise an Vorhergehendes *anknüpft*, sich auf dieses aber nicht *reduzieren* lässt. Man kann die neue Bedeutung des Minuszeichens und der negativen Zahlen in der alten Sprache zwar *erklärend erläutern*, man kann die neuen Zeichen aber nicht in eine Sprache, die nur über die alten Ausdrucksmittel verfügt, übersetzen.

Was heißt es nun aber, wenn Lindbeck mit Bezug auf die kanonischen Schriften einer Religion sagt: „Für diejenigen, die ganz in sie eingetaucht sind, ist keine Welt realer, als die, die sie (die Schriften, HJS) schaffen. Eine ‚Welt der Schrift' ist daher in der Lage, das Universum zu absorbieren. Sie stellt einen Interpretationsrahmen zur Verfügung, innerhalb dessen die Glaubenden ihr Leben führen und die Realität verstehen."[229] Und zusammenfassend: „So beschreibt eine intratextuelle Theologie (das ist der von ihm vertretene Ansatz, HJS) die gesamte Realität innerhalb eines biblischen Grundgerüstes neu, anstatt die Schrift in außerbiblische Kategorien zu übersetzen. Der Text absorbiert sozusagen die Welt und nicht die Welt den Text."[230]

Der negative Punkt erscheint klar und zutreffend: Ein Reduktionismus der von Lindbeck zurückgewiesenen Art wird der Kreativität der Sprache nicht gerecht. Wenn die Sprache z. B. auf das reduziert werden soll, was die Naturwissenschaften sagen können, lässt sich das nicht mehr in den Blick nehmen, was wir hier die ‚zweite Inhaltsebene' genannt haben. Dieser Reduktionismus versagt auch vor den von uns immer wieder angetroffenen Arten von gleichnishaften Ausdrucksformen, bei denen es sich *nicht* um buchstäbliche *Vergleiche* handelte, also nicht um Aussagen der Form: ‚ein (unabhängig existierendes) A ist vergleichbar einem bereits bekannten B'.

Vorsicht ist aber geboten bei der Metapher des ‚Absorbierens'. Wenn ein Text die Welt ‚absorbiert', dann legt das nahe, dass er sie so in sich aufnimmt, dass kein Rest außerhalb des Textes übrig bleibt. Und dies kann dann leicht so verstanden werden, als könnte demjenigen, der sich und die Welt durch diesen Text hindurch betrachtet, nichts mehr begegnen, das ihn an der Angemessenheit des Textes (oder an der Angemessenheit seines Verständnisses) zweifeln lässt. Kurz: Es stellt sich das Problem der Ideologie. Auch eine Ideologie wie z. B. der Marxismus-Leninismus war darum bemüht, die Welt zu absorbieren: Was immer geschah, was immer an Voraussagen nicht eintraf oder an Widersprüchen auftauchte, ein geschickter Interpret der ‚kanonischen Schriften' war stets in der Lage, zu demonstrieren, warum solche Momente nur *scheinbar* Widerlegungsinstanzen waren, mit der Folge, dass die Ideologie unangetastet blieb. Auch der Psychoanalyse ist vorgeworfen worden, sie sei von manchen ihrer Verteidiger zur Ideologie gemacht worden.[231]

Ein solches ‚Ausschöpfen', das immer den *Kritiker* des Gedankengebäudes ins Unrecht setzt, weil z. B. stets Hypothesen über Besonderheiten aufgestellt werden können, deren Hinzufügung das orthodoxe Bild intakt lassen, ist auch in der Wissenschaftstheorie diskutiert worden, wo es ‚Exhaustion' genannt wird.[232] Dies Verfahren ist auch gar nicht so widersinnig, wie es auf dem ersten Blick erscheinen mag. Eine Theorie, an der Generationen von Wissenschaftlern gearbeitet haben, wird man nicht gleich beim ersten besten Experiment, dessen Ergebnis ihr zu widersprechen scheint, aufgeben wollen. Vielmehr wird man das Experiment wiederholen, die Randbedingungen überprüfen, etc. Da Religionen sowohl sehr viel älter sind als auch eine ganz andere Rolle spielen als wissenschaftliche Theorien, scheint es bei ihnen sogar noch vernünftiger, mit ihrer Korrektur oder Anpassung zu zögern. Aber man wird solchen Ausschöpfungsschritten Grenzen setzen wollen. Wer *um jeden Preis* an den alten Vorstellungen festhalten will, den wird man für verbohrt und ideologisch halten. Das Resultat wäre die Unbeweglichkeit und Abgeschlossenheit des zur Ideologie gemachten Sprachsystems, also eine Eigenschaft, die Lindbeck mit Bezug auf den Reduktionismus zu Recht kritisiert hatte.

Auch ein nicht-reduktionistisches Verständnis der Sprache der Religion darf das Universum deshalb nicht wirklich ‚absorbieren'. Diese Sprache muss einen Weg dafür vorsehen, dass Veränderungen, die in der Welt des Menschen auftreten, auf das Verständnis der kanonischen Texte zurückwirken können. Die ‚Welt des Textes' darf also die Welt der Erfahrungen seiner Leser nicht so einseitig definieren, dass sie Spannungsverhältnisse immer nur zugunsten des Textes und nie zugunsten der neuen Erfahrungen entscheidet. Wie kann ein solches ‚Geben und Nehmen' zwischen überliefertem Text und lebendiger Erfahrung gedacht werden, wenn weder allein der Text sagen soll, was an neuen Erfahrungen

4. Bekenntnis

möglich ist, wenn aber auch nicht allein die *bisherige* Erfahrung darüber entscheidet, wie der Text zu verstehen ist?

Das Buch von Lindbeck entwickelt eine Fülle von Gedanken und Anregungen zu speziell dieser Frage, die sich den reichen Erfahrungen verdanken, die er selbst mit dem ökumenischen Dialog hatte.[233] Das Wort ‚absorbieren' ist bei ihm also nicht so streng zu verstehen, dass derjenige, der sich mit einer bestimmten Religion identifiziert hat, nun auf eine Weise an sie gebunden ist, dass ihm nichts Neues mehr begegnen könnte, das ihn beunruhigt und ihn vielleicht eine bislang unvertraute Sicht erwägen lässt. Um auf den Fall der Psychoanalyse zurückzukommen: Wenn C. G. Jung gegen Freud einwendet, es könnten noch andere Triebe als die von seinem Lehrer in den Vordergrund gerückte Sexualität im Leben des Menschen eine wichtige Rolle spielen (oder wenn Freud selbst sich unschlüssig zeigt, ob er einen Todestrieb in seine ‚Mythologie' aufnehmen soll), dann muss sich der Betroffene fragen, ob eine so erweiterte oder veränderte Sprache (und eine veränderte Geschichte) den Erfahrungen, die er mit sich macht, besser gerecht wird als die bisher von ihm benutzte. Ist sie geeigneter, ihn auf dem Weg einer Besserung seines Zustands zu halten? Im therapeutischen Fall sind es also nach wie vor die ‚Früchte', die den Kontakt zwischen der ‚Mythologie' und der Realität schaffen und so über die Frage der Angemessenheit oder Wahrheit der jeweiligen Selbstdeutungssprache entscheiden. Es ist *allein* die Praxis, an der die ‚zweite Inhaltsebene' mit der ‚Wirklichkeit' in Kontakt ist. Wir haben gesehen, dass diese Betonung der Praxis im Fall der Religion keine Verharmlosung ist, denn es geht bei ihr ‚ums Ganze', d. h. um Differenzen, auf die wir mit guten Gründen den Ausruf den Wittgensteins anwenden konnten: Welcher Unterschied könnte größer sein!

Wie steht es in diesem Punkt bei Lindbeck, ist es auch bei ihm allein die Praxis, aus der heraus die religiösen Geschichten ihren Sinn beziehen? Ist die ‚zweite Inhaltsebene' allein ‚intratextuell' zu verstehen, d. h. als eine Sprache für den Umgang mit „…Grenzfragen des Lebens und des Todes, mit Richtigem und Falschem, mit Chaos und Ordnung, Sinn und Sinnlosigkeit"[234]? Oder hat sie zugleich eine ‚extratextuelle' ontologische Rolle, d. h. erhebt sie auch demjenigen gegenüber den Anspruch, von einem ‚religiösen Objekt' (etwa einem persönlichen Gott) sprechen zu können, der sich die Sprache des Christentums nicht angeeignet hat, der sich nicht mit ihr identifiziert, etwa gegenüber einem Buddhisten? Kann sie von einem Standpunkt außerhalb oder ‚oberhalb' der jeweiligen religiösen Praxis sprechen und sagen, worum es geht?

Hier scheint bei Lindbeck ein Rest von Ambivalenz zu bestehen. Auf der einen Seite leistet gerade sein Buch einen großen Beitrag dazu, den Stellenwert ontologischer Aussagen so zu interpretieren, dass sie den religiösen Dialog nicht von vornherein behindern oder unmöglich machen. Wenn jemand sagt, im Lichte der Psychoanalyse gesprochen *gebe es* einen ‚Ödipus-Komplex' oder im Kontext der Arithmetik *gebe es* eine Primzahl zwischen sieben und elf, dann sind diese Existenzaussagen (und damit die so genannte ‚ontologische Verpflichtung' des Sprechers) an den jeweiligen praktischen Kontext zurück gebunden. Dort und nur dort haben sie einen Sinn; ich kann die Zahl sieben nicht anders vorweisen als man dies z. B. an einer Wandtafel üblicherweise tut, wenn man Arithmetik treibt. Viele Überlegungen Lindbecks lesen sich in diesem Sinne und unterstützen damit die hier verfolgte Zugangsweise: Es wird nicht *zuerst* darüber entschieden, welche religiös relevanten Gegenstände es gibt, damit man *im Anschluss* daran erörtern kann, wie man sich zu ihnen verhält, sondern es wird *zuerst* ein Begriff derjenigen Praktiken gewonnen, die als Kandidaten für religiöse Praktiken in Frage kommen (oder als Vorformen davon), um *dann* zu sehen, mit welchen Artikulationsweisen sie verbunden sind, speziell auch, um der Frage nachzugehen, auf welche Weise in ihnen Existenzbehauptungen vorkommen können und wie sie zu verstehen sind. So heißt es bei Lindbeck scheinbar ganz klar: „Der kognitive Aspekt, wenn auch oft von Bedeutung, ist nicht der primäre." Und: „Manchmal mögen explizit formulierte Glaubensaussagen oder Verhaltensnormen einer Religion während des Lernvorganges hilfreich sein, doch keineswegs immer. Ritus, Gebet und Vorbild sind normalerweise viel wichtiger."[235] Dem kann man aus der hier entwickelten Perspektive nur zustimmen.

Auf der anderen Seite finden sich bei ihm aber auch Formulierungen, die nicht intratextuell gesprochen zu sein scheinen, also *in* der Sprache des Christentums mit der dazugehörigen Praxis, sondern von außerhalb. Deshalb scheinen sie einen objektiven (d. h. einen extern möglichen) Bezug auf den christlichen Gott herzustellen. Sie wären dann mit einer ‚ontologischen Verpflichtung' von einer Art verbunden, um deren Vermeidung der Autor sonst, wie es zunächst schien, sorgfältig bemüht ist.

Lindbeck schreibt: „In der Darstellung, die ich nun vorlegen werde, werden Religionen als umfassende Interpretationsschemata

4. Bekenntnis

betrachtet, üblicherweise eingebettet in stark ritualisierte Mythen oder Erzählungen, die die menschliche Erfahrung und das Verständnis des Selbst und der Welt strukturieren. Allerdings ist nicht jedes Nacherzählen einer dieser Kosmologien religiöser Art. Dies muß vielmehr mit einer ganz bestimmten Absicht oder mit einem ganz bestimmten Interesse geschehen. Es muß – um einen Vorschlag William Christians aufzunehmen – im Sinne einer identifizierenden, beschreibenden und organisierenden Sichtweise dessen gebraucht werden, was >viel wichtiger als alles andere im Universum ist<[236], einer Sichtweise, die alles Leben, das Verhalten wie den Glauben in Relation dazu einschließt."[237] Dazu heißt es in einer Erläuterung: „Die Frage, wie genau Religion zu definieren sei, ist für den Gegensatz zwischen den beiden hier zu vergleichenden Ansätzen unerheblich, vorausgesetzt, man besteht – wie dies ein Christ tut – darauf, daß das Prädikat (z. B. ‚am wichtigsten') einerseits viel eher eine Funktion als ein Gefühl oder eine Erfahrung benennt und eine Eigenschaft oder den Charakter eines religiösen Objektes andererseits."[238]

Der aus der hier erarbeiteten Sicht problematische Ausdruck ist ‚was viel wichtiger als alles andere im Universum ist', verbunden mit der Rede von einem ‚religiösen Objekt'. Wir haben keine Mühe, die Familienähnlichkeit der zuerst genannten Kennzeichnung mit anderen Ausdrücken zu erkennen, auf die wir weiter oben bereits Anlass hatten, einen kritischen Blick zu werfen. Lindbecks sorgfältige Überlegungen ermöglichen es, das Motiv dieser Kritik hier zu verdeutlichen.

Er befindet sich nämlich in einem Dilemma: Er möchte als Christ sagen, was Religion ist, und da er es so sagen will, dass es seinen christlichen Überzeugungen entspricht, scheint er es nicht ohne Bezug auf den christlichen Gott sagen zu können. Dies würde eine intratextuelle Perspektive erfordern: Ein Christ gebraucht den Ausdruck ‚Gott' mit der Bedeutung, die er in seiner Religion (nach Lindbeck also: in seiner Sprache) hat. Da der Definitionsversuch aber zugleich keine der existierenden Religionen bevorzugen soll, weil er *allgemein* bestimmen möchte, was unter einer Religion zu verstehen ist, scheint der Ausdruck ‚Gott' in seiner christlichen Bedeutung gerade *nicht* vorkommen zu dürfen. Es scheint erforderlich zu sein, sich ohne die Brille einer *bestimmten* Religion doch auf ‚*Religiöses*' zu beziehen, und zu diesem Zweck bedient sich Lindbeck des Ausdrucks ‚was viel wichtiger als alles andere im Universum ist'.

Diese Gleichzeitigkeit von intratextueller und externer Sprechweise scheint nun aber nach Lindbecks eigenen Kriterien erstens methodisch unzulässig zu sein, weil diese Begriffe als ein Gegensatzpaar definiert sind. Zweitens scheint sie nicht das zu leisten, was sie leisten soll: Nur wer das Wort ‚Gott' schon im christlichen Sinne versteht (wer es ‚intratextuell' hört), kann erraten, was der kennzeichnende Ausdruck ‚was viel wichtiger als alles andere im Universum ist' bedeuten soll und auch nur er wird zustimmen können, dass dieser Ausdruck, auf dem Weg über die zugeordnete Praxis in einem durch sie bestimmten Sinn ‚auf etwas referiert'. Und drittens taugt er nicht als eine Definition, die über jeder bestimmten Religion steht, denn der Buddhismus z. B. kennt kein Objekt, das mit der gegebenen Kennzeichnung zu benennen wäre. Wir scheinen hier also einen Fall zu haben, in dem die christliche Sprache Lindbecks das Universum der Religionen auf eine Weise ‚absorbiert', die sonst ein Gegenstand seiner Kritik ist.[239]

In eine andere Richtung deutet allerdings die Bemerkung, es gehe eher um eine *Funktion* als um ein *Gefühl*. Das bedeutet im Kontext unserer eigenen Überlegungen, dass die Religionen uns helfen sollen, mit dem Leben zurechtzukommen. Negativ hatten wir wiederholt gesagt (und dies ist ein Punkt, den gerade Lindbeck auch immer wieder betont), es gehe nicht um momentane ‚Empfindungsatome'. Soweit mit der Zurückweisung des ‚Gefühls' diese Kritik an ‚Empfindungsatomen' gemeint ist, können wir nur zustimmen. Entsprechend ist es ratsam, den Ausdruck ‚Erfahrung' so zu gebrauchen, dass er deutlich etwas anderes bezeichnet als ein Gefühl oder eine Empfindung. Auch bei William James sind Erfahrungen etwas, was in einer *Geschichte* zur Sprache kommt, nicht in einem einzelnen Wort, das einem Ausdruck wie ‚rot' oder ‚kalt' vergleichbar wäre.

Aus der hier vertretenen Sicht erscheint es also wünschenswert, den Intratextualismus noch konsequenter zu verfolgen als Lindbeck es tut, d. h. noch konsequenter die Praxis für den einzigen Ort zu halten, an dem sich die Angemessenheit oder Wahrheit einer Religion zeigt. Es ist offenbar nicht möglich, mit dem einen Auge durch die Brille des Christentums, mit dem anderen Auge aber gleichzeitig an der Brille vorbei und trotzdem ‚auf Gott' zu schauen. Wenn man auf diesen zweiten Blick verzichtet, dann verschwindet das ‚religiöse Objekt', an dem Tugendhat Anstoß genommen hatte, genauso wie der Gegenstand des ‚Überglaubens' von William James. Vieles von dem, was Lindbeck so umsichtig ausarbei-

4. Bekenntnis

tet, scheint dafür zu sprechen, dass auch die von ihm erarbeitete Perspektive, solange sie nicht im Sinne eines Bekenntnisses spricht, sich mit der hier immer wieder in den Worten Wittgensteins formulierten Sicht einverstanden erklären könnte: Kein Etwas, aber auch nicht ein Nichts. Wo sie aber intratextuell spricht, d.h. an Stellen, wo sie sich mit einer bestimmten religiösen Sprache identifiziert, sollte sie getrost von Gott sprechen.

Ausblick:
Religion, Moral, Politik

Die Kulturanthropologin Ruth Benedict, die u.a. durch ihre Forschungen über die nordamerikanischen Indianer bekannt geworden ist, überliefert einen Ausspruch von einem Häuptling der *Digger Indians*. Dieser habe zu ihr gesagt: „Zu Anbeginn gab Gott jedem Volk eine Schale, eine tönerne Trinkschale, und aus dieser Schale tranken sie ihr Leben." Und weiter: „Sie schöpften alle aus dem gleichen Wasser ..., aber sie hatten verschiedene Schalen. Die unsere ist jetzt zerbrochen. Jetzt ist es aus mit uns."[240]

Was hier durch das Bild einer jeweils spezifischen Schale ausgedrückt wird, aus der verschiedene Menschengruppen ‚ihr Leben tranken', könnten die je verschiedenen Religionen sein, die jeweilige Sicht auf das Leben als Ganzes. Aus einer solchen Schale sein Leben zu trinken hieße dann auch, dass das, was man tut und unterlässt, von dieser Sicht geleitet ist. Die Sprache der Religion enthält auch die Sprache, in der man seine Handlungen verständlich macht und rechtfertigt. Nach dieser Auffassung schließt eine Religion also eine Moral ein (die der Nächstenliebe im Christentum, die der Selbst-Losigkeit im Buddhismus), aber die Religion lässt sich auf eine Moral nicht reduzieren, sie ist umfassender.

Wenn dies richtig ist, dann wäre die Meinung ein Irrtum, man könne z.B. eine durch und durch materialistische Lebensform dadurch auf nützliche Weise erweitern, dass man ihr eine Religion zur Seite stellt, die man als eine Vorratskammer oder eine vom Rest des Lebens isolierte ‚Produktionsstätte' für so genannte ‚Werte' benutzt. Es kann nicht alles beim alten bleiben, wenn es nur gelingt, darüber hinaus (als eine Art ‚Zugabe') die ‚richtigen Werte' zu vermitteln. Wie sollte das gehen? Werte sind keine von der Decke herunter hängenden Heringe, die man nur greifen müsste, um sie zu ‚haben'.[241]

Das Bild von der Schale, aus der man sein Leben trinkt, ist in seiner Geschlossenheit verführerisch, aber auch beängstigend. Wenn die Schale zerbrochen ist, so sagt der Häuptling, ist es aus mit einem. Wenn aber das Leben nicht mehr sinnvoll weitergeht, dann kann es sich nahelegen, den verlorenen Sinn in einer dramatischen Tat wenigstens zu bezeugen, d.h. sich zum Märtyrer zu machen. Auch wo eine solche Tat nicht mit der Ermordung anderer Menschen verbunden ist, mit einem terroristischen Akt, ist sie besonders für diejenigen unter den Außenstehenden verstörend, die meinen, die betreffende Person habe doch alles Wichtige gehabt, was man im Leben erreichen könne. Ein eingewanderter Ingenieur in London, vom Status her ‚einer von uns', war bereit, sein Leben aus einem solchen religiösen Impuls heraus zu beenden, nicht ein armer Hund aus der Wüste, der sowieso nichts zu verlieren hatte. Warum ist er mit ‚unserem Leben' nicht zufrieden?

Bei einem solchen Täter hat die religiöse Sicht offenbar alles ‚absorbiert'; alles, was für den Betroffenen überhaupt sichtbar war, war von ihr gefärbt und in seiner Bedeutung bestimmt. Wenn die Schale zerbrochen ist, bleibt nichts übrig. In romantischen Momenten, in denen wir dazu neigen, das Leben der Indianer oder eine andere fremde Lebensform zu idealisieren, kann uns eine solche konfliktlose Einheitlichkeit verlockend erscheinen. Aber wir haben gesehen, dass dieses Absorbieren in seiner extremen, zur Ideologisierung führenden Form ein falsches und gefährliches Ideal ist, weil es unsere Fähigkeit behindert, die alten Bilder vom Leben mit Hilfe unserer neuen Erfahrungen zu korrigieren, so wie wir umgekehrt seit Kindertagen neue Erfahrungen mit Hilfe der alten Bilder zu bestimmen versuchen. Diese doppelte Freiheit zur Korrektur muss erhalten bleiben, wenn der Fluss des Lebens nicht aus Angst oder Hybris stillgestellt werden soll, z.B. in einem totalitären politischen System, dass sich anmaßt, eine endgültige, ‚göttliche' Ordnung zu verwirklichen. Die jeweils beste verfügbare religiöse Artikulation muss die stets unvollkommene politische Ordnung zwar kritisieren dürfen, es muss aber auch umgekehrt möglich sein, aus der Perspektive des *common sense* jeden religiösen Artikulationsversuch kritisch unter die Lupe zu nehmen.

Dabei darf sichtbar bleiben, dass es ‚ums Ganze' geht. Der existentielle Tiefgang des Religiösen braucht nicht vertuscht zu werden; die Anerkennung von Pluralität bedeutet nicht Beliebigkeit. Diese Vereinbarkeit von existentiellem Reden mit einer Pluralität von Artikulationsweisen wird von den hier vorgetragenen sprachphilosophischen Überlegungen bestätigt: Sie hatten zu der Einsicht geführt, dass auf dem Gebiet des gleichnishaften Redens zu jeder Artikulation eine andere möglich ist, die der ersten nicht einfach widerspricht. Es gehört zur Natur der Gleichnisse, friedlich nebeneinander bestehen zu können. Deshalb kann und soll man dort, wo Gewaltfreiheit anerkannt ist, über die Angemessenheit von Sichtweisen durchaus streiten, dies wird sich aber nicht immer auf die Ebene der Wahrheit oder Falschheit einzelner Sätze herunterbrechen lassen. Der Streit um die Angemessenheit einer Sicht ist von anderer Art als ein Streit um die Wahrheit eines Satzes. Dieser philosophische Befund sollte es uns erleichtern, den heutigen Zustand des Pluralismus zu akzeptieren. Nicht nur sind unter historischem Gesichtspunkt vereinheitlichende Kennzeichnungen wie ‚das Christentum' und ‚der Buddhismus' irreführend (so dass Friedrich Wilhelm Graf in Anknüpfung an Ernst Troeltsch von ‚den Christentümern' spricht).[242] Darüber hinaus ist es falsch und gefährlich, heute lebende reale Menschen unter nur einem einzigen (dem religiösen) Gesichtspunkt zu sehen, worauf eindrücklich und mit vielen historischen Beispielen untermauert in jüngerer Zeit Amartya Sen hingewiesen hat. Er spricht sich damit gegen Huntingtons Idee eines ‚Kampfes der Kulturen' aus und bemerkt kritisch: „Man schafft die kniffligen Fragen der pluralen Gruppen und der multiplen Loyalitäten dadurch aus der Welt, dass man jeden Menschen in genau eine Zugehörigkeit presst und die ganze Fülle eines reichen menschlichen Lebens schematisch auf die Behauptung reduziert, der Mensch sei von Natur aus in nur einem Rudel ‚situiert'."[243] Obwohl die romantische Sehnsucht, ganz ‚aus einem Guss' zu leben, das ganze Leben aus nur *einer* Schale zu trinken, angesichts der oft zerrissenen und den Einzelnen überfordernden Vielfalt unserer eigenen Lebensverhältnisse verständlich ist, obwohl sie im positiven Fall zu einem Motor werden kann, immer wieder Verbesserungen anzustreben, haben wir doch jederzeit dem Gedanken zu widerstehen, eine bestimmte Artikulation eines Lebensverständnisses sei nun nicht mehr interpretationsbedürftig oder die gerade herrschenden Interpretationen seien nicht verbesserbar.

In einem kleinen Prosatext drückt Franz Kafka den Gedanken aus, „... daß die Worte der Weisen immer wieder nur Gleichnisse seien, aber unverwendbar im täglichen Leben, und nur dieses allein haben wir." Einen Verteidiger der Gleichnisse lässt er entgegnen: „Warum wehrt ihr euch? Würdet ihr den Gleichnissen folgen, dann wäret ihr selbst Gleichnisse geworden und damit schon der täglichen Mühe frei."[244] Wären wir der täglichen Mühe frei? Ja und nein. Die Mühen und Leiden würden bleiben, aber die Sicht, die handlungswirksame praktische ‚Einstellung' die wir mit Hilfe der Gleichnisse gewonnen hätten, ließen diese Mühen in einem anderen Licht erscheinen. Damit wären wir ein Stück frei von ihnen, und das könnte einen Unterschied ‚ums Ganze' machen.

Anmerkungen

1 Für seine Theologie siehe jetzt Ulrich 2007.
2 Vgl. dazu die folgende Aussage von Jan Hermelink im abschließenden Abschnitt ‚Konsequenzen' der 4. EKD-Erhebung (Hermelink 2006, S. 419): „Die Begrifflichkeit der kirchlichen Tradition erscheint – im Blick auf den eigenen Glauben oder den Sinn des Lebens – nur für eine Minderheit zugänglich und akzeptabel; bevorzugt werden ... eher allgemeinere Formeln, etwa die Rede von >Erlösung< oder davon, dass man >nicht alles in der Hand hat<." – Ähnlich äußert sich der amerikanische Theologe George A. Lindbeck: „...die meisten Christen durch die meisten Jahrhunderte hindurch haben ihre eigene offizielle Sprache nur sehr schlecht gesprochen." (Lindbeck 1994, S. 149) und: „...diejenigen, die an der intellektuellen Hochkultur unserer Zeit teilhaben, sind kaum intensiv genug mit kohärenten religiösen Sprachen und Formen gemeinschaftlichen Lebens vertraut gemacht worden." (ebd. S. 81)
3 Jullien 2001
4 James 1979
5 Taylor 2002
6 Vgl. unten, Kapitel 3
7 So der Titel von Küng 1978. Die Behandlung dieser Frage rückt der Autor ausdrücklich in die Nähe der Behandlung wissenschaftlicher Fragen (S. 19); er spricht auch von der ‚Hypothese' von Gottes Existenz (622 f.).
8 Huntington 1996
9 Küng 1990
10 Gadamer ^{4}1975
11 Wittgenstein 1953, Teil 1, § 67
12 Kant 1968, B XXX
13 Vgl. Kambartel 1989
14 Schleiermacher 1969
15 Für eine der Theologie näher stehende Einführung in die Religionsphilosophie verweise ich auf den Band ‚Gott' von Thomas Rentsch, der in derselben Reihe ‚Grundthemen Philosophie' erschienen ist: Rentsch 2005.
16 Dawkins 2007, S. 12
17 Der berühmte letzte Satz des *Tractatus* lautet „Wovon man nicht sprechen kann, darüber muß man schweigen." Wittgenstein 1989a, Satz 7. Vgl. dazu unten, Kap. 3.
18 Vgl. die instruktive Sammlung von Stellungnahmen in Wenzel (Hrsg.), 2007.
19 Vgl. Ahn 1997, Matthes 2005, S. 195-208
20 Vgl. Schneider 2002b
21 Politeia 514a ff.
22 Dies war nicht immer so; vgl. Hadot 1991.
23 Vgl. Rungaldier 1996
24 Allen (1975), S. 33: "Not only is there no God, but try getting a plumber on weekends."
25 Bettelheim (1977). Der englische Originaltitel seines Buches lautet bezeichnenderweise: *The Uses of Enchantment. The Meaning and Importance of Fairy Tales.*

[26] Bettelheim 1977, S. 111 ff. und passim.
[27] Ebd., S. 89
[28] Die oben (Fn.2) zitierten Äußerungen des Theologen Lindbeck legen nahe, dass diese Aufgabe von fast niemandem abschließend bewältigt wird.
[29] Das Wort ‚Fundamentalismus' meint eigentlich eine Position, die bestimmte grundlegende (‚fundamentale') Lehren einer Religion auszeichnet und die festlegt, dass an ihnen nicht gezweifelt werden dürfe, wobei diese aber nicht notwendigerweise wörtlich verstanden werden müssen. Daher kann es auch einen nicht literalistischen Fundamentalismus geben.
[30] Bettelheim selbst (1977, S. 74) scheint sich diese Frage gestellt zu haben, denn er merkt an: „Durch die Benennung – Es, Ich, Über-Ich – wurden die inneren Vorgänge zu Entitäten mit eigenen Neigungen. Wenn wir die emotionalen Konnotationen dieser abstrakten psychoanalytischen Begriffe für die meisten Menschen, die sie anwenden, untersuchen, stellen wir fest, dass sich diese Abstraktionen nicht sehr stark von den Personifizierungen des Märchens unterscheiden." – Vgl. auch die unten Kap. 6, § 3 zitierten Aussagen Sigmund Freuds über den Novellen-Charakter seiner Krankengeschichten und über die Trieblehre als Mythologie.
[31] Hume 1981
[32] Ebd., S. 91 f., S. 137
[33] Diesen Mangel zeigen auch zeitgenössische Polemiken gegen die Religion wie Dawkins 2007.
[34] Vgl. beispielsweise Zukav 1979
[35] Hume 1981, S. 141
[36] Ebd., S. 18
[37] Ebd., S. 17
[38] Ebd. S. 60. Vgl. den Hinweis bei Karen Armstrong auf alternative Schöpfungsgeschichten „…voller Fehlstarts, göttlicher Fehler, Explosionen, gewaltsamer Umschwünge und Katastrophen, die zu einer mangelhaften Schöpfung führten, in der alles am falschen Platz war." Armstrong 1988, S. 102
[39] Vgl. die am Ende der Einleitung zitierte Bemerkung von Woody Allen.
[40] Hume 1981, S. 5
[41] Ebd., S. 142
[42] Ebd., S. 61
[43] Ebd., S. 91
[44] Ebd., S. 45
[45] Vgl. die unten, Kap. 5, § 5 zitierte Bemerkung Goethes zu Eckermann.
[46] Siehe unten, Kap. 2
[47] Hume 1981, S. 21
[48] Ebd., S. 64, 100
[49] Ebd., S. 47
[50] Hadot 1991, S. 45, S. 48-65
[51] Hume 1981, S. 11
[52] Ebd., S. 104
[53] Ebd., S. 11
[54] Ebd., S. 91
[55] Ebd.
[56] Ebd., S. 92
[57] James 1979; vgl. Schneider 2003a, 2006a
[58] Allerdings in versteckter Form. Wir werden gleich Gelegenheit haben, daraus zu zitieren.
[59] Hume 1981, S. 141
[60] James 1979, S. 159 f.

Anmerkungen

61 Gegen solche Vorstellungen einer allen Religionen als identische zugrunde liegenden ‚Primärerfahrung' wendet sich z. B. Lindbeck; vgl. dazu auch Jung 1999 und unten, Kap. 6, § 4.
62 Vgl. z. B. Davidson 1988
63 James 1979, S. 460, 469 ff.
64 Bruner 1997, S. 51 f., 97-99
65 James 1979, S. 175 f.
66 Ebd., 63
67 Kamlah 1973, S. 34 ff.
68 James 1979, S. 156
69 Ebd., S. 349
70 Ebd., S. 238
71 Diese Betonung der praktischen Seite der Religion findet sich ausdrücklich auch in Cottingham 2005, wo es über den Platz der Religion im menschlichen Leben heißt: „... we have to acknowledge what might be called the *primacy of practice*, the vital importance that is placed on the individual's embarking on a path of practical self-transformation, rather than (say) simply engaging in intellectual debate or philosophical analysis." (S. 5)
72 James 1979, S. 248
73 Ebd. S. 58
74 Ebd., S. 243
75 Vgl. unten, Kapitel 4
76 Vgl. zu diesem Themenbereich auch Schildknecht 2002 und Schneider 2006b.
77 Vgl. Humes Figur des Demea, der *erst* ein Wissen als nötig ansieht, um *dann* und *auf dieser Basis* sinnvoll leben können. Hume 1981, S. 61, 91
78 Freud 1974
79 Dem entspricht die so genannte ‚Irrtumstheorie' bezüglich moralischer Aussagen.
80 Vgl. Wittgensteins Zurückweisung einer gleichnishaften Deutung der von ihm angeführten Aussagen religiöser Erfahrungen in Wittgenstein 1989 b, S. 16: Für jedes Gleichnis müsse sich angeben lassen, worüber es spreche, wenn die fragliche Aussage buchstäblich formuliert würde.
81 Epikur hatte die Tatsache, dass wir Götter im Traum sehen, noch als Zeichen dafür gewertet, dass sie existieren, dass sie die Träume verursachen.
82 Jung (1999, S. 244) beharrt zu Recht darauf, dass sich religiöse Erfahrungen nicht „ausschließlich auf innerpsychische Realitäten" beziehen dürfen; ob dies aber notwendig einen Gegenstandsbezug erfordert, bleibt zu klären.
83 Frege 1986. Vgl. unten, Kap. 3, § 2
84 Vgl. Rungaldier 1996
85 Die Einschränkung ist nötig, weil einige Wörter ihre Bedeutung ganz offensichtlich nicht aus dem Umstand beziehen, dass sie für etwas stehen, wie z. B. ‚und' oder ‚weil'.
86 Brief an Russell vom 22.6.1912. Wittgenstein 1980, S. 18
87 Wittgenstein 1989a; im Folgenden wie üblich nach Wittgensteins Dezimalgliederung zitiert.
88 Canfield 2005
89 Vgl. Schneider 2006b
90 Ob er das im *Tractatus* vertreten hat, kann hier offen bleiben.
91 Zur hier angedeuteten Kontroverse vgl. Crary/Read 2000
92 Wittgenstein 1953. Vgl. Schneider 1992, Kap. IV
93 Die Radikalität von Wittgensteins Distanzierung von einer Trennung von Leib und Seele hat G. H. von Wright zu der Vermutung veranlasst, es könnte durchaus dieses Gebiet sein, auf dem sein Denken letztlich den umwälzendsten Ein-

fluss ausüben würde. Von Wright 1995/96, S. 38. Vgl. Kerr (1997) für die Bedeutung des Leib-Seele Dualismus für die Theologie.
[94] Frege 1986
[95] Waismann 1984, S. 105
[96] Bühler 1982, Kap. I, § 2.3, S. 30 ff.
[97] Vgl. die Diskussion zu James, oben, Kap. 2. Zu den Begriffen ‚Erfahrung' und ‚Erlebnis' vgl. Schneider 1987, 1993, 2001 und 2003a.
[98] Ich übernehme hier teils Formulierungen aus Schneider 2005.
[99] Wittgenstein 1953, Teil I, § 304. Im Folgenden wie üblich zitiert als ‚PU' mit der Nummer des Paragraphen des ersten Teils.
[100] Lindbeck 1994, S. 56, Anm. 8; vgl. unten, Kap. 6, § 1.
[101] Soskice 1985, S. 15 (Meine Übersetzung.)
[102] Daher halte ich z.B. auch die Formulierung von Schärtl für irreführend, wenn er sagt, Gott sei ein „transempirischer Gegenstand". Schärtl 2003, S. 36
[103] Wittgenstein 1953, § 38, §132
[104] Ebd. § 124-126
[105] Wittgenstein 2000, S. 276
[106] Wittgenstein 1953, § 244, 142
[107] Deskriptive Schmerzäußerungen wie ‚der Schmerz ist stechend' basieren auf Vergleichen mit personenbezogenen Situationen oder Episoden, die in der Sprachgemeinschaft bekannt sind: sich stechen, sich schneiden, etc. Vgl. Schneider, 1997b.
[108] Der Fall der absichtlichen Täuschung eines Beobachters durch Verstellen des Benehmens oder ausdrückliches Lügen (‚Schmerzverhalten ohne Schmerzen') ist eine handlungslogisch sekundäre Kompetenz, die nur auf der Basis des *nicht* täuschenden Verhaltens bzw. Redens denkbar ist. Diese Handlungsmöglichkeit des Täuschens lässt sich ebenfalls ohne das Bild von vorliegenden oder nicht vorliegenden ‚inneren Gegenständen' verständlich machen.
[109] Wittgenstein 1953, § 308
[110] Vgl. Wittgenstein 1971
[111] Wittgenstein 1953, § 662. Vgl. Schneider 1997b
[112] Wittgenstein 1953, § 304
[113] Dies tut z.B. Dawkins 2007. Entsprechend sieht er im Buddhismus ein ‚ethisches System' oder eine ‚Lebensphilosophie' (S. 55). Leider lässt er die Frage unerörtert, was darunter zu verstehen ist, und wie man auf diesem Felde bessere von schlechteren Kandidaten unterscheiden könnte. So kommt er auch nicht auf den Gedanken, das Christentum könnte (recht verstanden) ebenfalls eine ‚Lebensphilosophie' sein, und es könnte unter *diesem* Gesichtspunkt Qualitäten haben, die es, als Wissenschaft verstanden, (für ihn wie für viele andere Menschen) nicht hat.
[114] Wittgenstein 1971
[115] Ausführlichere Darstellungen sind z.B. von Brück 2007, Schumann 2000, Rahula 1976, Han 2002.
[116] Daher auch die Bezeichnung ‚Shakyamuni': ‚Der Weise aus dem Geschlecht der Shakyas'.
[117] Vgl. aber die Ausführungen unten, § 4, zur Wiedergeburtslehre.
[118] James 1979, S. 349. Vgl. oben, Kapitel 2
[119] Vgl. James 1979, Vorlesungen IV und V
[120] Freud/Breuer 1970, S. 246
[121] Eine glückliche Formulierung von Schumann 2000, S. 91.
[122] Vgl. dazu aus jüngerer Zeit Hadot 1991 und Cottingham 2005.
[123] Ich übernehme hier teils Formulierungen aus Schneider 1998.
[124] Herrigel 1959

Anmerkungen

125 Ebd., S. 42
126 Ebd., S. 47
127 Ebd., 47 f.
128 Vgl. zu dieser Thematik auch Bruner 1997, Kap. 4.
129 Wittgenstein 1989a, 5.631
130 Vgl. die oben, Kap. 2, § 1, zitierte Veränderung im Selbstbild durch die religiöse Erfahrung von William James.
131 Vgl. von Franz 1968, S. 217
132 Matthäus 6, 34
133 Vgl. Kamlah 1973, S. 170
134 Diese Erwartung, die hier als fehlgeleitet betrachtet wird, wäre als ‚esoterisch' im Sinne von Rungaldier 1996 zu bezeichnen.
135 Dass solche Übungen leider nicht zwangsläufig dazu führen, dass die dann als ‚selbstlos' gesehenen Handlungen moralisch akzeptabel sind, wird in Victoria 1999 erschreckend deutlich, wo die Rolle von Zen-Praktizierenden im Zweiten Weltkrieg beschrieben wird.
136 Oben, Kap. 2, § 2
137 So z. B. Schumann 2000, S. 289
138 Vgl. die oben genannte Aussage von Schumann über die ‚philosophische Basis' des Zen. Ähnlich Danto 1976. Vgl. auch Rungaldier 1996.
139 Vgl. z. B. das *Lexikon der östlichen Weisheitslehren*, in dem im Artikel „Karma" (S. 184) aber ausdrücklich festgestellt wird, es handle sich nicht um einen Determinismus.
140 Vgl. unten, Kap. 6.
141 Tolstoi 1950
142 Vgl. z. B. Moody 1977
143 „Ruhelos ist unser Herz, bis daß es seine Ruhe hat in Dir." Augustinus 1955, I,1, S. 7
144 Vgl. die Phantasien Philos bei Hume; oben Kap. 1, § 2.
145 Monod 1975, S. 157
146 Assmann 2004, S. 15
147 Terminologisch legt es sich nahe, die *Angemessenheit* einer Geschichte oder Sehweise für die Artikulation einer Lage zu unterscheiden von der *Wahrheit* einer einzelnen Aussage, bei der die Angemessenheit vorweg unterstellt wird. Fragen der Angemessenheit sind zwar nicht ‚absolut' diskutierbar (von einem Standpunkt außerhalb der Welt), aber doch insofern ‚von außen', als man sich unter Mitgliedern *verschiedener* kultureller Erzähltraditionen darüber streiten kann, ob man eine Situation unter dieses oder jenes Bild bringen sollte. Vgl. Schärtl 2003, S. 30, 51, der diese Position ‚perspektivisch' nennt und sie damit von pluralistischen oder relativistischen Positionen abgrenzt (S. 37 f.)
148 Ich übernehme hier teils Formulierungen aus Schneider 2007.
149 Taylor 1988, S. 68 und 75
150 Der Ausdruck ‚Artikulation' hat bei Taylor eine eher allgemeine, unspezifische Bedeutung. Schritte, ihm ein größeres terminologisches Gewicht zu geben, finden sich in Schlette/Jung 2005 und in Bertram u.a. 2006.
151 Bühler 1982, Kap. I, § 2.3, S. 30 ff.
152 Es kann auch vorkommen, dass ein Ausdruck, der früher als referierend verstanden wurde, später anders verstanden wird, z. B. wenn bewusst der gleichnishafte Charakter des Zusammenhangs gesehen wird, in dem er steht.
153 Vgl. Bruner 1997, Lindbeck 1994, S. 164 ff. und unten, Kap. 6, § 6. – Für die Grenzen dieses Denkens in Geschichten vgl. Strawson 2005.
154 Anscombe 1957
155 Vgl. dazu (mit einem Bezug auf Luther) Dalferth 2005, S. 284 f.

156 Kant 1968, (KdrV) B 618-658
157 Vgl. Newberg u.a. 2003
158 Vgl. unten, Kap. 6. § 2
159 Wittgenstein 1989, 6.42
160 Goethe, Faust I, Nacht. Vgl. Otto 1963
161 Dies muss man bei der Bewertung der ‚funktionalen' Religionsauffassung im Auge behalten: Wer die praktische *Funktion* wichtig nimmt, braucht ihren existentiellen Ernst keineswegs zu unterschätzen. Vgl. Schneider 2003b, Wohlrapp 2001
162 Vgl. Wittgenstein 1953, § 144, sowie S. 193 ff. (Teil II, Abschnitt XI)
163 Wittgenstein 2000, S. 275. Vgl. Schneider 2002a
164 Wittgenstein 1971, S. 109
165 James 1979, Vorlesungen XI und XII
166 Eckermann 1981, Bd. 2, S. 705 (20. Juni 1831)
167 Dies ist ein häufig anzutreffender Denkfehler. Beispielsweise gerät Wittgenstein (1989b) noch in seinem *Vortrag über Ethik* unversehens von einer Sprache existentieller Erfahrungen in eine Sprache der ‚*psychology of pleasure*' (dt. des ‚Genießens'; S. 14) und meint, nur in der zweiten Sprache lasse sich sinnvoll reden. Entsprechendes sehen wir heute bei manchen Neurowissenschaftlern, die meinen eine ‚Rede von Gott' beziehe sich eigentlich auf Endorphine, was aber nicht sein kann, wenn der Sprecher diese Stoffe nicht kennt. Denn es ist offensichtlich falsch zu sagen, das, was er unter dem Namen ‚Gott' kenne, *seien* die Endorphine. Hier verhält es sich anders als im Fall des ‚Mörders von x', den man durchaus ohne es zu wissen als ‚den Gärtner y' kennen kann.
168 Armstrong 1988, S. 36
169 Diese Redeweise von den ‚ontologischen Verpflichtungen' geht zurück auf Quine 1953. Spuren davon finden sich z. B. in Jung 1999, 2005 und Schärtl 2003. Vgl. Schneider 1997a; siehe auch Dalferth 2005, S. 294, der von solchen Verpflichtungen auch im Sinne eines ‚internen Realismus' spricht. Zur Frage der internen oder externen Perspektive vgl. die Erörterung zu Lindbeck im nächsten Kapitel.
170 Goethe, Faust I, Marthens Garten
171 Kant 1971
172 Vgl. Schneider 2007 und unten, § 4
173 Tugendhat 2003, S. 124
174 Otto 1963
175 „Das Gemeinsame aller frommen Erregungen, also das Wesen der Frömmigkeit ist dieses, daß wir uns unsrer selbst als schlechthin abhängig bewußt sind, das heißt, daß wir uns abhängig fühlen von Gott." Schleiermacher 1980, S. 31 (Einleitung § 9).
176 Tugendhat 2003, S. 115
177 Spong 1998
178 Bultmann 1965b. Ich folge terminologisch Wilhelm Kamlah, der in einem Seminar zu Bultmann zu Recht darauf hingewiesen hat, dass ja nicht die *Wissenschaft* von den Mythen aufgegeben werden soll.
179 Bultmann 1965 a, S. 108 ff. Vgl. auch die von Christian 1964 übernommene Kennzeichnung ‚was >viel wichtiger als alles andere im Universum ist<' bei Lindbeck 1994, S. 55f. Dazu unten, Kap. 6, § 4
180 Logisch gesprochen: einer Kennzeichnung.
181 Damit ist nicht in Abrede gestellt, dass auf der anderen Seite aktive Impulse stehen, die auch eine ständige kreative Veränderung des sozial Vorgegebenen ermöglichen. Für eine Erörterung dieses Punktes aus einer von Wittgenstein beeinflussten Perspektive vgl. Gendlin 1993 und das *Postscript* in Kerr 1997, wo eine Missverständlichkeit der ersten Auflage korrigiert wird.

Anmerkungen

182 In Dalferth 1981 finden sich viele anregende und bedenkenswerte Überlegungen zum religiösen Gebrauch *prädikativer* Ausdrücke; den hier vollzogenen Schritt, im Anschluss an Wittgenstein auch den Subjektausdruck ‚Gott' semantisch ganz anders zu deuten als üblich, vollzieht Dalferth nicht, sondern er versteht ihn als Namen eines Wesens, das uns durch Jesus anspricht. Indem so die christlichen Geschichten in der Geschichtlichkeit verankert werden, behalten sie (z.B. dem Buddhismus gegenüber) einen Sonderstatus.
183 Vgl. Dalferth 2005, S. 283 f.
184 Vattimo 1997, S. 32 ff., Cottingham 2005, Kap. 2
185 Spong 1998, S. 131 (meine Übersetzung)
186 Ebd., S. 46, 174
187 Ebd. S. 64
188 Ebd. S. 95
189 Ebd. S. 98
190 Ebd., 110 ff.
191 „Die Einen greifen die normale Ausdrucksform an, so als griffen sie eine Behauptung an; die Andern verteidigen sie, als konstatierten sie Tatsachen, die jeder vernünftige Mensch anerkennt." Wittgenstein 1953, § 402. Vgl. auch ebd., § 194.
192 In einem weiten Sinne versteht Tugendhat den Ausdruck ‚Religion' so, dass er die Mystik in seinem Sinne einschließt. Dieser weitere Sinn, von dem Tugendhat weiter keinen Gebrauch macht, entspricht dem Sprachgebrauch von ‚Religion' im vorliegenden Buch.
193 Vgl. die Bemerkung von James: „Die Worte ‚Mystik' und ‚mystisch' werden oft nur als Ausdrücke des Tadels gebraucht, mit dem wir jede Meinung belegen, die wir als vage und weitläufig sentimental ansehen und ohne Grundlage in den Tatsachen oder der Logik." (358 f.) Zugleich bezeichnet er sein eigenes Kapitel zur Mystik als dasjenige, „…von dem aus die anderen Kapitel ihr Licht empfangen." (358). Zu einem wichtigen Aspekt des Standes der Forschung vgl. Widmer 2004.
194 Tugendhat 2003, S. 115
195 Ebd. S. 177
196 Ebd. S. 97
197 Ebd.
198 Vgl. die Überlegungen oben zur Interpretation des Ausdrucks ‚Transzendieren' im Sinne einer Veränderung in der Sehweise; Kap. 5, § 3
199 Tugendhat 2003, S. 114
200 Ebd., S. 117
201 Ebd., S. 124
202 Ebd., S. 118
203 Otto 1963. Tugendhat hält die „numinose Gefühlsgestimmtheit" für die „grundlegende Bewußtseinsgegebenheit für Mystik und Religion". Tugendhat 2003, S. 119
204 Ebd., S. 124
205 Henrich 2006 schreibt zur positiven Charakterisierung der eigentlichen Mystik z.B.: „Es geht vielmehr darum, in einen Zustand einzutreten, der für sich selbst erstrebenswert ist." (S. 182) Und: Der Mystiker erfahre die Welt „…nicht als eine gewaltige, übermächtige und fremde Macht, sondern als für ihn offen und letztlich als ihm vertraut." (183)
206 In einer ähnlichen Schwierigkeit befindet sich Schärtl 2003, wenn er selbstkritisch die „theoretische Überpointiertheit" seines Ansatzes einräumt (S. 49) und andererseits zugesteht, dass zum religiösen Menschen ein „optimistisches Vertrauen" (S. 50) gehört. Da er religiöse Erfahrungen nur den „Gründern" und „charismatischen religiösen Führer(n)" (S. 36) zugesteht, fragt man sich, woher dieses Vertrauen heute kommen soll.

[207] Tugendhat 2003, S. 126 f.
[208] Vgl. auch seine Rede von „Floskeln", die einfach an die Stelle des Ausdrucks ‚Gott' treten würden, S. 136, 138. Vgl. ferner die Aussage: „Ich benütze hier natürlich die Rede vom Tao als Abbreviatur für irgendeine nichtpersönliche Auffassung des Numinosen, angesichts dessen ein Mensch von sich zurücktritt." (142)
[209] Vgl. die oben zitierte Wendung Tugendhats von einem „einheitlichen Wie im Verhalten"; Tugendhat 2003, S. 97. Siehe auch oben, Kap. 5, § 3 zur Bedeutung des Ausdrucks ‚Transzendenz'.
[210] Vgl. die von James formulierten Merkmale seines Begriffs der ‚religiösen Erfahrung'. Oben, Kap. 2, § 2
[211] Tugendhat 2003, S. 132
[212] Gegenargumente gegen diese Vorstellung von einer unveränderlichen Festgelegtheit finden sich z. B. bei Gendlin 1993 und Sen 2007.
[213] Für eine ausführliche Kritik dieser Position vgl. Lindbeck 1994, Kapitel 2. Sein Kontrahent in dieser Sache ist Bernard F. J. Lonergan. Siehe unten, § 4
[214] Todorov 1982
[215] Durán meint allerdings, hier müsse die Vermittlung eines christlichen Predigers vorliegen, er rechnet offenbar nicht mit einer unmittelbaren Erfahrung. Todorov 1982, S. 248 f.
[216] Lindbeck 1994, S. 90
[217] Vgl. Newberg u.a. 2003
[218] Hier ist vor allem Winch 1966 zu nennen. Vgl. die Folgediskussionen in Wiggershaus (Hrsg.) 1975, Bruner 1997 und Matthes 2005.
[219] Vgl. Schneider 2002a
[220] Schneider 2003b
[221] ‚Familienähnlichkeit' lässt sich hier aber auch wörtlicher als Resultat der Beeinflussung z. B. des Christentums durch Züge der ägyptischen Religion verstehen. In diesem Kontext schreibt Graf (^{3}2006, S. 18): „Symbolosmose, Ritentausch und theologischer Ideenraub sind Konstanten der Religionsgeschichte."
[222] Freud/Breuer 1970, S. 131
[223] Breuer 1970, S. 149
[224] Freud 1969, S. 529
[225] Vgl. die Aussage Wittgensteins, Freud habe „... nicht eine wissenschaftliche Erklärung des alten Mythos gegeben. Er hat in Wirklichkeit einen neuen Mythos geschaffen." Wittgenstein 1971, S. 86
[226] Lindbeck 1994, S. 47
[227] Ebd. S. 56 f. Nicht zufällig trägt sein Buch (engl. *The Nature of Doctrine*) im Deutschen den Titel „Christliche Lehre als Grammatik des Glaubens." Vgl. Wittgenstein, 1953, § 373: „Welche Art von Gegenstand etwas ist, sagt die Grammatik. (Theologie als Grammatik.)"
[228] Wittgenstein 1953, § 244
[229] Lindbeck 1994, S. 170
[230] Ebd., S. 172
[231] So z. B. Fromm 1971
[232] Vgl. Janich 1980
[233] Vgl. insbesondere Lindbeck 1994, S. 57 ff.
[234] Ebd., S. 70
[235] Beide Zitate ebd., S. 60
[236] Lindbeck bezieht sich auf Christian 1964
[237] Lindbeck 1994, 55f.
[238] Ebd., S. 56, Fn. 8

Anmerkungen

[239] Eine vergleichbare Ambivalenz sehe ich bei Schärtl 2003, wenn er einerseits mit Bezug auf Lindbeck zu Recht darauf hinweist, dass im interkulturellen Gespräch der Erweis der Geltung des christlichen ‚Gerüsts' jeweils noch ausstehen kann (S. 46 f.), andererseits aber den Begriff ‚absolute Wahrheit' nicht ganz aufgeben will, um die Hoffnung auszudrücken, die Uneinigkeiten im interkulturellen Dialog seien vorläufig (S. 51).
[240] Benedict 1955, S. 21 f.
[241] Adorno 1996, S. 260
[242] Graf ³2006, S. 19
[243] Sen 2007, S. 35
[244] Franz Kafka, Von den Gleichnissen, in: Kafka 1970, S. 411

Literaturverzeichnis

Adorno, Theodor W. (1996): *Probleme der Moralphilosophie*, hrsg. von Thomas Schröder. (Nachgelassene Schriften Abt. IV, Vorlesungen Bd. 10), Frankfurt M.: Suhrkamp

Ahn, Gregor (1997): Artikel ‚Religion I' in: Gerhard Müller (Hrsg.) *Theologische Realenzyklopädie*, Bd. 28, S. 513–522, Berlin: de Gruyter

Allen, Woody (1975): *Getting Even*, London: W. H. Allen

Anscombe, G.E.M. (1957): *Intention*, Oxford: Blackwell

Armstrong, Karen (1988): *Eine kurze Geschichte des Mythos*, Berlin: Berlin Verlag

Assmann, Jan (2004): *Ägyptische Geheimnisse*, München: Fink

Augustinus, Aurelius (1955): *Bekenntnisse*, Frankfurt M.: Fischer

Benedict, Ruth (1955): *Urformen der Kultur*, Reinbek: Rowohlt

Bertram, Georg W., David Lauer, Jasper Liptow, Martin Seel (Hrsg.) (2006): *Die Artikulation der Welt*, Frankfurt M.: Humanities Online

Bettelheim, Bruno (1977): *Kinder brauchen Märchen*, Stuttgart: Deutsche Verlags-Anstalt

Breuer, Josef (1970): Theoretisches, in: Freud/Breuer, 1970, S. 149–203

Brück, Michael von (2007): *Einführung in den Buddhismus*, Frankfurt M.: Verlag der Weltreligionen

Bruner, Jerome (1997): *Sinn, Kultur und Ich-Identität. Zur Kulturpsychologie des Sinns*, Heidelberg: Carl Auer

Bühler, Karl (1982): *Sprachtheorie. Die Darstellungsfunktion der Sprache*, Stuttgart: Gustav Fischer

Bultmann, Rudolf (1965): *Glauben und Verstehen*, Gesammelte Aufsätze Bd. 4, Tübingen: J. C. B. Mohr

Bultmann, Rudolf (1965 a): Ist der Glaube an Gott erledigt? In: Bultmann (1965) S. 107-112

Bultmann, Rudolf (1965 b): Zum Problem der Entmythologisierung, in: Bultmann (1965) S. 128-137

Canfield, John V. (2005): Der Grund des Seins. Wittgensteins ‚religiöse Betrachtungsweise', in: *Deutsche Zeitschrift für Philosophie* 53, 257–275

Cottingham, John (2005): *The Spiritual Dimension. Religion, Philosophy and Human Value*, Cambridge: C. University Press

Crary, Alice, Rupert Read (Hrsg.) (2000): *The New Wittgenstein*, London: Routledge

Christian Sr., William A. (1964): *Meaning and Truth in Religion*, Princeton: University Press

Dalferth, Ingolf U. (1981): *Religiöse Rede von Gott*, München: Chr. Kaiser

Dalferth, Ingolf U. (2005): Wittgenstein: The Theological Reception, in: D. Z. Phillips, Mario von der Ruhr (Hrsg.): *Religion and Wittgenstein's Legacy*, Hants: Ashgate, S. 273–301

Danto, Arthur C. (1976): *Mysticism and Morality. Oriental Thought and Moral Philosophy*, Harmondsworth: Penguin

Davidson, Donald (1988): Der Mythos des Subjektiven; in: Michael Benedikt, Rudolf Burger (Hrsg.), *Bewusstsein, Sprache und die Kunst. Metamorphosen der Wahrheit*. Wien: Edition S (Österreichische Staatsdruckerei), S. 45–54

Dawkins, Richard (2007): *Der Gotteswahn*, Berlin: Ullstein

Literaturverzeichnis

Eckermann, Johann Peter (1981): *Gespräche mit Goethe in den letzten Jahren seines Lebens*, hrsg. von Fritz Bergemann, 2 Bde., Frankfurt M.: Insel

Franz, Marie-Louise von (1968): Der Individuationsprozess, in: C.G. Jung, M.-L. von Franz, J.L. Henderson, J. Jacobi, A. Jaffé (Hrsg.), *Der Mensch und seine Symbole*, Olten: Walter, S. 160–229

Frege, Gottlob (1986): *Die Grundlagen der Arithmetik. Eine logisch mathematische Untersuchung über den Begriff der Zahl*. Centenarausgabe, mit ergänzenden Texten kritisch herausgegeben von Christian Thiel, Hamburg: Felix Meiner

Freud, Sigmund, Josef Breuer (1970): *Studien über Hysterie*, Frankfurt M.: Fischer

Freud, Sigmund (1969): Neue Folge der Vorlesungen zur Einführung in die Psychoanalyse, 32. Vorlesung: Angst und Triebleben; Studienausgabe hrsg. A. Mitscherlich, A. Richards, J. Strachey, Bd.1: *Vorlesungen zur Einführung in die Psychoanalyse und Neue Folge*, Frankfurt M.: Fischer, S. 447–608

Freud, Sigmund (1974): Die Zukunft einer Illusion, in: Studienausgabe hrsg. A. Mitscherlich, A. Richards, J. Strachey, Bd.9, *Fragen der Gesellschaft. Ursprünge der Religion*, Frankfurt M.: Fischer, S. 135–189

Fromm, Erich (1971): Die Krise der Psychoanalyse, in: Fromm, *Analytische Sozialpsychologie und Gesellschaftstheorie*, Frankfurt M.: Suhrkamp, 193–228

Gadamer, Hans-Georg (^{4}1975): *Wahrheit und Methode. Grundzüge einer philosophischen Hermeneutik*, Tübingen: J.C.B. Mohr (Paul Siebeck)

Gendlin, Eugene T. (1993): Die umfassende Rolle des Körpergefühls im Denken und Sprechen, in: *Deutsche Zeitschrift für Philosophie* 41, S. 693–706

Graf, Friedrich Wilhelm (^{3}2006): *Moses Vermächtnis. Über göttliche und menschliche Gesetze*, München: Beck

Hadot, Pierre (1991): *Philosophie als Lebensform. Geistige Übungen in der Antike*, Berlin: Gatza

Han, Byung-Chul (2002): *Philosophie des Zen-Buddhismus*, Stuttgart: Reclam

Henrich, Dieter (2006): Mystik ohne Subjektivität? In: *Deutsche Zeitschrift für Philosophie* 54, S. 169-188

Hermelink, Jan (2006): Die Vielfalt der Mitgliedschaftsverhältnisse und die prekären Chancen der kirchlichen Organisation. Ein praktisch-theologischer Ausblick, in: Huber u.a., 2006, S. 417–435

Herrigel, Eugen (1959): *Zen in der Kunst des Bogenschießens*, München-Planegg: Otto Wilhelm Barth

Huber, Wolfgang, Johannes Friedrich, Peter Steinacker (Hrsg.) (2006): *Kirche in der Vielfalt der Lebensbezüge. Die vierte EKD-Erhebung über Kirchen-Mitgliedschaft*, Gütersloh: Gütersloher Verlagshaus

Hume, David (1981): *Dialoge über natürliche Religion*, Stuttgart: Reclam

Huntington, Samuel P. (1996): *Der Kampf der Kulturen. The Clash of Civilizations. Die Neugestaltung der Weltpolitik im 21. Jahrhundert*, München: Europaverlag

James, William (1979): *Die Vielfalt religiöser Erfahrung. Eine Studie über die menschliche Natur*, Olten: Walter-Verlag

Janich, Peter (1980): Artikel ‚Exhaustion‘, in: J. Mittelstraß (Hrsg.), *Enzyklopädie Philosophie und Wissenschaftstheorie*, Bd. 1, S. 617f., Mannheim: Bibliografisches Institut

Joas, Hans (Hrsg.) (2003): *Was sind religiöse Überzeugungen? Mit Beiträgen von Thomas Schärtl, Clemens Sedmak und Klaus von Stosch*, Göttingen: Wallstein (Preisschriften des Forschungsinstituts für Philosophie Hannover, Bd. 1)

Jullien, Francois (2001): *Der Weise hängt an keiner Idee. Das Andere der Philosophie*, München: Wilhelm Fink

Jung, Matthias (1999): *Erfahrung und Religion*, Freiburg: Alber

Jung, Matthias (2005): Qualitatives Erleben und artikulierter Sinn. Eine pragmatische Hermeneutik religiöser Erfahrung, in: *Deutsche Zeitschrift für Philosophie* 53, S. 239–256

Kafka, Franz (1970): *Sämtliche Erzählungen*, Frankfurt M.: Fischer Bücherei
Kambartel, Friedrich (1989): Wittgensteins späte Philosophie. Zur Vollendung von Kants Kritik der wissenschaftlichen Aufklärung, in: Kambartel, *Philosophie der humanen Welt*, Frankfurt M.: Suhrkamp, S. 146–159
Kamlah, Wilhelm (1973): *Philosophische Anthropologie*, Mannheim: Bibliographisches Institut
Kant, Immanuel (1968): *Kritik der reinen Vernunft* (Werke in zehn Bänden, hrsg. von Wilhelm Weischedel, Bde. 3 und 4), Darmstadt: Wissenschaftliche Buchgesellschaft
Kant, Immanuel (1971): *Die Religion innerhalb der Grenzen der bloßen Vernunft*, (Werke in zehn Bänden, hrsg. von Wilhelm Weischedel, Bd. 7, S. 649–879) Darmstadt: Wissenschaftliche Buchgesellschaft
Kerr, Fergus (1997): *Theology after Wittgenstein*, 2nd. ed., London: Society for Promoting Christian Knowledge (1. Aufl. Oxford, Basil Blackwell 1986)
Küng, Hans (1978): *Existiert Gott? Antwort auf die Gottesfrage der Neuzeit*, München: Piper
Küng, Hans (1990): *Projekt Weltethos*, München: Piper
Lexikon der östlichen Weisheitslehren (1986), Bern: Scherz
Lindbeck, George A. (1994): *Christliche Lehre als Grammatik des Glaubens. Religion und Theologie im postliberalen Zeitalter*, Gütersloh: Kaiser
Matthes, Joachim (2005): *Das Eigene und das Fremde. Gesammelte Aufsätze zu Gesellschaft, Kultur und Religion*, hrsg. von Rüdiger Schloz, Würzburg: Ergon
Monod, Jaques (1975): *Zufall und Notwendigkeit. Philosophische Fragen der modernen Biologie*, München: Deutscher Taschenbuch Verlag
Moody, Raymond A. (1977): *Leben nach dem Tod*, Reinbek: Rowohlt
Newberg, Andrew, Eugene d'Aquili, Vince Rause (2003): *Der gedachte Gott. Wie Glaube im Gehirn entsteht*, München: Piper
Otto, Rudolf (1963): *Das Heilige. Über das Irrationale in der Idee des Göttlichen und sein Verhältnis zum Rationalen*, München: Beck
Quine, Willard van Orman (1953): On What There Is, in: Quine, *From a Logical Point of View*, New York: Harper, S. 1–19
Rahula, Walpola (rev. ed. 1976): *What the Buddha Taught*, Bedford: Gordon Fraser
Rentsch, Thomas (2005): *Gott*, Berlin: de Gruyter
Rungaldier, Edmund (1996): *Philosophie der Esoterik*, Stuttgart: Kohlhammer
Schärtl, Thomas (2003): Was sind religiöse Überzeugungen? In: Joas (2003), S. 18–53
Schildknecht, Christiane (2002): *Sense and Self. Perspectives on Nonpropositionality*. Paderborn: mentis
Schleiermacher, Friedrich (1969): *Über die Religion. Reden an die Gebildeten unter ihren Verächtern*, Stutgart: Reclam
Schleiermacher, Friedrich (1980): *Der christliche Glaube nach den Grundsätzen der evangelischen Kirche im Zusammenhange dargestellt* (1821/22), hrsg. von Hermann Peiter, Teilband 1, Berlin: de Gruyter
Schlette, Magnus, Matthias Jung (Hrsg.) (2005): *Anthropologie der Artikulation. Begriffliche Grundlagen und transdisziplinäre Perspektiven*, Würzburg: Königshausen & Neumann
Schneider, Hans J. (1987): ›Erfahrung‹ in Wissenschaft und Alltag, in: *Universitas* 42, S. 44–55
Schneider, Hans J. (1992): *Phantasie und Kalkül. Über die Polarität von Handlung und Struktur in der Sprache*, Frankfurt M.: Suhrkamp
Schneider, Hans J. (1993): Der Begriff der Erfahrung und die Wissenschaften vom Menschen, in: H. J. Schneider, R. Inhetveen (Hrsg.), *Enteignen uns die Wissenschaften? Über das Verhältnis zwischen Erfahrung und Empirie*, München (Fink) S. 7–27

Schneider, Hans J. (1997a): Metaphorically created objects: ›real‹ or ›only linguistic‹? In: B. Debatin, T. R. Jackson, D. Steuer (Hrsg.), *Metaphor and Rational Discourse*, Tübingen: Max Niemeyer, S. 91–100

Schneider, Hans J. (1997b): ›Den Zustand meiner Seele beschreiben‹ – Bericht oder Diskurs? In: Wolfgang R. Köhler (Hrsg.), *Davidsons Philosophie des Mentalen*, Paderborn: Schöningh, S. 33–51

Schneider, Hans J. (1998): Der Zen-Weg. Westliche Worte zu einer östlichen Praxis, in: *Sinn und Form* 50, S. 695–704

Schneider, Hans J. (2001): Wissenschaftliche Erfahrung, lebensweltliche Erfahrung, religiöse Erfahrung. Eine erkenntnistheoretische Landschaftsskizze, in: Florian Uhl / Artur R. Boelderl (Hrsg.), *Zwischen Verzückung und Verzweiflung. Dimensionen religiöser Erfahrung*, Düsseldorf-Bonn: Parerga (= Schriften der Österreichischen Gesellschaft für Religionsphilosophie, Bd. 2). S. 103–127

Schneider, Hans J. (2002a): „Der Philosoph behandelt eine Frage wie eine Krankheit" (Ludwig Wittgenstein). Eine Antwort auf die Frage ‚Was ist, kann und soll die Philosophie?' In: Wolfgang Schoberth, Ingrid Schoberth (Hrsg.), *Kirche – Ethik – Öffentlichkeit* (Christliche Ethik in der Herausforderung Bd. 5), Münster: Lit, S. 190–203

Schneider, Hans J. (2002b): Beruht das Sprechenkönnen auf einem Sprachwissen? In: Sibylle Krämer, Ekkehard König (Hrsg.), *Gibt es eine Sprache hinter dem Sprechen?* Frankfurt M.: Suhrkamp, S. 129–150

Schneider, Hans J. (2003a): Der Begriff der religiösen Erfahrung bei William James und seine Weiterentwicklung nach Wittgenstein, in: Winfried Löffler, Paul Weingartner (Hrsg.), *Wissen und Glauben. Beiträge des 26. Internationalen Wittgenstein Symposiums*, Bd. XI, Österreichische Ludwig Wittgenstein Gesellschaft, Kirchberg am Wechsel, S. 320–322

Schneider, Hans J. (2003b): Das Placebo-Argument, in: Ludwig Nagl (Hrsg.), *Religion nach der Religionskritik*, Wien: Oldenbourg/Akademie Verlag (Wiener Reihe. Themen der Philosophie, Bd. 12), S. 177–194

Schneider, Hans J. (2005): Reden über Inneres. Ein Blick mit Ludwig Wittgenstein auf Gerhard Roth, in: *Deutsche Zeitschrift für Philosophie* 53, S. 743–759

Schneider, Hans J. (2006a): William James and Ludwig Wittgenstein: A Philosophical Approach to Spirituality, in: J. Moore, C. Purton (Hrsg.), *Spirituality and Counselling: Experiential and Theoretical Perspectives*, Ross-on-Wye: PCCS Books, S. 50–64

Schneider, Hans J. (2006b): Satz – Bild – Wirklichkeit. Vom Notationssystem zur Autonomie der Grammatik im ‚Big Typescript', in: Stefan Majetschak (Hrsg.), *Wittgensteins ‚große Maschinenschrift'. Untersuchungen zum philosophischen Ort des Big Typescripts (TS 213) im Werk Ludwig Wittgensteins*. Wittgenstein Studien, ed. Deutsche Ludwig Wittgenstein Gesellschaft e.V., Band 12, S. 79–98. Bern: Peter Lang

Schneider, Hans J. (2007): 'Wertstofftrennung?' Zu den sprachphilosophischen Voraussetzungen des Religionsverständnisses von Jürgen Habermas, in: Rudolf Langthaler, Herta Nagl-Docekal (Hrsg.), *Glauben und Wissen. Ein Symposium mit Jürgen Habermas*, Wien: Oldenbourg/Akademie Verlag, S. 155–185

Schumann, Hans Wolfgang (2000): *Handbuch Buddhismus. Die zentralen Lehren: Ursprung und Gegenwart*, Kreuzlingen: Hugendubel

Sen, Amartya (2007): *Die Identitätsfalle. Warum es keinen Krieg der Kulturen gibt*, München: Beck

Soskice, Janet Martin (1985): *Metaphor and Religious Language*, Oxford: Clarendon

Spong, John Shelby (1998): *Why Christianity Must Change or Die. A Bishop Speaks to Believers in Exile*, San Francisco: Harper

Strawson, Galen (2005): Gegen die Narrativität, in: *Deutsche Zeitschrift für Philosophie* 53, S. 3–22

Taylor, Charles (1988): Bedeutungstheorien, in: Taylor, *Negative Freiheit? Zur Kritik des neuzeitlichen Individualismus*, Frankfurt M.: Suhrkamp, S. 52–117
Taylor, Charles (2002): *Die Formen des Religiösen in der Gegenwart*, Frankfurt M.: Suhrkamp
Todorov, Tzvetan (1982): *Die Eroberung Amerikas. Das Problem des Anderen.* Frankfurt M.: Suhrkamp
Tolstoi, Leo (1950): Der Tod des Iwan Iljitsch, in: Tolstoi, *Meistererzählungen*, S. 383–482, Zürich : Manesse
Tugendhat, Ernst (2003): *Egozentrizität und Mystik. Eine anthropologische Studie*, München: Beck
Ulrich, Hans G. (2007): *Wie Geschöpfe leben. Konturen evangelischer Ethik*, Münster: Lit
Vattimo, Gianni (1997): *Glauben – Philosophieren*, Stuttgart: Reclam
Victoria, Brian (1999): *Zen, Nationalismus und Krieg. Eine unheimliche Allianz*, Berlin: Theseus
Waismann, Friedrich (1984): *Wittgenstein und der Wiener Kreis*, Frankfurt M.: Suhrkamp (Wittgenstein, Werke Bd. 3)
Wenzel, Uwe Justus (Hrsg.) (2007): *Was ist eine gute Religion? Zwanzig Antworten.* München: Beck
Widmer, Peter (2004): *Mystikforschung zwischen Materialismus und Metaphysik. Eine Einführung*, Freiburg: Herder
Wiggershaus, Rolf (Hrsg.) (1975): *Sprachanalyse und Soziologie. Die sozialwissenschaftliche Relevanz von Wittgensteins Sprachphilosophie*, Frankfurt M.: Suhrkamp
Winch, Peter (1966): *Die Idee der Sozialwissenschaft und ihr Verhältnis zur Philosophie*, Frankfurt M.: Suhrkamp
Wittgenstein, Ludwig (1953): *Philosophische Untersuchungen / Philosophical Investigations*, New York: Macmillan
Wittgenstein, Ludwig (1971): *Vorlesungen und Gespräche über Ästhetik, Psychologie und Religion*, hrsg. von Cyril Barret, Göttingen: Vandenhoeck & Ruprecht
Wittgenstein, Ludwig (1980): *Briefe. Briefwechsel mit B. Russell, G.E. Moore, J.M. Keynes, F.P. Ramsey, W. Eccles, P. Engelmann und L. von Ficker*, hrsg. von B. F. McGuiness und G. H. von Wright, Frankfurt M.: Suhrkamp
Wittgenstein, Ludwig (1989a): *Logisch-philosophische Abhandlung. Tractatus logico-philosophicus*, Kritische Edition, hrsg. von Brian McGuiness und Joachim Schulte, Frankfurt M.: Suhrkamp
Wittgenstein, Ludwig (1989b): Vortrag über Ethik, in: Wittgenstein 1989c, S. 9–19
Wittgenstein, Ludwig (1989c): *Vortrag über Ethik und andere kleine Schriften*, hrsg. von Joachim Schulte, Frankfurt M.: Suhrkamp
Wittgenstein, Ludwig (2000): *The Big Typescript*, Wiener Ausgabe Bd. 11, Wien: Springer
Wohlrapp, Harald (2001): Kultur, Religion, Argument. Sieben Thesen zu einem post-universalistischen Konzept kultureller Integration, in: *Dialektik* 2001/1, 53–70
Wright, Georg Henrik von (1995/96): Wittgenstein and Tradition, in: *Colloquium Philosophicum. Annali del Dipartimento di Filosofia II*, Firenze: Leo S. Olschki
Zukav, Gary (1979): *The Dancing Wu Li Masters. An Overview of the New Physics*, Bungay: Fontana/Collins

Namenregister

Adorno, Th. W. Fn 241
Ahn, G. Fn 19
Allen, W. 187, Fn 24, 39
Anscombe, G. E. M. Fn 154
Armstrong, K. 174, Fn 38, 168
Assmann, J. 143, Fn 146
Augustinus, A. Fn 143

Benedict, R. 226, Fn 240
Bertram, G. W. Fn 150
Bettelheim, B. 17–21, 23, 25, 27, 29, 32, 34, 38, 42, 46, 58, 69, 70, 101, 128, 134, 142, 143, 152, 153, 155, 159, 183, 185, 203, 316, Fn 25, 26, 30
Bonhoeffer, D. 182
Braun, H. 182
Breuer, J. 214, 215, Fn 120, 222, 223
Brück, M. von Fn 115
Bruner, J. 53, 157, Fn 64, 128, 153, 218
Buddha (Siddhartha Gautama) 103, 109, 110, 122, 125, 126
Bühler, K. 75, 148, Fn 96, 151
Bultmann, R. 181–183, 188, Fn 178, 179

Canfield, J. Fn 88
Cassirer, E. 143
Christian, W. 223, Fn 179, 236
Cottingham, J. Fn 71, 122, 184
Crary, A. Fn 91

Dalferth, J. U. Fn 155, 169, 182, 183
Danto, A. Fn 138
Davidson, D. 79, Fn 62
Dawkins, R. 30, 160, Fn 16, 33, 113
Descartes, R. 118
Durán, D. 207, 212, Fn 215

Eckermann, J. P. 171, Fn 45, 166
Epikur 109, Fn 81
Epiktet 120

Franz, M.-L. von Fn 131
Frege, G. 62, 72–76, 94, 97, Fn 83, 94

Freud, S. 61, 63, 108, 159, 160, 163, 213–216, 221, Fn 30, 78, 120, 122, 224, 225
Fromm, E. Fn 231

Gadamer, H.-G. Fn 10
Galilei, G. 35
Gendlin, E. T. Fn 181, 212
Goethe, J. W. von 163, 171, 176, Fn 45, 160, 170
Gontscharow, I. A. 168
Graf, F.W. 228, Fn 221, 242

Hadot, P. Fn 22, 50, 122
Han, B.-C. Fn 115
Henrich, D. 198, Fn 205
Hermelink, J. Fn 2
Herrigel, E. 112–117, 120, 124, 201, Fn 124
Hume, D. 17, 28–45, 57–60, 63, 65–67, 69–71, 78, 95, 96, 109, 124, 127, 131, 139, 140, 158, 159, 170, 171, 178, Fn 31, 35, 40, 47, 51, 59, 77, 144
Huntington, S. P. 228, Fn 8

James, W. 35, 42–63, 65–67, 70, 71, 73, 75, 76, 79, 92–97, 103, 106, 107, 109, 120, 123, 126, 127, 136, 157, 160, 162–165, 167, 170, 175, 192, 197–202, 208, 211, 212, 214, 216, 224, Fn 4, 57, 60, 63, 65, 68, 72, 97, 118, 119, 130, 165, 193, 210
Janich, P. Fn 232
Jullien, F. Fn 3
Jung, C. G. 221
Jung, M. Fn 61, 82, 150, 169

Kafka, F. 228, Fn 244
Kambartel, F. Fn 13
Kamlah, W. Fn 67, 133, 178
Kant, I. 158, 176, 177, 197, Fn 12, 156, 171
Kekulé, F. A. 123, 124, 210
Kerr, F. Fn 93, 181
Küng, H. Fn 7, 9

Lindbeck, G. A. 217–224, Fn 2, 28, 61, 100, 153, 169, 179, 213, 216, 226, 229, 233, 236, 237, 239
Locke, J. 31
Lonergan, B. F. J. Fn 213

Marx, K. 220
Matthes, J. Fn 19, 218
Monod, J. 140, 141, 198, 201, Fn 145
Moody, R. Fn 142

Newberg, A. Fn 157, 217
Newton, I. 35

Otto, R. 179, 197, 200, Fn 160, 174, 203

Platon 103, 112, 128, 129, 135, 137, 161, 167, 201

Quine, W. v. O. Fn 169

Rahner, K. 207
Rahula, W. Fn 115
Read, R. Fn 91
Rentsch, Th. Fn 15
Rungaldier, E. Fn 23, 84, 134, 138

Schärtl, Th. Fn 102, 147, 169, 206, 239
Schildknecht, Ch. Fn 76
Schiller, F. 96
Schleiermacher, F. 179, 192, 197, Fn 14, 175
Schlette, M. Fn 150
Schumann, H. W. 127, Fn 115, 121, 137, 138
Sen, A. 228, Fn 212, 243
Sokrates 103, 109
Soskice, M. 83, Fn 101

Spong, J. S. 179, 180, 188–190, Fn 177, 185
Strawson, G. Fn 153

Taylor, Ch. 146–153, Fn 5, 149, 150
Tillich, P. 179, 182, 190
Todorov, T. 207, 212, Fn 214, 215
Tolstoi, L. 134, Fn 141
Troeltsch, E. 228
Tugendhat, E. 159, 160, 179, 188, 191–202, 224, Fn 173, 176, 192, 194, 199, 203, 207, 209, 211

Ulrich, H. G. Fn 1

Vattimo, G. Fn 184
Victoria, B. Fn 135

Waismann, F. Fn 95
Watterson, B. 140
Weber, M. 140, 142
Wenzel, U. J. Fn 18
Widmer, P. Fn 193
Wiggershaus, R. Fn 218
Winch, P. Fn 218
Wittgenstein, L. 49, 64–105, 109, 116, 118, 123, 145, 149, 154, 159, 160, 164, 165, 169, 170, 177, 182–187, 191, 197, 208, 210, 212, 215, 217, 221, 225, Fn 11, 17, 80, 86, 87, 92, 93, 99, 103, 105, 106, 109–112, 114, 129, 159, 162–164, 167, 181, 182, 191, 225, 227, 228
Wohlrapp, H. Fn 161
Wright, G. H. von Fn 93

Zeno 37
Zukav, G. Fn 34

Sachregister

Abbild, Abbilden 60, 70, 73, 95, 145, 149, 160
Abstraktion, Abstraktionsschritt 46, 91, 140, 154, Fn 30
Akteur 22, 56, 86, 88, 180, 193, 194
Alltag (auch: „Alltagsverstand", „Alltagswelt"; s. common sense) 35, 52, 61, 70, 89, 92, 94, 107, 108, 126, 129, 137, 139, 143, 144, 155, 159–161, 171, 172, 175
Als-ob 212
Analogie, Analogiedenken (auch: „Vergleich", „Gleichnis") 35, 56, 61, 63, 76, 79, 87, 88, 89, 93, 95, 101, 120, 135, 138, 143, 144, 157, 158, 161, 163, 172, 175, 176, 180, 183–185, 187, 190, 218, 219, 227, 228, Fn 80, 152, 244
Angemessenheit (vs. Wahrheit) 21, 25, 30, 38, 40, 46, 69, 144, 155, 165, 174, 175, 204–206, 213, 217, 219, 221, 224, 227, 228, Fn 147
Annahme (s. auch „Erkenntnis", „Hypothese") 62, 64, 102, 127, 128, 178
Artikulation (s. auch „Ausdruck") 25, 26, 28, 45, 46, 50, 51, 57, 59, 64, 67, 68, 74, 75, 86, 94, 95, 97, 134, 142–150, 152–155, 165, 175, 180–184, 186–191, 212, 215, 227, 228, Fn 147, 150
– Formen der (s. Ausdrucksform) 26–28, 59, 124, 127, 132, 145, 147, 149, 178, 181, 188, 222, 227
Askese 109, 111
Atheismus 38, 41, 178, 183
Ausdruck, Ausdrucksform 21, 22, 27, 28, 38, 40, 41, 45, 48–50, 52–54, 57–64, 67, 71, 73–75, 77, 81–87, 89, 90, 93–96, 98, 100–102, 122, 124, 129, 146–151, 165, 170–172, 178–188, 191, 194, 196, 199, 200, 202–205, 207, 209, 211, 213, 215, 218, 219, 223, 224, Fn 152, 182, 191, 193, 208, 209

Bedeutung (s. „Sinn, semantischer") 19, 49, 51, 58–65, 70–86, 90–96, 100, 101, 123, 128, 138, 141, 146–153, 185, 187–191, 196, 199, 218, 219, 222, Fn 85, 150
Behaviorismus 78, 87
Bekenntnis Kap. 6, 6.4
Bericht (auch: Tatsachenbericht, Erfahrungsbericht) 25, 50, 61, 62, 65, 66, 74, 76, 86, 97, 123, 162, 174, 181, 182, 184, 203, 211, 216
Bezeichnetes 49, 54, 60, 64, 68, 73–78, 81–86, 102, 150, 182, 183, 188, 196, 224
Bibel 176, 179
Buddhismus 97, 99, 102–111, 118–120, 124–128, 132, 136, 145, 152, 161, 166, 169, 175, 177, 192, 198, 201, 224, 226, 228, Fn 113, 182

Christentum 37, 49, 52, 97, 103, 121, 145, 161, 176, 177, 189, 218, 221, 222, 224, 226, 228, Fn 113, 221
common sense (s. auch „Menschenverstand, gesunder", „Alltag") 45, 52, 60, 66, 78, 85, 139, 227

Darstellung 48, 52, 67, 69, 70, 81, 129, 140, 141, 145, 146, 150, 153, 155, 160, 215
Determinismus 129, 131, Fn 139
Deutung (auch. „Selbstdeutung") 18, 62, 63, 86, 95, 121, 123, 130, 158, 161, 163–166, 184, 217, 221, Fn 80
Dualismus 71, 91, 92, 105, Fn 93

Einstellung 25, 37–40, 47, 48, 54–56, 99, 104, 106, 108, 110, 111, 116–118, 121, 127, 141, 142, 151, 153, 161–163, 166, 169–173, 194, 195, 198, 199, 206, 207, 228
Entmystifikation 171
Ereignis, mentales 75
Erfahrung 19, 25, 38, 42–45, 50, 53, 57, 61, 65, 67, 96, 127–137, 165, 166, 178, 185, 186, 221, 223, Fn 97

Sachregister

Erfahrung, nicht wissenschaftliche (s. auch „Lebenserfahrung") 38, 42, 46, 52, 59–65, 85, 89, 104, 119, 123, 126, 128, 129, 165, 174, 184, 199, 211
- religiöse 35, 36, 41–67, 71–76, 79, 92–97, 103, 107, 108, 111, 113, 121, 123, 126, 153, 154, 160–165, 170–172, 175, 178, 180–190, 199, 200, 201, 206–216, Fn 61, 80, 82, 130, 206, 210
- (un)gegenständliche 48, 52, 57, 60–66, 75, 76, 90, 95, 104, 116, 121, 123, 166, 167, 170–173, 178, 180–187, 199, 200–202, 211, 215, Fn 167, 215
- wissenschaftliche 35, 36, 44, 63, 64

Erkenntnis (s. auch „Annahme", „Hypothese") 86, 118, 158, 176, 215
Erlebnis 47, 48, 53, 54, 75, 79, 112, 114, 116, 123, 124, 154, 162, 184, 214, Fn 97
Erlösung 29, 49, 56, 82, 121–126, 189, Fn 2
Esoterik 63, 161, Fn 134
Etwas (auch: Entität, Ding) 64–91, 98, 116, 118, 146–150, 165, 170, 173, 174, 182, 183, 186, 197, 199, 201, 224, 225, Fn 85, 227
Experiment 41, 109, 150–152, 220

Fabelebene 25–31, 38–40, 46, 96, 142, 144, 156, 157
Familienähnlichkeit 59, 103, 112, 212, 223, Fn 221
Färbung 54, 160–163, 201, 205, 207
Fortsetzung 30, 124, 130, 148, 187–191
Fundamentalismus 27, Fn 29
Funktion (vs. Inhalt) 19–30, 39, 46, 52, 64, 140–142, 148–150, 156
Funktionen der Sprache 67–70, 74, 83, 84, 90–92, 100, 150, 184, 194, 200

Ganzheit, das Ganze 31, 36, 45, 48, 53–58, 67, 69, 91, 93, 94, 97, 109, 116–118, 120, 124, 131, 135, 137, 150, 155–164, 169, 170, 173, 174, 177, 180, 185–187, 194, 195, 198, 201, 203, 204, 208, 212, 221, 226–228
Gebet 148, 149, 167, 222

Gebrauch, Weisen des Gebrauchs (s. auch „Verwendung") 34, 48, 74, 81, 82, 90, 98, 100, 146, 152, 171, 179, 180, 186, 193, 196, 211, Fn 182, 192
Gegebene, das 50–52, 79, 147, 149, 207
Gegenstand (s. auch „Etwas") 36, 49, 61–65, 68, 73, 74, 76, 79–91, 96, Kap. 4, 160, 161, 164, 171, 173, 175, 182, 183, 186, 197, 201, 208, 214, 215, 224, Fn 82, 102, 227
- der Rede 147
- immaterieller, transzendenter, abstrakter 61–63, 65, 66, 72–76, 92–97, 100–102, 129, 175
- psychischer, innerer, phänomenaler 78–80, 83–91, 97, 149, Fn 108
Gehirn 79, 119, 159, 208, 210, 215
Gestaltwandel 153, 155, 157, 159, 161–167, 170–174, 186
Geisteswissenschaft 159
Geschichten 18–26, 28–30, 34, 39, 46, 47, 53, 57, 72, 90, 96, 101, 104, 124, 125, 128, 130, 132, 134, 140–144, 150–153, 155–157, 160, 165, 169, 173, 181, 183, 184, 189–191, 202, 203, 208, 211, 213–218, 221, 224, Fn 147, 153, 182
Glaube 23, 31, 95, 99, 102, 105, 135, Kap. 5.5., 177, 178, 219, 22–224, Fn 2, 227
Glückseligkeit Kap. 2, 106, 108, 120, 216
Gnade 82, 115, 122, 167
grammatische Oberfläche 70, 81, 82, 89, 100, 101, 147
Grenzen der Sprache (s. auch „Unsagbarkeitsthese") 35, 40, 159, Kap. 5.5., 207, 209
Gott 22, 30, 32, 33, 36–40, 44, 49, 50, 58–60, 62, 71, 78, 82, 83, 94–96, 101, 121, 131, 132, 138, 145, 155, 157–159, 165, 170, 172, 176–192, 196, 197, 199, 201, 221–226, Fn 7, 15, 102, 167, 175, 182, 208

Handlung 29, 54, 55, 77, 85, 86, 93, 104, 111, 114, 118–120, 122, 125, 129–133, 142, 146–150, 154, 162–169, 173, 174, 180, 184, 186, 189, 193–195, 201, 202, 205, 206, 210, 213, 219, 226, 228, Fn 108, 135

Sachregister

Handlungswelt 134
Haltung 37, 38, 53, 54, 93, 95, 105–107, 111, 134, 161
Heil, Heilung 103–110, 114, 131, 177, 195, 201, 202
Hirnforschung 30, 79, 118, 184, 207, 210, 215
Höhlengleichnis 161
Hypothese (s. auch „Annahme", „Erkenntnis") 23, Kap. 1.2, 34, 35, 38–41, 65–71, 79, 86, 92, 95, 102, 109, 111, 129, 139, 151, 182, 184, 220, Fn 7

Ich (s. auch „Selbst") 119, 120, 130
Ich-los, Nicht-Ich (s. auch „selbstlos") 118
Illusion 22, 37, 38, 50, 55, 122–124, 141, 159, 184, 186, 202
 – begriffliche (s. auch „Scheinproblem) 50, 55, 61, 110, 120, 138, 145, 159, 183, 186, 190, 192
Immanenz Kap. 5
Inhalt (vs. Funktion) 18–28, 68, 72, 140, 180, 194, 204, 207, 211, 215, 218
Inhaltsebene, erste und zweite 19, 21–25, 28, 30, 32, 38, 46, 50, 58, 64, 70, 71, 96, 141, 144, 157–159, 165, 176, 182, 187, 191, 203, 213, 219, 221
Inkommensurabilität 204

Jenseits 52, 106, 123, 137, 139, 143, 145, 149, 155, 160, 161, 163, 165, 182
Jüngstes Gericht 134, 157, 163

Karma 128–133, Fn 139
Kategorienfehler 102, 140, 156
Kausalität 33, 63–66, 79, 92, 97, 119, 129, 131, 132, 164, 165, 181
Kinderglaube Kap. 1, Kap. 1.1, 44, 95, 96, 101, 102
Kirche 176, 189
Können (s. auch „Wissen, wie") 20, 54, 56, 109, 128, 145, 153, 180, 210
Konstruktion, Rekonstruktion 51, 119, 122, 130, 131, 139, 153, 204

Lebenserfahrung (s. auch „Erfahrung, nicht wissenschaftliche") 52, 128, 142, 152
Lebensform 51, 78, 91, 98, 204, 226, 227

Leib, leiblich 45, 48, 58, 78–80, 89, 90, 109, 133, 172, 174, 196, 200
Leib-Seele-Problem 80, 87, 90–92, Fn 93
Leid, leidvoll 22, 48, 54–56, 93, 98, Kap. 4.2, 116, 118, 120, 122, 124–128, 130, 139, 145, 153, 157, 161, 163, 169, 188, 198, 214, 215, 228
Lichtmetaphorik 161
Literalismus 27, 179, 191, 203

Märchen Kap. 1.1, 27, 28, 30, 40, 46, 53, 54, 56, 64, 69–71, 95, 128, 132, 134, 142–156, 159, 162, 169, 174, 183, 185, 203, 216, Fn 30
Meditation 103, 109, 111, 113, 116, 118, 119, 121, 124, 126, 129, 130, 132, 167, 180, 192, 193, 196, 197, 200
Menschenverstand, gesunder (s. auch common sense, „Alltag") 129
Meta-Erzählung 195
Metapher 26, 59, 79, 83, 86, 218, 219
Metaphysik, buddhistische Kap. 4.4
Mystik Kap. 1.3, 42, 43, Kap. 3.1, 69, 78, 103, 111, 170–173, 178, 179, 191, Kap. 6.2, Fn 192, 193, 203, 205
mystisch, das Mystische 68, 171, 182, 192, 197–201, Fn 193
Mythologie 143, 216–221, Fn 30
Mythos 51, 58, 128, 132, 143, 144, 156, 174, Fn 225

Nahtod-Erfahrung 135
Naturwissenschaft, naturwissenschaftlich 30–34, 38–46, 58, 60, 63, 68, 71, 91, 94, 98, 102, 119, 132, Kap. 5.1, 150, 159, 185, 209, 210, 216, 219
Neurotheologie 159
Nirvana 124, 125
Notation 67–73

Offenbarung 47, 48, 56, 68, 185
Orientierung 19, 20, 23–33, 38, 39, 44, 46, 58, 99, 103–106, 109, 111, 141, 142, 149, 156, 168, 169, 176, 177, 179, 202, 211
Orientierungslosigkeit 46

Passivität (s. auch „Widerfahrnis") 116, 121, Kap. 5.4
Partikularismus 204–213

Perspektive 31, 37–39, 52, 60, 67, 78, 81, 89, 90, 97, 124, 125, 135, 142, 153, 156–159, 173, 190, 192, 195, 196, 200, 204, 210, 218, 223, 227, Fn 169
Person 22, 34, 38, 50, 54–56, 58, 59, 75, 76, 79, 80, 85, 86, 88–96, 100–106, 109–111, 116, 119, 123–125, 130–132, 152, 156, 161–166, 174, 175, Kap. 6.1, 192, 193, 196, 201, 210, 213, 214, Fn 30, 107
Pfad, achtspuriger 109, 111, 198
Praxis (auch „Lebenspraxis", „religiöse Praxis") 35, 38, 44, 77, 81, 84, 85, 92, 104, 109, 112, 126, 127, 165, 175, 196, 199–201, 221–224
Projektion 80, 192, 212, 218
Psychoanalyse 213–222
Psychologismus 72, 75, 76, 97

Rätsel 79, 80, 84, 85, 87, 90–92
Realismus 106, 107, 164, Fn 169
Realität 40, 55, 56, 75, 97, 106, 116, 138, 142, 152, 175, 182–185, 192, 193, 196–199, 206, 219, 221, Fn 82
Reden über Inneres/Seelisches 91, 139, 208
Redeweise 52, 70–72, 79, 80, 84, 85, 92, 96, 100, 101, 132, 161, 177–181, 185–192, 212
Reduktion, Reduktionismus 199, 218, 219, 220
Referenz 60, 147, 183
Referenzsemantik 60, 61, 73, 76, 77, 79, 82
Referenzobjekt, Referenzgegenstand 61–64, 76, 94–97, 100, 101
Religion, natürliche (s. auch „Vernunftreligion") Kap. 1.2, 44
– theistische 97, 122, 123, 138, 165, 175, 177, 188
– nicht-theistische 97, Kap. 4, 145, 177, 178
– und Kosmologie 30, 31, 53, 57, 79, 101, 139, 140, 197, 223
Religionsphilosophie 121, 182, Fn 15

Sagbare, das 68, 182, 218,
Sagen (vs. Zeigen) Kap. 3.1, 160, 170
Scheinproblem (s. auch „Illusion, begriffliche") 85, 101
Schicksal 47, 48, 91, 106, 127, 132, 143, 155, 202

Schmerz 70, Kap. 3.3, 93, 96, 97, 100, 101, 108, 113, 117, 129, 130, 146, 149, 151, 152, 159, 164, 165, 185, 186, 215, 217, Fn 107, 108
Schöpfer, Schöpfergott 32, 33, 38, 101, 102, 131, 138, 139
Seele, seelisch 19, 34, 56–58, 63, 66, 70–72, 75, 79–81, 83, 85–92, 96, 97, 105, 106, 112, 113, 115, 123, 125, 127, 139, 163, 164, 181, 197, 199, 208, 214, 215, 217, Fn 93
Selbst (s. auch „Ich") 117–128, 223, Fn 130
selbstlos (s. auch „ich-los") 122, 126, 226, Fn 135
Sinn, semantischer (s. auch „Bedeutung") 25, 26, 33, 50, 51, 60–64, 66–79, 93–98, 100–102, 120, 150–155, 197–203, 224
– lebensweltlicher u. religiöser 26, 31, 48–59, 104, 106, 124, 129, 131–141, 155, 157, 160, 180–186, 195, 196, 199, 226
sinnlos 69, 73, 74, 102, 110, 115, 200, 221
Situationsverständnis 18, 147, 149, 151, 152
Spiritualität 52, 63, 76, Kap. 4, 179, 185, 204
Sprache 35, 45, 46, 50, 51, 60, 63, 66–69, Kap. 3.2, 80–85, 89–94, 96, 98, 123, 124, 136, 142, 146, 150–154, 160, 165, 170–172, Kap. 6, 226, Fn 167
– mentale, personale (s. auch „Reden über Inneres") 94, 165, 171, 178–191, 226
– religiöse 40, 58, 68, 123, 124, 171, 187–193, 204–206, 220–223
Sprachform 17, 21, 100, 123, 145, 149–151, 182, 184
Sprachkompetenz 86, 140, 177
Sprachphilosophie 59, 61, 62, 64, Kap. 3, 99, 101, 123, 147, 175, 177, 190, 193, 197, 211, 212, 227
Sprachspiel 74, 77, 81, 85, 86, 90, 91, 93, 94, 100, 145, 147, 208, 218
Sterben (s. auch „Tod") 133, 134, 140, 174, 188
Subjekt 55, 56, 61, 62, 118, 180
Subjektausdruck, grammatisches Subjekt 82, 83, 89, 118, Fn 182
Symbol 67, 68, 74, 174, 218, Fn 236

Sachregister

Term, theoretischer 21, 139, 215
Textsorten 140, 141, 156
Tiefengrammatik 100
Theodizee 188
Theologie, negative 40
Therapie 21, 94, 104–108, 214, 216, 217, 221
Tod (s. auch „Sterben") 22, 25, 29, 54, 98, 105–110, 120, 124, 125, 127, 133–135, 137, 141, 145, 152, 155, 157, 169, 189, 190, 201, 221
Transzendenz 61, 62, 65, 66, 71, 73, 75, 76, 79, 92, 94, 95, 97, 99–102, 129, Kap 5, 195, Fn 198, 209

Übel 54–56, 188,
Überglaube 53, Kap. 2.3, 65, 79, 94, 95, 97, 126, Kap. 4.4, 164, 175, 224
übernatürlich 31, 32, 40, 41, 49, 188
Übersetzen 177, 206, 218, 219, Fn 101, 185
Universalismus 206–213
Universum 22, 31, 32, 35, 36, 140, 157, 177, 192–201, 208, 219, 220, 223, 224, Fn 179
Unsagbarkeitsthese (s. auch „Grenzen der Sprache") Kap. 5.5
Unsinn 33, 68, 69, 189

Vernunft 17, 33, 35, 39, 40, 44, 158, 177–179
Vernunftreligion (s. auch „Religion, natürliche") 44
Verpflichtung, ontologische 66, 175, 199, 200, 202, 221, 222, Fn 169
Verwendung
Vorgang (s. auch „Zustand") 87

Wahrheit 19, 21, 24, 25, 29–31, 34, 39–44, 61, 67, 102, 104, 132–134, 141, 144, 153, 156, 185, 203–206, 221, 224, 228, Fn 147, 239
Weisheit, Weisheiten 30, 103, 120, 133, 150–155, 228, Fn 116, 139
Weltbild 31, 136
Widerfahrnis (s. auch „Passivität") 55, 56, 93, 94, 100, 119, 121, 123, 125, 129–133, 153, Kap. 5.4, 175
Wiedergeburt 125–133, Fn 117
Wissen, dass (vs. Wissen wie) 20, 131
– wie (vs. Wissen, dass); (s. auch „Können"; praktisches Wissen) 20, 56
Wissenschaft Kap. 1, 42–49, 53–61, 63, 68–71, 74, 80, 91–94, 98–102, 109, 129, 131, Kap. 5.1, 150–159, 174, 181, 184, 197, 203, 208–210, 214–220, Fn 7, 113, 178, 225
Wissensformen 23, 57, 156
Wunder 31–33, 41, 132

Zahlwort, Zahlausdruck 62, 71–77, 81–86, 93, 100–102, 219, 222
Zeichen (vs. Bezeichnetes) 60, 71–77, 82, 93, 148, 149, 219
Zeigen (vs. Sagen) Kap. 3.1, 95, 98, 100
Zen 104, 109–117, 122, 126, 166–172, 194, 200, 201, Fn 135, 138
Zirkel, hermeneutischer 49
Zugang, privilegierter (erster Person) 79, 80
Zustand (s. auch „Vorgang") 87, 96, 116, 124, 125

www.ingramcontent.com/pod-product-compliance
Lightning Source LLC
Chambersburg PA
CBHW030438300426
44112CB00009B/1057